高等教育行政与公共管理专业系列教材

公共事业管理学

王曙光　刘海涛　主编

中国财富出版社

图书在版编目（CIP）数据

公共事业管理学/王曙光，刘海涛主编．—北京：中国财富出版社，2014.9

（高等教育行政与公共管理专业系列教材）

ISBN 978 - 7 - 5047 - 5297 - 0

Ⅰ.①公…　Ⅱ.①王…②刘…　Ⅲ.①公共管理—高等学校—教材　Ⅳ.①D035

中国版本图书馆 CIP 数据核字（2014）第 158274 号

策划编辑	寇俊玲	责任印制	方朋远
责任编辑	齐惠民　谷秀莉	责任校对	梁　凡

出版发行	中国财富出版社		
社　　址	北京市丰台区南四环西路 188 号 5 区 20 楼	邮政编码	100070
电　　话	010 - 52227568（发行部）	010 - 52227588 转 307（总编室）	
	010 - 68589540（读者服务部）	010 - 52227588 转 305（质检部）	
网　　址	http://www.cfpress.com.cn		
经　　销	新华书店		
印　　刷	三河市西华印务有限公司		
书　　号	ISBN 978 - 7 - 5047 - 5297 - 0/D · 0106		
开　　本	787mm×1092mm　1/16	版　次	2014 年 9 月第 1 版
印　　张	20.5	印　次	2014 年 9 月第 1 次印刷
字　　数	499 千字	定　价	58.00 元

前　言

公共事业源远流长，如教育、医疗卫生和慈善救助等都有着悠久的历史。但在传统的管理中，公共事业更多地被看做是个人事务，没能得到足够的关注。随着社会经济的发展，人们生活水平的提高，公共事业不断发展，其对社会经济、政治运行和公众生活的影响越来越大，它已经成为重要的社会公共空间，人们对公共事业管理理论与方法的研究也日益加深。

随着我国各项改革的深入及经济的可持续发展，人们物质文化生活水平日益提高，对公共事业管理提出了更高期望，并对传统公共事业管理提出了挑战。由于我国体制改革的深入和公共事业管理本身的复杂性，公共事业管理工作还存在着一些问题，这就要求我们从理论与实践上研究在新的形势下如何有效促进公共事业管理的发展，这也正是本书编写的初衷；同时，它也是为满足实际教学的需要而编写的一部教材，本教材适用于公共管理类专业及其相关专业本科生的学习，以及 MPA 学员学习和研究的参考。

《公共事业管理学》是公共管理类专业的基础教材，编写的目的是研究和阐述公共事业管理的基本理论、基本知识、基本技能与客观实践。本教材的基本特点主要体现在如下方面。

第一，结构体系合理。全书以公共事业管理为主线，共分 3 篇 12 章：管理理论篇（第一至第三章）包括公共事业管理的理论、制度和决策；管理内容篇（第四至第十章）包括组织战略、人力资源、市场营销及管理的项目、绩效、伦理与创新；部门管理篇（第十一、十二章），包括科技、教育、文化、体育和卫生等事业管理。

第二，研究内容清晰。从公共事务理论、公共产品理论和公共行政理论等理论出发，阐述与分析公共事业及其管理的基本内涵和价值，以及公共事业管理的要求与目标、管理主体与体制层次、管理过程和技术方法等公共事业管理的基本问题，并对公共事业管理的重要部门进行了较为系统的阐述与分析。

第三，编写体例新颖。在强调公共事业管理的基础知识、基本理论和基本技能的同时，以提供有指导性的分析和建议为出发点，每章以"案例导入"开始，适当增加了"小贴士"、"资料链接"、"经典案例"、"名家俗语"、"情景模拟"及"本章小结"、"复习思考题"、"参考文献"等栏目，体例新颖多样。

本教材由哈尔滨商业大学、黑龙江大学等院校教师共同编写，由王曙光、刘海涛任主编，金菊、段绪柱和宣琳琳任副主编，由主编确定编写大纲，并负责全书的统稿和定稿工作。具体编写分工：第一章由王曙光编写，第二章和第三章由段绪柱编写，第四章和第七章由刘海涛编写，第五章和第六章由孙延华编写，第八章由谢淑萍编写，第九章由金菊编写，第十章由苏常禄编写，第十一章和第十二章由宣琳琳编写。此外，金向鑫、苏之涛老师，以及刘明吉、杜宏颖、汪晓琪和李柏红等研究生参加了部分章节的编写、资料收集和校对工作。

在本教材的编写过程中，编者参阅并吸收了诸多的国内外学者的文献资料（见每章的参考文献），尤其是崔运武、娄成武、朱仁显、陈德权、徐双敏、温来成和秦琴等专家的研究成果，并得到了中国财富出版社的大力支持，在此一并向他们表示由衷的敬意和感谢！

本书难免存在不当或错漏之处，敬请读者和同人批评指正。

编　者
2014 年 4 月

目　录

第一篇　公共事业管理理论

第一章　公共事业管理概论 ……………………………………………………（3）
　第一节　公共事业管理概念 ……………………………………………………（4）
　第二节　公共事业管理主体 ……………………………………………………（14）
　第三节　公共事业管理职能 ……………………………………………………（26）
　第四节　公共事业管理环境 ……………………………………………………（31）

第二章　公共事业管理制度 ……………………………………………………（42）
　第一节　公共事业组织制度 ……………………………………………………（42）
　第二节　事业单位管理制度 ……………………………………………………（46）
　第三节　社会团体管理制度 ……………………………………………………（50）
　第四节　民办非企业单位管理制度 …………………………………………（58）

第三章　公共事业管理决策 ……………………………………………………（64）
　第一节　公共事业领导理论 ……………………………………………………（65）
　第二节　公共事业领导管理 ……………………………………………………（72）
　第三节　公共事业决策管理 ……………………………………………………（79）

第二篇　公共事业管理内容

第四章　公共事业组织战略管理 ………………………………………………（91）
　第一节　公共事业组织战略管理概述 ………………………………………（92）
　第二节　公共事业组织战略管理过程 ………………………………………（99）
　第三节　公共事业组织管理战略规划 ………………………………………（103）

第五章　公共事业人力资源管理 ………………………………………………（114）
　第一节　公共事业人力资源管理概述 ………………………………………（115）

第二节　公共事业人力资源管理内容 ……………………………………………………… (122)
第三节　公共事业人员职业生涯设计 ……………………………………………………… (131)

第六章　公共事业市场营销管理 ……………………………………………………… (138)
第一节　公共事业市场营销管理概述 ……………………………………………………… (139)
第二节　公共事业市场营销管理策略 ……………………………………………………… (142)
第三节　公共事业组织资金筹集管理 ……………………………………………………… (156)

第七章　公共事业项目管理 ……………………………………………………… (164)
第一节　公共事业项目管理概述 ……………………………………………………… (165)
第二节　公共事业项目管理过程 ……………………………………………………… (171)
第三节　公共事业项目管理范畴 ……………………………………………………… (177)

第八章　公共事业绩效管理 ……………………………………………………… (186)
第一节　公共事业绩效管理概述 ……………………………………………………… (187)
第二节　公共事业绩效管理评估 ……………………………………………………… (190)
第三节　公共事业管理外部评价 ……………………………………………………… (198)

第九章　公共事业管理伦理 ……………………………………………………… (214)
第一节　公共事业管理伦理概述 ……………………………………………………… (215)
第二节　公共事业管理伦理内容 ……………………………………………………… (219)
第三节　公共事业管理伦理建设 ……………………………………………………… (232)

第十章　公共事业管理创新 ……………………………………………………… (237)
第一节　公共事业管理创新概述 ……………………………………………………… (238)
第二节　公共事业管理观念创新 ……………………………………………………… (245)
第三节　公共事业管理手段创新 ……………………………………………………… (247)
第四节　公共事业管理体制创新 ……………………………………………………… (249)

第三篇　公共事业部门管理

第十一章　公共事业部门管理（上） ……………………………………………………… (263)
第一节　公共科技事业管理 ……………………………………………………… (264)
第二节　公共教育事业管理 ……………………………………………………… (274)

　第三节　公共文化事业管理 ……………………………………………………（282）

第十二章　公共事业部门管理（下） ……………………………………………（292）
　第一节　公共体育事业管理 ……………………………………………………（293）
　第二节　公共卫生事业管理 ……………………………………………………（301）
　第三节　市政公用事业管理 ……………………………………………………（308）

附录　"案例导入"答案 …………………………………………………………（316）

第一篇

公共事业管理理论

公共事业是指关系社会公众基本生活质量与公共利益的社会事务及必需的具有较强外部性的经济事务。公共事业管理是以政府为核心的社会公共组织对公共事业进行规划、组织、领导和协调控制，以保障和实现社会公共利益，促进社会公平正义的过程。"公共事业管理理论"篇是全书各章节的基本前提，主要研究公共事业管理的基本理论、内容与方法，本篇分3章，分别阐述公共事业管理概论、公共事业管理制度和公共事业管理决策。

第一章　公共事业管理概论

学习目标

1. 知识目标

❖掌握公共事业管理的含义及学科体系。

❖理解公共事业管理主体的组成及其地位。

❖熟悉公共事业管理的职能及其相互关系。

❖掌握公共事业管理环境的内容及其对公共事业管理的影响。

2. 能力目标

❖初步具备分析公共事业管理问题的理论能力。

❖具备解决公共事业管理实际问题的基本能力。

案例导入

2011 年 4 月 23 日晚，故宫建福宫花园建福宫会所开幕式，上百名来宾既有京城各界大腕，也有众多商界人士。为保护这些尊贵的来宾，故宫保卫部门还专门请来 20 多个警察在宫外执勤。在主宴会厅旁的延春阁内，置放着多件故宫重器，与这些国宝相伴的则是左右各一名身形剽悍的保卫。珍贵的屏风宝座亦悉数陈列，其中包括人们所熟知的"清乾隆紫檀嵌玻璃画宝座屏风"。据一位参加了开幕式的人士获得的信息，这些珍贵文物从故宫博物院借调而来，并准备"长期摆放"。此次年会由长江商学院组织，目的是为半年后正式开幕的会所聚拢人气，在"4·23"开幕式后，建福宫会所进入正式运营。延春阁作为展览厅，空间最大的敬胜斋作为主餐厅，其他包括静怡轩、慧曜楼、吉云楼等亦为小型宴会酒会所用。一位要求匿名的人士介绍，在会所开幕后几日的一个小型聚会上，当时在场者有故宫文物保护基金会和故宫博物院的相关领导。5 月 15 日，3 页建福宫顶级私人会所"入会协议书"被网友曝光，而故宫博物院方面对此决然否认：建福宫成为私人会所"不存在也不可能"。

在建福宫会所曝光之前，故宫承办商业活动其实早有先例。此前引发争议，当属某大型通信公司举行的成立 5 周年庆典。一篇名为《500 人在故宫吃"大排档"》的博文披露了相关内容：2007 年 5 月 17 日晚，故宫宁寿门广场宴开 50 多席。该公司领导、大客户和合作伙伴，共计 500 多人参加了这场规模浩大的露天夜宴。彼时争议之下，故宫博物院文保处曾表示，只要安全措施得当，故宫在不开放时间搞关门活动，"并不值得大惊小怪"。

请思考：

1. 故宫管理是否属于公共事业管理的组成部分？说明其原因。

2. 你认为应该如何开发和利用故宫？

第一节　公共事业管理概念

关于公共事业管理的概念，国内的研究者尚未达成共识。形成众多的见解与主张，主要是因为研究者在分析公共事业管理概念的界说中对构成公共事业管理概念的若干概念单位及其关系的理解不同，由此所构成的公共事业管理概念的价值指向也就产生了差异。

一、公共事业管理的概念单位

美国学者尤劳认为："界说含有束缚和拘束的作用，界说一方面指使用它的使用者，另一方面显现出使用者的取向，界说埋葬在它的使用者的观念与它的理论化的工作中。"为准确界定公共事业管理的含义，区分其他管理（如公共管理和行政管理等），需要对公共事业管理的概念单位及其关系进行描述与分析。在诸多涉及公共事业管理的理论研究中，本书选取的概念单位主要包括公共物品、公共事务和公共事业，并以公共物品来界定公共事务，以公共事务来明确公共事业的内涵，进而界定公共事业管理的含义。

（一）公共物品的界定

1. 物品的基本含义

一般认为，物品是指各种东西或零星的物品，是经济活动中涉及实体流动的物质资料。物品是生产、办公和生活领域常用的一个概念。在生产领域中，一般指不参加生产过程、不进入产品实体，而仅在管理、行政、后勤和教育等领域使用的，与生产相关的或有时完全无关的物质实体；在办公和生活领域，则泛指与办公、生活消费有关的所有物件。

本书所称的物品，是指一切与我们人类有关的东西，即从人类创造的有形的房屋、计算机、公路、蔬菜到无形的知识、习俗、信仰、制度、法律，以及自然资源和生态环境。从个人消费量与总消费量的关系及消费特点分，可将物品分为私人物品和公共物品两大类。

2. 私人物品的含义

私人物品（Private Goods）是指能够分别提供给不同个人的物品，如个人吃的食品、穿的衣服、住的房屋和自用的汽车等。

私人物品具有效用的可分性和消费的排他性。其中，效用的可分性也称消费的竞争性，是指私人物品的总量等于每一个消费者所拥有或消费该物品量的总和。这也意味着私人物品可以在消费者之间进行分割，即具有"可分性"的特性；消费的排他性是指物品的所有者可以完全占有或独自享受该物品的效用，不经所有者的同意，其他人不能分享。

3. 公共物品的含义

公共物品（Public Goods），也称公共商品、公共产品或公共品等，这一概念是美国经济学家 P. 萨缪尔森提出的，他在 1954 年 11 月的《经济学与统计学评论》上发表的《公共支出的纯理论》一文中从个人消费量与总消费量的关系出发给出了公共物品的严格定义。一般来说，公共物品是指消费具有非排他性和非竞争性的物品，即对公共物品来说，个人消费量等于集体消费量，如灯塔、天气预报、基础科技和国防等。

我们认为，公共物品是指每个人对某物品的消费不会影响或减少他人对其消费的物品，即公共物品供人消费享用时，并不需要也不可能让这些消费者按市场的方式分担费用或成本，公共物品是所有社会成员共有的物品。

4. 公共物品的特征

公共物品与其他物品尤其是与私人物品相比，具有以下 4 个特征。

(1) 消费的非排他性。消费的非排他性是指某个人或集团对公共物品的消费并不影响或减少其他人或集团同时消费该公共物品的数量或质量。如消除空气污染可使所有人享受新鲜的空气，让某些人不享受新鲜空气的好处是不可能的。而私人物品具有排他性，当消费者为私人物品付钱之后，其他人就不能享用该物品所带来的利益了。

(2) 获取的非竞争性。获取的非竞争性是指一个人对某一物品消费不会影响其他人对该物品的消费，受益对象之间不存在利益冲突。其含义：一是边际成本为零，如增加一个电视观众并不会导致电视信号发射成本的增加；二是边际拥挤成本为零，如国防和外交等物品，增加一个消费者不会减少任何消费者的消费量或增加成本等。而私人物品的衣服和住宅等，消费者则必须通过市场竞争价格方式获取。

(3) 效用的不分割性。效用的不分割性是指公共物品是面向整个社会或群体提供的，即所提供的公共物品是不能分割成若干部分而分别归属于个人或集团消费所有，如安全和国防等。尽管根据受益范围的大小，可将公共物品分为全国性或区域性的，但它必须向该区域的所有成员提供其效用。私人物品的效用则具有可分割性，如私人用的衣服等。

(4) 目的的非营利性。目的的非营利性是指提供的公共物品不以营利为目的，而是为满足社会公共需要或为社会提供市场不能提供和提供不足的公共服务，并以追求社会效益和社会福利的最大化为目标，如城市公共绿地和义务教育等。私人物品的提供则是为追求利润或利益的最大化，如个人的股票、房屋投资和家庭用车等。

公共物品的上述 4 个特征是密切联系的，其中核心特征是非排他性和非竞争性，其他两个特征是它的必然延伸。

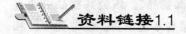 资料链接 1.1

公共物品与私人物品的区别

私人物品	公共物品
相对易于衡量量与质	相对难于衡量量与质
只能由一个人消费	同时由许多人共同消费
易于排除未付费的人	难以排除未付费的人

续　表

私人物品	公共物品
个人一般可选择消费或不消费	个人一般不可选择消费或不消费
个人一般可选择物品的种类或质量	个人对于物品的种类和质量几乎没有选择或完全没有选择
对物品的付费、需求与消费密切相关	对物品的付费、需求与消费没有密切关系
配置决策主要依靠市场机制做出	配置决策主要通过政治程序做出

资料来源：文森特·奥斯特罗姆，埃莉诺·奥斯特罗姆．公益物品与公共选择［M］//迈克尔·麦金尼斯．多中心体制与地方公共经济．上海：三联书店，2000：103．

5. 准公共物品的确定

准公共物品总体上属于公共物品的范畴，且就公共物品的构成而言，准公共物品是主体，完全的纯公共物品是少之又少的。准公共物品构成了从私人物品到纯公共物品的广阔地带，其公共性从私人物品到纯公共物品渐次增强。

（1）准公共物品的特点。①拥挤性。准公共物品的非排他性和非竞争性特点均不充分，或其中一个特点充分而另一特点不完全。准公共物品一般具有拥挤性，即当消费者的数目增加到某一个数值以后，就会出现边际成本为正的情况，在到达"拥挤点"后，每增加一个人将会减少原有消费者的效用，而不是像纯公共物品那样，增加一个人的消费，边际成本为零。准公共物品的这一特点使其兼有纯公共物品和私人物品的性质，但从总体上说还是偏重于公共性。②外部性。经济学中外部性是指一个经济行为主体的经济活动对另一个经济主体的福利所产生的效应，其实质是私人收益与社会收益的不平等。如果完全由市场来供给准公共物品，具有负外部性的公共物品，其主体的私人收益大于社会收益，结果就会过度供给；反之，具有正外部性的公共物品就会供给不足。公共组织尤其是政府必须以一定的方式，对具有负外部性的公共物品进行监管，而对具有正外部性的公共物品的生产予以支持或提供。

（2）准公共物品的类型。根据准公共物品非竞争性和非排他性的程度，可把准公共物品分为以下3类。①消费上无排他性但有一定竞争性的准公共物品。埃莉诺·奥斯特罗姆称其为"公共池塘物品"。如在公共渔场中，如果有人捕到的鱼越多，则在同一渔场的其他人能够捕到的鱼就越少。②消费上具有非竞争性但却可排他的准公共物品。如公共桥梁、公共游泳池和电影院等，这类物品被形象地称为"俱乐部物品"。该公共物品可通过收费方式把不付费的消费者排除在外，即有票者可消费，无票者不能消费。③非竞争性和非排他性都不充分的准公共物品。这类准公共物品又不同于具有完全竞争性和排他性的私人物品，即它具有一定的竞争性和排他性，但总体上又偏于公共物品，具有较强的外部性。如"非典"（SARS）等。

我们通常所说的公共物品实质包括纯公共物品（即完全具备非竞争性与非排他性的物品）与准公共物品，且其大部分是公共性程度较高的准公共物品。

研究公共物品应注意的问题

一、公共物品确定的特征标准

公共物品和私人物品的划分不是由社会制度决定的，它与社会制度无必然联系，同时也不是按物品的所有性质（即公有或私有）和提供部门（即私人部门或公共部门）区分，而是按消费该物品的特征标准加以确定。两种物品的提供者通常分别是公共部门和私人部门，但私人物品并不一定完全由私人部门提供，如政府部门提供给个人的食品和住房等；反过来，公共物品也不排除由私人部门提供的可能，如个人捐建的学校和图书馆等公共设施。

二、公共物品范围的客观差别

在不同的社会、不同的历史阶段，由于受社会制度与发展程度的影响，公共物品的范围存在着客观的差别。随着社会的发展、公共部门经济实力的增强，原来的私人物品或私人性很强的准公共物品很多已被当做准公共物品甚至是纯公共物品，如教育尤其是基础教育。而随着消费者收入和购买力的提高，一些公共物品趋向于成为私人性很强的准公共物品甚至私人物品。詹姆斯·布坎南在1965年发现：美国早年很多农场共享的大型机械设备，后来在每一个农场都可以见到，哪怕它空闲着。

三、公共物品发展的质变性质

公共物品不是一成不变的，而是一个动态的、历史的概念。技术水平的提高和金融工具的创新，可改变公共物品的性质和供给方式。随着科技进步、金融创新与经济发展，原来私人部门和企业不愿意或没有能力提供的服务，即人们习惯认为的公共物品就可能变成准公共物品甚至是私人物品。一般而言，技术进步可使公共物品的排他性增强而非竞争性减弱，可使其竞争性和排他性发生质变。例如，原来电视节目（无法排他）是公共物品，后来加密技术实现了排他，付费后的有线电视成了私人物品。

（二）公共事务的界定

一定意义上说，物品是对客观状态的界定；事务则是生产、供给特定物品的活动，一般是指要做的或所做的事情。

1. 公共事务的产生

公共事务是随人类社会的产生而产生的。早在原始社会时期，为满足个人需要与公共需要而形成了氏族组织，其主要职能：调节氏族成员生产与生活中产生的利益纠纷；维护氏族成员的人身与财产安全；修建公共工程，如灌溉、防洪和道路建设等；满足氏族成员精神需要，如占星、祭祀、文字研究等。这类事务关系到氏族每个成员的利益，因而成为公共事务。伴随着社会生产力的发展，私有制、阶级、国家的产生，氏族组织被政府组织所取代，但关系到社会每一个成员公共利益的公共事务依然是政府组织必须履行的职责。

1776 年亚当·斯密在《国民财富的性质和原因的研究》一书中指出，政府的公共事务只能存在于 3 个方面：一是国防费用与国防义务，即"君主的义务，首先为保护本国社会的安全，使之不受其他独立社会的暴行与侵略"；二是司法费用与司法公正义务，即"君主的第二个义务，为保护人民，不使社会中任何人受其他人的欺负或压迫，换言之，就是设立一个严正的司法行政机构"；三是公共工程、公共机关的费用与公共事业职能，即"君主或国家的第三种义务是建立并维持某些公共机关和公共工程。这类机关和工程，对于一个大社会当然是有很大利益的"。

2. 公共事务的含义

公共事务是指生产公共物品（包括具有较强外部性的准公共物品）的活动，是社会成员因公共需要而由公共组织所提供，涉及社会成员共同、长远与全局利益，且是其他组织与个人不愿意提供或不能提供的社会成员基本生活不可缺少的事务。

公共事务范围广泛，涵盖政治、经济与社会诸领域，从劳动管理到国防、行政等国家事务，以及教育、科技、社会保障等都在其中，且其范围随着社会、经济与科技的发展而不断地变化。

3. 公共事务的类型

根据所在领域，可将公共事务划分为政治事务、经济事务和社会事务。

（1）政治事务。政治事务是指政治领域内的公共事务，主要包括国家主权与领土完整、社会安定的维护等，表现为外交、国防、公安和国家安全等工作。

（2）经济事务。经济事务是指经济领域的公共事务，主要包括宏观调控与经济管理，表现为政府通过财政、金融与产业政策等，引导经济的健康持续发展，弥补市场的缺陷；建立市场运行规则，规范市场秩序，创造良好的经济运行环境。

（3）社会事务。社会事务是指非政治、非经济的公共事务，主要包括教育、科学、文化、卫生、体育、社会保障和环境保护等。

（三）公共事业的界定

公共事业是中国特有的概念，来源于传统的事业与事业单位。在计划经济管理体制之下，"事业"是对特定社会事务的规定。伴随着社会主义市场经济体制的建立，中国传统事业单位体制向公共事业体制转变，这不仅改变了政府提供公共服务的方式，也使得公共事业的内涵发生了巨大的变化。通过对公共物品的界定，明确了公共事务的内涵与类型，为公共事业的界定奠定了基础。

第一，"公共事业"一词由计划经济时期特有的"事业"发展而来，公共事业的主要内容是公共事务中的社会事务。

第二，公共事业属于公共物品的范畴，提供的是部分特殊的公共物品，必须以不同于私人事务的方式进行经营与管理。

第三，公共事业主要提供非政治、非经济性的公共物品：一是属于纯公共物品的事业物品，在整个事业中占少数，如气象、基础科学与社会科学研究、农业技术与推广等；二是属于准公共物品的事业物品，在整个事业中占大多数，如教育、医疗、卫生、体育、出版和影视等。

第四，公共事业的内涵与政府调节市场有关。市场存在着内在的缺陷，针对市场失灵，政府必须科学界定职能，确保市场经济的良性运转。这其中的部分职能与公共事业密切相关，如提供公共教育等公共物品，通过管制和经济处罚等防止污染，对涉及社会公众基本生活的水电和供暖等公共物品的特殊管理等。

综上所述，公共事业是指涉及社会公众基本生活质量与公共利益的社会事务及必需的具有较强外部性的经济事务。其中，社会事务是公共事业的基本内容，具有较强外部性的部分经济事务也是其重要的组成部分。具体而言，公共事业主要包括教育、科学、文化、卫生、体育、人口、环境保护，以及通信、公共交通和供水、供电、供气等公用事业。

二、公共事业管理概念的界定

（一）公共事业管理的含义

界定公共事业管理的含义要受到公共事业的内在规定与管理内涵的制约，也要受到政府与社会、经济关系的影响。所谓公共事业管理，是指以政府为核心的社会公共组织对公共事业进行规划、组织、领导和协调控制，以保障和实现社会公共利益，促进社会公平正义的过程。其内涵可从以下 5 个方面理解。

第一，公共事业管理的主体是以政府为核心的公共组织。公共事业管理主体在公共事业管理过程中居于核心的地位。政府组织是公共事业管理最重要的主体，同时还包括非营利组织（主要包括社会领域的中介组织和自治性社会组织）和中国特有的事业单位（一定的准政府组织）。

第二，公共事业管理的客体是特定的社会事务及部分具有较强外部性的经济事务。从公共物品角度看，公共事业管理的客体包括公共物品和准公共物品，但主要是准公共物品。公共事务的受益对象是社会公众，公共事业物品的生产直接关系到社会公众的基本生活和共同利益，政府必须进行统筹管理。

第三，公共事业管理的根本目的是保障和实现社会公共利益，维护社会的公平与正义。公共事业管理绩效的评价不能简单地以经济性指标作为标准，应力争短期利益与长期利益、局部利益与整体利益、有形利益与无形利益的统一，用服务的数量、质量、满足社会需求程度和均等化程度等多种尺度衡量。

第四，公共事业管理的公共性。公共事业与每一个人息息相关，因而在管理过程中高度强调社会公众的参与。这种参与一方面表现为社会公众对公共事业管理决策的影响，对管理主体行为的监督与约束；另一方面表现为社会公众通过非营利组织对一定层次和范围的公共事业进行直接管理。

第五，公共事业管理的层次性。一方面，各级政府与非营利组织在公共事业管理过程中承担着监管、实施与服务的不同责任，具体的管理内容层次明显；另一方面，各级政府与非营利组织之间管理范围与内容间存在重叠，涉及纵向政府间的事权划分与横向政府部门间的协同，政府与非营利组织职能的界限。

（二）公共事业管理与行政管理的关系

行政管理是指国家行政机关依法对国家事务、社会公共事务及机构内部事务进行服务和监管的过程。行政管理是以管理主体为基础界定的，即行政机关管理公共事务的过程；公共事业管理是以管理客体为基础界定的，即管理公共事业的过程。公共事业管理与行政管理的目的一致，都致力于满足社会公共需要，维护社会秩序，增进社会公共利益。两者的区别较明显，主要体现在以下4个方面。

1. 主体与客体不同

行政管理的主体是各级国家行政机关，行使的是国家公共权力，以法律为后盾；公共事业管理的主体多元化，既包括国家行政机关，也包括非营利组织和事业单位。非营利组织的权力来源于契约，事业单位的权力来源于法律授权或行政机关的委托等。行政管理的管理对象是所有的社会公共事务；公共事业管理的管理对象仅是公共事务的一部分。

2. 管理方式不同

行政管理过程中虽综合采取经济、法律、行政和教育手段，但行政管理是行政机关履行法律赋予的公共权力。在公共事业管理的过程中，非营利组织等主体的权力来源于组织成员约定及法律授权或政府委托，其强制性约束力不及行政管理。公共事业管理的内容也决定了管理活动多是在相互尊重、平等的基础上，以协商、沟通等方式达成共识，以引导和服务为主。

3. 政治性程度不同

行政管理主体依法履行政府职责，代表国家行使权力，贯彻统治阶级的意志，具有很强的政治性。公共事业管理虽从根本上说也必须体现统治阶级的根本利益，但由于其根本的目的是为社会公众提供必需的公共物品与服务，因此其具有更强的社会性，政治性相对较弱。

4. 独立性程度不同

公共事业管理主体是多元化的，其中的非营利组织和事业单位具有相对的对立性，是独立的法人，经济上独立核算，甚至通过有偿的服务维持组织的运转。具体的行政管理部门是整个行政系统的组成部分，上下级间是领导与被领导关系，经费来自于国家财政，权力来源于法律的赋予，相对而言，独立性程度较低。

 小贴士1.2

公共事业管理与公共管理的关系

公共事业管理是公共管理的重要组成部分与分支学科，与公共管理既有密切的联系，又有区别。理清其关系，对正确理解和认识公共事业管理具有重要的现实意义。

公共管理是指以政府为主体的公共组织为促进社会协调发展和维护公共利益，对社会公共事务进行调控与监管的过程。公共管理与公共事业管理是整体与部分的包含与被包含关系。两者的管理主体相同，均是以政府为核心的公共组织；管理目的相同，都是致力于满足社会公共需要，保证实现社会公共利益。

但两者又有着明晰的界限，区别明显。公共管理的客体是所有的公共事务，即经济公共事务、政治公共事务与社会公共事务；公共事业管理的对象仅是公共事务中的社会事务及具有较强外部性的经济领域公共事务。

三、公共事业管理学理论研究

一般认为，公共事业管理学是一门研究公共事业管理活动及其发展规律的应用学科，是研究公共组织的社会事务及外部性经济事务的公共管理学。公共事业管理学作为一门独立的学科，有明确的研究对象、方法和学科体系。

（一）研究公共事业管理学的意义

公共事业管理学作为一个专门的研究领域和学科，在我国起步较晚。研究和探索公共事业管理的基本理论、知识与技能，对正确认识市场经济体制下政府的职能，调整政府与社会关系，加强公共事业管理实践，构建中国特色的社会主义公共事业管理体制具有十分重要的现实意义。

1. 有助于完善公共事业管理体制

我国传统的事业管理体制在运行中存在着诸如社会公共事务管理的范围不明确，权力过于集中、管理主体单一，部门分割、多头管理、各自为政，公共事业管理方式落后，公共组织膨胀、管理效率较低，以及政事不分、事业单位行政化等问题。新型公共事业的矛盾及已有的诸多问题，使公共事业管理面临着巨大的挑战。

公共事业管理是一个新兴学科，系统的、科学的研究还处于探索阶段，目前人们对公共事业及其管理的理解还较为模糊，认识还有待深入。因此，从我国现实出发，科学地界定公共事业及其管理的基本内涵，深入地、理性地创新公共事业管理内容与方法，构建中国特色的公共事业管理体制，已成为理论、学术界及实际工作者的一项重要而艰巨的任务。

2. 有助于促进政府管理体制改革

随着社会主义市场经济体制改革的深化，政府管理体制改革也在逐步深入。当前我国政府管理改革的一项重要任务就是在调整政府职能的过程中，充分发挥其社会公共事务管理职能，探索相应的管理方式，并积极推动事业单位体制改革，实现政事分开，形成有中国特色的公共事业管理体制，以适应政府管理体制改革和社会发展的需要。

公共事业管理理论应当研究公共事业管理的基本性质，管理主体、层次、体制及其管理的科学方法等，即研究如何科学地进行公共事业管理的问题。对作为公共事业管理主体的政府而言，研究公共事业管理有助于政府社会管理职能基本内涵的确认，逐步形成既符合基本要求又有中国特色的公共事业管理，使政府社会管理行为迈进科学化的轨道，从而推进整个政府管理改革的深入。

3. 有助于实现公共管理的社会化

长期以来，我国受政治和公共管理传统的影响，以及特定历史原因的制约，在客观上存在着所谓的强政府、弱社会或大政府、小社会的状况，政府承担本应社会自我管理的事务，政府管理成本大、负担沉重。近年来虽有改进但还未能从根本上转变，这也正是多次进行政府机构改革，但始终走不出"精简—膨胀—再精简—再膨胀"怪圈的原因之一。

随着世界各国民主化的发展，公共管理社会化已成为政府改革的重要目标与途径，也是公众的基本要求。事业管理是公共管理的重要组成部分，应研究政府和非政府组织各自在公共事业管理中的地位和职责，以及非政府组织的活动范围和行为准则，科学界定国家与社会、政府与事业的关系，培育、管理和发展好非政府组织，充分发挥社会与公众力量，实行中国特色的公共管理社会化。

4. 有助于促进社会整体协调发展

当代任何一个国家的改革与发展目标都是政治、经济和社会的协调发展，是社会的整体进步。我国改革开放特别是建立社会主义市场经济体制以来，经济的迅猛发展得益于政治体制与社会改革。而当前政治体制改革的基本内容是政府体制改革，社会改革的基本内容则是社会力量的培育和管理，以及人们生活质量的提高。

公共组织本身具有的政治性和管理结果具有的政治性，使得公共事业管理以社会为基本领域，又在一定程度上涉及政治范畴。因此，积极研究公共事业管理理论与方法，在促进政府管理改革的深入、促进科学的国家与社会关系的建立过程中，将会直接促进人们整体社会质量的提高、社会公共利益的增加，同时从公共事业这一特定领域促进我国政治、经济和社会整体的协调发展。

(二) 公共事业管理学的研究对象

任何一门学科都应以客观世界的某类事物、现象及其过程作为自己的研究对象，以揭示事物或现象及其过程的本质联系和规律性，并形成学科理论体系。尽管人们对公共事业管理学的研究对象及其内容的认识还有着一定的分歧，科学的界限还未真正建立起来，但公共事业管理学有着相对独立的研究对象和领域是客观存在的事实。

我们认为，公共事业管理学的研究对象是国家行政机关、非营利组织和事业单位等公共事业管理主体在一定的环境下，确定公共事业的管理职能、管理目标和管理绩效，配置社会公共资源，提供基础性生存和福利保障，提高社会公共事务管理效率的行为活动。

(三) 公共事业管理学的研究方法

公共事业管理学是一门理论性、实践性和应用性的学科，由于它是公共管理的一个重要分支学科，因此其研究方法与公共管理研究有着诸多的相同和相似之处。公共事业管理学的研究方法主要包括以下5种。

1. 比较分析法

比较是指根据一定标准在两种或两种以上有某种联系的事物间辨别高下与异同。比较分析法一般是指将要研究的对象与不同的或相似的事物进行比较，或将研究对象在不同阶段的情况进行比较，通过鉴别事物之间的异同及其制约因素等，从而找出事物的本质或规律性的方法。比较分析法可分为横向比较法和纵向比较法两种，前者指对空间上同时并存的事物的既定形态进行比较，后者指对同一事物在不同时期的形态进行比较。

比较研究法是公共事业管理学中的一个常用的、重要的研究方法。如通过对不同国家和地区公共事业管理过程和内容进行分析，就可发现其公共事业管理特色及其成功的经验，为提高我国的公共事业管理水平提供有益的借鉴；通过对新中国成立以来不同历史时期的社会公共事务管理模式和方法等进行比较，就能从历史进程角度分析公共事业管理的不同变化和特点，寻找出这种变化的历史原因和实质，加深对公共事业管理变化规律及内容的认识。

2. 实践抽象法

抽象是指从众多的事物中抽取共同的、本质性的而舍弃其非本质的特征。实践抽象法是指对社会管理实践进行总结、概括和抽象而获得管理理论的方法。社会管理是人类社会最基本、最古老的管理职能，在管理理论产生前就已存在。其行为和实践，也形成了一些较稳定或定型化的、有效的操作或思考方式，将其经验抽象就可形成一定的管理理论。

公共事业管理中的实践抽象法主要是通过分析公共事业管理的实际操作，如在公共事业管理中如何确立、搜集信息去分析问题，如何寻求、判别、选择与实施解决问题的最优方案等，找出公共事业管理过程或某一个环节中带有规律性的东西，从而抽象出公共事业管理的理论、原则与方法等，用以指导新的公共事业管理实践。其基本取向是从实践中来再回到实践中去的不断反复。

3. 实体分析法

实体是指一种物质实体，即占有一定的空间并有一定结构和功能的物质存在。实体分析法是指将管理主体作为一个实体，重点分析其存在与发展的前提条件及其环境的关系，从而获得条件、规律等认识的方法。通过实体分析法的理论与技术，分析公共事业管理目的、因素、资源、权限和问题等情况，可制订并实施相应的方案和措施，从而提高公共事业管理的效率。

运用实体分析方法的一个前提条件，是必须熟悉政府组织、非营利组织、事业单位及其行为过程，以及公共事业管理的政策和法律等要素。通过分析公共事业管理主体实体性存在的基本状况，发现和解决公共事业管理存在的实际问题，从而获得公共事业管理的认识和理论。实际上，实体分析法不仅仅是研究公共事业管理的方法，也是公共管理实践中经常使用的工作方法。

4. 案例分析法

案例是指人们在生产生活当中所经历的典型的富有多种意义的事件陈述，即是人们所经历的故事当中的有意截取。案例分析法是指把实际工作中出现的问题作为案例，交给管理人员研究分析，以提高其分析能力、判断能力、解决问题及执行业务能力的方法。其目的是通过对相应的案例发生全过程的回顾与评价，发现影响其成功与失败的因素，并提出各种对策建议。

案例分析法在公共事业管理中的一般过程包括发现问题、明确问题、过程分析、方案设计、选择方案、具体实施、结果评价和信息反馈。该方法主要是为公共事业管理人员提供一种真实的或假定的公共事业管理场景，要求其去思考和寻求答案。案例一般要求来自实际，有某种特定借鉴价值，可以是成功实例，也可以是失败教训，需要用公共事业管理理论分析，从中得到现实的启发。

5. 实验分析法

实验是指根据科学研究的目的，利用一些专门的仪器设备和技术手段，人为地变革、控制或模拟研究对象，使某一些事物（或过程）发生或再现，从而认识自然现象、性质与规律。实验分析法是指通过设计情境、控制条件、观察和分析对象活动，以掌握因果关系，认识和把握对象本质和规律的方法。为得出精确可靠的实验结果，可以进行反复实验和对比实验。

实验分析法的必备条件：实验环境须经过周密设计，排除与实验无关因素干扰的可控环境，实验按计划有步骤地进行，实验结果须科学地统计和分析。在公共事业管理研究中，可通过选择特定的对象或领域，甚至人为地提供某些条件进行管理实践或政策试验，以取得在更大范围推行某一类公共项目、实施某一种改革甚至整个公共事业管理体制改革的经验。

（四）公共事业管理学的学科体系

研究公共事业管理学应以马克思主义理论和科学发展观为指导，从当前我国公共事业发展的实际出发，借鉴和吸收世界各国在公共事业管理及相关管理的科学理论与实践经验，以及相关的研究方法，探索与完善公共事业管理体制，逐步建立和完善中国特色的社会主义公共事业管理的学科体系。然而，建立公共财政是一个渐进的发展与完善的过程，根据公共事业管理理论的发展历程、国内外实践的基本内容及其未来发展的需要，来确立中国的公共事业管理的学科体系。本书的理论体系及其研究内容主要包括以下 3 个部分。

1. 公共事业管理理论

包括公共事业管理概论、公共事业管理制度和公共事业管理决策，主要研究公共事业管理的概念、职能和环境，组织、事业单位、社会团体和民办非企业单位的管理制度，以及领导理论、管理与决策。

2. 公共事业管理内容

研究内容主要包括公共事业组织战略管理、公共事业人力资源管理、公共事业市场营销管理、公共事业项目管理、公共事业绩效管理、公共事业管理伦理和公共事业管理创新。

3. 公共事业部门管理

研究和阐述公共事业部门管理的内容，主要包括科技事业管理、教育事业管理、文化事业管理、体育事业管理、卫生事业管理和市政公用事业管理。

第二节　公共事业管理主体

公共事业管理主体在公共事业管理过程中居于核心的地位，其合法性、掌握资源状态，乃至内部的权责关系等直接关系到公共事业管理目标的实现。公共事业管理主体以政府为核心，由政府组织、非营利组织和事业单位（准政府组织）共同构成。我国公共事业管理主体系统正处于改革与发展过程中，国家与社会的关系、政府与非营利组织的权力边界正在调试，事业单位改革也正在进行，其根本目标是构建结构合理、职能科学、行为规范的公共事业管理主体系统，促进整个公共事业的发展。

一、公共事业管理的核心主体——政府

政府是公共事业管理主体的核心，是公共事业管理基本法律制度的制定者和政策的决策者，对公共事业管理活动起着决定性作用。

（一）政府的基本概念

1. 政府的含义

政府旧称"官府""官署""公家""衙门"。一般认为，政府是指国家公共行政权力的象征、承载体和实际行为体。它是国家展现意志、处理具体事务的机关。政府有广义与狭义之分，广义的政府是指行使国家权力的所有机关，包括国家的立法机关、行政机关和司法机关；狭义的政府仅指国家行政机关。

虽然具体的公共事业管理行为主要由行政机关承担，但立法机关与司法机关也是公共事业管理的重要主体。因为公共事业管理基本依据的法律由立法机关通过一定的程序制定，其重大决策、公共资金的分配由立法机关决定，通过代表或直接参与，民众将自己的利益诉求输入政治体系，实现对国家权力的监督。

一方面，司法机关通过司法审判约束行政权力，纠正行政机关的不当行为，确保公共事业管理法规被遵守，社会公众的合法权益得以保障；另一方面，司法机关通过司法解释明确公共事业管理法规的内涵，实质影响公共事业管理。

2. 政府的职能

政府职能又称行政职能，是指国家行政机关依法对国家和社会公共事务进行管理时应承担的职责和所具有的功能。政府职能反映着公共行政的基本内容和活动方向，是公共行政的本质表现。政府职能主要包括政治、经济、文化和社会等职能。

（1）政治职能。政治职能是指政府为维护国家统治阶级的利益，对外保护国家安全，对内维持社会秩序的职能。我国政府的政治职能包括军事保卫职能、外交职能、治安职能和民主政治建设职能4项职能。例如，维护国家独立和主权完整、保卫国防安全，反对强权政治和维护世界和平，保障人民的政治权利和生命财产安全，推进国家政权完善和民主政治发展等。

（2）经济职能。经济职能是指政府为国家经济的发展，对社会经济生活进行管理的职能。在社会主义市场经济条件下，我国政府的经济职能包括宏观调控职能、提供公共产品和服务职能、市场监管职能。例如，通过财政税收政策和货币政策对整个国民经济运行进行间接的与宏观的调控，为确保市场运行畅通、保证公平竞争和公平交易、维护企业合法权益而对企业和市场所进行的管理和监督等。

（3）文化职能。文化职能是指政府为满足人民日益增长的文化生活的需要，依法对文化事业所实施的管理。我国政府的文化职能包括发展科学技术职能、发展教育职能、发展文化事业职能和发展卫生体育职能4项职能。例如，政府重视基础性、高技术及其产业化研究，优化教育结构和加快教育体制改革，引导全社会文化、卫生和体育事业的发展等。

（4）社会职能。社会职能是指国家提供公共服务，完善社会管理的职能，即指除政治、经济与文化职能以外政府必须承担的其他职能。我国政府的社会职能包括调节社会分配和组织社会保障职能、保护生态环境和自然资源职能、促进社会化服务体系建立职能、提高人口质量和实行计划生育职能。例如，运用各种手段来调节社会分配和组织社会保障，以提高社会整体福利水平，最终实现共同富裕。

3. 政府的分类

以政府的地位和层次为标准，可将政府分为中央政府和地方政府。

（1）中央政府。中央政府是最高国家行政机关，是地方政府的对称，是负责全国统一领导的最高国家行政机关。中央政府负责统一领导全国地方行政工作，集中掌握国家的国防、外交、财政和内政等行政职权。中央政府在中国又称国务院。

（2）地方政府。地方政府是指管理一个国家行政区事务的政府组织的总称。我国称为"地方人民政府"，在我国，地方政府是相对于中央人民政府（国务院）而言的各级人民政府，地方政府即是省、直辖市、县、市、市辖区、乡、民族乡、镇设立的人民代表大会和人民政府。

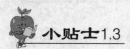 小贴士1.3

中国政府机构体系

广义的政府机构体系：一是中华人民共和国全国人民代表大会，它是最高国家权力机关；二是中华人民共和国主席，主席和副主席由全国人民代表大会选举产生；三是中华人民共和国国务院，它是国家最高行政机关，实行总理负责制；四是中华人民共和国中央军事委员会，领导全国武装力量；五是地方各级人民代表大会和地方各级人民政府；六是民族自治地方的自治机关；七是人民法院和人民检察院。

狭义的政府机构体系：一是国务院，即中央人民政府，它是最高国家权力机关的执行机关，是最高国家行政机关；二是地方各级人民政府，是地方各级国家权力机关的执行机关，是地方各级国家行政机关。地方各级人民政府实行省长、市长、县长、区长、乡长、镇长负责制。民族自治地方的自治机关是自治区、自治州、自治县的人民代表大会和人民政府。此外，还包括香港特别行政区、澳门特别行政区。

（二）政府是公共事业管理核心的必然性

1. 公共事业管理是充分发挥政府社会职能作用的重要手段

政府职能包括政治职能、经济职能、文化职能和社会职能，而社会职能与社会公众的利益息息相关，市场一般又无法有效供给，旨在发展教育、科技、文化、卫生、体育和公用事业，不断加强基础设施建设，提高人口质量和社会整体福利水平，促进社会自我管理能力的不断提高等。因此，加强公共事业管理可以体现政府的公共性，有利于发挥政府社会职能作用，保障社会稳定和经济可持续发展。

2. 公共事业的特性决定了政府在公共事业管理中的核心地位

公共物品的非排他性意味着供给主体无法通过市场弥补其供给成本获取利润，因而理性的市场主体不会愿意提供；公共物品的非竞争性则导致理性的社会成员不会选择以支付代价的方式获得公共物品，"搭便车"成为普遍的选择。这就意味着市场无法满足社会对公共物品的需求，而公共物品又是公众生活的基本需求和社会发展的基础，因此提供公共物品就成了政府的基本责任。

3. 市场的内在缺陷决定了政府必须积极参与公共事业管理

市场是一个弱肉强食的竞技场，竞争结果是两极分化，市场无法保障社会的公平与正义。为了保证社会稳定和可持续发展，将贫富差距控制在一定的范围内就成为政府的职责。这种控制一方面通过税收、转移支付等方式直接调节收入，另一方面就是通过基本公共服务的均等化，保障弱势群体获得平等的改变自己命运的机会，如实施义务教育、基础设施建设和基本社会保障等，进而谋求社会公正。

（三）政府在公共事业管理中的基本职责

在政府与社会、政府与市场的关系，公共事业管理模式及机制的确定等中，政府都扮演着至关重要的角色，它是公共事业管理体制的设计者。政府不但是公共事业的直接管理者，还是其他公共事业管理主体的管理者，在公共事业管理中起着不可替代的作用。其基本职责包括以下 4 个方面。

1. 价格管制

卫生防疫和教育等公共事业物品是社会生存和发展的必需品，是维系社会稳定的基础。政府需要通过制定带有社会福利性的收费标准来保证服务的可行性，以及公共事业物品分配的公平性和效率性。

2. 信息公开

社会分工的细化和公共事业内容的高度专业化，使消费者无法依靠自己的知识和能力判断服务的质量。政府应要求公共事业领域的生产者，全面、客观、及时地公开产品与服务的信息，保障消费者的合法权益。

3. 质量控制

公共事业的高度专业性使消费者无力判断服务的质量，政府必须通过制定相应的质量标准，使消费者能够理性地选择。政府应评估和监督服务者提供产品的质量，并实施有效的奖惩机制。

4. 资格管制

政府要针对不同公共事业领域制定不同的进入标准，只有达到标准者才能提供具体的服务。公共事业通过进入门槛，防患于未然，将质量隐患尽可能在事先消除。

二、公共事业管理的参与主体——非营利组织

20世纪70年代"结社革命"以来，非营利组织已成为一支十分重要的社会力量，从行业协会、基金会到医疗机构等，通过自治、参与提供服务等机制满足社会多元化的需求。

(一) 非营利组织的概念、特征与类型

1. 非营利组织的基本含义

组织有广义与狭义之分，前者是指由诸多要素按照一定方式相互联系起来的系统；后者是指人们为实现一定的目标，互相协作结合而成的集体或团体，如党团组织、工会组织、企业和军事组织等。在现代社会生活中，组织是人们按照一定的目的、任务和形式编制起来的社会集团，它不仅是社会的细胞、社会的基本单元，也是社会的基础。

非营利组织是指具有相对稳定的组织结构、运行规则、追求目标，以志愿为基础，谋取社会公共利益、成员合法权益，成员间和谐的社会组织，即不以营利为目的的组织。其目标通常是支持或处理个人关心或公众关注的议题或事件。非营利组织所涉及的领域非常广泛，包括艺术、慈善、教育、学术和环保等。

2. 非营利组织的法律界定

世界上很多国家都在法律上对非营利组织进行了不同的界定。

(1) 美国的定义。美国财务会计准则委员会 (FASB) 将其定义如下。符合以下特征的实体：该实体从捐赠者处获得大量的资源，但捐赠者并不因此而要求得到同等或成比例的资金回报；该实体经营的目的不是获取利润；该实体不存在营利组织中的所有者权益问题。

(2) 英国的定义。英国对非营利组织的认定标准：该组织为公众而非私人利益设立；该组织雇用一些志愿服务、不领薪水的人员；领薪水的人员放弃应有的报酬（如接受比一般行情低的薪水）；盈余不得分配给会员；不支付薪水会员的理事负责管理该组织事务；其资金来自不同的组织。

(3) 日本的定义。日本法律规定，非营利组织是指不以营利为目的，并且其收入不得分发给成员的社会组织。但非营利并不意味着不能参加营利性经营活动，而是必须把各种收入用于公益事业。

(4) 中国的定义。中国税法中规定，是指同时符合下列条件的组织：依法履行非营利组织登记手续；从事公益性或者非营利性活动；取得的收入除用于与该组织有关的、合理的支出外，全部用于登记核定或章程规定的公益性或非营利性事业；财产及其孳息不用于分配；按照登记核定或章程规定，该组织注销后的剩余财产用于公益性或非营利性目的，或由登记管理机关转赠给与该组织性质、宗旨相同的组织，并向社会公告；投入人对投入该组织的财产不保留或者享有任何财产权利；工作人员工资福利开支控制在规定的比例内，不变相分配该组织的财产。

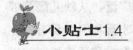

非营利组织与非政府组织的关系

从概念上看，非营利组织是在经济和社会服务领域定义的，主要指教育、卫生、科学、社会福利和其他福利组织。其服务的受益人一般为个人，可进行收费。因此，这些组织介于经济与社会服务之间，但从产品性质上不能完全将它与企业区别开来。

"非政府组织"一词来自国外，它是在政治领域中定义的，是指除政府之外的其他社会公共组织，如工会、行业协会、妇女组织和职业团体等。从字面上看，企业也属于非政府组织，但约定俗成，该概念在理论与实践中并不包括企业等营利性的社会组织。

非营利组织和非政府组织在组织目标上差异明显，企业目标是营利，非政府组织是非营利。而非营利组织可以收费，有的服务还可完全市场化，如医疗服务中的某些项目，但收费应低于市场价格；也可以有利润，但不能用于分配，而且必须用于符合组织目标的服务项目。

3. 非营利组织的特征

非营利组织一般具有以下特征。

(1) 目标的非营利性。非营利组织不以营利为目的，不分配盈余。非营利组织提供服务时需投入人力、物力和财力，而为维持组织的持续存在和提供公共服务，其资金来源一般是政府财政拨款、慈善捐款和服务收费。这里的非营利性并不是说该组织不能收费以弥补成本，而是不得进行利润分配，组织盈余只能用于实现组织目的，一旦破产，剩余资产只能纳入社会公益基金等。

(2) 组织性和专业性。非营利组织在一定程度上要制度化，必须有保持组织长期存在的制度性内容，如一定程度上健全的内部结构、组织制度和相对稳定的目标等；同时，每一个具体的非营利组织都应专业化，总是服务于特定的人群或领域，关注特定的社会问题。其资源来源要求定位准确，有固定的服务对象，从而获得稳定的拥护群，否则它将难以为继。

(3) 民间性和自治性。民间性是指非营利组织不以谋取政权为目标，体制上独立于政府，既不是政府的一部分，也不受制于政府，其参与政治一般表现出工具性，即有利于自己事业的人和事就支持，不利于自己事业的人和事就反对；同时，非营利组织在遵守法律的基础上，自己管理自己，自己控制自己的活动，不受制于政府和营利性组织，也不受制于其他非营利组织。

(4) 公益性和志愿性。公益性是指非营利组织追求的是社会公共利益或合法的群体利益；同时，组织成员参与非营利组织的活动以志愿为基础，其组织往往由具有强烈使命感的人发起，成员或支持者对组织事业有着强烈的奉献精神，他们在工作中不计得失、任劳任怨，甚至无私奉献，这为其提高服务质量、被服务对象欣然接受奠定了基础，但不能将这一特征神圣化、理想化。

（5）多样性与灵活性。多样性是指非营利组织在总体上涉及领域广泛，从幼儿园到养老院，从兴趣组织到环保组织等，遍布社会生活的方方面面；同时，非营利组织没有僵化体制和繁文缛节的束缚，能迅速对问题作出反应，灵活地调整其工作方式和运作机制，以适应快速变化的外部世界。当然，这种灵活性也有其不得已的方面，如有时是为了筹款、获取更多的支援或引起更多的关注等。

4．非营利组织的类型

非营利组织的类型主要包括公益服务型、动员资源型、社会协调型和政策倡导型4种。

（1）公益服务型。非营利组织提供的公益服务遍及社会的各个方面，包括公益慈善、救灾救济、扶贫济困、环境保护、公共卫生、文化教育、科学研究、科技推广和社区建设等领域，随着这种社会功能的不断发展和成熟，形成了一些以公益服务为核心功能的非营利组织，如开展公益项目的基金会、社会团体、民办非企业单位和社区服务基层组织等。该类型的非营利组织单体规模可能较小，但整体数量巨大、分布广泛。其共同特点是为公众提供各种形式的公益服务，与各级政府和相关领域的公共服务相辅相成而成为政府公共服务的有益补充。

（2）动员资源型。非营利组织为生存与发展，必须动员各种社会资源，包括慈善捐赠和志愿服务。随着这种社会功能的日益发展和成熟，社会资源在少数非营利组织上逐渐专业化，形成了一些以动员资源为核心功能的非营利组织，如专业筹款、开展资助活动的基金会和社会团体，以及专业招募、培训和派遣志愿者的社会团体和民办非企业单位。该类型的非营利组织可能数量很少，但专业化程度很高，有相当高的社会公信度和影响力，形成强有力的资源支持平台，因而在公益认定、评估和社会监管方面都应有很高的要求和相应的约束。

（3）社会协调型。社会转型期的非营利组织越来越成为公民表达意愿、维护权益、协调关系、化解矛盾、实现价值的最为广泛和直接的形式，社会协调型非营利组织主要有以社区为基础的横向协调型和以社群为基础的纵向协调型两种不同类型，前者如各种社区群团组织，后者包括各种形式的商会、行业协会、工会、联谊会、同学会、消费者协会等。该类型的非营利组织一般采取会员制，注重社会资本，为会员提供服务，同时强调对所在社区或社群的代表性，积极参与社会公共事务。它们数量较大、种类繁杂，其共同特点是具有较强的自我稳定性。

（4）政策倡导型。非营利组织应积极参与公共政策的制定过程，努力倡导政策的公益性与普惠性，且作为特定群体特别是弱势群体的代言人，表达其利益诉求和政策主张。随着这种社会功能的发展，政策倡导成为一些非营利组织的主要功能，成为专门从事相关政策研究并积极影响政策过程的思想库，以及积极参与社会博弈的弱势群体或利益集团的代言人，甚至成为对社会政治过程有影响的集团。该类型的非营利组织的数量不多，但影响很大，其共同特点是有明确的政策主张，较多关注社会公正，并通过积极的倡导活动影响政策过程。

（二）非营利组织参与公共事业管理的必要性

非营利组织作为公共事业管理的主体，在提供个性化、地区性的公共物品和服务，满足社会的多元化需求等方面有着政府不可比拟的优势，能够提供政府无法或无力提供而企业又不想提供的公共物品，一定程度上弥补政府失灵与市场失灵。政府、营利性组织与非营利组织提供社会产品时相互补充，只有三者的协同合作才能够满足社会各层次的需求。

1. 提高公共物品的供给与配置效率

随着经济社会发展，公众的需求日益多元化与个性化，而政府受到财政、管理等压力，无法及时有效回应公众的所有需求。非营利组织作为公共事业管理主体，能够满足一部分社会公众、一定社区内公众需要的产品或服务，缓解政府的一定压力。非营利组织参与公共事业管理能拾遗补缺，且通过政府与非营利组织之间、非营利组织相互之间的竞争，提高公共物品的供给数量与质量，提升公共物品的配置效率。

2. 能够满足社会服务多元化的需求

随着现代社会价值观念的多元化和利益的高度分化，面对科学技术、文化教育、体育卫生、社会保障、社会管理等社会性服务和衣、食、住、行、用等生活福利服务多样化的社会需求，即便政府职能不断地扩张，也无法及时、恰当地回应这些需求，而这恰恰是非营利组织的优势所在。非营利组织还具有扩大社会就业、增强社会福利能力、提升公民民主意识和强化社会组织服务等的积极作用，以满足社会服务多变性、多元化的需求。

3. 实现公共事业管理效能的最大化

20世纪70年代以来，一些发达国家推进公共事业管理的社会化和市场化，即政府在明确核心职能的基础上，将部分政府的执行职能和具体的服务职能分离而交由社会组织，以增加公共服务的总供给量，满足社会多元需求，使能开展市场竞争的公共事业领域，如电信和城市交通等由私营部门经营，以竞争来提高服务质量与效率。公共事业管理的社会化与市场化，就是发挥社会力量在公共服务与管理中的作用，但如果离开非营利组织的发展，这一改革是无法实现的。

非营利组织作为公共事业管理的主体，是公共事业发展的内在要求，也是社会发展的必然要求。但需要注意的是，非营利组织也有着不可克服的缺陷，存在着志愿失灵的问题，因而作为公共事业管理重要主体的非营利组织，既是公共事业管理中公共服务的提供者和微观层面的管理者，也必须在法律规定的范围内进行活动，并接受政府的监督。

三、公共事业管理的重要主体——事业单位

我国事业单位及事业单位管理体制是随着计划经济体制而建立起来的社会事务管理模式，它是具有中国特色的一种社会组织和体制现象，其中，部分事业单位承担着行政职能，是准政府组织；部分事业单位是具有一定行政性的官办或半官办的非营利组织；绝大部分事业单位则直接提供公共服务，在公共事业管理中扮演着十分重要的角色。随着我国市场经济体制与社会公共服务提供方式的重大变革，事业单位本身及其管理体制发生了重大的变化。

（一）事业单位的相关概念

1. 事业的含义

"事业"一词有多种含义：一是指人们所从事的，具有一定目标、规模和系统的对社会发展有影响的经常活动；二是特指没有生产收入，由国家经费开支，不进行经济核算的文化、教育和卫生等单位；三是有时指个人的成就。本书所言的是第二种含义。

2. 事业单位的含义

对事业单位含义的界定，在不同时期有不同的认识。1963 年国务院制定的《关于编制管理的暂行规定》将其界定为：凡是为国家创造或改善生产条件，促进社会福利，满足人民文化、教育、卫生等需要，其经费由国家事业费内开支的单位均为事业编制。也就是说，这类组织机构经费来源于国家事业费，且具体工作人员具有不同于政府与企业的特殊编制——事业单位。

1984 年全国编制会议《关于国务院各部门直属事业单位编制管理试行办法（讨论稿)》规定：凡是为国家创造或改善生产条件，从事为国民经济、人民文化生活、增进社会福利等服务的活动，不是以为国家积累资金为直接目的的单位，可定为事业单位，使用事业编制。

1990 年 9 月国家统计局、人事部、劳动部、国家计委发布的《关于在劳动计划和统计中划分企业、事业、机关单位的暂行规定》将事业单位界定为：从事为生活和生产服务以及提高人民科学、文化水平和素质服务的独立核算单位。

国务院于 1998 年 4 月和 2004 年 6 月制定的《事业单位登记管理暂行条例》和《关于修改〈事业单位登记管理暂行条例〉的决定》中规定：事业单位是指国家为了社会公益目的，由国家机关举办或其他组织利用国有资产举办的，从事教育、科技、文化、卫生等活动的社会服务组织。

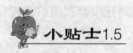 小贴士1.5

事业单位与其他单位的区别

一、事业单位与行政单位的区别

主要表现如下。一是内涵不同。事业单位是社会服务组织；行政单位是国家机关。二是职责不同。事业单位是为社会公益目的从事教育、文化、卫生、科技等活动；行政单位则负责对国家各项行政事务进行组织、管理和指挥。三是编制不同。事业单位使用事业编制，由国家事业经费负担；行政单位使用行政编制，由国家行政经费负担。四是待遇不同。行政单位人员工资按《公务员法》由国家负担；事业单位可全额拨款、部分拨款和事业单位企业化管理，根据不同的管理模式实行不同的待遇。

二、事业单位与企业的区别

主要表现如下。事业单位是具有公益性质，为社会提供公共服务的组织，事业单位绩效工资和企业绩效工资最主要的不同点在于经费来源和保障。企业绩效工资完全取决于企业盈利情况，根据企业的薪酬战略及绩效考核结果进行发放；事业单位则不同，事业单位的类别不同，其绩效工资的经费来源和保障有所不同，如义务教育中小学绩效工资经费来源主要由县级财政保障，省级财政统筹，中央财政对中西部及东部部分财力薄弱地区给予适当补助。

3. 事业单位的特征

事业单位与企业等相比，具有服务性、公益性和知识密集性3个基本特征。

（1）服务性。这是事业单位最基本、最鲜明的特征。事业单位活动的领域主要集中在教育、科技、文化、卫生和环境保护等方面，事业单位是保障国家政治、经济和文化生活正常进行的社会服务支持系统。事业单位的目的是实现社会公共服务，满足公众的社会需求；其职责是为经济和社会各方面提供服务，包括改善社会生产条件，增进社会福利，满足广大人民群众的物质文化生活需要等。

（2）公益性。公益性是由事业单位的社会功能和市场经济体制所决定的。在一些领域，某些产品或服务，如教育、基础研究和市政管理等，不能或无法由市场来提供，这就要由政府组织、管理或委托社会组织来满足社会发展和公众需求。事业单位追求的首先是社会效益，在保证社会效益的前提下，可根据国家规定向接受服务的单位或个人收取一定的服务费用。

（3）知识密集性。绝大多数事业单位是以脑力劳动为主体的知识密集性组织，专业人才是事业单位人员的主要构成，利用科技文化知识为社会各方面提供服务是事业单位的主要手段。虽然事业单位主要不从事物质产品的生产，但由于其在科技文化领域的地位，其对社会进步起着重要的推动作用，是社会生产力的重要组成部分，在国家科技创新体系中居于核心地位。

（二）事业单位的类型与分类

1. 事业单位的类型

事业单位一般是国家设置的、带有一定公益性质的单位，但不属于政府组织，国家通常对这些事业单位予以财政补助。事业单位可分为全额拨款事业单位、差额拨款事业单位和自主事业单位3种类型。

（1）全额拨款事业单位。全额拨款事业单位是以公共服务为基础，无收入或收入很少或收入要上缴财政的事业单位，如学校、科研单位、卫生防疫和工商管理等事业单位。该类事业单位所需的事业经费全部由国家预算拨款，一般适用于没有收入或收入不稳定的事业单位。该种管理形式有利于国家对事业单位收入进行全面监督管理，也使事业单位的经费得到充分的保证。

（2）差额拨款事业单位。差额拨款事业单位就是以公益为主，且有一定收入的单位。该类事业单位按差额比例，财政承担部分列入预算，单位承担部分由单位在税前列支，如医院等。其人员费用由财政拨款，其他费用自筹，其中，人员工资构成固定部分为60%、非固定部分为40%。改革取向是：实行工资总额包干等管理办法，逐步减少财政拨款，向经费自收自支过渡。

（3）自主事业单位。自主事业单位又称自收自支事业单位，是国家不拨款的事业单位。自收自支事业单位作为事业单位的一种主要形式，由于不需要地方财政直接拨款，因而一些地方往往放松对其的管理，造成自收自支事业单位有不断膨胀的趋势。

2. 事业单位的分类

按照现行规定，事业单位可分为以下 19 类。

（1）教育事业单位。包括高等教育、中等教育、基础教育、成人教育、特殊教育和其他教育等事业单位。

（2）科技事业单位。包括自然科学研究、社会科学研究、综合科学研究和其他科技等事业单位。

（3）文化事业单位。包括演出、艺术创作、图书文献、文物、群众文化和广播电视、报纸杂志、编辑、新闻出版和其他文化等事业单位。

（4）卫生事业单位。包括医疗、卫生防疫检疫、血液、计划生育、卫生检验和其他卫生等事业单位。

（5）社会福利事业单位。包括托养福利、康复、殡葬和其他社会福利等事业单位。

（6）体育事业单位。包括体育竞技、体育设施和其他体育等事业单位。

（7）交通事业单位。包括公路维护监理、公路运输管理、交通规费征收、航务和其他交通等事业单位。

（8）城市公用事业单位。包括园林绿化、城市环卫、市政维护管理、房地产服务、市政设施维护管理和其他城市公用等事业单位。

（9）农林牧渔水事业单位。包括技术推广、良种培育、综合服务、动植物防疫检疫、水文和其他农林牧渔水等事业单位。

（10）信息咨询事业单位。包括信息中心、咨询服务中心（站）、计算机应用中心、价格信息事务所、农村社会经济调查队、企业经济调查队和城市社会经济调查队等。

（11）中介服务事业单位。包括技术咨询、职业介绍（人才交流）、法律服务、经济监督服务事业单位和其他中介服务等事业单位。

（12）勘察设计事业单位。包括勘察、设计、勘探事业单位和其他勘察设计等事业单位。

（13）地震测防事业单位。包括地震测防管理、地震预报事业单位和其他地震测防事业单位。

（14）海洋事业单位。包括海洋管理、海洋保护事业单位和其他海洋事业单位。

（15）环境保护事业单位。包括环境标准、环境监测事业单位和其他环境保护事业单位。

（16）检验检测事业单位。包括标准计量、技术监督和质量检测、出入境检验检疫事业单位和其他检验检测事业单位。

（17）知识产权事业单位。包括专利、商标、版权事业单位和其他知识产权事业单位。

（18）机关后勤服务事业单位。如某省、市、县级机关后勤服务中心等。

（19）其他类。如环保事业单位和××工程项目指挥部等。

（三）事业单位的改革取向

自 1985 年起，我国先后发布了一系列有关科学、教育、文化、体育和卫生等领域的事业单位改革决定，逐步理顺基本事业管理体制，不断下放事业单位组织人事管理权和自主权。1996 年，中央机构编制委员会会同人事部出台了《关于事业单位机构改革若干问题的意见》，使得事业单位在人事制度、分配制度和绩效考核等方面的改革取得了突破性进展。2011 年，中共中央、国务院下发了《中共中央国务院关于分类推进事业单位改革的指导意见》，对事业单位改革做出了整体规划，明确了事业单位改革的指导思想、基本原则和总体目标，提出了分类改革的基本路径。

1. 指导思想

高举中国特色社会主义伟大旗帜，以邓小平理论和"三个代表"重要思想为指导，深入贯彻落实科学发展观，按照政事分开、事企分开和管办分离的要求，以促进公益事业发展为目的，以科学分类为基础，以深化体制机制改革为核心，总体设计、分类指导、因地制宜、先行试点、稳步推进，进一步增强事业单位活力，不断满足人民群众和经济社会发展对公益服务的需求。

2. 基本原则

坚持以人为本，把提高公益服务水平、满足人民群众需求作为出发点和落脚点；坚持分类指导，根据不同类别事业单位的特点，实施改革和管理；坚持开拓创新，破除影响公益事业发展的体制机制障碍，鼓励进行多种形式的探索和实践；坚持着眼发展，充分发挥政府主导、社会力量参与和市场机制的作用，实现公益服务提供主体多元化和提供方式多样化；坚持统筹兼顾，充分发挥中央和地方两个积极性，注意与行业体制改革、政府机构改革等相衔接，妥善处理改革、发展、稳定的关系。

3. 总体目标和阶段性目标

到 2020 年建立起功能明确、治理完善、运行高效、监管有力的管理体制和运行机制，形成基本服务优先、供给水平适度、布局结构合理、服务公平公正的中国特色公益服务体系。至 2016 年在清理规范基础上完成事业单位分类，承担行政职能事业单位和从事生产经营活动事业单位的改革基本完成，从事公益服务事业单位在人事管理、收入分配、社会保险、财税政策和机构编制等方面改革取得明显进展，管办分离、完善治理结构等改革取得较大突破，社会力量兴办公益事业的制度环境进一步优化，为实现改革的总体目标奠定坚实基础。

4. 推进事业单位的分类改革

根据《关于事业单位分类的意见》（国办发〔2011〕37 号）的规定：按照社会功能将现有事业单位划分为承担行政职能的、从事生产经营活动的和从事公益服务的 3 个类别，并对其进行分类改革。

（1）承担行政职能的事业单位。即承担行政决策、行政执行和行政监督等职能的事业单位。认定行政职能的主要依据是国家有关法律法规和中央有关政策规定。这类事业单位逐步将行政职能划归或转为行政机构，以后不再批准设立承担行政职能的事业单位。

（2）从事生产经营活动的事业单位。即所提供的产品或服务可以由市场配置资源、不承担公益服务职责的事业单位。这类单位要逐步转为企业或撤销，以后不再批准设立从事生产经营活动的事业单位。

（3）从事公益服务的事业单位。即面向社会提供公益服务和为机关行使职能提供支持保障的事业单位。改革后该类单位继续保留在事业单位序列。根据职责任务、服务对象和资源配置方式等情况，将从事公益服务的事业单位细分为两类进行改革。

①公益一类事业单位。即承担义务教育、基础性科研、公共文化、公共卫生及基层的基本医疗服务等基本公益服务，不能或不宜由市场配置资源的事业单位。这类单位不得从事经营活动，其宗旨、业务范围和服务规范由国家确定。

②公益二类事业单位。即承担高等教育和非营利医疗等公益服务，可部分由市场配置资源的事业单位。这类单位按照国家确定的公益目标和相关标准开展活动，在确保公益目标的前提下，可依据相关法律法规提供与主业相关的服务，收益的使用按国家有关规定执行。

第三节　公共事业管理职能

公共事业管理职能是指公共事业管理者管理公共事业的职责与功能。其职能包括计划职能、组织职能、领导职能和控制职能。

一、公共事业管理的计划职能

（一）计划职能的相关含义

"凡事预则立、不预则废"，计划是管理活动的首要环节。计划是指人、财、物在一定时空范围内展开的结果，是为达到某一目标而优化人、财、物组合的过程。计划明确了组织每一个成员的职责，有利于组织目标的实现和效率的提升，为组织的控制提供了最基本的尺度。

公共事业管理计划是指在公共事业管理（公共物品提供）过程中，以政府为代表的公共组织对管理对象进行一定的预测，进而做出合理的规划，以使公共事业活动在一定的指导和控制下实现整体协调发展的活动。因此，为保证公共事业管理的科学、规范、有效地运行，编制与实施公共事业管理计划是其基础环节。

（二）计划职能的实施程序

公共事业管理计划的编制必须按照一定的程序进行，一般包括以下方面。

1. 确定管理目标

确定管理目标是计划制订的前提。目标的确定是一个权衡的过程、理想与现实相结合的过程，公共事业管理者必须在充分研究历史经验与教训的基础上，全面收集公共事业管理的相关信息，了解公众的需求，掌握组织拥有资源与技术的能力，分析组织的优势与不足，确定组织的管理目标。需要注意的是，公共事业管理目标是一个体系，即目标是多元的，甚至是不同层次的，因而必须明确目标的内容及其优先次序。

2. 拟订行动方案

公共事业管理目标的实现有着不同的路径，针对确定了的公共事业管理目标需要拟订尽可能多的行动方案，以备决策者抉择。拟订高质量的行动方案，必须集思广益，充分利用参谋咨询机构、外部智库的优势，建立成本低、渠道通畅的社会公众参与机制，通过广泛的参与和充分的讨论制订出更多科学合理、符合实际的方案。

3. 制订主要计划

对多种不同的方案，需要进行比较评价，从中选择或将多个方案综合形成新的方案作为主要计划。评价方案时必须充分考察每一种方案的制约因素和潜在风险，从政治、经济、文化价值、技术能力等角度评价其可行性。根据相关的原则选择、确定优先计划，并将选择的方案用文字形式表达出来，以此作为组织各部门和组织成员的行动准则。

4. 辅助计划支持

公共事业管理主要计划的实现，离不开相关物质和专业人员的支撑，即辅助计划的支持，如准备必需的设备、技术和政策文件等资料，培训专业人员等，帮助涉及主要计划内容的各个下属部门制订支持公共事业管理总计划的具体实施计划。

5. 编制财政预算

作出公共事业管理决策和确定计划后，赋予计划含义的最后一步是将计划转变为预算，使之数字化。计划涉及资源的分配，只有将其数量化后才能汇总和平衡各方，分配好资源。编制预算使计划的指标体系更为明确和具体，为衡量计划的完成状态提供了明晰的标准。

二、公共事业管理的组织职能

组织是为实现一定的目标，将从事共同工作的人们通过任务与权责关系的分配结成系统协调的组织机构的过程。公共事业管理中的组织就是指为达到公共事业管理目标，将需处理的公共事务进行合理的横向分工与纵向分层，明确每一任务所需的人员，赋予相关人员权力并明晰其职责，实现人尽其才、物尽其用、财尽其力的过程。

(一) 公共事业管理组织的分权

1. 公共事业管理组织分权的必要性

随着公共事业管理规模的扩大和内容的日益复杂化，任何单一的组织或管理者都无法及时回应社会所有的诉求、实现管理的有效，而必须通过一定的方式将权力授予下级或社会组织，即适度分权。组织内部的资源结构与人员素质、管理对象、管理环境等因素具有差异性，因此现实社会中的具体组织可能分权多一些，也可能集权多一些。

但无论是分权还是集权，都应实现集权与分权的适当搭配，即哪些权力集权多些，哪些权力分权多些，什么情况下集权多些，什么情况下分权多些，因为既不存在绝对的集权，也不存在绝对的分权。因此，在确定分权必要性的基础上，应积极研究分权的办法。

2. 公共事业管理组织分权的途径

公共事业管理组织分权的途径包括制度分权与工作授权两种。

（1）制度分权。从宏观上看，公共事业管理的制度分权主要体现如何分工协作形成国家与社会、政府与市场、公权与私权边界清晰合理、分工合作有度的社会关系；从微观上看，制度分权是在工作分析、职务和部门设计的基础上，根据各管理岗位工作任务的要求，规定必要的职责和权限。

（2）工作授权。工作授权是指在公共事业管理中担任一定职务的领导者在实际工作中，为充分发挥下级的主动性和积极性，将部分解决问题的权力委托给下属，其下属可独立进行决策和管理，因地制宜，从实际出发，依据不同的特点去处理问题，充分发挥本地的长处和优势，提高其公共事业管理水平。

（二）公共事业管理的组织形式

1. 根据公共事业内容确定的组织形式

即根据公共事业管理过程业务活动的相似性确立的组织形式。公共事业内容涵盖科学、教育、文化、卫生和城市公用事业（如水、电和公共交通）等，如果采用相同的组织形式提供服务、进行管理，显然针对性不强、效率不高，因而应根据其内容组织公共项目，通过特定的组织形式实现公共物品的高效率。该形式的优点是：有针对性地满足公众的需求，实现管理的专业化和服务的专门化，进而提高服务效率。但其缺陷是：专门化的分工可能导致部门利益差异凸显，不利于组织间的协同和服务的分割。

2. 根据公共事业地域确定的组织形式

即将某一区域范围内的相关公共服务集中起来，通过授权形成区域性的、较为专门化的公共事业管理或服务机构。这种组织形式最为突出的优点是能够推动区域公共事业的整体性发展，具体表现为：能较好地调动地区性政府的积极性，促进地区内公共事业的协调发展，降低上级政府的协调成本，使公共服务更具有针对性，能及时地根据公众的需要作出调整，便于公众的参与。当然，该组织形式也有其不足之处，即可能带来区域间的不均衡，给主管部门的控制与协调带来一定的困难。

必须说明的是：在现实的公共事业管理过程中，上述两种组织形式的设置不是绝对的，因为公共事业管理主体必然在一定的区域内提供服务，总是服务于一定的管理对象，某一种类型的组织形式只是其侧重点不同。

三、公共事业管理的领导职能

领导职能是指领导者运用组织赋予的权力，组织、指挥、协调和监督下属人员，完成领导任务的职责和功能。主要包括决策、选人用人、指挥协调、激励和思想政治工作等。领导职能专指其在某一个职位上的能力，所谓在其位则专其能，不在其位不谋其政。领导职能是实现管理效率和效果的灵魂，是管理过程的核心环节。公共事业管理中的领导是指领导者通过指挥、协调、带领、引导和鼓励公共服务提供者和下级实现公共事业管理目标的过程。

（一）公共事业管理的领导功能

1. 满足社会公众公共需求的需要

随着社会经济的飞速发展，社会各个部分之间的联系日益紧密、相互依存，任何一部分的变化都会导致其他部分发生变化，需要通过调整实现组织与社会的动态平衡，其有效的办法应以领导职能保证。现代社会公众的需求日益多元化、高质量化，而平衡各种不同的需求、最大限度地以有限的资源满足极大多数人的需求是领导应有的责任。

2. 实现公共事业管理目标的保证

公共事业的每一个组织及其组织中的每一个成员都有自己的目标，目标之间的冲突不可避免。通过公共事业管理领导者的协调与激励，使每一组织及其成员服从、服务于公共事业管理目标，通过控制与纠偏，以保证公共事业管理目标的实现。

3. 激励公共事业管理人员的需要

在复杂的社会生活中，每一个公共服务提供者、公共事业管理者都有各自的需求，以及不同的经历、经验与教训。通过公共事业管理领导者的排忧解难，激发公共事业管理人员的热情，充分调动其积极性，发掘其潜力，以提高公共事业管理的质量与效率。

（二）公共事业管理的领导路径

沟通、协调组织内外部关系，激发组织成员和服务提供者的积极性是领导职能实现的基本路径。

1. 沟通

公共事业管理信息通过传递与交换，实现公共事业管理者与管理对象、公共服务提供者与接受者、公共事业组织内外关系的协调有序。管理者应及时将其相关法律法规、决策过程与内容等公开，让管理对象清楚自己行为选择的空间和可能的收益与损失所在，进而实现行为的理性化。公共事业的领导者也应主动通过各种方式了解管理与服务对象的需求，保证决策的回应性。

2. 协调

主要表现：一是公共事业管理者通过对下级或管理对象间冲突的仲裁实现公共事业管理的有序；二是通过信息的交换实现组织内部、组织与组织服务对象间的协调。

3. 激励

公共事业组织是人的集合体，公共事业管理或服务的效率取决于组织内人的积极性与主动性。只有公共事业组织的成员具有坚定的信念，公共事业管理和服务才能取得较好的绩效。领导者必须正确、积极地评价公共事业管理者的工作，合理地给予物质和精神上的奖励，对违规和不良行为给予批评，乃至惩处，这样才能形成良性循环，实现组织内良好的氛围。

四、公共事业管理的控制职能

在公共事业管理过程中，有些因素及其变化是无法事先掌握的，为确保管理目的的实现，适应组织环境的变化，必须对公共事业活动进行有效的控制。

（一）公共事业管理控制的含义

公共事业管理控制是指公共事业管理者为保证公共事业的良性发展、社会公众获得高质量的社会公共服务，根据事先拟订的目标和计划，对公共事业管理过程进行调整，以保证目标实现的过程。控制贯穿于公共事业管理过程的始终。公共事业管理控制程序，主要包括确定标准（如指标、政策和制度等）、发现偏差和纠正偏差3个基本步骤。

（二）公共事业管理控制的类型

根据控制的方式、时间和重点等不同标准，可将公共事业管理控制划分为不同的类型。这里主要阐述以控制时间为标准的分类。以控制时间为标准，可将公共事业管理控制分为预先控制、过程控制和事后控制3类。

1. 公共事业管理的预先控制

即在公共事业管理计划实施的准备阶段就进行控制，以保证将来实际结果能达到计划要求、尽量减少偏差。其核心问题是使计划所需的人力、财力、物力符合标准，防止出现偏差，做到防患于未然。

2. 公共事业管理的过程控制

即在公共事业管理实施计划过程中，对计划执行进行观察、检查并纠正偏差。现场控制是过程控制最常见的形式，它是及时发现问题，避免问题扩大化，亡羊补牢的过程。

3. 公共事业管理的事后控制

即反馈控制，是指在公共事业管理活动完成之后进行的控制。它为评鉴、指导及修正未来的公共事业管理行为奠定基础、提供经验借鉴，是一个吃一堑长一智的过程。

（三）公共事业管理控制的原则

1. 适时控制的原则

只有及时发现公共事业管理活动中出现的偏差并及时采取纠正措施，才能避免偏差的扩大，防止问题的扩散。

2. 适度控制的原则

适度、有效的控制应能满足对公共事业管理获得监督和检查的需要，防止与控制对象发生冲突；对公共事业管理的关键环节和关键因素要进行重点控制；控制成本要合理，即控制收益应超出所需成本。

3. 客观控制的原则

进行控制必须针对公共事业管理的实际状况，也就是说，必须在全面准确把握公共事业发展管理客观状态的基础上，针对社会发展阶段、组织拥有的资源量和技术能力等选择控制的手段与方向。

4. 弹性控制的原则

控制标准的确定是针对未来的过程，是在对历史经验和标准制定时社会状况分析的基础上作出的预测。受管理者计算、信息能力的限制及社会变化的不确定性，最初制定的标准可能不够科学、客观，如完全依照原有标准进行控制可能会带来更大的损失，因而控制应具有一定的灵活性。

5. 未来控制的原则

一般而言，通常的控制系统都不可避免地存在着时间迟滞，为了降低公共事业管理成本，控制必须以未来为取向，针对可能出现的问题及早采取行动。

第四节　公共事业管理环境

环境是人类社会赖以生存和发展的自然条件、社会条件和文化条件的总和。任何一个事物都处于一定的环境中并且与周围的环境有机联系着，公共事业管理同样如此。从一定意义上说，公共事业管理的环境决定了公共事业管理的状态。

一、公共事业管理环境的概念

（一）公共事业管理环境的含义

公共事业管理环境是指直接或间接地影响与作用于公共管理主体及其活动内容、活动过程、活动方式和活动结果的一切内外部要素的总和，主要包括国土面积、地势地貌、山川河流、温度气候、矿藏资源、人口数量和海洋陆地等自然环境，政治制度、经济体制、法律传统、文化习俗、宗教信仰、道德传承和民族分布等社会环境，以及精神面貌和心理素质等微观环境。

如果从公共事业管理组织视角分析影响公共事业管理行为因素，则这些因素分别来自组织内部和组织外部，因而公共事业管理环境相应地分为内部环境和外部环境两个方面。其中，前者主要是指公共事业管理机构内部的各种关系和要素组合（包括内部人事管理问题）等；后者主要是指公共事业管理机构之外的影响因素，如政治、经济、地理、人口、文化、民族和宗教等。

内部环境和外部环境对公共事业管理的作用有一定的区别：外部环境主要是制约公共事业管理的运行方向，并提供管理的场所、氛围和外部规范，它所提出的客观要求和各种人力、物力资源可促进或阻碍公共组织的运转；内部环境更侧重于影响公共事业管理的运行过程本身。当然，内部环境与外部环境之间又是相互制约和相互影响的。

（二）对公共事业管理环境的理解

1. 公共事业管理环境对公共管理系统产生一定的影响

公共事业管理环境是公共事业管理主体之外的各种客观因素的总和，这些因素并不是公共事业管理主体本身，而是围绕和作用于该主体的外部客观因素，这种作用方式或是间接的或是直接的，对公共管理系统产生或大或小的影响。

2. 公共事业管理环境与主体构成了公共事业管理系统

公共事业管理系统是社会这个大系统的一个子系统，子系统与社会大系统之间保持着动态的平衡，当某一因素强大或衰落而打破这一平衡时，公共事业管理系统就会通过调整自身的结构和活动或通过能动地改造社会环境来达到新的平衡。

3. 公共事业管理与环境的相互作用是有一定的规律的

正如人类社会的发展存在着客观规律一样，公共事业管理对公共事业管理环境的改造也有其内在的规律性，公共事业管理者必须认清这个规律，且主动地遵循这一规律才能顺利地实现公共事业管理的目的。

二、公共事业管理环境的特征与分类

(一) 公共事业管理环境的特征

1. 广泛性

公共事业管理环境是公共事业管理主体系统赖以生存和发展的外部要素的总和，因此凡是作用于公共事业管理系统外部条件和要素都属于公共事业管理环境的范畴。从地形分布、山川河流到气候特征、自然资源，从人口数量、民族状况到阶级状况、历史传统，从文化教育、科学技术到社会制度、经济状况，乃至人际关系、道德水准等无一例外。因此，很难在时间、空间和种类上为公共事业管理环境划定一个不可移易的边界。

2. 多样性

公共事业管理环境是一个复杂的系统，其中有物质的，有精神的；有社会的，有自然的；有政治的，有经济的；有有形的，有无形的；有国内的，有国际的。因此，公共事业管理环境构成因素是极为广泛的，也是十分复杂的，它们从不同角度，以不同方式或关系，对公共事业管理活动产生不同程度的影响。其自身有其运动的轨迹和规律，需要创造有利的环境来促进公共事业管理目标的实现，公共事业管理环境处于不断发展变化的动态过程中。

3. 差异性

公共事业管理环境在不同的国家、不同的地区间存在着很大的差异，各个地区的自然环境千差万别，其经济状况、物质条件、风土人情及文化传统也不尽相同，沿海与内陆地区之间、东部与西部地区之间的政治、经济和文化等都存在着差异，因而决定了由这种或几种因素所组成的环境影响公共事业管理的具体内涵和强度不同。这种差异就是现代区域公共事业管理的客观基础和背景，这种环境的差异也决定了各国和各地区公共事业管理模式的不同。

4. 关联性

无论是自然环境还是社会环境中的各因素都不是孤立存在的，相互间总是存在着丝丝缕缕、或直接或间接的关系。自然环境中最典型的是生物链，生物链上某一个环节出现断裂就会影响一个物种的生存和另一些物种的发展。社会环境某一因素的变化也会引起一系列的连锁反应，社会不同公众的利益变动会影响到政府在公平与效率两种价值取向上的抉择，社会法治观念的浓厚与否也会影响到政府的行为模式等。

(二) 公共事业管理环境的分类

1. 从公共事业管理环境对主体影响的范围上划分

按照该分类方法，公共事业管理环境可分为宏观环境、中观环境和微观环境。

（1）宏观环境。宏观环境是指对公共事业管理活动影响范围最广、规模最大、层次最高，以直接或间接的方式影响公共事业的总体活动和方向的环境，它是公共管理环境的基础，对管理活动有决定性的作用。

（2）中观环境。中观环境是指公共事业组织的组织结构和运行情况，包括结构是否合理、职权划分是否明确、沟通是否顺畅、制度是否健全等。

（3）微观环境。微观环境一般是指公共事业管理组织所处的工作环境。

2. 从公共事业管理的内容和结构上划分

按照该分类方法，公共事业管理环境可分为具体环境和一般环境。

（1）具体环境。具体环境包括自然环境、科学技术状况和公共关系。自然环境是指公共管理所依赖的全部自然的物质条件，包括地理位置、国土面积、人口数量、土质地质、气候环境、矿藏资源、山川河流等；科学技术状况包括科学技术的发展程度、综合国力和经济发展总量等因素；公共关系是公共事业管理主体在处理社会公共事务过程中所结成的各种关系，也即公共事业管理的组织网络。

（2）一般环境。一般环境主要包括政治环境、经济环境和文化环境 3 个方面。

3. 从公共事业管理影响的结果和程度上划分

按照该分类方法，公共事业管理可分为良性的、恶性的和良恶性兼有的公共事业管理环境。

（1）良性的公共事业管理。环境良性的公共事业管理环境对公共事业管理活动有着促进和改善的作用，如迅速发展的经济、民主运作的政治体系、优良的社会风气和积极向上的行政道德风尚等。

（2）恶性的公共事业管理环境。恶性的公共事业管理环境会阻碍和破坏公共事业管理活动，如日益恶化的自然环境、官僚机构中的官本位意识和形式主义等。

（3）良恶性兼有的公共事业管理环境。良恶性兼有的公共事业管理环境是普遍存在的，事实上不存在绝对良性或者恶性的环境，环境总是好与坏、良性与恶性相互混杂的，这也加剧了公共事业管理的复杂性和难度。

4. 从公共事业管理影响的地域或国家上划分

按照该分类方法，公共事业管理环境可分为国际环境和国内环境。任何一个主权国家的公共事业管理都面对着国内和国际两种环境，公共事业管理国内环境是制定政策、实施公共事业管理的直接条件，其国际环境是实施管理的宏观背景。随着世界各国联系的日益密切，国际环境越来越深刻地影响着国内环境，国内环境也越来越需要融入到国际环境中，尤其是随着跨国集团在全球的发展，国际和国内环境之间的界限将会逐渐模糊。一国政府在进行公共事业管理时不仅要充分考虑本国各种环境的影响，也要将国际环境影响列入其中，否则会极大地影响其管理和决策的效果。

三、公共事业管理环境与公共事业管理的关系

总体而言，公共事业管理与其环境是一种互相制约和平衡的关系，它们之间相互影响、相互作用。一方面，公共事业管理的环境制约和影响公共管理系统及其活动；另一方

面，公共事业管理并不是完全被动和消极适应环境的，它对环境也有反作用。许多环境因素是可以通过管理来加以改造和改变的，公共事业管理的目的是按人们的需要有组织、有计划地改造社会和自然。因此，公共事业管理活动也会影响和作用于环境，促进环境的改善。

（一）公共事业管理环境对公共事业管理的影响与制约

1. 环境是公共事业管理系统产生、存在和发展的基础

外部环境是公共事业管理系统的物质、信息等一切资源的来源，公共事业管理系统是外部环境需求的产物，公共事业管理系统通过系统性的信息和能量交换，从而维持着组织的存在，进而实现着组织的发展。

2. 环境决定公共事业管理的目标、内容和性质

公共事业管理的根本目标是增进社会公共利益，其利益确定是社会的主体价值和基本公共需求。公共事业管理主体通过回应社会需求来获得生存与发展的资源，社会需求就是公共事业管理的基本内容。因此，公共事业管理的性质主要取决于公共事业管理的具体内容，以及社会的性质、发展阶段及主流价值。

3. 环境决定公共事业管理的方式和方法

公共事业管理的方式和方法是一定文化的产物，它的选择取决于社会主流价值，必须适应管理对象的需求与基本特点；同时，公共事业管理方式、方法的确定决定于社会的发展阶段能够提供的物质支撑和技术发展水平，即公共事业管理方式和方法的选择是无法脱离历史环境的，外部环境决定了其方式和方法选择的空间。

（二）公共事业管理对公共事业管理环境的利用与改造

公共事业管理必须与公共事业管理的外在环境相适应，回应外在环境的需要；同时，在公共事业管理过程中，公共事业管理主体必须积极创造有利环境来促进公共事业管理目标的实现。

1. 充分利用环境条件，积极改造公共事业管理环境

针对具体的公共事业管理过程，公共事业管理主体应在全面分析政治、经济、文化、技术和自然等环境的基础上，制订合理的目标和行动方案，充分利用环境中的积极因素来解决问题，进而改造公共事业管理环境，为以后的公共事业管理创造更好的条件。

2. 通过提升公共事业管理水平，实现管理与环境的良性互动

公共事业管理主体在管理实践的过程中，对公共事业管理环境的认识不断走向深入，不断调整自己的管理行为和管理方式，修正管理的法规，进而实现公共事业管理与公共事业管理环境之间的良性互动，以提升公共事业管理的科学性与规范性。

四、公共事业管理环境的基本内容及影响分析

（一）公共事业管理环境的基本内容

公共事业管理环境的基本内容包括生态、文化、政治、经济、公共关系和国际等环境，其中，生态和文化环境是影响公共事业管理主体及其行为方式的基本环境要素，政治

和经济环境将会产生极为重要的影响和制约,公共关系和国际环境则是分别从公共组织体系和国别区域标准分析其对公共事业管理的影响的。

1. 公共事业管理生态环境

生态是生物(原核生物、原生生物、动物、真菌和植物)之间和生物与周围环境之间的相互联系、相互作用。当代环境概念泛指地理环境,是围绕人类的自然现象总体。生态环境是指影响人类生存与发展的水资源、土地资源和生物资源,以及气候资源数量与质量的总称,是关系到社会和经济持续发展的复合生态系统。

公共事业管理生态环境是指公共事业管理所处的自然环境和社会人文环境。自然环境包括土壤、气候和地理位置等;社会人文环境包括人口的数量、年龄构成、人口的知识和文化程度、生理状况、社会科学和技术状况等。相比而言,自然环境是较稳定的,而社会人文环境在不断变化发展,因而社会人文环境更直接地影响着公共事业管理的性质和方向,具有更为实际的意义。

2. 公共事业管理文化环境

文化是自然、长期积淀下来的,它对置身于其中的人们来说是一个环境,影响和制约着其中的人们的活动。公共事业管理组织和管理者处于一定文化环境之中,文化环境是公共事业管理的重要环境因素。

公共事业管理文化环境是指公共事业管理组织置身于其中的一定的社会思想意识、文化心态和观念形态的总和。任何民族和国家都有自己独特的民族整体文化,整个社会文化的变迁与发展必然影响公共事业管理的运行。

文化是由一定区域内社会成员在社会化过程中长期积淀而形成的一种较为稳定的意识形态,这一社会化过程会受到一个国家主流文化的影响和一定区域内生活习惯、风俗等的制约。因此,在地方性的公共事业管理中,除了要考虑国家文化系统的共性之外,还必须考虑本地区亚文化系统的独特性。

3. 公共事业管理政治环境

政治环境与政治体系密切相关,政治体系是指政治关系的组织实体和制度的体现,是社会政治组织和政治制度的有机构成。公共事业管理政治环境是指在一定政治体系中与公共组织并列且对公共组织发生作用的诸种政治因素之总和。这些政治因素,从理论上看,主要包括政治制度、政治结构和政治关系等因素,此外也包括公共事业管理所拥有的政治权力;从现实的实体看,主要是同一国家或社会中的立法机关、司法机关和政党等。

公共事业管理的政治环境与公共事业管理主体的关系是一种互相影响和制约、互相作用和适应,以求得动态平衡和稳定协调发展的关系。一方面,政治环境影响公共事业管理主体系统的结构、功能和运行;另一方面,公共事业管理主体系统通过自身活动改变和利用其政治环境,影响政治环境的结构和功能。

4. 公共事业管理经济环境

公共事业管理经济环境是指公共事业管理所处的经济背景,以及制约和影响一切经济因素的总和。一般来说,作为公共事业管理经济环境的构成因素是极为广泛的,一般分为生产力发展水平、经济成分和经济体制 3 个方面因素。

（1）生产力发展水平。生产力是指生产者利用生产资料进行物质生产的能力，而生产力发展水平是一个国家经济水平的根本标志，它反映了社会的总体生产能力和社会占有物质财富的水平。

（2）经济成分。经济成分是构成国家总体经济的各部分的统称，一个国家经济成分的划分有多种依据和标准，如依据所有制形式的不同可划分为国有经济、集体经济、个体经济等经济成分，依据经济管理方式的不同可划分计划经济和市场经济等。

（3）经济体制。经济体制是在特定地域内进行决策并执行有关生产、收入和消费决策的一组机制和制度，主要包括所有制结构、经济决策体系、经济利益体系、经济调节体系和经济组织体系等内容。

5. 公共事业管理公共关系环境

一般认为，公共关系是指某一组织为改善与社会公众的关系，促进公众对组织的认识、理解及支持，树立良好组织形象而开展的一系列公共活动。公共关系问题在当代备受关注，已成为一个专门的研究领域并形成了独立的学科。从渊源上看，公共关系活动最早产生于公共组织中的政府，现已成为包括政府在内的公共组织的一项重要职能，在其管理活动中占有十分重要的地位。一般而言，公共事业管理公共关系环境是指影响和制约公共事业管理的各种公共关系因素的总和，主要包括以下两个层次。

①影响和制约公共事业管理活动的公共事业管理主体既有的各种公共关系状况的总和。其主要内容是一个公共组织与社区的公共关系状况，以及同一个公共组织系统中的两个公共组织之间，如政府之间、政府与非政府组织之间等的关系。这些关系是公共事业管理主体自己创造和改变的结果，构成了公共事业管理不可缺少的、最为重要的人的环境因素。

②影响和制约公共事业管理主体为树立组织良好形象，以促进组织目标的实现，运用传播等手段与社会公众建立相互了解、相互适应的长久联系的活动的各种因素。这些环境因素是影响公共事业管理公共关系的因素，与以增进公共利益为直接目标的公共事业管理活动的关系是间接的；同时，也是公共事业管理本身的活动。这些影响公共关系活动的因素被视为其公共关系环境。

由上述内容可见，这两种公共事业管理公共关系环境的含义是不同的，且指向也有所不同。前者主要指出已有公共关系中的哪些公共关系直接影响公共事业管理；后者则指出可以通过控制哪些因素对公共事业管理有直接影响的那些公共关系进行改善。

6. 公共事业管理国际环境

公共事业管理国际环境是指影响和制约国内公共事业管理的全球性的各种因素的总和。其国际环境分为国际政治环境、国际经济环境和国际文化环境，这里主要将国际环境视为不可缺少的全球性、综合性的政治、经济和文化环境，并分析其对公共事业管理的影响。

在当前，由于国际间交往主要是以国与国交往的方式进行，更由于公共事业管理在国际上涉及公共事务管理的政治、经济和文化等影响，也可以通过影响国内公众进而反馈到公共管理组织，但政治、经济等国际环境因素的影响通常是直接、最主要地作用于上层公共事业管理，而对中低层公共事业管理则基本无影响或影响较小。

（二）公共事业管理环境的影响分析

1. 公共事业管理生态环境的影响

影响公共事业管理生态环境的因素是极为广泛和复杂的，这就要求公共事业管理者在对所在地区的生态环境有较全面了解的基础上，形成一个生态环境对公共事业管理的影响和制约的基本认识或总体认识，然后制定出合理的公共事业管理对策来实施管理。

总体上需要注意的问题：一是大多数生态因素都是不断变化的，公共事业管理者必须以发展观念来把握生态环境的变化状况；二是生态环境对不同层次的公共事业管理组织的影响是不同的，甚至同一个因素对这一个公共事业管理组织有影响而对另一个无影响；三是自然环境和文化（人为）环境性质不同，对公共事业管理组织有着不同的影响，既有应付性管理，又有创造性管理。

2. 公共事业管理文化环境的影响

一般来说，作为公共事业管理机构和管理者背景的文化环境，即整个社会集体心理和价值观，对公共事业管理的影响主要表现为：一是影响着公共事业管理组织和管理者对周围环境的认识和解释；二是决定着公共事业管理组织的管理价值取向，即以增进社会公共利益作为评价的标准；三是规定着公共事业管理方式与方法的选择，即对象的思想、习俗和心理习惯等应适合本地文化习惯的或形式或内容上的改革和创新。其影响的因素主要是公共事业管理文化和公共政治文化。

（1）公共事业管理文化的影响。公共事业管理文化是指公共事业管理主体自身所具有的关于公共事业管理的思想、价值和相关的实践经验等。其基本内容：一是公共事业管理的价值观，即在公共事业管理的长期历史发展过程中所形成的公共管理哲学、公共事务观、公共事务管理模式、定型化的制度等的总和；二是公共事业管理的实践经验，公共事业管理者正是不断地通过实践获得经验、加深认识，并反过来指导新公共事业管理实践活动的。

（2）公众政治文化的影响。公众政治文化是指一个国家的社会成员在一定时期内所具有的政治价值倾向和政治心理倾向的总和。其基本内容：一是政治意识形态，即一定社会长期形成的政治观念体系，由一整套价值倾向、行为准则和政治信仰构成；二是社会政治思想或政治思潮，即一个国家一定时期内流行的较为普遍的政治见解和主张；三是社会政治心理，即社会成员对政治现象的自然感情、习俗、习惯成见、自发的倾向或信念等。

3. 公共事业管理政治环境的影响

政治与公共事业管理作为政府管理的组成部分，在内容上往往是交叉的、不可分割的，但政治对公共事业管理影响较大。实践中大多数的公共事业管理活动是在一定的政治背景下实施的，这是由政府自身的性质所决定的。因此，公共事业管理政治环境构成因素对公共事业管理影响的方式和作用的大小各不相同。

（1）政治制度的影响。政治制度是指政治权力按照不同的利益要求，为实现社会政治的有序运行而对各种政治力量之间的关系和活动方式所作的法定规约。它通过组织体系的合理化和有效的权力分配状态与机制，对公共事业管理产生影响。如公共事业管理主体有多大的权限管理有关公共事务，哪些政策需要由立法机关去制定再由政府执行等。

（2）政治关系的影响。政治关系是指人们在社会生活中基于特定的利益要求而形成的，以政治强制力和权利分配为特征的社会关系。政治关系的核心和基础是利益关系，必然会影响到以协调和增进社会公共利益为目标的公共事业管理的目标选择和实现；同时，对保证公共事业管理决策的正确性和得到公众的支持方面也有着重要的积极作用。

（3）主体权力的影响。公共事业管理主体权力是指其管理者在进行管理过程中拥有的自决权。它属于公共权力，影响着公共政策的制定、实施与评估，体现在执行者调动、处置相关事务和社会资源的能力上；同时，公共事业管理者所拥有权力的差异，对公共事业管理的影响是不同的。当然，公共事业管理的主体权力不是越多越好、越大越好，而应有一个最佳权力限度。

4. 公共事业管理经济环境的影响

公共事业管理总体上是建立在经济特别公共预算和财政支出基础上的，离开经济支撑，任何公共项目都不能变成现实，甚至公共事业管理的主体自身也会无法生存和发展。因此，经济是构成公共事业管理的基础和前提，是影响公共事业管理的最基本的因素。经济环境中的生产力发展水平、经济成分和经济体制因素对公共事业管理产生着各自特定的影响。

（1）生产力发展水平的影响。一个国家或社会的生产力发展水平，是由所拥有的固定资产与流动资本量、工农矿业生产能力、公共服务完备程度、市场条件、资源供需条件、科学技术水平、劳动力素质及供应条件等综合形成的。对公共事业管理的影响，主要表现在公共事业管理的范围、能力、水平和效率上。例如，随着生产力发展水平的提高，社会产品越来越丰富，公众享有的利益也就会越来越多，从而以协调公众利益，提高公众整体生活水平和质量为目标的公共事业管理的范围也就随之扩大。

（2）经济成分的影响。一个国家或社会所具有经济成分的数量及其在整个国民经济中所占的比重，形成了特定的社会利益结构。公共事业管理以增进社会公共利益为目标，反映相应的社会利益结构，从而影响公共事业管理的基本方向和决策。一般在不同的经济成分条件下，政府对公共事业管理的管理职能、方式和政策是不相同的，如对涉及公众整体生活质量的公用事业，在公有制成分占优的国家中通常采取政府直接生产经营的方式，而在私有成分占优的国家中会采取私人经营、政府资助的模式（当然，也不是绝对的）。

（3）经济体制的影响。经济体制包括所有制结构、经济决策体系、经济利益关系、经济调节体系和经济组织体系等。这些因素对公共事业管理的影响和制约是多角度的。主要表现：一是决定着公共管理的形态特征和制度特征；二是不同的经济决策体系和组织体系，决定着公共事业管理的行为特征；三是经济利益关系影响着公共事业管理的运行。例如，任何一个公共事业管理决策都不可能是绝对公平的，这样不同的利益群体或个体对同一个公共事业管理行为的反应也就不会完全相同，而不同的反应也从不同的角度影响着公共事业管理的实施。

5. 公共事业管理公共关系环境的影响

公共事业管理的公共关系内在于公共事业管理之中，以公共组织体系为标准划分的公共关系环境属于公共事业管理的内环境，直接影响公共事业管理活动。其影响可从公共关系环境的基本构成进行分析。

（1）公共事业管理主体与社区公共关系对公共事业管理的影响。社区的基本构成要素是地域、人口、组织结构和文化。从组织的角度看，公共事业管理是以协调和提高公众的生活质量为目标，具体落实到公众。实践中诸多事务也往往是通过社区达到公众，其社区居民的普遍意愿也是通过社区反映到政府，因而社区也就具有被管理者与管理者的双重身份。如果公共事业管理主体与社区具有良好的公共关系，政府就能迅速而准确地了解其决策所需的信息，针对社会公共问题作出正确的决策，同时，在实施过程中得到广大公民的理解、支持，也能得到社区的积极配合。

（2）公共事业管理主体系统的公共关系对公共事业管理的影响。公共事业管理主体系统包含纵向关系和横向关系，前者主要是政府与下级政府、政府与辖区内非政府组织的关系，如公共事业管理从决策到执行、公共项目从确定到实施，通常需要从高层到中层再到低层的公共事业管理组织的通力合作；后者主要是地区内政府或非政府与其他地区的政府或非政府组织之间的关系，有些公共事业管理行为或项目是跨地区的，如环境保护和公共交通等，有时受行政区划制约，没有良好的地区关系，会使公共管理行为或项目受到制约甚至是无法开展。

总之，公共事业管理公共关系环境在公共事业管理中的影响是明显的，作用是突出的，这就决定了公共事业管理主体为实现管理目标必须提高认识，努力创造良好的公共关系环境，通过积极有效的传播手段树立良好的组织形象。

6. 国际环境对公共事业管理的影响

和平与发展已成为当代世界的两大主题，尽管还存在着各种纷争和矛盾，但各国间经济、文化等交往已日益频繁，相互间的影响也日益增强。我国自实施改革开放以来，与国际间的交流合作日益增多。正是在这一背景下，以非政治的公共事务管理为对象的公共事业管理的国际环境的影响和作用，将会越来越突出。国际环境主要是从以下几个方面对高层次尤其是一个国家的公共事业管理产生影响和制约的。

（1）对公共事业管理基本政策的影响。公共事业管理的基本内容是特定的社会公共事务，且主要是非政治的社会公共事务。从政府角度看，社会公共事务在一个国家的历史发展中有其共同性，在不同的国家中有其共通性，在当代，不同国家的社会管理也具有相似性和可借鉴性。因此，一国的公共事业管理政策尤其是具有全人类性的公共事务是否违背民族性与国际性相统一的原则，如国际人权公约等，会引起国际社会关注，如果与国际共同原则距离较远，则可能引起国际舆论，进而对公共事业管理的基本政策产生影响。

（2）对公共事业管理的方法与手段等的影响。在一定程度上说，公共事业管理的方案、方法和手段等主要是技术性的，少有政治色彩，因此更容易受到国际环境的影响。例如，如果一个公共项目在一国实施效果很好，则可能使他国实施相同或相类似的公共项目；如果一个国家公共事业管理的手段和方法与国际做法明显相背，则迟早会改变。如自

20 世纪 70 年代末开始，英国率先进行了以公共管理社会化为目标、以市场化取向为方式的公共事务管理改革，并取得了较好的效果，其改革的模式很快被许多国家在不同程度上进行了仿效。

（3）本国国际地位对公共事业管理的影响。在国际交往频繁的背景下，一个国家的国际地位也会对该国的公共事业管理产生很大的影响。所谓国际地位，是指一个国家在某个特定时期内在国际事务中所处的地位，表现该国在国际上的行为分量。一个国家在一定时期的国际地位的确立后，必然会对该国制定国内和国际政策产生影响，这其中也就包括国内的公共事业管理的基本政策。换言之，在开放的国际环境中，国际地位是一个国家制定国内公共事务管理政策必须考虑的一个基本因素。

由此可见，公共事业管理国际环境是当代影响和制约公共事业管理的一个极为重要的因素，因而高层公共事业管理者必须确立一种"国际"观念，注意国际政治、经济和文化因素对国内公共事业管理可能产生的影响。也只有对生态、政治、经济和文化因素，以及公共关系因素进行综合分析，将国内环境与国际环境的影响通盘考虑，才能适时制定出正确的公共事业管理政策，选择科学的管理手段和方法，提高公共事业管理的绩效。

▶▶ 本章小结

● 公共物品是指每个人对某物品的消费不会影响或减少他人对其消费的物品。与其他物品尤其是私人物品相比，公共物品具有消费的非排他性、获取的非竞争性、效用的不分割性、目的的非营利性等特征。准公共物品总体上属于公共物品的范畴，主要体现出拥挤性和外部性。

● 公共事务是指生产公共物品（包括具有较强外部性的准公共物品）的活动，是社会成员因公共需要而由公共组织所提供的，涉及社会成员共同、长远与全局利益，且是其他组织与个人不愿意提供或不能提供的社会成员基本生活不可缺少的事务。公共事务分为政治事务、经济事务和社会事务。

● 公共事业是指涉及社会公众基本生活质量与公共利益的社会事务及必需的具有较强外部性的经济事务。其中，社会事务是公共事业的基本内容，具有较强外部性的部分经济事务也是其重要的组成部分。

● 公共事业管理是指以政府为核心的社会公共组织对公共事业进行规划、组织、领导和协调控制，以保障和实现社会公共利益，促进社会公平正义的过程。它与公共管理、行政管理既有密切的联系，又有区别。

● 一般认为，公共事业管理学是一门研究公共事业管理活动及其发展规律的应用学科，是研究公共组织的社会事务及外部性经济事务的公共管理学。它有明确的研究对象、方法和学科体系。其研究意义是有助于完善公共事业管理体制，促进政府管理体制改革，实现公共管理的社会化和促进社会整体协调发展。

● 公共事业管理主体以政府为核心，由政府组织、非营利组织和事业单位共同构成。政府是指国家公共行政权力的象征、承载体和实际行为体。在公共事业管理中，其职能主要包括政治、经济、文化和社会等职能；基本职责是价格管制、信息公开、质量控制和资格管制。

● 非营利组织是指具有相对稳定的组织结构、运行规则、追求目标，以志愿为基础，谋取社会公共利益、成员合法权益，成员间和谐的社会组织。非营利组织一般具有目标的非营利性、组织性和专业性、民间性和自治性、公益性和志愿性、多样性与灵活性的特征。

● 事业单位是指国家为了社会公益目的，由国家机关举办或其他组织利用国有资产举办的，从事教育、科技、文化、卫生等活动的社会服务组织。与企业等相比，事业单位具有服务性、公益性和知识密集性的特征。其类型包括全额拨款事业单位、差额拨款事业单位和自主事业单位3种。

● 公共事业管理职能是指公共事业管理者管理公共事业的职责与功能。其职能包括计划职能、组织职能、领导职能和控制职能。

● 公共事业管理环境是指直接或间接地影响与作用于公共管理主体及其活动内容、活动过程、活动方式和活动结果的一切内外部要素的总和。其特征是广泛性、多样性、差异性和关联性。

● 公共事业管理环境的基本内容包括公共事业管理的生态环境、文化环境、政治环境、经济环境、公共关系环境和国际环境。公共事业管理环境对公共事业管理有影响，公共事业管理可利用与改造公共事业管理环境。

◆ 复习思考题

1. 如何理解公共物品及公共事业管理的含义？
2. 简述公共事业管理与行政管理、公共管理的关系。
3. 简述公共事业管理学的研究意义及其学科体系。
4. 分析公共事业管理主体与职能的主要内容。
5. 论述公共事业管理环境对公共事业管理的影响。

参考文献

[1] 崔运武. 公共事业管理概论 [M]. 2 版. 北京：高等教育出版社，2011.

[2] 娄成武，等. 公共事业管理概论 [M]. 北京：中国人民大学出版社，2006.

[3] 奥斯特罗姆. 公共事务的治理之道 [M]. 上海：上海译文出版社，2012.

[4] 朱广忠. 我国政府在公共事业管理中的主体职责 [J]. 中国行政管理，2007（9）.

[5] 朱仁显，陈楚亮. 西方政府社会公共事业管理职能的嬗变 [J]. 云南行政学院学报，2008（1）.

[6] 林国银. 我国公共事业管理发展探究 [J]. 科教导刊（中旬刊），2011（7）.

[7] 陈栋. 浅析我国公共事业管理的发展现状及发展趋势 [J]. 商业文化，2011（10）.

[8] 张珺. 基于社会经济发展的公共事业管理环境研究——文化环境对公共事业发展作用延伸研究 [D]. 第七届"环首都·沿渤海·京津冀协同发展论坛"论文集，2013（10）.

[9] 胡亚双. 论公共事业管理的现状和前景展望 [J]. 新经济，2013（23）.

第二章 公共事业管理制度

学习目标

1. 知识目标

❖熟悉公共事业组织的基本制度。

❖掌握事业单位成立的条件与程序。

❖掌握社会团体成立的条件与程序。

❖熟悉民办非企业单位成立的条件与程序。

2. 能力目标

❖具备申请成立社会团体与民办非企业单位的能力。

❖具备初步的管理社会团体与民办非企业单位的能力。

案例导入

2003 年 7 月，深圳市第 4 次律师代表大会通过了《深圳市律师协会章程》（以下简称《章程》），《章程》在律师协会的选举程序和选举办法方面突破了以往由代表选理事，理事会再选常务理事，常务理事最终选会长、副会长的做法，规定理事、会长、副会长都由全体代表"直选"产生，且都为差额选举，都要进行竞选演说。根据《章程》规定的程序，168 名律师代表直接选举了律师协会会长、理事，随后，会长和主席团提出了候选名单并通过相关程序确定了副会长人选和秘书长人选。

资料来源：http：//hlj. rednet. cn/c/2003/07/21/442436. htm。

请思考：

1. 根据《律师法》和《社会团体登记管理条例》分析深圳市律师协会的行为。

2. 你认为社会团体应建立怎样的内部治理机制？

第一节 公共事业组织制度

公共事业管理制度是调控公共事业管理社会关系及其行为规范的总和。公共事业管理制度既包括公共事业管理主体（非政务类社会组织）登记、资金来源、内部管理和责任制度等，又包括教育、科技、文化、卫生、体育、医疗、社会保障等管理制度，涵盖内容极为广泛。本节主要介绍公共事业组织的基本制度。

一、公共事业组织登记

公共事业组织是依照一定的规则，以独立、公正为原则，并凭借其特有功能为社会提供各种服务的组织。公共事业组织属于非营利性组织，主要包括事业单位、社会团体和民办非企业单位。所谓公共事业组织登记，是指公共事业组织通过一定的法定程序成为独立法人，获得法律行为能力的过程。虽然世界各国对社团、基金会等组织登记所需条件、登记程序的要求各不相同，但一般都要求进行登记，以维护利益相关者的权益，实现对公共事业组织的有效监督。

（一）注册资金要求

在很多国家和地区，成立基金会的原始基金需要达到最低限额，且该基金必须由基金会持有。如日本，监督机构要求基金会拥有相当于 300 万美元的基金。我国《基金会管理条例》规定："全国性公募基金会的原始基金不低于 800 万元人民币，地方性公募基金会的原始基金不低于 400 万元人民币，非公募基金会的原始基金不低于 200 万元人民币；原始基金必须为到账货币资金。"

（二）活动范围的限制

鉴于公共事业组织的特殊性及可能获取的免税待遇，很多国家都对公共事业组织的活动范围予以限制。

1. 禁止商业性活动

如菲律宾规定，禁止公共事业组织参与任何具有商业目的的活动或商业活动。

2. 限制营利性活动

各国限制公共事业组织进行营利性活动的程度有所不同。如新加坡禁止公共事业组织开展与非营利目的无关的商业活动；澳大利亚和泰国等允许其开展商业活动，但条件是商业活动所得用于更广泛的非营利目标；韩国允许商业活动，条件是商业活动所得用于更广泛的非营利目标，而且事先要获得相关政府部门批准；日本允许商业活动，条件是不与营利企业竞争，同时保证商业支出少于 50%，公益性支出至少为总支出的 50%。

二、公共事业组织免税

一些国家直接用"免税组织"一词代指公共事业组织，强调国家的税法给予这些组织的免税待遇。对于哪些组织可以免税，不同国家有不同的规定。如美国几乎所有属于"第三部门"的组织，都可依据税法相关条款享受免税待遇，但在日本并不存在这样的统一税法规定。我国规定，只有特殊的非营利组织才能获得免税待遇。

（一）组织的类型

公共事业组织有很多类型，包括基金会、协会等，这些组织的目的各不相同，鉴于这种多样性，纳税优惠待遇或给所有类型的非营利组织，或只给其中某些类型的组织。

纳税优惠因机构类型或因机构所从事活动的目的不同而有所区别。有些国家法律规定只有某些类型的组织才有资格享受纳税优惠待遇，如在英联邦，只有纯粹以慈善为目的的组织或个人才有资格享受纳税优惠待遇。而有的国家，组织的宗旨是确定纳税待遇的主要依据，如各国都将最优惠的税收政策留给那些以公共（而非互惠）利益为目的的组织，或那些对全民健康和社会福利来说至关重要的组织。

（二）免税的税种

对公共事业组织的全部收入或部分收入免征所得税。这些收入可能来自捐赠、财产或投资获取的收入、变卖资产的收入和代理服务收费，以及相关和不相关的商业活动。有些国家的所得税法可能规定允许对某些收入实行免税优惠，对其他的收入则没有这种优惠。例如，美国一般免交所得税的公益组织对来自与免税目的无关的商业活动的收入仍然要交所得税。

消费税类是对公共事业组织的购买行为所征的税，包括销售税、增值税、高档消费税、财产税、进口税或关税。因为公共事业组织经常购买商品或服务，所以即使它们免交所得税，也常常要交纳消费税。

（三）捐赠的免税

捐赠免税是指捐赠者向公共事业组织捐赠的纳税责任给予免除。各国政府通常通过允许捐赠者在纳税时可从其应纳税所得额中扣除捐赠的部分，以鼓励捐赠者向非营利组织捐赠。具体的捐赠者是否获得免税，一般从以下3个方面确定。

1. 受赠组织的资格

税法规定某一类或几类公共事业组织及个人或公司向其捐赠时，捐赠款可从应纳税所得额中扣除，而不在规定之内的公共事业组织则不具备这种资格。如英国法律规定只有对纯粹以慈善为目的的组织捐赠，才能获得减免所得税的优惠；而在法国，这种限制更严格，只有国会承认的数量很少的"公用事业机构"才具有这一资格。

2. 优惠标准

有些国家规定的纳税减除允许纳税人在计算其应纳所得税额之前，可将全部捐赠从其应纳税所得额中扣除。有些国家则规定捐赠额在一定范围内可从其应纳税所得额中扣除，超出部分则不能从其应纳税所得额中扣除。

3. 捐赠者的类别

捐赠者可能是公民个人，也可能是各种类型的商业组织。税法通常规定捐赠者在向某类特定的公共事业组织捐赠时，捐赠部分可从应纳税所得额中扣除，但捐赠者不同可扣除部分的范围也不同。如美国联邦税法严格区分个人和公司，对于公司，一般允许扣除限额不得超过其总收入的10%；而对个人，则在50%左右。

三、内部治理结构与运作机制

很多国家通过民法法典、专门性的非营利组织管理法规，确立公共事业组织的内部治理结构及各部分间的权力关系。一般对以下几个问题给予明确的规定。

（一）最高权力机构的设置及其结构

非营利组织内部管理最基本的法律问题是最高决策机构的设置及运作。对会员制的非营利组织，各国一般规定会员大会或会员代表大会为最高权力机构。由于非会员制组织缺乏有效的外部监督，法律一般对其规章制度的制约更加严格，以保证该类非营利组织具有公开性和承担应尽的义务，甚至明确规定有关的政府部门直接参与特殊事务的处理。

无论是会员制还是非会员制，各国法律对非营利组织行政管理人员的规模和事务都作了一些必要的规定。例如，理事会或委员会成员最少人数的规定，因为成员人数越多，参与决策的人也就越多，这是确保非营利组织具有公开性和承担责任义务的措施之一。对非营利组织理事会成员的任期和连任权以及期限等在法律中也有直接规定。

（二）非营利组织的管理者

无论是制定法律时对管理者及其权力直接给予规定，还是由组织的章程约定管理者的权力，都必须明确管理者代表组织签订合同和召集会议等的权力。通常的做法是法律要求非营利组织在其章程中明确下列事项：被任命或选举出来的行政管理者的条件、资格、任期及是否必须是组织的成员等；管理者选举产生的方式、程序和义务；管理者应享有的权利等。

（三）非营利组织执行决策的程序

各国通常还明确规定组织实施决策的必要程序及规定，一般包括如下方面。一是管理机构召开会议最少次数的规定；二是会议通知的行文方式；三是组织进行决策时最少有效法定人数的规定；四是表决程序的要求，如本人是否必须到场，代理表决或书面形式及电信方式是否有效等；五是组织的所有事务全部以简单多数通过，但其中特定事项，如修改章程等，必须以绝对多数通过才有效；六是会议公开制度。

（四）个人利益限制

通常各国允许非营利组织的资产用于与组织宗旨一致的活动和向其工作人员支付工资，但严禁将其资产或利润分配给个人。其禁止内容：一是向私人贷款或把有价值的东西借给个人；二是为个人承担责任；三是向个人或企业支付超过正常商品或服务的价格；四是个人无偿、低价使用或购买非营利组织的设备、办公用品及固定资产等。

四、公共责任与组织解散

（一）公共责任

1. 负责义务

负责经营或管理非营利组织的人，被授权承担管理非营利组织为公益服务的资产。管理人员在管理这些资产时，不仅决策时应谨慎、合理，而且应仔细、全面地进行调查和分析。

2. 忠实义务

公共事业组织的管理者必须避免利益冲突，并绝对禁止利用职务为个人谋取私利。

3. 遵守义务

公共事业组织的管理者必须严格遵守有关的法律、法规和组织章程。

4. 商业判断

公共事业组织的管理者的行为必须是善意的，应尽到注意义务，并获得合理的信息根据，有合理的理由。管理人员的选择应是在考虑他们所有相关信息之后实施诚实的商业判断后作出的。

5. 公开性和透明性

非营利组织通过公开报告和建立信息披露制度，让人们了解非营利组织所从事的活动是否符合其宗旨，并且是否将其资源都用于实现这些目的。

（二）组织解散

组织解散有两种情况：公共事业组织完成了组织的使命，或会员组织成员达成一致，公共事业组织管理机构、成员自行决定解散组织；公共事业组织违反了相关的法律，政府有关部门或法院决定将其解散。

1. 自愿解散

自愿解散是公共事业组织根据组织章程规定的事由及解散程序而自愿进行的解散。

2. 非自愿解散

多数国家和地区的法律都赋予特定的政府机构（包括法院）解散公共事业组织的权力，但这种权力的行使一般有明确的法律程序限定。例如，韩国规定从事损害或违背公共利益的行为时可令其解散；泰国规定经营方式有悖于社会公共秩序、公德或国家安全时可令其解散；新加坡规定发生危害人民的和平、幸福或安定事件时可令其解散。

第二节　事业单位管理制度

在我国法律制度体系中，事业单位管理的法律制度数量庞大，涵盖了宪法、事业单位的基本法律与行政法规、各部委制定的部门规章及地方性法规等。

一、事业单位管理的制度体系及其成立条件与程序

（一）事业单位管理的制度体系

1.《宪法》

《中华人民共和国宪法》第19～22条规定了国家发展教育、科学、医疗卫生、文学艺术、文学艺术事业、新闻广播电视事业、出版发行事业、图书馆博物馆文化馆和其他文化事业，这为事业单位的建立提供了法律依据。

2. 分类法律

全国人大及其常务委员会针对某一类事业制定的法律，如《中华人民共和国体育法》、《中华人民共和国教育法》、《中华人民共和国义务教育法》、《中华人民共和国科学技术进

步法》等部门法中均有关于某一类型事业单位规范管理的具体规定。《民法通则》规定事业单位是法人的一种，规定了法人资格取得的方法及法人的一般规定，这些规定均适用于事业单位。

3. 行政法规

各种行政法规是事业单位管理最重要的组成部分，具体规范着事业单位的日常运作过程。其中既有综合性的《事业单位登记管理暂行条例》，也有数量较多的规范、调整某一领域事业单位的各类具体的部门性行政法规，如《医疗机构管理条例》、《出版管理条例》、《公共文化体育设施条例》等。

4. 部门规章

国务院各部委在本部门职责范围内发布的规范、约束相关事业单位的行政规章。如财政部发布的《事业单位财务规则》、《科学事业单位财务制度》，国务院机关事务管理局发布的《中央国家机关后勤事业单位财务制度》，文化部发布的《文化站管理办法》、《乡镇综合文化站管理办法》，司法部发布的《国家出资设立的律师事务所管理办法》等。

5. 地方性法规与规章

省、自治区、直辖市和较大的市的人民代表大会及其常务委员会，根据本行政区域的具体情况和实际需要，在不与宪法、分类法律、行政法规相抵触的前提下制定的管理本行政区域内事业单位的法规，省、自治区、直辖市和较大的市的政府依法律程序制定的地方性规章。如《上海市医疗机构管理办法》、《上海市公共图书馆管理办法》、《上海市公共文化馆管理办法》、《北京市图书馆条例》、《北京市博物馆条例》等。

1998 年 10 月 25 日，国务院颁布《事业单位登记管理暂行条例》，这是我国第一部全面调整事业单位的行政法规，2004 年 6 月 27 日国务院对《事业单位登记管理暂行条例》进行了修改。

(二) 事业单位的成立

1. 事业单位成立的条件

《事业单位登记管理暂行条例》第六条规定，申请事业单位法人登记，应当具备下列条件。

①经审批机关批准设立。所谓审批机关，是指县级以上各级人民政府及其有关主管部门。在现行体制下，党委、政府负责审批其直属事业单位，机构编制部门负责审批党政群部门所属事业单位，有关行业主管部门负责审批其他社会组织利用国有资产举办的事业单位。

②有自己的名称、组织机构和场所。

③有与其业务活动相适应的从业人员。一方面，要有服务活动所需的具有执业资格的人员；另一方面，人员的数量要合理，人员结构比例要适当。

④有与其业务活动相适应的经费来源。事业单位的经费来源：一是财政补助收入，即事业单位从同级财政部门取得的各类财政拨款；二是事业收入，即事业单位开展专业业务活动及其辅助活动取得的收入；三是上级补助收入，即事业单位从主管部门和上级单位取

得的非财政补助收入；四是附属单位上缴收入，即事业单位附属独立核算单位按照有关规定上缴的收入；五是经营收入，即事业单位在专业业务活动及其辅助活动之外开展非独立核算经营活动取得的收入；六是其他收入，包括投资收益、利息收入和捐赠收入等。

⑤能够独立承担民事责任。主要是其拥有可独立支配的资产。

2. 事业单位成立的程序

事业单位经审批机关批准成立，并向登记机关申请事业单位法人登记。县级以上各级人民政府机构编制管理机关是本级人民政府的事业单位的登记管理机构，登记机关负责审查事业单位成立时必须具备的条件。申请事业单位法人登记，应向登记管理机关提交下列文件：登记申请书；审批机关的批准文件；场所使用权证明；经费来源证明；其他有关证明文件。

登记管理机关应自收到登记申请书之日起 30 日内依照《事业单位登记管理暂行条例》的规定进行审查，作出准予登记或不予登记的决定。准予登记的，发给《事业单位法人证书》；不予登记的，应当说明理由。事业单位法人登记事项包括名称、住所、宗旨和业务范围、法定代表人、经费来源（开办资金）等情况。经登记的事业单位，凭《事业单位法人证书》刻制印章，申请开立银行账户。事业单位应将印章式样报登记管理机关备案。

二、事业单位的管理制度

（一）事业单位的年检制度

年检即年度检查，是指事业单位根据《事业单位登记管理暂行条例》每年 3 月 31 日前分别向登记管理机关和审批机关报送上一年度执行《事业单位登记管理暂行条例》和按照登记事项开展活动情况的报告，登记管理机关依法对报告进行审查，并作出相应处置的制度。

事业单位年度报告主要包括开展业务活动的情况；有关登记事项年末实际情况；经费收支情况；受奖惩和有关评估情况；接受捐赠资助及其使用情况。

登记管理机关对年度报告的审查主要从以下方面进行：事业单位使用的名称与登记的名称是否一致；事业单位的实际活动场所与所登记场所是否一致；事业单位登记事项发生变更后是否依照《事业单位登记管理暂行条例》规定办理了变更登记；事业单位是否按照核准登记的业务范围开展活动；根据事业单位的收支情况，判断其是否具备承担相应民事责任的能力；事业单位有无抽逃、转移开办资金行为；事业单位接收捐赠、资助及其使用情况是否符合《事业单位登记管理暂行条例》规定；事业单位有无涂改、出租、出借《事业单位法人证书》或出租、出借印章的行为；事业单位自核准登记后是否超过 1 年未开展活动或自行停止业务活动 1 年以上；事业单位及其法定代表人是否遵守条例及其他法律、法规和政策。

登记管理机关对年检合格的事业单位，在其《事业单位法人证书》正副本上加盖标记；对不合格的，则根据具体情况做出相应的惩处。

（二）事业单位的变更与注销登记

1. 事业单位的变更登记

变更登记是指登记管理机关依法对事业单位申请改变已核准登记事项进行审查，作出是否准予变更的决定，并对准予变更的更换证书，其中变更名称、住所和法定代表人的还需进行公告。下列事项的变更需进行变更登记，否则无效：一是名称的变更；二是依据的变更；三是宗旨和业务范围的变更；四是法定代表人的变更；五是经费来源的变更；六是开办资金的变更。

2. 事业单位的注销登记

注销登记是指登记管理机关对被解散、撤销的事业单位，收缴其法人证书正副本、法人代表证及印章，将注销情况通报有关机关和开户银行，并发布注销登记公告，宣布该事业单位法人终止。

事业单位被撤销、解散的，应向登记管理机关办理注销登记或注销备案。事业单位办理注销登记前，应在审批机关指导下成立清算组织，完成清算工作。事业单位应自清算结束之日起15日内，向登记管理机关办理注销登记。事业单位办理注销登记，应提交撤销或解散该事业单位的文件和清算报告，登记管理机关收缴《事业单位法人证书》和印章。事业单位的登记、备案或变更名称、住所以及注销登记或注销备案，由登记管理机关予以公告。

（三）事业单位的清算制度

事业单位发生划转、撤销、合并、分立时，应当进行清算。事业单位清算应在主管部门和财政部门的监督指导下，对单位的财产、债权、债务等进行全面清理，编制财产目录和债权、债务清单，提出财产作价依据和债权、债务处理办法，做好资产的移交、接收、划转和管理工作，并妥善处理各项遗留问题。

事业单位清算结束后，经主管部门审核并报财政部门批准，其资产分别按照下列办法处理：一是因隶属关系改变、建制划转的事业单位，全部资产无偿移交，并相应划转经费指标；二是转为企业管理的事业单位，全部资产扣除负债后转作国家资本金，需要进行资产评估的，按照国家有关规定执行；三是撤销的事业单位，全部资产由主管部门和财政部门核准处理；四是合并的事业单位，全部资产移交接收单位或新组建单位，合并后多余的资产由主管部门和财政部门核准处理；五是分立的事业单位，资产按照有关规定移交分立后的事业单位，并相应划转经费指标。

（四）事业单位的责任与处罚

事业单位有下列情形之一的，由登记管理机关给予警告，责令限期改正；情节严重的，经审批机关同意，予以撤销登记，收缴《事业单位法人证书》和印章。

①不按照《事业单位登记管理暂行条例》的规定办理变更登记、注销登记的。

②涂改、出租、出借《事业单位法人证书》或出租、出借印章的。

③违反规定接受、使用捐赠、资助的。

④事业单位违反法律、其他法规的，由有关机关依法处理。

⑤登记管理机关的工作人员在事业单位登记管理工作中滥用职权、玩忽职守、徇私舞弊构成犯罪的，依法追究刑事责任；尚不构成犯罪的，依法给予行政处分。

三、事业单位的财务管理

（一）事业单位财务管理的特点

事业单位财务管理的特点与事业单位自身的特点密切相关，主要表现如下。

第一，事业单位的资金基本上都来自财政拨款或其他提供者，提供者并不期望按其所提供的资金比例收回或获得经济利益。

第二，事业单位的资金提供者不会分享单位剩余价值，所以也不具有企业会计意义上的所有者权益。因此，国家管理部门、捐赠人等资金提供者，需明确规定资金的使用范围，事业单位必须严格遵守这些规定或限制，这是其必须履行的特殊责任。

第三，事业单位一般不直接创造物质财富，不以营利为目的。有的事业单位虽然可以按一定收费标准或价格提供劳务或产品，但往往是按等于或低于成本的价格提供。

（二）事业单位财务管理的任务

事业单位财务管理是指各级事业单位的事业费和预算外收入，在预算、分配、调剂和使用的全过程所进行的管理和监督。其财务管理的主要任务：合理编制单位预算，如实反映财务状况；依法增加收入，努力节约支出；建立健全财务制度，加强经济核算，提高资金使用效益；加强国有资产管理；加强对单位经济活动的财务控制和监督。

国家对事业单位实行核定收支、定额或定项补助、超支不补、结转和结余按规定使用的预算管理办法。

随着我国市场经济的发展和事业单位改革的深化，事业单位已经从单纯依靠财政资金转向多渠道筹集资金事业单位除应积极主动地争取政府对事业经费的支持外，更重要的是主动地向社会筹集资金，开拓筹资新渠道。

第三节　社会团体管理制度

社会团体简称社团，是指由中国公民自愿组成，为实现会员共同意愿，按照其章程开展活动的非营利性社会组织。社会团体立法一般包括社团的设立登记与解散程序、会员资格及退会、内部组织和议事制度、社团事务、经费来源、政策优惠与财务规制及对社团的监管等方面内容。

一、社会团体的登记管理机关

《社会团体登记管理条例》（以下简称《条例》）规定："国务院民政部门和县级以上地方各级人民政府民政部门是本级人民政府的社会团体登记管理机关。"登记管理机关负责社会团体的成立、变更、注销的登记或备案，年度检查，对社会团体违反《条例》的行为进行监督检查并给予行政处罚。

全国性的社会团体，由国务院的登记管理机关负责登记管理；地方性的社会团体，由所在地人民政府的登记管理机关负责登记管理；跨行政区域的社会团体，由所跨行政区域的共同上一级人民政府的登记管理机关负责登记管理。国务院有关部门和县级以上地方各级人民政府有关部门、国务院或县级以上地方各级人民政府授权的组织，是有关行业、学科或业务范围内社会团体的业务主管单位。

按现行规定，社会团体的业务主管部门主要是指各级政府的职能工作部门和党的工作部门；有的社会团体的业务主管部门不便由政府工作部门或党的工作部门担当时，经民政部门与有关业务部门协商同意后，也可委托有能力进行资格审查和业务指导的其他单位承担这一职责。如民政部、科技部委托中国科学技术协会管理全国性自然科学、技术科学和科普性社会团体。

业务主管单位负责社会团体的筹备申请、成立登记、变更登记、注销登记前的审查，监督、指导社会团体依法并根据章程开展活动，负责年度检查的初审，协助登记管理机关和其他有关部门查处社会团体的违法行为，会同有关机关指导社会团体的清算事宜。业务主管单位的级别管辖，主要是根据社会团体的活动范围确定。

二、社会团体的成立

（一）社会团体成立的条件

第一，有符合规定的会员数量。根据《条例》规定，社会团体应有50个以上的个人会员或30个以上的单位会员；个人会员、单位会员混合组成的，会员总数不得少于50个。其中，单位是指国家机关以外的组织，个人是指中国公民。

第二，有规范的名称和相应的组织机构。《条例》规定：社会团体的名称应符合法律、法规的规定，不得违背社会道德风尚。社会团体的名称应与其业务范围、成员分布、活动地域相一致，准确反映其特征。全国性的社会团体的名称冠以"中国"、"全国"、"中华"等字样的，应按照国家有关规定经过批准，但地方性的社会团体的名称不得冠以"中国"、"全国"、"中华"等字样。"相应的组织机构"，规定为会员大会或会员代表大会、执行机构、负责人和法定代表人。

第三，有固定的住所。不论是自己享有所有权的房屋，还是租赁或借用的房屋，都视为团体拥有固定住所。

第四，有与其业务活动相适应的专职工作人员。

第五，有合法的资产和经费来源，全国性的社会团体有10万元以上活动资金，地方性的社会团体和跨行政区域的社会团体有3万元以上活动资金。

第六，有独立承担民事责任的能力。

（二）社会团体成立的程序

1. 向业务主管单位申请筹备

《条例》规定，社会团体的成立首先需要向业务主管单位提出筹备申请并经其审查同意。

2. 向登记管理机关申请筹备

《条例》规定，申请成立社会团体，经业务主管单位审查同意后，发起人应向登记管理机关申请筹备。

（1）申请筹备时需要提交的文件。《条例》规定，申请筹备成立社会团体，发起人应向登记管理机关提交下列文件。

①筹备申请书。根据民政部监制的"筹备成立社会团体申请表"，申请书的内容主要有住所、活动资金数额、活动地域、经费来源、会员数量、宗旨、业务范围、筹备发起人情况和拟任负责人情况。

②业务主管单位的批准文件。

③验资报告和场所使用权证明。

④发起人和拟任负责人的基本情况、身份证明，包括发起人和拟任负责人的工作简历、身份证明、奖惩情况等内容。简历材料需经本人所在单位的人事部门出具审核意见并加盖公章。

⑤章程草案。

（2）登记管理机关对筹备申请的复查。《条例》规定，登记管理机关在收到全部有效文件之日起60日内应作出批准或不批准筹备的决定。不批准的，应向发起人说明理由，其不予批准的主要理由如下。

第一，有根据证明申请筹备的社会团体的宗旨、业务范围不符合规定的。即违背了《条例》"社会团体必须遵守宪法、法律、法规和国家政策，不得反对宪法确定的基本原则，不得危害国家的统一、安全和民族的团结，不得损害国家利益、社会公共利益以及其他组织和公民的合法权益，不得违背社会道德风尚。社会团体不得从事营利性经营活动"的规定的。

第二，在同一行政区域内已有业务范围相同或相似的社会团体，没有必要成立的。

第三，发起人、拟任负责人正在或曾经受到剥夺政治权利的刑事处罚，或不具有完全民事行为能力的。

第四，在申请筹备时弄虚作假的。

第五，有法律、行政法规禁止的其他情形的。

3. 完成筹备工作，并向登记管理机关申请成立登记

《条例》规定，筹备成立的社会团体，应在登记管理机关批准筹备之日起6个月内，召开会员大会或会员代表大会，通过章程，产生执行机构、负责人和法定代表人。筹备期间不得进行筹备以外的活动。

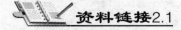资料链接2.1

奥地利社团法节选

第三条　章程

一、设立人和为形成变更章程的决议而召集的社团机关，可以于法律允许的限度内自行设置社团的组织机构。

二、章程至少包括下列事项：

（一）社团名称；

（二）社团住所；

（三）关于社团目的事业之明确的全面的说明；

（四）为实现目的事业而规定的业务活动和资金筹集的方式；

（五）关于社员资格的申请和终止的规定；

（六）社员的权利和义务；

（七）社团机关及其职责，尤其是关于执行社团业务的主体和对外代理社团的主体之明确的全面的说明；

（八）社团机关选任的方式及其任期的期限；

（九）针对社团机关形成有效决议的要求；

（十）源于社团关系的争议之调解方式；

（十一）关于社团自愿解散以及在自愿解散的情形下社团财产变价的规定。

三、基于各社员的请求，社团执行机关有义务向其提供章程。

第四条　名称，住所

一、社团的名称必须源于社团目的事业并且不得引起歧义。社团名称与其他现存的社团、机构或法律形式的名称相混淆的情况，必须排除。

二、社团的住所必须位于国内。应当将社团事实上的主要管理机构的所在地确定为住所。

三、社会团体的内部关系

（一）社会团体的组织机构

1. 会员大会（或会员代表大会）

会员大会（或会员代表大会）是社会团体的最高权力机构。其职权：制定和修改章程；选举和罢免理事；审议理事会的工作报告和财务报告；决定终止事宜等。会员大会（或会员代表大会）须有2/3以上的会员（或会员代表）出席方能召开，其决议须经到会会员（或会员代表）半数以上表决通过方能生效。会员大会或会员代表大会有任期，任期长短由会员大会或代表大会决定，但每届最长不超过5年。因特殊情况需提前或延期换届的，须由理事会表决通过，报业务主管单位审查并经社团登记管理机关批准同意。延期换届最长不得超过1年。

2. 理事会

理事会是会员大会（或会员代表大会）的执行机构，在闭会期间领导本团体开展日常工作，对会员大会（或会员代表大会）负责。理事会的职权：执行会员大会（或会员代表大会）的决议；选举和罢免理事长（会长）、副理事长（副会长）、秘书长；筹备召开会员大会（或会员代表大会）；向会员大会（或会员代表大会）报告工作和财务状况；决定会员的吸收和除名；决定设立办事机构、分支机构、代表机构和实体机构；决定副秘书长、各机构主要负责人的聘任；领导本团体各机构开展工作；制定内部管理制度；决定其他重大事项等。理事会须有2/3以上理事出席方能召开，其决议须经到会理事2/3以上表决通过方能生效。理事会每年至少召开一次会议，情况特殊的，也可采取通讯形式召开。

3. 常务理事会

理事人数较多时，可设常务理事会。常务理事会由理事会选举产生，常务理事人数不超过理事人数的1/3，在理事会闭会期间行使理事会的职权。因此，常务理事会职权范围与理事会不同。其职权：执行会员大会的决议；决定会员的除名；决定设立分支机构、代表机构和实体机构；领导各机构开展工作；制定内部管理制度；理事会授权的其他事项。

4. 理事长（会长）

理事长（会长）是社团法定代表人，负责对外代表团体签署重要文件、召集和主持理事会等。理事长（会长）实行任期制，年限由章程决定。理事长（会长）任期最长不得超过两届，因特殊情况需延长的，须经会员大会（或会员代表大会）2/3以上会员（或会员代表）表决通过，报业务主管单位审查并经社团登记管理机关批准同意后方可任职。

社团法定代表人不得兼任其他团体的法定代表人。理事长（会长）行使的职权有召集和主持理事会（或常务理事会）；检查会员大会（或会员代表大会）、理事会（或常务理事会）决议的落实情况；代表本团体签署有关重要文件等。

5. 秘书长

秘书长是社团日常工作的负责人，受理事会的领导。其职权：主持办事机构开展工作，组织实施年度工作计划；协调各分支机构、代表机构、实体机构开展工作；提名副秘书长以及各办事机构、分支机构、代表机构和实体机构主要负责人，交理事会或常务理事会决定；决定办事机构、代表机构、实体机构专职工作人员的聘用；处理其他日常事务等。

（二）社会团体的分支机构与代表机构

所谓分支机构，是指社会团体因开展业务活动的需要，按照其业务范围科学划分而设立的从事业务活动的内部机构。所谓代表机构，是指社会团体在会址以外某行政区域设置的代表该社会团体从事活动、承办社会团体交办的工作任务的机构。

社会团体成立后，若设立分支机构或代表机构，应当经业务主管单位审查同意，向登记管理机关提交有关分支机构、代表机构的名称、业务范围、场所和主要负责人等情况的文件，申请登记。社会团体的分支机构、代表机构是社会团体的组成部分，不具有法人资格，应按照其所属的社会团体的章程所规定的宗旨和业务范围，在该社会团体授权的范围内开展活动、发展会员。社会团体的分支机构不得再设立分支机构。社会团体不得设立地域性的分支机构。

社会团体撤销其所属分支机构、代表机构的，经业务主管单位审查同意后，办理注销手续。社会团体注销的，其所属分支机构、代表机构同时注销。

四、社会团体的财产

我国社会团体的财产主要包括国家资助、社会捐赠、会员会费和社团创收。

(一) 国家资助

国家对社会团体的资助包括国家拨款、调配用房和基建投资。社会团体的国家拨款主要用作社团的活动经费，如有节余则用于社团发展。由于国家拨款是从政府财政中列支，并且其使用也被纳入国家行政、事业费的管理体制，因而目前节余经费被视为国家所有（通过开展活动已花掉的拨款不存在产权问题）。

国家对社会团体的调配用房一般是无偿调拨的（包括挂靠单位向学会提供的用房），科技社团对此财产只享有长期的或永久的使用权或支配权，而无实际上的处分权。从这层意义上讲，调配给社团使用的房屋（挂靠单位自己向社团提供而非通过国家调拨的用房除外）所有权属国家而非社会团体。

国家对社会团体的基本建设投资主要是建设供其使用的场、馆、实验室及设备购置等。由于对这些固定资产社团只享有占有权、使用权和收益权而无处分权，所以其所有权仍属国家。

(二) 社会捐赠

社会捐赠是指捐赠人为表示对社会团体的关心而将自己的资财赠与社会团体的情况。社会捐赠主要包括国家机关和企事业单位捐赠（此类捐赠是以单位资助名义出现）、基金会捐赠和个人捐赠，其中，国家机关捐赠的财源主要是国家机关（包括对学会、基层组织活动经费进行资助的挂靠单位和所在单位）在公务活动中收取的服务费和财政包干后的节余，而非财政拨款。

根据捐赠主体要求不同，捐赠可分为一般捐赠和专门捐赠。前者只是一般性地要求其捐赠的财产用于社团活动，而不附加其他条件；后者除一般要求外，还对财产用途附有专门要求，如有的要求捐款必须用作各种基金或奖金，有的要求捐款必须用于建造会址等。虽然捐赠主体不同、形式与要求各异，但是由于捐赠是让渡财产所有权的行为，所以只要捐赠行为一经实现，所捐财产所有权即由捐赠人移转给了社会团体。

(三) 会员会费

为保证社会团体有必要的活动经费，个人或团体在取得会员资格时就有交纳一定会费的义务。会员交纳会费的义务一般都明确规定在社团章程中，并且对于以前应交会费的义务不因其退出社会团体或被开除而免除。

交纳会费是会员的应尽义务，会员无权就其交纳的会费请求返还，其继承者也不得继承已交纳的会费，因为会费一旦交纳，其所有权即转归社会团体。又由于社会团体属于公益法人，其财产主要用于公益事业，因而对会员个人而言，不存在分配问题。

（四）社团创收

为维持生存与发展，一些社会团体组织把创收作为自己活动经费的主要来源。当前社会团体创收的主要途径：利用自身的人才和技术优势，在进行技术开发、技术转让、技术咨询和技术服务时实行有偿服务；利用自己拥有的资金创办各类经济实体，由其从盈利中上交一部分给社会团体，作为活动经费。

在社会团体创收中，通过有偿服务取得的财产无疑应归社会团体所有，因为它是社会团体转让自己的技术成果（专利权、专利申请权、专利实施和非专利技术）所得的使用费和进行技术的开发、咨询及服务所得的报酬。社会团体创办经济实体的目的是使自己已拥有的资金增值，以为其提供更为稳定的财源。

五、社会团体的行政管理

（一）年度检查

根据《条例》规定，社会团体应于每年 3 月 31 日前向业务主管单位报送上一年度的工作报告，经业务主管单位初审同意后，于 5 月 31 日前报送登记管理机关，接受年度检查。

社会团体工作报告的内容：本社会团体遵守法律法规和国家政策的情况；依照《条例》履行登记手续的情况；按照章程开展活动的情况；人员和机构变动的情况；财务管理的情况。

（二）行政处罚

社会团体在申请登记时弄虚作假，骗取登记的，或自取得《社会团体法人登记证书》之日起一年未开展活动的，由登记管理机关予以撤销登记。

社会团体有下列情形之一的，由登记管理机关给予警告，责令改正，可以限期停止活动，并可以责令撤换直接负责的主管人员；情节严重的，予以撤销登记；构成犯罪的，依法追究刑事责任：一是涂改、出租、出借《社会团体法人登记证书》，或出租、出借社会团体印章的；二是超出章程规定的宗旨和业务范围进行活动的；三是拒不接受或不按照规定接受监督检查的；四是不按照规定办理变更登记的；五是擅自设立分支机构、代表机构，或对分支机构、代表机构疏于管理，造成严重后果的；六是从事营利性的经营活动的；七是侵占、私分、挪用社会团体资产或所接受的捐赠、资助的；八是违反国家有关规定收取费用、筹集资金或接受、使用捐赠、资助的，有违法经营额或违法所得的，予以没收，可以并处违法经营额 1 倍以上 3 倍以下或违法所得 3 倍以上 5 倍以下的罚款。

社会团体的活动违反其他法律法规的，由有关国家机关依法处理；有关国家机关认为应当撤销登记的，由登记管理机关撤销登记。

未经批准，擅自开展社会团体筹备活动，或未经登记，擅自以社会团体名义进行活动，以及被撤销登记的社会团体继续以社会团体名义进行活动的，由登记管理机关予以取缔，没收非法财产；构成犯罪的，依法追究刑事责任；尚不构成犯罪的，依法给予治安管理处罚。

社会团体被责令限期停止活动的，由登记管理机关封存《社会团体法人登记证书》、印章和财务凭证。社会团体被撤销登记的，由登记管理机关收缴《社会团体法人登记证书》和印章。

六、社会团体的变更与终止

（一）社会团体的变更

根据《条例》规定，社会团体的登记事项、备案事项需要变更的，应自业务主管单位审查同意之日起 30 日内，向登记管理机关申请变更登记、变更备案（以下统称变更登记）。社会团体修改章程，应自业务主管单位审查同意之日起 30 日内，报登记管理机关核准。

（二）社会团体的终止

1. 社会团体终止的原因

社会团体除因违法行为被登记管理机关依法撤销登记而终止外，还包括如下原因而终止。

①完成社会团体章程规定的宗旨的。

②自行解散的。社会团体是会员自愿结社而形成的组织，如果会员大会或会员代表大会根据章程规定的程序决议解散该社会团体，则该社会团体终止。

③分立、合并的。

④由于其他原因终止的。

2. 社会团体终止的程序

社会团体发生上述的解散事由后，应当按照下列程序终止。

（1）业务主管单位审查同意。社会团体是公民结社组织，公民有结社的自由也有不结社的自由，因而这里的审查的对象应当主要限于解散决定的作出是否符合法律以及章程规定的程序。

（2）进行清算。社会团体在办理注销登记前，应在业务主管单位及其他有关机关的指导下，成立清算组织，完成清算工作。社会团体在清算期间不得开展清算以外的活动。

（3）向登记管理机关申请注销登记。社会团体应自清算结束之日起 15 日内向登记管理机关办理注销登记。办理注销登记，应当提交法定代表人签署的注销登记申请书、业务主管单位的审查文件和清算报告书。登记管理机关准予注销登记的，发给注销证明文件，收缴该社会团体的登记证书、印章和财务凭证。

3. 社会团体终止后剩余财产的处理

社会团体处分注销后的剩余财产，应依照国家有关规定进行。团体终止后的剩余财产，在业务主管单位和社会团体登记管理机关的监督下，按照国家有关规定，从事发展与本团体宗旨相关的事业。

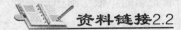 资料链接2.2

新加坡社团法节选

第六条 社团的终止

一、登记官或助理登记官有理由相信某一已登记的社团已经不存在的，可以在公报上发布通知，要求该社团在通知发布之日起 3 个月内向他提交该社团存在的证据。还应当以挂号信的方式将通知的复印件邮寄到该社团的办公地点。

二、如果 3 个月期限届满，登记官确信该社团已经不存在的，可以在公报上发布终止该社团的通知，自通知发布之日起，该社团终止。

第七条 社团的自愿解散

一、任何已登记社团根据其章程的规定准备自愿解散的，应当书面通知登记官，而且应当在该社团解散之日起一周内，向登记官提交一份由该社团的主席、秘书和财务人员或在该社团中担任相似职位的人所签署的解散证明。

二、登记官收到解散证明之后，如果认为该社团的解散符合其章程，则应当在公报上发布通知，公布该社团终止。

第四节　民办非企业单位管理制度

民办非企业单位是改革开放后才出现的事物，1996 年在中共中央办公厅和国务院办公厅《关于加强社会团体和民办非企业单位管理工作的通知》（中办发〔1996〕22 号）中正式出现"民办非企业单位"一词，在此之前称之为"民办事业单位"。伴随着社会服务领域向民间的开放，涌现出了各类民办非企业单位，相关的法律法规也逐步颁布。

一、民办非企业单位的概念

（一）民办非企业单位的含义

1998 年 10 月国务院颁布的《民办非企业单位登记管理暂行条例》，将民办非企业单位界定如下。民办非企业单位是指企业事业单位、社会团体和其他社会力量以及公民个人利用非国有资产举办的，从事非营利性社会服务活动的社会组织。其基本特点包括以下几个方面。

1. 民办非企业单位以公益为目的

民办非企业单位为社会提供教育、文化等方面的公益服务，其目的不是赚取利润分配于出资人，而是促进该项公益事业本身的发展。

2. 其业务是提供社会服务

民办非企业单位对社会上不特定的人提供公益性的社会服务，社会公益性是民办非企业单位的最大特征。

3. 财产的不分配性

民办非企业单位的盈余和清算后的剩余财产只能用于社会公益事业，不得在成员中分配。

4. 举办者的多样性

民办非企业单位的举办者是企业事业单位、社会团体、其他社会力量及公民个人。

(二) 民办非企业单位的主要分布

①教育事业。如民办幼儿园，民办小学、中学、学校、学院、大学，民办专修（进修）学院或学校，民办培训（补习）学校或中心等。

②卫生事业。如民办门诊部（所）、医院、康复、保健、卫生、疗养院（所）等。

③文化事业。如民办艺术表演团体、文化馆（活动中心）、图书馆（室）、博物馆（院）、美术馆、画院、名人纪念馆、收藏馆、艺术研究院（所）等。

④科技事业。如民办科学研究院（所、中心），民办科技传播或普及中心、科技服务中心、技术评估所（中心）等。

⑤体育事业。如民办体育俱乐部，民办体育场、馆、院、社、学校等。

⑥劳动事业。如民办职业培训学校或中心、民办职业介绍所等。

⑦民政事业。如民办福利院、敬老院、托老所、老年公寓，民办婚姻介绍所，民办社区服务中心（站）等。

⑧社会中介服务业。如民办评估咨询服务中心（所）、民办信息咨询调查中心（所）、民办人才交流中心等。

⑨法律服务业等其他事业。

(三) 民办非企业单位与事业单位、社会团体的区别

民办非企业单位与事业单位都是提供非营利性的社会服务的组织。两者的区别主要在于事业单位是利用国有资产创办，而民办非企业单位主要是利用非国有资产创办。两者所涉及的事业领域并没有什么区别。改革之前的社会服务事业完全由政府承担（主要是各种事业单位），后来逐步开放了一些领域允许私人或非政府的组织举办，但由于部分领域开放程度较低甚至没有开放，事业单位的领域要比民办非企业单位广阔。

民办非企业单位与社会团体的主要区别：一是社会团体可以举办民办非企业单位，而民办非企业单位不能举办社会团体；二是社会团体可以设立分支机构，而民办非企业单位不得设立分支机构；三是社会团体是由公民自愿组成的会员制组织，而民办非企业单位是企业事业单位、社会团体和其他社会力量以及公民个人利用非国有资产举办的从事非营利性社会服务活动的社会组织。

二、民办非企业单位的成立

(一) 民办非企业单位登记的条件

对民办非企业单位登记管理实行分级管理的原则，即省级登记管理机关负责全省性的民办非企业单位登记和监督管理，设区市登记管理机关负责全市性的民办非企业单位的登

记和监督管理,县级登记管理机关负责全县性的民办非企业单位的登记和监督管理。民办非企业单位登记的条件如下。

1. 有批准文件

民办非企业单位的成立应经业务主管单位审查同意,有正式文件批准。

2. 有规范的名称、必要的组织机构

名称必须能反映该民办非企业单位的宗旨与业务范围,能有别于其他社会组织。民办非企业单位只能有一个名称,且不能与其他民办非企业单位的名称相同。民办非企业单位的名称应当符合国务院民政部门的规定,不得冠以"中国"、"全国"、"中华"等字样。

3. 有与其业务活动相适应的从业人员

一些特别法规规定了某些特殊的民办非企业单位必须具备的从业人员方面的要求。如《社会力量办学条例》、《民办高等学校设置暂行规定》中对校长的资格与教师配备有比较具体的要求。

4. 有与其业务活动相适应的合法财产

鉴于民办非企业单位的多样性,对大多数类型的民办非企业单位的财产等都没有相关规定。但也有法规规定了民办非企业单位的财产问题,如教育法规对设立高等学校所需的资金数额、图书数量等有非常具体的规定。

5. 有必要的场所

民办非企业单位是从事经常性的社会服务活动的组织,因此法律上要求有必要的场所。民办非企业单位在申请登记时应提交场所使用权证明,包括所有权证明和使用权(租赁、借用)证明。某些法律法规对特定的民办非企业单位的场所面积有特殊的要求,如卫生部 1994 年 9 月发布的《医疗机构基本标准(试行)》规定了各种不同种类的医疗机构所必须具备的床位数量和每个床位必须配套的房屋建筑面积。

(二) 民办非企业单位成立的程序

1. 向业务主管单位申请

申请民办非企业单位登记,举办者应向登记管理机关提交的文件中包括业务主管单位的批准文件,即民办非企业单位的成立首先需向业务主管单位申请批准。至于按照何种程序向业务主管单位提出申请,提交哪些文件,业务主管单位应在多长时间内予以答复,一般由各单行法规来确定,如《社会力量办学条例》、《医疗机构管理条例》对此都有较为具体的规定,但也有很多领域依然空白。

2. 向登记管理机关申请登记

业务主管单位审查批准后,民办非企业单位可以向登记管理机关申请成立登记。其申请成立登记时应提交如下文件。

①登记申请书。登记申请书中包括成立的目的、业务范围、可行性论证、筹备的基本情况、活动资金和经费来源渠道、举办者单位名称或申请人姓名等。

②业务主管单位的批准文件。

③场所使用权证明。

④验资报告。

⑤拟任负责人的基本情况、身份证明。

⑥章程草案。章程草案的内容应涵盖的事项：名称、住所；宗旨和业务范围；组织管理制度；法定代表人或负责人的产生、罢免程序；资产管理和使用的原则；章程的修改程序；终止程序和终止后资产的处理；需要由章程规定的其他事项。章程的内容不得违反法律规定。

3. 登记管理机关审批管理

登记管理机关应自收到成立登记申请的全部有效文件之日起 60 日内，作出准予登记或不予登记的决定。不予登记的理由如下。

①有根据证明申请登记的民办非企业单位的宗旨、业务范围不符合规定的。即民办非企业单位应遵守宪法、法律法规和国家政策，不得违反宪法确定的基本原则，不得危害国家的统一、安全和民族的团结，不得损害国家利益、社会公共利益以及其他社会组织和公民的合法权益，不得违背社会道德风尚。

②在申请成立时弄虚作假的。

③在同一行政区域内已有业务范围相同或相似的民办非企业单位，没有必要成立的。

④拟任负责人正在或曾经受到剥夺政治权利的刑事处罚，或不具有完全民事行为能力的。

⑤有法律、行政法规禁止的其他情形的。其他法律、行政法规如规定了其他禁止成立民办非企业单位的情形，登记管理机关也应当不予登记。

准予登记的民办非企业单位，由登记管理机关登记民办非企业单位的名称、住所、宗旨和业务范围、法定代表人或负责人、开办资金、业务主管单位，并根据其依法承担民事责任的不同方式，分别发给《民办非企业单位（法人）登记证书》、《民办非企业单位（合伙）登记证书》、《民办非企业单位（个体）登记证书》。民办非企业单位凭登记证书申请刻制印章，开立银行账户。民办非企业单位应当将印章式样、银行账号报登记管理机关备案。

三、民办非企业单位的变更与注销登记

(一) 民办非企业单位的变更登记

民办非企业单位的重要事项及章程的变更，需要依照法定的程序办理变更登记或获得核准。其登记事项包括名称、住所、宗旨和业务范围、法定代表人或负责人、开办资金以及业务主管单位。

民办非企业单位的登记事项需要变更的，应自业务主管单位审查同意之日起 30 日内，向登记管理机关申请变更登记。民办非企业单位修改章程，应自业务主管单位审查同意之日起 30 日内，报登记管理机关核准。

(二) 民办非企业单位的注销登记

民办非企业单位自行解散的，分立、合并的，或由于其他原因需要注销登记的，应向

登记管理机关办理注销登记。民办非企业单位在办理注销登记前，应在业务主管单位和其他有关机关的指导下，成立清算组织，完成清算工作。清算期间，民办非企业单位不得开展清算以外的活动。

民办非企业单位法定代表人或负责人应自完成清算之日起 15 日内，向登记管理机关办理注销登记。办理注销登记，须提交注销登记申请书、业务主管单位的审查文件和清算报告。登记管理机关准予注销登记的，发给注销证明文件，收缴登记证书、印章和财务凭证。

四、民办非企业单位的行政处罚

民办非企业单位在申请登记时弄虚作假，骗取登记的，或业务主管单位撤销批准的，由登记管理机关予以撤销登记。

民办非企业单位有下列情形之一的，由登记管理机关予以警告，责令改正，可以限期停止活动；情节严重的，予以撤销登记；构成犯罪的，依法追究刑事责任：一是涂改、出租、出借民办非企业单位登记证书，或出租、出借民办非企业单位印章的；二是超出其章程规定的宗旨和业务范围进行活动的；三是拒不接受或不按照规定接受监督检查的；四是不按照规定办理变更登记的；五是设立分支机构的；六是从事营利性的经营活动的；七是侵占、私分、挪用民办非企业单位的资产或所接受的捐赠、资助的；八是违反国家有关规定收取费用、筹集资金或接受使用捐赠、资助的，有违法经营额或违法所得的，予以没收，可以并处违法经营额 1 倍以上 3 倍以下或违法所得 3 倍以上 5 倍以下的罚款。

民办非企业单位的活动违反其他法律法规的，由有关国家机关依法处理；有关国家机关认为应当撤销登记的，由登记管理机关撤销登记。

未经登记，擅自以民办非企业单位名义进行活动的，或被撤销登记的民办非企业单位继续以民办非企业单位名义进行活动的，由登记管理机关予以取缔，没收非法财产；构成犯罪的，依法追究刑事责任；尚不构成犯罪的，依法给予治安管理处罚。

民办非企业单位被限期停止活动的，由登记管理机关封存其登记证书、印章和财务凭证；被撤销登记的，由登记管理机关收缴登记证书和印章。

▶▶▶ 本章小结

● 公共事业组织是依照一定的规则，以独立、公正为原则，并凭借其特有功能为社会提供各种服务的组织。它属于非营利性组织，主要包括事业单位、社会团体和民办非企业单位。虽然各国对公共事业组织管理规定各不相同，但一般都对登记、免税、内部治理结构与运作机制、公共责任和组织解散等作出规范。

● 事业单位法律制度涵盖了宪法、事业单位的基本法律与行政法规、各部委制定的部门规章以及地方性法规等。《事业单位登记管理暂行条例》及相关的法律法规在事业单位成立的条件和程序、年检、变更与注销登记、清算、处罚和财务管理等方面作出了规定。

● 社会团体是指中国公民自愿组成，为实现会员共同意愿，按照其章程开展活动的非营利性社会组织。《社会团体登记管理条例》及有关的法规在社会团体的登记管理机关和业务主管机关、社团的设立登记与解散程序、会员资格及退会、内部组织和议事制度、社团事务、经费来源、政策优惠与财务规制、社团的日常监管等方面作出了规范。

● 民办非企业单位是指企业事业单位、社会团体和其他社会力量以及公民个人利用非国有资产举办的，从事非营利性社会服务活动的社会组织。《民办非企业单位登记管理暂行条例》及有关的法律法规对民办非企业单位的登记条件、成立程序、变更与注销、行政处罚等方面作出了较为明确的规定。

◆ 复习思考题

1. 简述公共事业组织制度的基本内容。
2. 简述事业单位成立的条件与程序。
3. 简述社会团体成立的条件与程序。
4. 简述社会团体终止的主要原因。
5. 简述民办非企业单位成立的条件与程序。

参考文献

[1] 娄成武，等．公共事业管理概论［M］．北京：中国人民大学出版社，2006.
[2] 金锦萍．外国非营利组织法译汇（二）　［M］．北京：社会科学文献出版社，2010.
[3] 金锦萍，葛云松．外国非营利组织法译汇［M］．北京：北京大学出版社，2006.
[4] 詹国彬．公共事业民营化的法律障碍与现实阻力［J］．江汉论坛，2012（6）.
[5] 刘兰．公益基金会运作的法律规制研究［D］．成都：西南财经大学，2007（1）.
[6] 田玉军．我国社会管理创新法治化研究［D］．武汉：华中师范大学，2013（5）.
[7] 王方．我国公益组织的法律规制困境与治理转型［D］．成都：西南财经大学，2013（6）.

第三章 公共事业管理决策

1. 知识目标

❖理解领导品质理论、领导行为理论和领导权变理论。

❖熟悉公共事业管理领导的含义。

❖掌握公共事业管理领导的基本素质。

❖明确公共事业领导的影响力及威信的内容。

❖理解公共事业管理决策的含义。

2. 能力目标

❖增强分析公共事业管理决策方法和系统的能力。

❖提高公共事业管理决策程序和制度的能力。

案例导入

事件一：汉宣帝刘询的丞相丙吉有一天乘车出门，看见打群架的死伤横路，他却令随从人员问那人："你追这牛追了几里地了？"丞相的下属认为该问的不问，不值得问的乱打听。丙吉说："市民打群架互相杀伤，这是长安令、京兆尹的职责，用不着我过问（用现代的观点看，丙吉的说法不对，一是人命关天，二是遇上应当管）。现在是春天，天还不热，要是没追多远，牛就这样喘，这恐怕是因为天热所致。如果真是春季暑热，那就是节令失调，对国计民生的危害就大了，这我不能不忧虑，所以我要问一问。"他的下属们听了，很佩服他当丞相能抓住带根本性质的事情。

事件二：S 市铁路×站附近的自来水管因施工影响而损坏，自来水白白流淌近一年，过往行人无不痛心。一位市人大代表于 4 月 26 日向有关部门提出书面意见，回答说"该意见已转有关方面处理"。可直到 5 月 4 日上午，自来水仍然"自流不息"。这位代表当面向一位市领导反映，市领导亲自过问之后，有关部门才派人修复。这位代表感慨地说：没想到这样一件小事都要市领导亲自过问才得以解决，如果件件事都得这样，S 市怎么办?!

请思考：

1. 领导干部"事必躬亲"的做法违背了领导职能中的基本理念，其基本理念是什么？

2. 丙吉瞧见有人追牛，牛吐着舌头喘，推论出节令失调，属于哪类决策？

3. 领导干部"事必躬亲"这种领导方式属于哪类领导?

4. 这个案例对你有什么启示?

第一节　公共事业领导理论

领导理论是研究领导的有效性的理论,该理论研究影响领导有效性的因素,以及为提高领导有效性应采取的措施。领导理论可分为领导品质理论、领导行为理论和领导权变理论三大部分。研究领导理论,对于加强公共事业领导管理来说非常重要。

一、领导品质理论

领导品质理论又称领导特性理论,是着重从领导者的品质、素质、修养的研究出发来探索领导有效性的理论,主要分为传统的领导品质理论和现代品质理论。前者的代表是"伟人论",认为领袖都是天生的,而不是后天造成的,且只要是领袖就一定具备超人的素质;后者则认为领导者的品质和特征是在后天的实践环境中逐步培养、锻炼出来的。

（一）斯托格迪尔的领导个人因素论

斯托格迪尔（R. M. Stogdill）在查阅、整理有关论述领导者素质的 50000 多种有关书籍和文章后,归纳了领导者的个人因素,即 5 项身体特征、16 项个性特征、6 项工作特征、9 项社交特征和 2 项社会性特征。

1.5 项身体特征

其身体特征包括精力、外貌、身高、年龄、体重。

2.16 项个性特征

其个性特征包括适应性、进取心、热情、自信、独立性、外向、机警、支配力、有主见、急性、慢性、见解独到、情绪稳定、作风民主、不随波逐流、智慧。

3.6 项工作特征

其工作特征包括责任感、事业心、毅力、首创性、坚持、对人的关心。

4.9 项社交特征

其社交特征包括能力、合作、声誉、人际关系、老练程度、正直、诚实、权力的需要、与人共事的技巧。

5.2 项社会性特征

其社会性特征包括社会经济地位、学历。

（二）吉赛利的领导品质论

吉赛利（E. Ghiselli）将个人性格与管理成功的关系按重要性进行了分类。他重点研究了 13 种特性,以及这些特性在领导才能中体现的价值。领导个人特征价值表见表 3-1。

表 3 - 1　　　　　　　　　　　领导个人特征价值表

重要特征	重要性价值	个性特征
非常重要	100	督察能力（A）
	76	事业心、成就欲（M）
	64	才智（A）
	63	自我实现欲（M）
	62	自信（P）
	61	决断能力（P）
	54	对安全保障的需要少（M）
	47	与下属关系亲近（P）
次重要	34	首创精神（A）
	20	不要高额金钱报酬（M）
	10	权力需求高（M）
	5	成熟程度（P）
最不重要	0	性别（男性或女性）（P）

说明：重要性价值100＝最重要，0＝没有作用；括号中的A表示能力，M表示激励，P表示个性。

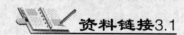 资料链接3.1

X 理论和 Y 理论

X理论和Y理论是由美国心理学家麦格雷戈提出的两种对立的人性理论

1. X理论的主要内容

①多数人天生是懒惰的，他们一般尽可能逃避工作。

②多数人没有雄心壮志，不愿负责任，而甘心受别人指导。

③多数人的个人目标都与组织目标相矛盾，必须用强制、惩罚的办法才能迫使他们为达到组织目标而工作。

④多数人干工作是为满足个人基本生理需要和安全需要，只有用金钱才能激励他们。

⑤只有少数人才能负起管理责任。

2. Y理论的主要内容

①一般人都是勤奋的，在良好的环境中工作如同娱乐和休息一样自然。

②人在工作时能实现自我指挥和自我控制，外来的控制和惩罚并不是激励员工工作热情的唯一手段。

③多数人在一般情况下不仅会承担责任，而且会主动寻求责任，他们逃避责任，强调个人安全是由于经验和环境的影响。

④多数人具有丰富的想象力和创造力，在现代社会条件下其潜力用了一部分。

二、领导行为理论

领导行为理论是着重分析领导者的领导行为和领导风格对其组织成员的影响，从而指出能导致领导有效性提高的领导行为和领导风格的理论。

(一) 勒温理论

心理学家勒温（K. Lewin）以权力定位为基本变量，通过各种试验，把领导者在领导过程中表现出来的极端的工作作风分为3种类型，即专制领导作风、民主领导作风和放任自流的领导作风。

1. 专制领导作风

专制领导作风是指权力定位于领导者个人手中，以权力服人，靠权力和强制命令让人服从的领导作风。专制领导作风的领导者通常表现为独断专行，从不考虑他人的意见，由领导者自己作出所有的决策；领导者亲自设计工作计划，指定工作内容并进行人事安排，下属没有机会参与决策，只能奉命行事；领导者与下属保持一定的心理距离，很少参加群体活动，与下属缺乏感情交流；领导者主要靠行政命令、规章制度来管理，很少奖励。

2. 民主领导作风

民主领导作风是指权力定位于群体，以理服人、以身作则的领导作风。民主领导作风的领导者主要表现为领导者鼓励、协助由群体讨论决定组织的政策；领导者分配工作时会尽量照顾个人的能力、兴趣，工作安排不是非常具体，下属有较大的工作自由、较多的选择性和灵活性；领导者主要以非正式权力使人服从，多使用商量、建议的口气；领导者与下属无任何心理上的距离，积极参加团体活动。

3. 放任自流的领导作风

放任自流的领导作风是指权力定位于每个组织成员手中，工作事先无任何布置，事后无检查，一切悉听自便，毫无规章制度的领导作风。放任自流的领导作风的领导者在组织内实行的是无政府管理。

在实际工作中，3种极端的工作作风并不常见，采用的往往是处于两种极端类型之间的混合型，例如，介于专制作风和民主作风之间的多数裁定的原则，介于专制作风和放任自流作风之间的家长式作风，介于民主作风和放任自流作风之间的没有领导的讨论。

勒温于1939年对这3种不同的领导作风的群体影响进行了试验研究。试验结果如下。放任自流领导作风的领导者工作效率最低，所领导的群体在工作中只达到了社交目标，而没有达到工作目标，产品的数量和质量都很差。民主领导作风的领导者工作效率最高，所领导的群体在工作中不仅达到了社交目标，也达到了工作目标，工作积极、主动，显示出较高的创造性。专制领导作风的领导者借助于严格的控制达到了工作目标，但人际关系紧张，组织成员的消极态度和对抗情绪在不断增长，争吵和挑衅的事件频繁发生，成员满意度低。

(二) 利克特的领导方式研究

美国密歇根大学的利克特（Rensis Likert）等对领导者的领导类型和领导方式进行了

近 30 年的认真研究，并于 1961 年和 1967 年分别提出研究报告。他们认为，领导方式和领导方法大体可分为以下 4 种基本的类型。

1. 极端专制独裁型

主要表现：权力高度集中，领导者非常专制，对下级很少信任，独自决定一切与工作有关的事宜，然后下命令执行，达不到要求者将受到惩罚。

2. 仁慈的专制型

主要表现：领导者性格仁慈，对待下级采用父母对子女的方式，权力仍高度集中，由领导者作出决策，并要下级相信和接受决策，允许下级提出一些看法和意见，但已作出的决策不会因此而受到动摇。

3. 民主协商型

主要表现：领导者对下级有相当的信心和信任，能在决策方面和大家进行协商，大家可以提出各种意见和建议，并会被相当程度地重视和采用，但重大决策仍由高层作出决定。

4. 民主参与型

主要表现：领导者对下级有充分的信心和完全的信任，互相有着大量的交往和合作，领导积极征求和采用下级的看法和意见，下级广泛参与重大决策的过程，领导和下级关系融合、平等友善。

利克特的研究表明，民主参与型和民主协商型的领导方法比极端专制独裁型和仁慈的专制型的领导方法更能促进生产效率的提高，因此突出强调"参与管理"的重要性。

（三）领导行为的四分图理论

美国俄亥俄州立大学的领导行为研究小组对和领导行为有关的 1000 多种因素进行了分析整理，最后归纳出影响领导行为的因素主要来自两个方面：一是以人为重，领导者关心、体贴组织成员，尊重和听取他们的意见；二是以工作为重，领导者认为组织纪律能带来效率，倡导有纪律的行动，主张发号施令和服从命令。

研究表明，两方面的因素对促进改革领导有效性有很好的影响。以人为重可促进上下关系的改善，彼此信任和尊重，人心稳定、工作积极、效率上升；以工作为重可促使工作开展有条不紊，维持总体的协调，确保工作的进度。两方面因素常同时存在，但可能侧重点不同，两因素还互相影响，因此可形成 4 种情况，即四分图。图 3-1 表明了 4 种不同的领导行为或风格。

	低　　以工作为重　　高
高　以人为重　低	1. 较多强调以人为重而较少强调以工作为重的领导行为 ／ 2. 既较多强调以人为重又较多强调以工作为重的领导行为 ／ 3. 较多强调以工作为重而较少强调以人为重的领导行为 ／ 4. 较少强调以工作为重的同时也较少强调以人为重的领导行为

图 3-1　领导风格四分图

(四) 管理方格图理论

工业心理学家布莱克（Robert Blake）和穆顿（Janes. Mouton）在四分图理论的基础上加以发展，于 1964 年提出了管理方格图理论。图的纵坐标表示领导者对人的关心程度，图的横坐标表示领导者对工作、生产的关心程度，形成一个方格图。在理论上可生成 81 种不同的领导方式，但典型的领导方式有以下 5 种类型，如图 3 - 2 所示。

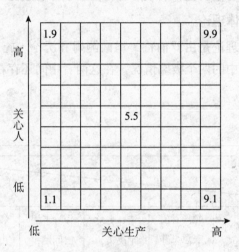

图 3 - 2　管理方格图

1. 1.1 型

软弱无能不称职的领导者。他对人和生产均不关心，是一个饱食终日、无所用心的人，实行的是贫乏管理。

2. 1.9 型

乡村俱乐部式的领导者。只关心人，注意搞好人际关系，关心和体贴组织成员，但对生产、对完成任务的效率漠不关心，实行的是俱乐部式的管理。

3. 5.5 型

一般化的领导者。对人的关心一般化，对生产的关心也同样，都过得去，不突出，实行的是中间式管理。

4. 9.1 型

任务第一的领导者。只关心生产不关心人，实行的是任务管理。

5. 9.9 型

有战斗性的领导者。关心人、关心生产做得都好，生产任务完成出色，士气旺盛，实行的是强有力的管理。

前 4 种领导方式从长远看都有弊病，不是最理想的领导方式，而采用 9.9 型领导方式对加强现代化企业制度、贯彻员工参与的民主管理有现实意义。领导方格图理论是培养有效的管理者的有用的工具，它提供了一种衡量管理者所处领导形态的模式，可使管理者清楚地认识到自己的领导行为，指明改进的方向。

三、领导权变理论

领导品质理论和领导行为理论有一个共同的缺陷，那就是忽视了环境因素的影响，从而造成理论和实际的脱节。因为领导品质和领导行为能否促进领导有效性，受环境因素的影响很大。一种成功的领导行为，在时移势易的环境下再来运用，并不一定有同样的功效。领导权变理论正是要着重研究影响领导者行为和领导有效性的环境因素的理论。

（一）领导连续统一体理论

领导风格连续统一体理论是由罗伯特·坦南鲍姆和沃伦·施米特提出的。他们认为，民主和专制仅是领导风格中的两个极端情况，在这两者中间还存在着许多种领导行为。如图 3-3 所示。

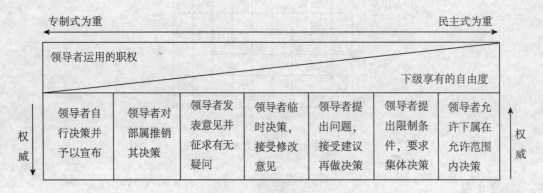

图 3-3　领导连续统一体

图 3-3 的左端表示专制的领导行为，右端表示民主的领导行为。领导行为从左到右领导者运用职权的程度逐渐减少，下属的自由度逐渐增加，从以工作为中心逐渐转变为以关系为中心。图 3-3 的下方依据领导者把权力授予下属的程度不同，决策方法的不同，形成了一系列领导方式。罗伯特·坦南鲍姆和沃伦·施米特认为不能说哪种领导方式正确哪种领导方式错误，领导者应根据具体情况，考虑各种因素后，选择图中的某种领导方式。

（二）菲德勒的随机制宜领导理论

伊利诺大学的菲德勒（Fred E. Fiedler）经过长达 15 年的调查研究，提出了一个"有效领导的权变模式"，被称为菲德勒模式。在这个模式中包含了两种基本的领导方式和 3 种环境影响因素。

1. 领导方式

菲德勒把领导方式假设为两大类：一是以工作为主，主要是关心任务，采取这种方式的领导者，从工作任务的实现中得到满足；二是以人为主，主要关心良好的人际关系和个人的声望。为判断领导者采取的是哪一类领导方式，菲德勒编制了"最不受欢迎共事者的问卷"（least-preferred co-worker scale），简称 LPC 问卷，如图 3-4 所示，交由领导者来填写，表明他们对下级的评价，从而衡量领导风格的倾向。菲德勒认为，如果领导者在问卷中对下级的优缺点能作出中肯的批评和评价,他便是属于以人为主的领导方式;如果领导者在问卷中将下级批评得体无完肤,他便是属于以工作为主的领导方式。

LPC问卷格式

设想一个最不能共事的人,此人是你现在的同事或是过去的同事。这人不一定是你最不喜欢的人,而是你认为最难共事的人。请描述你对这人的印象。

令人舒服　　—: —: —: —: —: —: —: —:　　令人不舒服
　　　　　　　 8　7　6　5　4　3　2　1

友好　　　　—: —: —: —: —: —: —: —:　　不友好
　　　　　　　 8　7　6　5　4　3　2　1

冷漠　　　　—: —: —: —: —: —: —: —:　　热情
　　　　　　　 8　7　6　5　4　3　2　1

疏远　　　　—: —: —: —: —: —: —: —:　　接近
　　　　　　　 8　7　6　5　4　3　2　1

讨厌　　　　—: —: —: —: —: —: —: —:　　有趣味
　　　　　　　 8　7　6　5　4　3　2　1

自信　　　　—: —: —: —: —: —: —: —:　　犹豫
　　　　　　　 8　7　6　5　4　3　2　1

图 3 - 4　LPC 问卷

2. 影响因素

菲德勒认为,环境影响因素主要表现在以下 3 个方面。

(1) 职位权力。职位权力是指由于领导者的职位权力而使被领导者服从领导的有效程度。调查表明,职位权力越高,追随的人会越多,彰显出领导有效。

(2) 任务结构。任务结构是被领导者任务的常规性、例行性和明确性。任务清楚,组织纪律明确,则工作质量比较容易控制,领导也会更加有的放矢、效果显著。

(3) 上下级关系。上下级关系是指领导者得到被领导者的拥护和支持的程度。职位权力和任务结构可以从上到下来决定和贯彻,而上下级关系则极大地依赖于下级对领导者的拥戴、信任和甘心情愿地追随的程度。

这 3 种因素的影响各有好差、明确不明确、强弱之分,由此可以排列出 8 种不同的情况,如表 3-2 所示,每种情况都可以确定其应采用的领导方式。

表 3-2　　　　　　　　　　随机制领导理论表

序号	1	2	3	4	5	6	7	8
工作环境	最有利						最不利	
上下级关系	好				差			
任务结构	明确		不明确		明确		不明确	
职位权力	强	弱	强	弱	强	弱	强	弱
应采用的领导方式	工作为主	工作为主	工作为主	以人为主	以人为主	以人为主	以人为主	工作为主

从表3-2中看出，在"最有利"和"最不利"这两种极端的情况下，以工作为主的领导方式是最有效的。换言之，在职位权力和任务结构都很不清楚，而领导者与其下属之间的关系又很恶劣的情况下，领导者所处的环境是很不利的。在此情况下，以工作为主的领导者将是最有效的。同样，在另一个极端情况下，职位权力很高、任务结构清晰、领导者与其下级成员的关系良好，亦即在非常有利的情况下，以工作为主的领导者也是最有效的。但是，当情况只是稍微不利或者稍微有利的时候，最有效的领导者往往是以人为主的领导者。

第二节　公共事业领导管理

领导是指挥他人的一种艺术，是管理的基本职能。在现代经济技术条件下，领导是决定公共事业管理兴衰成败的关键。公共事业的管理体制、管理制度等都要领导来确定和组织，离开了领导或领导不力，其就是一盘散沙。公共事业领导的中心任务是在计划、决策的基础上，发现、使用和调动人力资源的积极性，发挥集体优势，完成公共事业组织管理任务。重视领导原理的研究和运用，重视领导班子建设，重视领导者的自身的领导素质、领导方法和领导行为，做好领导工作，这是现代管理的共同特征和基本要求。

一、公共事业领导的含义及其权力

(一) 领导的基本含义

1. 作为名词的领导的含义

"领导"一词在现实生活中有着多方面的含义。作为名词，领导（leaders）指的是人，是领导者。领导者有两种类型：一是居于领导职位的人；二是并不处于正式的领导职位，但对他人产生了影响的人。组织中所有被称为"上级"的人，都属于第一种情形。这些人是组织所正式任命的，拥有合法的权力，对被领导者进行指挥命令和奖励处罚。合法的权力是职务权力，即一个人被组织正式授予某种职务所拥有的与职务相适应的权力，主要包括决策指挥权、人事权、奖惩权和否决权。除此之外，现实中另一类领导者，他们是从一个群体里自然产生出来的，并不拥有正式的职位和职权，也不需要运用这种权力，但却能对他人的活动产生实质性的影响。

2. 作为动词的领导的含义

作为动词，领导是指引、引导和动员他人行为与思想的过程。领导者通过其领导过程，带领人们朝着一个确实更好的方向发展。这样，他领导下的一批人才有可能结成具有凝聚力和战斗力的团体，对远景目标形成一个共识，并共同奋斗。因此，领导是指领导者发挥其影响力，建立团队精神，激发成员工作动机，从而实现组织目标的行为过程。其含义包括如下几个方面。

（1）领导一定要与所领导的群体的其他人员发生联系。有领导者就一定有被领导者。

他们可能是心甘情愿的，也有可能是被迫地屈服于领导者的权力。

（2）权力在领导者和其他成员中的分配是不平等的。领导者拥有相对强大的权力，使他能对被领导者产生各种影响。领导者具有引导和指挥下属思想和行为的权力，他不仅能够指导他人如何去做，而且能够影响其去做什么。

（3）领导的目的是影响他人去为实现组织目标做出努力，而不是为了体现领导个人的权威。组织需要建立领袖的权威，但独裁的领导方式通常并不是最有效的领导方式。有效的领导者应当赋予被领导者在执行组织任务过程中发挥主动性和创造性的一定的自由度。

(二) 公共事业的领导权力

公共事业组织中领导的主体是领导者。公共事业组织中的领导者是指处在公共事业组织中领导职位上的个人或集体。公共事业组织中的领导者与领导权力紧密联系在一起，公共事业领导者的构成要素中的首要因素是权力。

1. 权力的范围

广义的权力包括职务权力和个人权力，个人权力指个人影响力、非强制性影响力。狭义的权力仅指职务权力，也就是职务影响力、强制性影响力，这是本来意义上的权力概念。广义的权力概念就是权威。

职务权力是外部如上级、组织、阶级、法律等赋予个人的，其特点是同职务具有不可分性，有职就有权，去职则无权。职权同职务的关系成正比，职务越高，享有的权力就越大。

个人权力是职务之外，因个人的品德、知识、才能、业绩、声望或其他个人因素获得的影响他人心理和行为的能力，即个人影响力。个人权力源于自身的要素，以对方的追随和自觉服从为前提，是一种超时空的影响他人的力量或能力。

2. 权力的种类

一般来说，公共事业领导的权力基础或基础性权力有 5 种。

（1）合法权。合法权也称法定权或制度权。这是通过公共事业组织中层级结构中的职位所获得的权力。领导者处在一定的职位上，这个职位和领导者为此而担负的职务是合法的，因此就获得了指挥下属的权力。

（2）奖励权。奖励权是建立在对下属行为正强化基础上的权力。如果能带给他人某种积极的利益或帮助他人免于消极的影响，就是对他人拥有了奖励权。奖励权来自正强化，是一种激励措施。

（3）惩罚权。惩罚权与奖励权相对应，是建立在下属行为负强化基础上的权力。下属不服从领导就可能产生这样或那样、直接或间接的消极后果，因此必须对合法权力做出反应。惩罚权是从法定权中的执行权中派生出来的。

（4）专长权。专长权即领导者具有专长。主要体现：一是领导者具有本公共事业组织需要的专门知识、特殊技能和创新能力，业务能力强；二是领导者在公共事业领导岗位上具有领导水平和管理能力，胜任领导工作。

（5）模范权。模范权是建立在下属对领导者的认同和仿效的基础上的。领导者率先垂范，要求别人做到的自己首先做到，并且做得更好，这就受到下属的敬佩，引起人们的效仿或被人们当做奋斗的榜样。

上述 5 种权力中，前 3 种权力属于职务权力范畴，是构成职务权力的基础；后 2 种权力属于个人权力范畴，是构成个人权力的基础。

二、公共事业领导的基本素质

(一) 思想素质

德才兼备是我国一贯选人用人的基本标准。领导者的优秀品格会给人带来巨大的影响力，因为品格是一个人行为的本质，好的品格使人产生敬重感。

公共事业领导要树立科学的世界观、正确的人生观和价值观，具有高尚的理想、道德情操；以国家、民族和集体利益为重，学会关心或关怀社会和他人；具有强烈的进取心、事业心和责任心，具有团结协作、奋发向上精神，具备实事求是、踏实苦干的工作作风，不唯书、不唯上，只唯实、讲实话、办实事、求实效。

(二) 政治素质

面对新世纪各种复杂多变的国际国内环境，公共事业领导者要应付来自多方面的挑战，必须具有坚定的政治方向，在变革的时代把握住政治上的大局，坚定不移地走改革开放和中国特色社会主义发展道路。

1. 政策水平

公共事业领导者身兼公共政策制定者和执行者双重身份，他们是政策能否有效贯彻执行的决定性因素。公共事业领导者的政策水平直接影响到政策任务的完成。如果公共事业领导没有对政策实质的把握能力，就很难争取到政策执行所需的资源，不能做好政策实施的宣传指导工作和制订正确的实施方案，不能沟通和协调各种关系，从而难以有效地执行政策。现实中的政策变形走样在一定程度上是由于公共事业领导对政策理解不透，把握不准其精神实质，这就导致了政策在传达、宣传、执行中的失真、失当、失误。

2. 利益观

公共事业领导是公共利益的代表者和代言人，在公共管理活动中，要始终牢记公共利益高于一切的原则，坚持个人利益服从集体利益、局部利益服从整体利益，以公共利益为重。虽然公共事业领导也有自己的利益追求，但必须是合法的，绝不能损害公共利益。如果公共事业领导丧失正确的利益观，把公共利益抛在一边，忘在脑后，就会把公共事业引入歧途。公共事业领导在制定、执行公共政策时，必须坚持公众的利益高于一切的原则，要顾全大局、勤政为民，忠实地贯彻落实公共政策，绝不能"上有政策，下有对策"。

3. 自制自控力

公共事业领导能否为公众服务，直接关系到国家政权的合法性，直接影响到国家的长治久安和整个社会的进步发展。公共事业领导的自制自控力既是公共事业领导的自我约束和要求，也是制度和法律的要求。公共事业领导具备自制自控力，就会在各种复杂的环境中自重、自省、自警、自律，严格要求自己；自觉提高胜任本职工作的能力，对工作极端负责任；忠于职守，增强工作的主动性和积极性，不断开拓新局面；抵御各种诱惑，经受住各种考验，树立廉洁奉公、大公无私、求真务实的思想作风和工作作风。

（三）知识素质

知识反映着个体对自身和对客观世界认识的能力。公共事业领导必须具有更全面和合理的知识结构，既有精湛的专业知识，又有广博的基础知识和相邻学科知识，应掌握现代公共管理、公共政策的理论与方法，以及经济学、管理学及与其专业领域密切相关的其他科技人文知识基础。广博的知识，合理的知识结构，获取知识的能力，是公共事业领导必备的基本条件。公共事业领导应具有合理的知识结构，掌握以下几方面的知识。

1. 基础知识

基础知识是公共事业领导知识结构的第一层级，是公共事业领导必须具备的基本知识，也是从事管理工作的前提条件。人们通常所说的公共事业领导的知识面应当宽一些，基本功应当扎实一些，主要就是指基础知识这个层面。一个合格的公共事业领导，必须有扎实的基础知识。基础知识面很广，需要学习和掌握的知识很多，但就管理工作的实际需要来看，应当着重掌握科学文化知识、社会科学理论知识、政策法规知识和社会主义市场经济知识等。

2. 专业知识

专业知识是公共事业领导知识结构的核心和主体部分，也是区别于其他领域人才知识结构的主要标志。没有或者缺乏专业知识，公共事业领导就无法工作，也就失去了从事管理工作的基本条件。专业知识的内容丰富，就管理工作的共性来说，公共事业领导要精通经济管理、行政管理、科技管理、人才学、领导科学、思想政治工作等专门知识。公共事业领导虽然并不一定要成为某一专业领域的专家，但他应当对自己所管理的领域的专业知识有较多的了解。不同行业、不同层次的公共事业领导，应有不同的专业知识要求。"管理专业化"要求管理者必须成为管理方面的专业人才，必须掌握管理方面的专业知识，如管理学、人才学、决策学和领导学等方面的知识。

3. 相关知识

相关知识也称辅助知识，它是公共事业领导知识结构的一个重要组成部分。相关知识的内容极为丰富，公共事业领导应该着重学习和掌握新学科知识、社会交往的知识、心理学知识和社会知识。作为现代管理者，应当紧跟时代发展的步伐，适应人类文明进步的需要，关注新学科知识，这样才能使自己的管理工作更富有效率。公共事业领导决策水平的高低取决于自身的修养，为了提高决策水平，公共事业领导要树立不断创新的思想，克服因循守旧、墨守成规的思想；要有渊博的学识，不仅要有哲学、经济学、政治学、法律和管理学知识，还要努力掌握现代科学的方法论，如系统论、信息论和控制论等。公共事业领导的知识越丰富，视野越开阔，在管理中就会拓宽思路，在错综复杂的国际国内形势面前，就会更有效地做好管理工作。

（四）能力素质

当代社会管理活动所包含的内容、涉及的领域、实施的方式等日益复杂，作为现代公共事业的领导，应具备多种较强的综合能力，如表达、沟通协调、组织和应变等能力。公共事业领导的综合能力，不仅是其事业成功的基础，而且会使人们对他产生敬佩感，敬佩感是一种心理磁力，它会吸引人们自觉地接受其影响。

在西方国家，一般将公共事业领导能力标准定为 12 项，包括忠于职守能力、计划能力、组织能力、控制能力、口头表达能力、文字表达能力、把握整体目标能力、决策能力、创造能力、指挥能力、主动能力和适应能力。一个公共事业领导究竟应具备什么样的能力，许多学者进行了规范及实证的研究。1996 年格里芬提出：公共事业领导除应具备技术性能力、人际关系能力与概念化能力外，还应具备诊断和分析的能力。赫尔立杰和史芬康又提出了批判思考的能力与沟通的能力。综合他们的研究，我们认为公共事业领导应该具备以下几方面的能力。

1. 分析判断能力

分析判断能力是对事物本质属性以及事物之间的内在联系的深刻揭示能力。公共事业领导掌握这种能力，有助于在纷繁复杂的各种事物中透过现象看本质，抓住主要矛盾，运用创造性思维方法进行科学的归纳、概括、判断和分析，举一反三，触类旁通，找出解决问题的关键所在。

这样就能在一大堆急于要办的工作中分清孰重孰轻，决定哪些需要自己去办，哪些需要交给下属去办；就有助于在错综复杂的人际关系中准确地判断各个层次、各个类别的人员个体和群体的德才情况、思想态度和相互关系，然后区别情况，分别调动他们的积极性和主动性。

分析判断能力还有助于使公共事业领导遵循事物的发展规律，预测到未来事物的发展变化状况，并据此分析、判断自己所在单位、所做的工作在整个宏观布局上的位置，以及与时代和社会潮流的关系，从而做出相应的正确决策。

2. 组织协调能力

（1）组织能力。组织能力是公共事业领导对被管理者实行有效管理和控制的能力。公共事业领导的组织能力主要表现在用人授权和遥控指挥上。一个管理者，不仅要能够"人尽其才，才尽其用"、"各尽其能，各司其职"，而且还要能够采取有效的控制手段，对他们的行为方向、行为方式和行为效果实行有效的"遥控"，必要时还可以随时将他们"收回来"。

（2）协调能力。协调能力主要是指妥善处理与上级、同级和下级之间的人际关系的能力，工作中公共事业领导需要与这类人打交道，而这些人的身份、地位、交往需求、心理状况和掌管的工作性质是不尽相同的。公共事业领导能否与他们友好相处、互相配合、协调一致，使上下级相互沟通、同级相互信任、劲儿往一处使，直接关系到管理工作的成败。

3. 决策能力

决策能力是决定管理活动采取哪一种最有效的方式决断的能力。它主要包括以下 3 个方面。

（1）选择最佳方案的决策能力。决策是方案选优，科学决策必须建立在对多种方案对比选优的基础上，这就要求公共事业领导具有方案对比选优的能力。

（2）风险决策的精神。现实生活中，公共事业领导常常遇到一些不确定型和风险型的决策，这就要求公共事业领导有敢想敢干、敢冒风险的精神。

（3）当机立断的决策魄力。决策往往是在一定的时间和地点内进行，错过一定的时间和地点，最佳方案就可能成为最差方案。当机立断的决策魄力是管理者必备的能力，现代社会是信息社会，信息瞬息万变，机会稍纵即逝，就更需要现代管理者善于抓住机遇，当机立断，取得成功。当然，当机立断是在正确的分析、判断基础上的，不能是毫无根据、没有条件的冲动、莽撞行为。

4. 应变能力

应变能力是一种根据不断发展变化的主客观条件随时调整管理行为的能力。公共事业领导在管理过程中要根据事物的发展变化，审时度势地作出机智果断的应变。一个优秀的管理者非凡的应变能力，往往表现在对复杂的"突发事件"和"非规范问题"的果断处理上，如从复杂计划的修订到生死攸关的政治斗争的处置，从微妙的外事活动的安排到举足轻重的谈判，都需要有机智的应变能力。但"应变"必须在不抛弃原则的前提下，根据客观事物的不断变化而提供的一切可能条件，尽可能采取科学灵活的"应变"对策，从而最终达到预定的目标。

现代公共事业领导的应变能力是建立在科学判断基础上的原则性和灵活性的高度统一，在确知无法达到预定目标时能果断地"刹车"，及时转移工作重点；在确知再坚持一下就会取得胜利时，能够顶住压力，排除各方面的干扰，不惜一切代价去争取胜利；在已实现预定计划时，能适时地提出新的可能达到的目标，鼓励大家向新的目标努力；按照预定决策方案难以实现原来计划时，能够审时度势、急中生智、临场做出新的最佳决策。

5. 语言表达能力

语言表达能力反映管理者的思维能力、社交能力，以及性格、风度等。公共事业领导在工作中主持会议，制定政策，上传下达工作指令，接待来访，参加社交活动，发表演讲和个别交谈等，都需要语言表达能力。良好的语言表达能力可以在公众中塑造公共事业领导的个人形象。

语言表达能力可分为口头语言表达能力和书面语言表达能力。公共事业领导的口头表达能力，主要包括在各种会议上的演讲能力，对不同对象的说服能力，以及面对复杂情况应付各种"对手"的答辩能力。在大众传播媒体日益发达的现代信息社会，公共事业领导在各种社会活动中都有可能随时遇到公众的访谈，主动或被动地答辩一些问题，这样公共事业领导的口才就表现出其重要性。文字表达能力是公共事业领导必须具备的一种能力素质，古今中外，杰出的管理人才都具有优秀的文字表达能力。

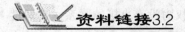 资料链接3.2

党政领导干部选拔任用工作条例——选拔任用条件

1. 具有履行职责所需要的马克思列宁主义、毛泽东思想、邓小平理论的水平，认真实践"三个代表"重要思想，努力用马克思主义的立场、观点、方法分析和解决实际问题，坚持讲学习、讲政治、讲正气，经得起各种风浪的考验。

2. 具有共产主义远大理想和中国特色社会主义坚定信念，坚决执行党的基本路线和各项方针、政策，立志改革开放，献身现代化事业，在社会主义建设中艰苦创业，做出实绩。

3. 坚持解放思想，实事求是，与时俱进，开拓创新，认真调查研究，能够把党的方针、政策同本地区、本部门的实际相结合，卓有成效地开展工作，讲实话，办实事，求实效，反对形式主义。

4. 有强烈的革命事业心和政治责任感，有实践经验，有胜任领导工作的组织能力、文化水平和专业知识。

5. 正确行使人民赋予的权力，依法办事，清正廉洁，勤政为民，以身作则，艰苦朴素，密切联系群众，坚持党的群众路线，自觉接受党和群众的批评和监督，做到自重、自省、自警、自励，反对官僚主义，反对任何滥用职权、谋求私利的不正之风。

6. 坚持和维护党的民主集中制，有民主作风，有全局观念，善于集中正确意见，善于团结同志，包括团结同自己有不同意见的同志一道工作。

资料来源：http：//baike. baidu. com/。

三、公共事业领导的影响力及其威信

（一）公共事业领导的影响力

领导的影响力是指领导者通过自己的领导行为影响和改变他人心理和行为的能力，具体有 3 种表现形式。

1. 强制性影响力

强制性影响力也称权力性影响力，它是由领导者在组织中的地位、职务、角色和权力决定的影响能力，其特点是它对部属成员的影响带有强迫性和不可抗拒性，是通过外力推动去影响和改变被领导者的行为的，被领导者的心理和行为主要表现为被动和服从。强制性影响力对被领导者的作用往往是很有限的。领导工作中，强制性影响力包括 4 个方面：一是利用权力的影响使被领导者不得不接受领导决策或领导意图；二是运用领导权力对部属成员给予某种物质或精神奖励，使他们感到愉快或满足某种要求；三是利用领导者的合法地位去影响部属员工，使他们认为领导布置的任务合理合法，应该完成；四是利用领导的地位、行为和威望使部属成员产生亲和感。

2. 自然性影响力

自然性影响力也称非权力性影响力，其特点：它对部属员工的影响没有强制性，是自然形成的，是员工发自内心的对领导的敬佩和追随，和领导权力没有直接的联系。自然性影响力比强制性影响力对部属成员更有影响。在公共事业组织管理中，自然性影响力的内容主要包括 4 个方面：一是领导专长；二是个人品质；三是领导才能；四是心理气质。

3. 传统性影响力

传统性影响力是来自社会心理、社会责任和传统习惯的影响力，受社会心理和道德的影响,在公共事业组织管理中,传统性影响力广泛存在。绝大多数员工愿意遵从领导的正确决策,认为服从领导,按照领导的意图和要求去工作,是部属员工的责任所在,即使换了别人来领导,多数部属成员也仍会这样做。领导者要善于利用传统性影响力,利用员工的社会心理、工作责任感去启发、诱导员工,完成公共事业组织管理的任务。

(二) 公共事业领导的威信

领导威信即部属员工对领导者的遵从感和信赖感,它实质上是一种影响力。威信主要来自领导决策正确、作风正派及领导者的业务专长、个人品质等而形成的领导作为,由领导素质、领导方法和领导行为决定。领导者要做好领导工作,应通过树立威信,以德服人来实现。领导者树立威信的基本要求如下。

1. 决策正确

能激发部属信心、鼓舞斗志,使事业欣欣向荣、蒸蒸日上,使部属职工感觉有奔头。

2. 作风正派

不以领导者自居,不以权治人,不以权压人,权力运用得当,部属心情舒畅。

3. 要了解和关心下属,尊重他们的人格

要帮助他们解决实际困难,对他们一视同仁,与他们人际关系良好。

4. 以身作则,不谋私利

反对"争名于朝,夺利于市",坚决抵制和反对不正之风。

5. 要合理用人

具有良好的个人品质,克服嫉贤妒能心理,做到知人善任,会选才育才。

6. 要有洞察力

高瞻远瞩,豁达大度和具备从他人的立场上来观察和分析问题的能力,防止主观片面。

7. 要有自知力

正确认识自己,随时了解自己在他人和部属员工心目中的地位和威信程度,防止高高在上、脱离群众、官僚主义。

8. 要有自控力

能够自己控制自己的情绪和感情,细心观察而不轻易发火,在未了解事实真相以前不可妄下结论,团结多数人一道工作。

第三节　公共事业决策管理

一、公共事业决策管理概述

(一) 公共事业决策的概念

公共事业决策是指公共事业管理主体为解决问题或达到一定的目的,从实际出发而制订与选择行动方案的活动。它是一个分析问题，制订选择方案，解决问题的过程。

加强公共事业决策管理研究，对于加快我国公共决策管理科学化、民主化和法制化的进程，提高制定公共决策的质量，有效实现公共事业管理目标是非常必要的。

（二）公共事业决策的分类

1. 根据决策主体决策方式的不同分类

按该分类方法，公共事业决策可分为经验决策和科学决策。

（1）经验决策。经验决策就是指决策者依据和凭借个人的智慧、知识、经验所做出的决策。即决策者在决策的过程中，对决策对象的认识和决策目标的断定等是凭借个人的主观经验和逻辑思维能力来进行判定的。这种决策的优点：决策过程比较简单、迅速，往往能够做到当机立断。其缺点非常明显，由于决策信息不够充分，无科学的分析与论证，所以如果经验不足，就会导致决策的失误。在某些特定的环境或条件下，经验决策是可以采用的，我们不能完全否认其作用，丰富的经验对决策制定是有一定的参考价值的。

（2）科学决策。科学决策就是指决策者依据一定的科学方法或技术而进行的决策。即决策者在决策的过程中对决策对象的认识，对决策特点及规律的研究，对决策目标的选择，对决策方案的确定等，都是建立在充分的科学论证的基础上的。科学决策的方法有助于降低决策的失误率，保证决策的正确性，适应现代社会发展的需要和要求。但是，采用科学决策的模式，需要有信息、体制、人员素质、技术设备等方面的条件支持，否则就不可能做到真正的科学决策。

2. 根据决策目标所涉及的规模和影响程度的不同分类

按该分类方法，公共事业决策可分为战略型决策和战术型决策。

（1）战略型决策。战略型决策就是指那些带有全局性的和方向性的重大决策。这种决策一般来说其影响比较深远，涉及的范围比较广泛，带有方向性、原则性和宏观性。这种决策一般由高层领导作出。如确定国家经济建设中的战略重点、宏观的经济政策、财政金融政策、税收政策、社会发展的长远规划等。战略型决策处理的问题较为复杂，它对社会和国家的发展影响较大。

（2）战术型决策。战术型决策是指那些局部性的、短期的和比较具体的决策。战术型决策是战略型决策的延续和具体化，它主要服务于战略目标的实现。如为贯彻战略发展方针中的某项工作而进行的一些具体安排等。战术型决策处理的问题一般比较简单、具体，大都采取定量分析的技术方式来处理，它是由基层组织结合本地的实际情况来制定的。

3. 根据决策内容的具体情况的不同分类

按该分类方法，公共事业决策可分为程序性决策和非程序性决策。

（1）程序性决策。程序性决策就是指那些常见的、定型的和重复性的决策。这种决策的内容较为确定，有一定的常规可循，一般属于日常的工作范围，因而也称例行性决策。

（2）非程序性决策。非程序性决策就是指新出现的、非常见的和无常规可循的决策。这种决策往往具有开创性和革新性。非程序性决策在决策中虽然所占比例较少，但从其重要性来看，这种决策往往决定着一个组织的战略方向，对组织成败影响非常大。

4. 依据决策所具有的条件的可靠程度的不同分类

按该分类方法,公共事业决策可分为确定型决策、风险型决策和不确定型决策。

(1) 确定型决策。确定型决策就是指决策的环境、条件确定,决策的后果也可以确定的一种决策。这种决策由于各种因素和条件都比较明确、确定,每一决策方案的结果也一目了然,所以,只要比较各个方案的好坏、优劣就可以了。

(2) 风险型决策。风险型决策就是指决策的环境、条件可以确定,但不能完全控制,每一环境和条件下决策的后果虽然可以预测,有一定的把握,但仍需要冒一定风险的决策。如诸葛亮的空城计决策,就属于风险型决策。

(3) 不确定型决策。不确定型决策就是指决策的环境、条件等因素都不能确定,决策的后果也无法预测和确定的决策。这就如同赌博一样,不仅需要冒一定的风险,而且还靠决策者的运气。不确定型决策的难度大,风险也大,不确定的因素非常复杂,既有人为的因素,也有自然因素等,但这种决策所带来的效果也往往是出人意料的。

(三) 公共事业决策的公众参与

公共事业决策公众参与性的作用:反映公众的需求与偏好;使管理者清楚公众对管理机构评估的意见;向公众提供有关公共事业产品生产和提供的信息。其公众参与的途径主要包括以下几个方面。

1. 公开听证

听证会起源于英美,是一种把司法审判的模式引入行政和立法程序的制度。1996 年 3 月《中华人民共和国行政处罚法》中初步确立了听证制度,这是现代意义上的听证制度第一次在我国出现。2002 年 11 月中共十六大报告明确提出要广泛建立听证制度;同年 12 月我国开始实施《政府价格决策听证办法》,标志着我国价格听证制度走上规范化轨道。我国《价格法》和《政府价格决策听证办法》规定,实行政府价格决策听证的项目是中央和地方定价目录中关系群众切身利益的公用事业价格、公益性服务价格和自然垄断经营的商品价格。听证制度是拓宽民主渠道的一种新的民主形式,是我国公共事业管理现代化与民主化的重要标志。

2. 民意调查

民意调查结果反映的是公众对公共事业管理主体的期待,是对相关主体生产与提供公共事业产品的意见与评价。民意调查既是管理主体了解公众基本意向的重要方式,也是公众参与公共事业管理的重要渠道之一。

3. 咨询委员会

咨询委员会是公众参与公共事业管理的基本途径和方式。为密切政府与公众之间的联系,政府吸收政府以外的人员(主要是各领域的专家)组成咨询委员会,参与政府决策。

4. 利益群体

利益群体是基于某种共同价值、共同利益、共同态度或者共同职业的利益个体所结合形成的正式或非正式的利益集合体。利益群体既可以是相对稳定的社会组织(如政府机关、事业、企业、社团、协会、地下组织等)形式存在,也可以是松散、无固定组织、变动性大、流动性强的个体总和。清华大学社会学家李强根据改革以来人们利益获得和利益受损的状况，将中国人分为 4 个利益群体或利益集团，分别为特殊获益者群体、普通获益者群体、利益相对受损群体和社会底层群体。

二、公共事业决策管理方法和系统

（一）公共事业决策管理方法

1. 搜寻信息和新思想的方法

主要包括以下几种方法。

（1）名义小组法。名义小组法可被运用于决策管理的全过程。名义小组最好是小规模的，以 7～10 名成员为宜，他们就座的位置应使他们能彼此看得见。首先，必须向小组成员介绍有待解决的问题，并赋予其中某一成员具有领导、调整小组行为的合法性；然后，按以下步骤进行。

第一，要求每个成员将自己的思想默写在一张卡片上，并且不准讨论。应以友好而坚决的方式制止那些想要在这一阶段谈话的人。默写阶段持续到所有成员都停笔时，或者持续到给定的截止时间，最好采用前一种。

第二，名义小组的领导者向每一位成员征求意见并做好记录。这一阶段有助于使思想客观化，并允许每个成员有相同的时间提出自己的观点，同时也要进行记录，依次要求每个成员提出一个意见，领导者将其记录在卡片上，填满后将卡片贴到墙上。

第三，对每一个意见进行讨论。名义小组的领导者首先要求成员阐明其列出的意见，然后对每个意见的优缺点进行分析。此过程会产生大量的讨论，领导者应在卡片上做记录，并将其作为重要的详细说明。

第四，要求小组成员通过选择最重要的问题来达成共识，通常是通过投票选择最优方案。

（2）名义小组互动法。这是在名义小组法上所做的进一步改进。其具体步骤包括沉默思考列表、依次轮流记录、休息室游说、集体讨论、休息室游说、最初的优先顺序、休息室讨论、最后的优先顺序。

此程序需要一个特别的房间并摆上点心，供会间休息使用。每次有 30～45 分钟的时间，允许成员达成共识并互相游说。当发生冲突而特别需要成员间的和解时，这些步骤就显得极有价值了。

（3）霍皮族法。该方法是霍皮族印第安人为作出重大部落决策而设计的方法。该方法从核心决策小组（如部落元首）开始，展开公开的讨论，进而形成初步判断。核心决策小组周围围坐几圈部落成员，他们聆听讨论。最靠近元老的一圈由那些地位比元老们稍低的成员组成，以此类推，最外层是青少年。

部落委员会讨论完后就移到最外层，其余的都向中心移动一圈。然后，现在位于中心的小组成员就他们所听到的展开讨论，其余的人皆聆听他们的讨论。这个过程不断重复，直到部落委员会又重新回到中心的位置。最后，部落委员会成员根据他们自己和其他人对所提问题的看法重新考虑其决定。这一过程对分散的组织实施战略管理大有裨益，因为其包括了组织结构中的许多不同团体和层级。

（4）德尔菲调查法。该方法先把情况列出来，然后向各位专家进行函询调查，在将各专家的意见加以综合整理后，在隐名的条件下寄回各专家再征求意见，再综合整理。如此循环往复，直至意见趋向集中。

（5）提喻法。该方法包括两种：一是把要解决的问题分成若干个局部问题，既便于分析问题和查清细节，又便于隐去决策问题整体可能带来的个人利害关系，使决策者更加客观、公正、科学；二是采取比喻的方法，不直接说出决策的问题本身，而只是用类似的问题作比喻，搜寻解决方案，这样有利于人们展开想象的翅膀，扩大思维的空间，产生创意的想法。

（6）头脑风暴法。这是由10多位专家坐在一起各抒己见，互相启发，使各种思想互相碰撞，激发灵感的火花。运用这种方法时应注意：在专家发表意见时，不可对其进行反驳，也不要作出结论和评价，以提供一个无拘无束的自由想象的环境和氛围。鼓励多想，方案越多越好，可以有意见地联合和修正。

2. 确定优先决策的方法

简而言之，确定优先决策的方法就是从搜寻到的大量的信息和方案中排列出其重要性或优先次序。其具体方法很多，在此重点介绍一种方法，即配对比较法。配对比较法帮助决策者将决策进行两两比较，这样能精确地确定优先决策。将决策项目如议题或决策主题配对比较，使成员将注意力集中于两个"项目"之间的区别，可以减少信息加工的要求。

假如某项管理决策涉及方法（替代）、成本、基金、客户、公共意识5个主题，决策者首先要将这5项所有组合列出，一次两个，然后要求决策管理小组成员将每一对的两项进行比较，并标明哪一项更重要。

（二）公共事业决策管理系统

公共事业决策管理系统是由参与决策的机构和人员所组成的一种组织体系，包括信息子系统、参谋子系统、决断子系统和监控子系统。

1. 公共事业决策管理信息子系统

信息子系统是由掌握信息技术的专职人员、设备及有关工作程序组成的专门从事决策信息的收集、加工、传递、贮存等工作的辅助机构。它是决断子系统的辅助机构，为政策制定提供资料。信息子系统在政策制定系统及其运行中的职能或作用如下。

（1）收集信息。就是广泛收集有关国家和社会公共事务各方面的信息，力求全面、准确，以完整地、真实地反映客观情况。

（2）加工处理信息。即把收集来的信息进行一番去粗取精、去伪存真、由此及彼、由表及里的整理、分析、归纳，抽取出精华资料，剔除多余的甚至是虚假的资料。

（3）传递信息。就是把加工处理好的信息传递到决策者手中，为其制定政策服务，信息传递要求及时、快速。

2. 公共事业决策管理参谋子系统

参谋子系统是由掌握各门类知识的专家、学者组成的，它也是决断子系统的辅助机构。参谋子系统在公共决策系统及其运行中的职能或作用如下。

（1）协助决断子系统界定决策问题，确立决策目标。参谋人员通过调查研究以及对未来发展趋势的超前研究和预测，提供有科学依据的判断，为决策者界定决策问题、确立决策目标提供参考。

（2）为决断子系统提供解决问题的方案、途径和方法。在决策方案选优时，要为决策者提供经过一系列定性、定量分析论证的初步方案，同时也要提供本系统以及其他咨询机构对方案的评审意见，以便决策者集思广益，从众多方案中选择出满意的方案。

（3）对公共决策实施进行跟踪反馈分析。收集并分析决策实施中的问题，在决策实施过程中遇到障碍或偏离决策目标时，要及时提出应变措施，以使决策者、执行者及时矫正，确保公共决策顺利实施。

3. 公共事业决策管理决断子系统

决断子系统是由拥有决策权力的领导者集体所组成的中枢机构，是决策活动的组织者，领导政策制定的全过程。决断子系统具有权威性和主导性特点。决断子系统在公共决策系统及其运行中的作用如下。

（1）界定决策问题。决策问题的界定是政策制定的开始，它是首要的环节。决断子系统必须能够从纷繁复杂的社会问题中分清轻重缓急，抓住事关全局的关键问题，作为政策问题确定下来。

（2）确立决策目标。决策目标是否科学、正确，对整个政策过程具有决定性的影响。决策目标的确立必须建立在对决策问题的过去、现状及未来趋势较全面了解、把握的基础上。所确立目标必须切实可行，并留有余地，使之能满足上下平衡、左右平衡、前后平衡的条件。

（3）设计决策方案。这是一项科学性、技术性很强的工作，一般是委托给参谋子系统承担。决断子系统在此的职责是根据决策问题的性质，组织熟悉这类问题的专家，组成高水平的设计组，并为他们的设计工作提供优越的环境和条件。

（4）选择决策方案。决断子系统在这一环节的职责是建立方案选择的价值标准体系，对参谋子系统提供的各种方案进行比较、分析、平衡，最后拍板选定方案。

4. 公共事业决策管理监控子系统

监控子系统是指由决断子系统之外的人员和机构组成的对决策行为以及对决策方案的内容和执行依法进行监督和控制的机构。监控子系统在公共决策系统及其运行中的作用：一是防止决策者滥用决策权的可能；二是促使政策内容切合实际；三是监督执行机构及其人员正确执行政策。

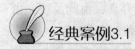经典案例3.1

葛洲坝水电工程方案的由来

葛洲坝水电工程于1988年年底全部建成并投产发电，它的建成对于缓解华中、华东地区能源供不应求的矛盾，促进我国国民经济持续稳定发展，发挥着极其重要的作用。那么，这项宏伟工程的设想最初是怎样提出来的呢？葛洲坝工程是三峡水利枢纽工程的重要组成部分。开始设计三峡工程方案时，根本没有想到要兴建葛洲坝工程，而是后来在讨论三峡大坝的选址问题的过程中，经过不同意见的争论，形成了"三峡工程——葛洲坝工程方案"，这才有了葛洲坝工程的建设。

早在抗日战争期间，美国工程师萨凡奇就曾提出在南津关河段修建三峡大坝的方案。新中国成立后，长江流域规划办公室（以下简称"长办"）的同志认为，上述河段石灰岩溶洞现象复杂，存在溶洞绕坝漏水的问题，地基不容建坝，便没有采纳萨凡奇的方案，而是另选了南津关河段上游 30 多千米的美人沱河段为三峡大坝坝址。1955 年和 1956 年，我国邀请苏联专家来研究坝址方案。他们不赞成"长办"的意见，认为在美人沱河段建坝有两个问题：一是将坝址上移 30 多千米，会损失 10 米水头，这等于损失了一座 300 万千瓦装机的大电站；二是会使美人沱至南津关的峡谷河段成为碍航道。萨凡奇方案就不存在这些问题，因此他们主张采纳萨凡奇的方案。"长办"则认为，坝址地基是带根本性的问题，要解决南津河段坝址漏水的问题是极其困难的，而美人沱河段就没有这个问题，因此"长办"仍然坚持在美人沱河段建坝的方案。

双方的意见真可谓针锋相对。然而，正是这种相互否定，并经过双方对对方否定意见的研究，才明确了双方需深入认识的任务。苏联专家从"长办"的否定意见中认识到需要研究南津关河段坝址漏水的问题，"长办"从苏联专家的否定意见中明确了需要深入研究美人沱河段坝址水头损失和碍航的问题。

后来，"长办"在坚持美人沱河段建坝的同时，又吸取萨凡奇方案中多发电和不碍航的优点，提出"三峡工程——葛洲坝工程方案"，即除建三峡大坝外，再在下游葛洲坝修建一座大坝，这样既可多发电，又可改善峡谷河段的航道，这一方案兼有长办方案和萨凡奇方案的优点，又避开了这两个方案的弊端。经过中苏双方的共同讨论，一致认为这一个方案是可行的、合理的，于是就有了造福中华民族的葛洲坝水电工程的建设。

资料来源：http://wenku.baidu.com/view/b52abfef998fcc22bcd10d08.html。

三、公共事业决策管理程序和制度

（一）公共事业决策管理程序

公共事业决策管理程序一般划分为公共问题的界定、决策目标的确立、决策方案的设计、决策效果的预测和决策方案的抉择 5 个步骤。

1. 公共问题的界定

公共问题的分析、界定是决策的起点。公共问题就是指那些已经影响到人们正常生活的社会问题。由于实际状态与社会期望、理想之间存在差距，导致产生了各种各样的社会问题。当决策者觉察到某一社会问题已引起社会广泛的注意和议论，这个社会问题本身也确实有解决的必要，并且也属于职权范围之内的事务时，决策者就会把它列入议事日程，作为公共问题进行研究处理。

2. 决策目标的确立

决策目标就是决策者通过采取某项行动方案所要达到的期望效果。合理的决策目标应满足的条件：一是目标必须具体明确，有的放矢；二是目标必须切实可行，决策目标必须立足现实、量力而行，超越现实生产力水平的目标是脱离实际的，是不可取的；三是目标必须系统化，这是由公共问题的复杂性、多层性决定的，要求决策目标也要形成多层级性与之匹配；四是决策目标必须灵活可调，目标是针对未来的，目标的实现有个过程，且问题的发展又具有不确定性，一成不变的情景几乎是不存在的。

3. 决策方案的设计

方案设计就是针对公共问题，依据决策目标，设计实现目标的各种可能性方案的过程。这一过程被形象地称为"大胆假设，小心求证"的过程，也就是首先大胆设想，提出各种方案设计轮廓，然后对方案轮廓进行严格细致的具体化加工。

4. 决策效果的预测

决策是面向未来的，其实施过程是不可逆转的，所产生的效果既可能符合人们的主观愿望，也可能背离愿望。这就要求决策系统必须搞好预测，对未来的决策环境情景及对象的变化要有所把握。通过预测，帮助决策者认识和控制未来的不确定性，把对未来变化的无知减少到最低限度。

5. 决策方案的选择

方案选择就是对设计出来的各种备选方案进行评价、比较、权衡利弊，从中选出比较满意的方案的过程。决策方案的选择有个标准问题，一般认为必须符合下列条件：决策方案要有利于决策目标的实现，体现出尽可能大的效益，实现决策目标所承担的风险尽可能小，方案要有可行性，方案实施后的副作用（即负面效果）尽可能少。选择决策方案是决策者的主要职责，为使方案合乎条件，决策者必须组织专家、学者进行可行性分析研究。

（二）公共事业决策管理制度

1. 专制制度

权力掌握在个别人手中是专制政治，掌握在少数人手中是贵族或精英政治，掌握在多数人手中是民主政治。一个国家选择专政制度还是民主制度的政治制度，同选择复合制的联邦制还是单一制的中央集中制的国家结构一样，取决于该国的历史、地理、政治、经济、民族、宗教、文化等多种因素，其中经济发展水平、社会结构是关键性的因素。专制制度意味着国家政策的决策权掌握在君主、政党领导人、社会精英等个人或极少数人手中，个别人借助自己的利益、偏好、经验、直觉等，制定和发布政策。

广义的专制决策制度不仅包括君主专制，还包括军事独裁、法西斯制度、精英独裁等不同形式。在中华五千年的文明史上，君主专制长期盛行。其间，国王或皇帝虽然也设立一些辅佐性的权力机构，如秦汉的三公九卿、隋唐的三省六部、清朝的内阁大学士和军机处，虽然也有一些犯颜直谏的臣民，但这本质上不过是君主决策的辅助和咨询机制，最终的决策权仍掌握在君主或围绕君主的狭小的权力圈子之手。不可否认，在政策目标单一明确、政策环境稳定、决策者与目标群体之间形成了统一的利益关系等条件下，决策者如果聪明睿智，能够适应社会发展的需要，那其是有可能做出正确的决策的，我国封建社会的文景、贞观、开元、康乾等时期即是如此。

从国外看，英国从专制向民主的过渡过程中没有成文的宪法；美国宪法是美国建国之初精英决策的产物；德国基本法和日本宪法都是在军事占领时期没有经过民主程序而制定出来的。然而，专制独裁、缺乏制约、致命自负的权力，不仅容易导致决策者和政府机构的贪污腐败，而且容易出现政治上的残暴昏庸。中央政策上的任何一点失误，经过层层传达放大扩散，都可能演变为全国性、历史性的错误甚至悲剧。

2. 民主制度

民主是一种所有公民参与决策、分配资源的制度，这意味着公共政策的决定权应当掌握在公民或公众手中，公众可以通过直接表决或代议制的宪政程序，按照一人一票、少数服从多数的民主规则，讨论和制定公共政策，并授权政府管理部门实施公共政策。在近现代社会，宪政前提下的民主制度被认为是制定和执行公共政策的合法、有效方式。

从历史上看，民主制度也具有不同的形式，有奴隶制或贵族民主制和现代民主制，现代民主制度又分为资本主义民主制度和社会主义民主制度、直接民主制度和间接民主制度，资本主义民主制度又分为君主立宪制、总统制等不同体制。直接民主意味着统治者与被统治者身份合一，由公民直接制定和实施公共政策，由全体公民投票表决的"全民公决"是直接民主的基本手段。

2007年我国党的十七大提出：坚定不移地发展社会主义民主政治，人民民主是社会主义的生命。2012年党的十八大明确提出：坚持走中国特色社会主义政治发展道路和推进政治体制改革。2013年十八届三中全会进一步提出：加强社会主义民主政治制度建设，推动人民代表大会制度与时俱进，推进协商民主广泛多层制度化发展，发展基层民主。

▶▶▶ 本章小结

● 领导理论是研究领导的有效性的理论，它研究影响领导有效性的因素，以及为提高领导有效性应采取的措施。领导理论可分为领导品质理论、领导行为理论和领导权变理论三大部分。

● 公共事业组织中领导的主体是领导者。公共事业组织中的领导者是指处在公共事业组织中领导职位上的个人或集体。公共事业的领导权力包括合法权、奖励权、惩罚权、专长权和模范权。

● 作为名词，领导（leaders）指的是人，是领导者；作为动词，领导是指领导者发挥其影响力，建立团队精神，激发成员工作动机，从而实现组织目标的行为过程。公共事业领导的基本素质包括思想素质、政治素质、知识素质和能力素质。

● 公共事业领导的影响力包括强制性、自然性和传统性的影响力；其领导者树立威信的基本要求主要包括决策正确、作风正派、了解和关心下属、以身作则、合理用人、有洞察力、有自知力、有自控力。

● 公共事业决策管理程序一般分为公共问题的界定、决策目标的确立、决策方案的设计、决策效果的预测和决策方案的抉择等。决策管理制度包括决策制度和民主制度。

◆ 复习思考题

1. 简述领导行为理论的基本内容。
2. 简述公共事业管理领导的基本素质。
3. 简述公共事业管理领导权力的内容。
4. 简述公共事业决策管理方法与系统。
5. 简述公共事业决策管理程序。

参考文献

[1] 尹湛华. 公共事业管理学基础 [M]. 北京：北京师范大学出版社，2008.

[2] 娄成武，郑文范，司晓悦. 公共事业管理学 [M]. 北京：高等教育出版社，2008.

[3] 徐双敏. 公共管理学概论 [M]. 2版. 北京：北京大学出版社，2013.

[4] 马英. 公共事业管理学原理 [M]. 北京：经济科学出版社，2009.

[5] 罗依平. 深化我国政府决策机制改革的若干思考 [J]. 政治学研究，2011 (4).

[6] 吴涛. 公共领导者的战略领导力研究 [D]. 上海：华东师范大学，2011.

[7] 薛翠志. 共享领导理论研究 [D]. 南京：南京师范大学，2012.

[8] 林炊利. 核心利益相关者参与公办高校内部决策的研究 [D]. 上海：华东师范大学，2013.

第二篇

公共事业管理内容

我国经济的快速发展，加快了公共事业发展的步伐，公共事业管理水平日益提高，公共事业管理内容也随之发生了深刻的变化。"公共事业管理内容"篇主要研究公共事业管理的重要内容与方法，共分7章阐述，包括公共事业组织战略管理、公共事业人力资源管理、公共事业市场营销管理、公共事业项目管理、公共事业管理绩效管理、公共事业管理伦理和公共事业管理创新。

第四章　公共事业组织战略管理

学习目标

1. 知识目标
❖ 了解公共事业组织战略管理的价值和特点。
❖ 掌握公共事业组织战略管理的过程和原则。
❖ 熟悉公共事业组织战略规划的制定。
2. 能力目标
❖ 增强公共事业组织战略分析能力。
❖ 提高公共事业组织战略规划能力。

案例导入

当前各地市级妇幼保健院（所）作为妇幼保健专科医院（专业机构），承担着对占我国总人口 2/3 的人的医疗保健重要职能。随着经济的发展，医学模式的进展，健康观念的变化，人口老龄化的加快，独生子女的增加，医疗保健支付能力的提高，以及医疗保健服务需求的多样化与多层次日趋凸显，妇幼保健院（所）面临的环境越来越复杂多变。其优势在于具备较完善的妇幼保健三级服务和管理网络，集聚了一大批优秀的高素质专业人才，具有很强的专业特色和品牌效应，"硬件"建设比较好；其劣势表现为管理体制僵化，自主权受限，学科队伍建设困难，竞争意识薄弱，负担较重。当前形势下，各级妇幼保健院（所）面临着良好的发展机遇和一定的挑战。

请思考：

1. 根据外部机会与威胁、内部优势与劣势，妇幼保健院的发展远景与目标是什么？
2. 波特竞争战略对妇幼保健院战略管理有何启示？

第一节 公共事业组织战略管理概述

一、战略管理的概念

（一）战略的含义与特征

 小贴士4.1

马云的起家

马云与人一起筹集50万元起家，经过打拼，终于成就今日的阿里巴巴神话。倘若当初马云只用这些钱买房子，恐怕现在还在还贷。于是，从这得出一个结论，与其早早考虑买房，不如用买房的心力创业。现实的确如此，许多人一辈子平平庸庸，不是因为缺乏资源，而是因为缺乏前瞻性思考，缺乏有效利用资源的手段，从而导致资源无法发挥出更大的效能。

1. 战略的含义

战略（strategy）泛指对全局性、高层次重大问题的策划与指导，如发展战略、国家战略、安全战略等。战略一词源于孙子、拿破仑和其他军事领导者的诸多军事著作。在中国，"战略"一词最早见于西晋马彪的《战略》一书，被用于描述指导战争全局的计划和策略。

strategy一词源于希腊文strategos，其意是"在战争中实行的一套克敌制胜的策略"。德国军事理论家克劳塞维茨在《战争论》中将其定义如下。"战略是为了达到战争目的而对战斗的运用"；"战略必须为整个军事行动规定一个适合战争的目标"。所以，战略本来是一个军事术语，本意是指为实现战争目的而对军事力量进行的全局性部署和指挥。同时，军事理论经过几千年的发展，已经成为人类思想的巨大宝库，不仅对于指导战争，同时对各种经济社会政治活动有着重要的启示意义。诸如管理学中"目标"、"任务"、"优势"和"弱点"这样的术语，最早都是为描述战争中的问题而出现的。由此，战略的概念由军事领域逐渐扩大到其他领域，被广泛应用到政治、经济、社会、科技、管理等各个领域。无论在私营领域还是公共领域，战略概念都得到了充分的运用。20世纪50年代，战略开始进入工商业的管理领域，战略概念的含义有了拓展，它成为"手段"或"方法"的代名词。在弗雷德·R.戴维的《战略管理》一书中，"战略"被定义为是实现长期目标的方法。亨利·明茨佰格认为："战略是一种模式，即长期行动的一致性。"

随着战略理论向多学科发展，其在实践应用方面更加广泛，也导致了西方20世纪80年代企业战略管理时代的来临，同时，一些政府机构、教育系统及卫生部门也都开始研究战略管理。在1994年出版的《管理学》一书中，斯蒂芬·罗宾斯教授描述如下："战略计划已经超出了工商企业的领域，包括政府机构、医院、教育组织在内，都制订战略计划。"

如今人们常常说"商场如战场",这其实反映出企业的经营战略和军事战略有相似的地方。可以说,战略被运用到企业管理和公共部门管理中,其内容不断丰富和发展,逐步形成了一门新的管理学科,即战略管理学。

我们认为,战略是指带有全局性、长远性和根本性的重大谋划与对策研究,它反映了组织在一个较长时期所要达到的主要目标和实现这些目标的主要措施、部署、步骤和设想,并着眼于组织长期目标和宗旨的实现。换言之,战略就是站在明天的角度来规划今天的工作,以求组织对外部环境具有更好的适应性。一个战略的成功取决于做好组织多个方面的工作,而不仅仅是某几个方面的工作,并要保持它们的一致性。

2. 战略的特征

战略的特征主要体现在以下几个方面。

(1) 全局性。社会经济发展过程中会遇到各种各样的情况,需要处理各种各样的问题,只有涉及组织整体利益的决策才被称为战略。战略的全局性要求妥善处理局部利益与整体利益的关系,并以整体利益为重。

(2) 长期性。战略主要涉及组织的宗旨和长期发展方向,因此评价战略优劣的一个主要标准就是看其是否有利于组织宗旨的实现和长期可持续发展,这也是战略与一般战术及业务计划的区别。

(3) 创新性。战略是选择一套与众不同的做法,要有创新性。目的在于在特定环境中占领与众不同和有价值的位置,确立自己的竞争地位。

(4) 稳定性。战略虽可根据环境变化做出相应的调整,但这种调整不应过于频繁,否则会影响到组织的凝聚力和效率,因此战略具有相对的稳定性。

(5) 适应性。一个好的战略总是力求实现稳定性与适应性的统一。战略的稳定性有助于稳定成员的情绪,增强组织成员的信心,适应性则要求战略目标保持适当的张力,简单明确的同时又不过分僵化和具体。

(二) 战略管理的含义与特点

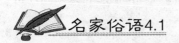 名家俗语4.1

☆人无远虑,必有近忧。

——孔子

☆男怕入错行,女怕嫁错郎。

——俗语

☆没有战略的组织就像没有舵的船一样,停止不前!

——Joel Ross 和 Michael Kami

☆做正确的事情,而不是正确地做事情。

——德鲁克

☆我整天几乎没有几件事做,但有一件做不完的事,那就是规划未来。

——杰克·韦尔奇

1. 战略管理的含义

关于战略管理（Strategy Management）的含义，不同学者有着不同的见解。《战略管理思想》一书的作者费雷德·大卫教授将战略管理定义为：一门着重制定、实施和评估管理决策和行动的具有综合功能的艺术和科学，这样的管理决策和行动可以保证在一个相对稳定的时间内达到一个机构所制定的目标。彼得·德鲁克则认为："战略管理不是一个魔术盒，也不是一组技术。战略管理是分析式思维，是对资源的有效配置，计划不是一堆数字。战略管理中最重要的问题是根本不能被数量化的。"格里高利·G. 戴斯在他的《战略管理》一书中这样定义战略管理：一个组织为了创造和维护竞争优势而采取的分析、决策和行动；战略管理是制定、实施和评价使组织能够达到其目标的，跨功能决策的艺术与科学。

可以说，战略管理的定义多种多样。管理学家亨利·明茨佰格认为战略管理各派理论家们像瞎子摸象一样，对战略管理形成的认识没有一个完整的共识，都是局部的思想。战略管理思想有十大学派，具体包括：设计学派，认为战略制定是个确切定义的过程；计划学派，认为战略制定是个正式规范的过程；定位学派，认为战略制定是个分析研究的过程；创新学派，认为战略制定是个想象的过程；认知学派，认为战略制定是个思维的过程；学习学派，认为战略制定是个新事物接受的过程；权力学派，认为战略制定是个权力权衡的过程；文化学派，认为战略制定是个社会性过程；环境学派，认为战略制定是个对环境反映的过程；构造学派，认为战略制定是个系统转化的过程等。

亨利·明茨佰格认为综合战略管理理论家们对战略的本质认识有一些一致的看法，其共识是：战略与组织、环境都有关系；战略的本质是复杂的；战略影响着组织的整体利益；战略包括内容和程序；战略不是完全深思熟虑的；战略存在于不同的层次；战略包括不同的思想过程。总之，对战略管理的认识要从战略整体出发，不能在一些无关紧要的枝节问题上过多纠缠。

综观各学者的观点，我们认为，战略管理是指管理者有意识地选择政策、发挥能力、解释环境，以集中组织的努力，达成目标的行为。或者说，战略管理是制定、实施和评价组织能够达到目标的艺术或技术。

2. 战略管理与相关概念的区别

包括与非战略管理、战略计划和职能管理3个方面的区别。

（1）战略管理与非战略管理的区别。战略管理是管理者集中全组织的努力以达到组织目标的有意识的政策选择，许多时候其与非战略管理的界限并不是十分清晰。著名行政学家沙夫里茨和鲁赛尔认为，战略管理可从以下6个方面与非战略管理进行区分：一是找出组织未来所要达到的目标，并以"愿景陈述"的方式表达出来；二是具有达到目标的时间框架或规划视域；三是有系统地分析组织当前的情境，特别是它的能力；四是评估组织环境，包括现在的以及规划视域内的时间架构；五是比较各种备选方案后选择一个战略，以求未来目标的达成；六是围绕战略整合组织的各种努力与行动。

（2）战略管理与战略计划的区别。战略管理在使组织朝向未来目标而共同努力方面与战略计划具有相似性，但战略管理不仅强调战略"计划"，而且强调对该"计划"的实施和控制。换言之，战略计划的重点是制定最优战略决策，而战略管理的焦点是关注产生新的战略结果——新市场、新产品、新技术。从发展的时间系列上看，战略管理可以视为战略计划在管理部门应用和发展的下一个阶段。20世纪六七十年代，战略计划在私营部门兴起并迅速发展，战略管理在20世纪80年代后因认为比战略计划更现实而日益受到重视并逐步取代前者。欧文·休斯认为："战略管理包括战略计划的两个方面，并把战略扩大到包括战略执行和战略控制在内的更大范围。"

（3）战略管理与职能管理的区别。战略管理注重目标实现的可测量性，而职能管理强调具体的职能内容以及职能单位间的权责划分。具体而言，战略管理关注组织存在的原因与未来目标，强调长期的、整体的目标的实现，特别注重组织与外部环境之间的关系。职能管理偏向于组织内部各具体单位的整合，注重"内部管理"或短期的、部分的目标的实现，对所要达到的职能目标一般没有重点。

3. 战略管理的特点

主要包括以下4个方面。

（1）战略管理是组织最重要和最高层次的管理。主要体现：一是战略管理是决定组织命运的关键决策的制定与实施的过程，并以组织整体和全局为对象，考虑组织的总体发展；二是战略管理具有高层决定性，如人口发展战略管理，直接决定着人口发展战略过程中的人口管理活动和人口发展的方向和结果；三是战略管理对组织中各层级和各阶段的管理过程起着制约作用，对组织各方面的活动起着导向与指导作用。因此，当前的决策是为了未来的发展，现在的管理和部署是走向未来的手段，但这并不意味着制订一个通向未来的一劳永逸的计划。

（2）战略管理具有很强的现实性。虽然战略管理是最高层次的、指导全局的长远管理，但它仍然是在把握组织发展历史和现状的基础上调动现有资源达成未来目标的过程，它需要"从过去和现在到未来，再从未来回到现在"，是未来导向和现实状况的结合。因此，它必须建立在已有战略和对组织现状的准确定位与分析的基础上，且应通过现实具体的管理活动来完成。

（3）战略管理是一个全面、动态的管理过程。战略管理虽是一个宏观管理的过程，但它是由诸多环节构成的管理循环，不是静态的、一次性的管理，而是一个动态的、不断调整、多次反复的管理过程，是不间断的管理，具有连续性和持续性。

（4）战略管理各环节界限的模糊性。战略管理各个环节是紧密相扣的，前一环节为后一环节的发展奠定基础，后一环节是对前一环节的继承和发展，并不断优化。前后环节紧密联系是理想的状况，在现实中各个环节的顺序并非都如此，而且各个环节之间的区别并不是十分明显，更多的时候是难以区分的，尤其是战略制定和实施。

4. 战略管理要素理论

主要包括以下3个方面的理论。

（1）发展战略理论。发展战略即总体战略，主要解决组织如何成长和发展，组织应选择哪个领域或行业，如何扩大市场份额，通过内部积累还是外部兼并、合资、合并寻求增长等问题。发展战略主要有增长战略、维持战略、防御战略3种。在具体的企业中，其发展战略可能是其中的组合，从而形成复合战略。企业发展战略中最重要的是增长战略，其又可分为密集型成长战略、多样化战略、一体化战略以及战略联盟。

（2）竞争战略理论。随着现代企业管理理论与实践的不断推进，战略理论逐步向竞争方面转化和靠拢。20世纪80年代，企业竞争战略分为竞争战略理论和核心竞争力理论两大学派，前者的基础是产业结构分析，后者的基础是资源和知识的分析。竞争战略理论的代表人物迈克尔·波特在《竞争战略》中指出：基础经济结构是产业竞争的根基，强调战略定位，包括种类、需求和接触途径3个定位。从中可以看出，战略就是创造一种独特、有利的定位，其涉及各种不同的运营活动并要在竞争中做出取舍，其实质就是选择不做哪些事情。

（3）核心竞争力理论。随着科技进步和社会发展，尤其是信息手段的广泛运用，信息传递之快、之广、之透明，对企业竞争环境带来极大挑战，使得企业不得不更加重视内涵发展，重视资源的挖掘、整合和知识的积累、创新。20世纪80年代中期提出的资源观、20世纪90年代初提出的知识观，都直观反映了这样的变化趋势，体现了以资源、知识为基础的核心竞争力理论。对资源和知识更强的占有、支配能力成为企业巨大的竞争优势，因此是否有利于促进企业打造核心竞争力，增强资源、知识配置能力，成为企业竞争战略要解决的重大问题。

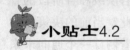 小贴士4.2

SWOT 分析法

SWOT 分析是对组织外部环境和内部条件，对组织在市场竞争中所处的位置做出判断的分析方法。其中，S 代表组织的优势（Strengths），W 代表组织的劣势（Weaknesses），O 代表外部环境中存在的机会（Opportunities），T 代表外部环境所构成的威胁（Threats）。其中，优劣势分析主要是着眼于组织自身的实力及其与竞争对手的比较，而机会和威胁分析将注意力放在外部环境的变化及对组织的可能影响上。但外部环境的同一变化给具有不同资源和能力的组织带来的机会与威胁也可能完全不同，因此两者之间又有紧密的联系。

二、公共战略管理的兴起与价值

（一）公共战略管理的兴起

受私人部门战略管理理论和方法的影响，作为新公共管理运动的重要内容，政府战略管理途径受到了广泛关注。罗伯特·A. 达尔深刻地指出，只有"当公共行政研究并非取决于规定狭窄的技术和程序方面的知识，而是扩大到各种历史的、社会学的、经济的和其他条件性的因素时，才会成为一门基础更为广泛的学科"（彭和平，1997）。这就迫切需要政府转变思维以迎接环境的挑战，战略管理途径应运而生。

陈振明（2004）认为："它试图通过对公共部门内外环境变量、组织长期目标以及组织角色与环境的匹配的关注，以提高公共部门实现其使命的内在能力。"政府管理范式逐渐从注重日常管理向谋划长远发展，从聚焦组织内部效率向关注外部环境，从追求短期目标向考虑长期目标转变。政府战略管理的兴起有着深刻的时代背景和实践基础，树立战略管理观念是政府应对 21 世纪严峻治理挑战的明智选择。

（二）公共战略管理的价值

1. 公共战略管理是政府改革运动的必然要求

进入 21 世纪以来，随着政府改革运动（新公共管理、新公共服务、治理与善治和整体性治理等）的不断深入发展，政府的职能、地位与角色都发生了重大改变，政府不再是高枕无忧的公共服务垄断供给者，而必须面临来自非营利组织甚至私营部门的竞争。只有通过战略谋划，政府才能保持足够的核心竞争力以面对未来的严峻挑战。

2. 公共战略管理是应对复杂环境的现实选择

当今世界正在发生着极其深刻的变化，经济全球化、政治多极化和社会信息化等趋势相互渗透与制约，对未来世界的发展将产生重大影响。公共部门管理面临的环境更加动态化与复杂化，其不确定性大为增加。战略管理通过对环境的科学分析，建构有效的反应系统，为组织发展提供方向，可降低环境的不确定性，从而有效应对环境的挑战。

3. 公共战略管理是政府科学决策的有效途径

战略思维的全局性、系统性、前瞻性、创造性等特点，使公共部门更加善于审时度势和未雨绸缪，往往在"山重水复疑无路"的困难情况下，能不囿于前人，不拘泥于现有，想他人所未想，做他人所未做，别具匠心，另辟蹊径，从而作出技高一筹的公共决策，达到"柳暗花明又一村"的美好境界。

4. 公共战略管理是实现公共利益的有力保障

公共战略管理从组织整体和长远规划的角度，通过对组织内部情况与外部环境的综合分析，引导公共组织资源的优化配置，将有限的资源用于战略性的、关键性的领域，有利于兼顾整体利益与局部利益、组织利益与个人利益、长远利益与短期利益，从而最终实现公共利益最大化。

三、公共事业组织战略管理的特征

（一）公共事业组织战略管理的一般特征

战略管理是作为一项管理技术或管理工具进入公共事业管理部门的，公共事业组织战略管理与私营部门的战略管理在程序上或步骤上基本相同，其战略管理也具有战略管理的一般特征，即强烈的导向性、长期性和全局性、外向性、从外向内的运作及理性与直觉的结合等。

但是，公共事业管理部门毕竟是与私营部门在基本的组织目标上完全不同的两种组织，因而公共事业管理对这一管理技术的运用有其特定的要求，这相当程度上构成了公共事业管理部门战略管理的特征，其最突出的就是在整个管理过程中体现出公共性。

（二）公共事业组织战略管理的个性特征

总体上看，公共事业组织在运用战略管理时会受到一些私营部门不必考虑或不必直接考虑的因素的影响和制约。这些因素主要是宪法的规定、立法和司法的规定、政府法规、管辖权限、稀缺资源、政治气候等。因而，国外学者认为，在公共部门，"战略计划是在宪法规定的范围内，为确定政府行为性质和方向的基本决策所进行的专业性努力"。

因此，公共事业组织运用战略管理的公共性主要体现如下。一是在开始制订战略计划的过程中必须取得一致意见；二是考虑公共事业管理部门的权限，或是关于公共组织立法的具体规定；三是努力追求组织任务的明确性；四是注意战略绩效评估中的社会效益指标。

总之，公共事业管理的战略管理在技术程序或步骤上与私营部门是基本相同的，因而公共事业管理中战略管理也具有战略管理的一般特性，但公共事业管理部门的基本性质决定了公共事业管理在运用战略管理这一工具时有自己公共性的特点，即必须从公共利益出发对战略管理的程序或步骤提出特定的规定和要求。

四、公共事业组织战略管理的原则

从战略管理是面向未来的谋划、是理性和直觉的结合来看，公共事业组织制定战略在一定意义上是一种管理艺术，但由于它又是一个客观的、由一定步骤或环节组成的客观过程，因而又有一定规律可循，也有一些基本原则可依。

（一）以社会公众的共同需要为出发点

制定战略必须有一个基本的出发点或立足点，这个立足点不能建立在主观妄想上，而应当建立在客观的社会需要之上。对于公共事业组织来说，这个客观需要就是社会公众的共同需要，而公共事业组织也只有不断地满足社会公众的共同需要，促进社会公共利益的增长，才可能存在和发展。对一个中低层的提供公共产品和服务的公共事业管理机构而言，满足社会公众的共同需要，也就是满足一定区域内公众的需要、公共产品市场的需要（现代公共事业所提供的产品基本上不是全免费的，且由于政府公共事业机构通常不直接生产或提供这些产品和服务，因而客观上存在一个公共产品和服务的市场）。

根据这一原则制定公共事业组织管理战略，要求避免只把眼光局限于现有的产品和服务上，而应该认识到特定时期的公共产品和服务只是满足这一时期公众需要的一种形式，而公众的共同需要是永存的，也是发展的，因而这些产品和服务形式是可以改变的且是必须改变的。因此，要根据科学技术的发展、社会的变迁，以及公众偏好的变化，采用不同形式满足公众的需要。

此外，以社会公众的共同需要为出发点，必须真正认识公众的需求是什么，以及公众的价值准则是什么。公共事业的内容是一定时期内公众基本生活的共同需要，虽然现代社会公众的需求已呈多样化的趋势，但纳入公共事业管理范围的不是少数人特殊的需求，而是多数人的与他们基本生活密切相关的需求。因此，在商业领域内制定产品战略时虽然也强调社会需求问题，而通常反映到具体企业时，往往可以针对社会某一特殊群体进行战略定位。如美国 20 世纪 30 年代汽车制造企业卡迪拉克公司将所生产的汽车定位于与钻石和貂皮大衣竞争，即定位于满足特定的、一少部分上层人的需要，结果取得了成功。但在公共事业管理领域内，这与其公共性的基本要求是不吻合的，也是难以成功的。

（二）战略管理过程简单化和非程式化

有正确的出发点，制定成功的战略规划和形成一定的管理步骤是战略管理取得成功的前提，但这并不能保证战略成功地实施。因为环境是变化的，任何事情总是做的比想的更为困难，并不是仅仅靠预先设定的环节按部就班地执行就能达到目标。一般来说，制订计划是要防备可能发生的变化，制定战略则是要利用可能发生的变化，因为变化意味着机会，一个组织正是要随时把握机会才获得成功的。实际上，战略管理正是一种促进组织学习和行动的过程，是让组织在学习和行动中不断把握机会取得发展的过程。因此，进行战略管理时虽然必须设定管理环节，但不能仅仅将这一管理只视为一个正式的控制系统，而必须尽量避免程式化行为。

为此，公共事业组织在进行战略管理时，更应该将其视为一个在进行管理过程中可以不断使用的分析工具、管理工具。通常，为了尽可能简单化，应消除过于专业和神秘的计划术语；为了避免程式化行为，可以对任务分配、团队成员、会议形式及计划日期进行适当变动，同时，过程也不应是完全可预期的，环境也要有所变化，从而激发管理者和组织的创造性。要强调以数字支持但以文字叙述为主的计划，要建立一种可以使战略管理的作用和基本目的得到理解的文化，要注意到社会心理和政治因素等。

总之，上述两个原则是对公共事业组织战略管理在经验基础上的总结和提高，反映的是人们对公共事业组织运用战略管理的一定历史时期认识水平，它只是公共事业组织进行战略管理的指南，它提示必须注意的问题，而不是教条。

第二节　公共事业组织战略管理过程

一、对公共事业组织战略管理过程的不同认识

目前人们在理论上对战略管理的过程的划分是不一致的，如在对公共部门战略管理过程的划分上，管理学者布莱森设计了一个模式，将公共部门的战略管理分为开始制定战略计划过程并取得一致意见，明确组织权限，阐明组织任务和价值，对外界环境进行评价，对企业内部状况进行评价，确定组织面对的战略性问题，制定战略——处理问题，制定有效的、未来的组织蓝图 8 个步骤。

美国学者奥斯本和盖伯勒则进一步细化了公共部门战略管理的步骤：内外形势分析；判断、鉴定组织面对的要害问题；确定组织的基本任务；整合组织的基本目标；绘制蓝图——成功的景象；制定实现这个蓝图和目标的战略；排列战略时间表；测量、评价最终结果。

二、公共事业组织战略管理过程的主要内容

我们认为，公共事业组织的战略管理可分为环境分析、战略规划、战略实施和战略评估4个主要环节。

（一）环境分析

对所处的环境进行分析，这是公共事业组织战略管理的第一步。公共事业管理环境是一个由多种交互作用的因素构成的系统，包括生态、文化、政治、经济和国际环境等方面。这些环境因素根据对公共事业组织决策的影响程度，实际上又可以分为一般环境和具体环境。一般环境指作为整个公共事业组织决策背景的环境因素，如社会文化心理、公共管理文化观等；具体环境则指对公共事业组织的决策、管理发生直接影响的因素，包括组织内部的环境。

经典案例4.1

兰德公司报告——中国将进入朝鲜

成立于1948年的智囊机构兰德公司（RAND）在朝鲜战争刚开始就投入大量人力和资金对该问题进行研究。兰德的专家们通过对朝鲜战争的综合分析，结合对中国民族性和中国内政、外交形势的研究，最后写出了一份重要的研究预测报告，该报告可用7个字概括："中国将进入朝鲜"。起初，兰德这一报告向五角大楼的开价是200万美元，但最高决策层和军界的高级官员认为，中国部队绝不会进入朝鲜和以美国为首的"联合国军"作战。在他们看来，中国刚经历了8年抗日战争和3年内战，从人力和财力看，都不具备出兵朝鲜的可能。此外，国防部认为兰德的研究报告要价太高，于是没有理睬。1950年10月25日，中国政府宣布派出中国人民志愿军赴朝作战，从而使中国在"抗美援朝，保家卫国"的名义下参与了朝鲜战争。美国国防部看到兰德的预测变成现实，追悔莫及，朝野也一片哗然。

1953年朝鲜战争结束后，五角大楼为了全面检讨在朝鲜战争中的决策失误，终究以200万美元的价钱买回了那份早已过时的报告。

环境分析的基本任务是运用系统思考和特定的分析模式或工具，分析影响组织的外部系统以及组织在这一特定外部系统背景下的优势与不足，了解外部的机会和威胁，从而奠定战略规划的基础。这一依靠特定工具所进行的环境分析即SWOT分析。

（二）战略规划

战略规划是在环境分析的基础上形成战略的过程，也是将战略意图转化为战略决策的过程。从战略管理的角度看，公共事业管理部门的战略规划主要有以下几个方面的活动。

第一，确认重要的环境变化及趋势的议题。

第二，提出问题和确认目标、任务。主要内容是明确本身是什么组织并且组织将如何

发展，组织的服务对象是什么，服务对象需要什么，我们应当进入什么样的领域进行服务，等等。

第三，决定组织在一定时期内所注重或强调的主要价值。

第四，通过战略分析，选择组织应当进入的领域，并设定基本的、明确的策略方向。

第五，通过战略选择，确定组织应当采取的战略类型。

第六，设定执行所选择的战略的行动方案，即将战略选择的结果进一步体现在公共服务的品种规格、功能战略和资源分配等方面。

(三) 战略实施

战略实施是通过建立和发展行动的能力和机制，将战略规划转化为现实绩效的过程。战略实施是战略规划的延伸，两者之间有密切的关系，且都涉及公共事业管理的一些基本职能，但两者不仅涉及的职能各有偏重，而且有根本的不同。一般来说，战略规划是一个思维过程，是在行动之间部署力量，整个规划重在目的有效性，且在战略规划制定的过程中需要协调的是少数人，虽然涉及计划、组织、协调等，但偏重于计划职能。而战略实施是行动过程，是在行动中管理和运用力量，整个行动实施关注效率，且在战略实施过程中需要更广泛的行动者之间的协调，总体上偏重于组织和协调职能的发挥。战略实施的首要问题是组织保证。组织是实现战略规划的手段，不同的战略要求不同的组织结构与之相适应。当然，战略实施阶段的内容是很丰富的，一般来说，战略涉及的问题和环境很多，包括组织在内，主要有以下几个方面的活动。

第一，确定实际目标与实施的具体指标。

第二，进行功能战略的选择。所谓功能战略，就是针对所确定的总体战略中的关键因素，强化组织提供公共产品和服务中的关键环节。

第三，进行有效的资源配置。

第四，根据战略规划的要求，建立有效的组织结构，使组织结构与战略相匹配。

第五，建立和发展有效的沟通与协调机制。

第六，促进变革，克服变革的阻力。

第七，通过政府及社会营销，促进战略实施。

(四) 战略评估

公共事业组织战略管理是公共事业组织为应付其外部及内部环境的急剧变化而产生的。环境的快速而剧烈的变化是贯穿于整个战略管理过程中的，即不但在战略规划制定过程中，也在战略规划的实施过程中。正如一般的计划执行必须要有必要的反馈控制一样，战略管理过程也需要建立一种反馈机制，这就要依靠战略评估。因此，战略评估就是对战略实施进行监控，并对战略实施的绩效进行系统的评估的过程。从战略管理的整体看，战略评估主要是建立一种反馈机制，其是整个战略管理的一个重要组成部分和环节。战略评估主要包括以下活动。

1. 检查战略基础

为了把握战略基础的状况，可以通过这样一些关键问题进行了解：优势是否是优势，优势是否得到加强？内部弱点是否还是弱点，在实施过程中又出现了哪些新的弱点？内部机会是否有变化，是否有新的机会？外部威胁是否存在，是否有新的威胁？等等。

由此可见，通过弄清上述关键性问题，了解现行战略的机会与威胁、优势与弱点等是否发生了变化，发生了什么变化，以及发生这种变化的原因，从而为进行战略的适时调整奠定基础。

2. 衡量战略绩效

就是将战略规划中的目标与实际结果进行比较，找出实施战略规划过程中已取得的成绩。通常，科学地衡量战略绩效，有赖于确立明确的并尽可能量化的绩效评价指标。

同时，战略绩效衡量还要通过对成绩的评估，进一步深入并回答这样一些重要的问题：组织的结构是否与战略的要求相一致？战略是否与外部环境要求相一致？战略规划的制定及实施是否达到了资源的最佳配置？战略涉及的风险程度是否合适？战略实施的时间表是否恰当？等等。

3. 战略的修正与调整

这是一个对已有战略进行重新决策的过程，即通过战略基础检查和战略绩效评估，决定是否继续实施战略，或是调整战略，或是重组战略，甚至终止战略。

例如，公立医院战略管理是对医院长远、全局性的发展目标、途径和手段的谋划或方案制订。其任务主要包括：提出医院的愿景和使命，凝聚人心，指明发展方向，确立医院基本发展态势和市场竞争的策略；制定医院职能战略，把长远、全局性的战略和目标落实到医院具体部门的日常工作中；在服务对象确立、诊疗技术选择、质量水平提升、服务特色塑造、人才队伍建设、信息技术支撑和财务资源支持等环节上，建立具体的行动方案、财务预算和工作程序。

公立医院战略管理的工作流程：一是战略分析，运用分析工具描述国家政治、经济、社会文化、技术方面的变革，医疗机构、医药企业等相关机构的竞争状况，为战略制定打下基础；二是在战略分析的基础上，结合医院自身条件，选择合适的总体发展战略、竞争战略和职能战略；三是在战略指导下，整合组织、人力、财务、信息等资源，落实战略；四是战略控制与调整，在战略实施过程中监视战略是否偏离原定目标，是否遭遇了重大的环境变化而需要对原定战略进行调整。

总之，公共事业组织战略管理是一个主要包含了环境分析、战略规划、战略实施和战略评估四大环节的完整的管理过程。但这一过程不是形式主义，即在实际中并不是所有战略管理都必须遵循 4 个环节中的所有步骤。应该说，公共事业组织运用战略管理的重要的作用主要表现在两个方面：一方面，使公共事业组织的管理能适应环境的需要和变化，具有全局性和长远性，提高管理的针对性和效率；另一方面，对公共事业组织来说，则在于促进组织本身不断地变革和学习，保证公共部门长期和稳定的发展。组织学习，是现代社会一切组织面临的一个至关重要的任务和课题。

第三节　公共事业组织管理战略规划

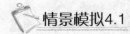 情景模拟4.1

"菁菁校园"的未来

"菁菁校园"是一所新型的私立学校，专门为大学生、高中生提供暑期另类课程，如登山、探险、航海等集体项目的专业培训，以及为在职人员提供团队合作课程培训。该学校的创办人刘岩是个成功的企业家，他酷爱登山，并坚信这是一项锻炼个人品质，同时学习集体协作精神的完美运动。

——优势1：定位。在刘岩看来，这个学校是个非营利性的企业，但是无论如何得自己维持自己的运转。因为如果没有充裕的资金，学校就不可能发展。学校开办以来，学生的数量逐年增多。

——优势2：有成长的市场。学生在学校的课程主要分普通课程和特殊课程两类：前者是学校的起家项目，针对大、中学生的集体训练开设；后者在每年暑假，总是有大批学生报名参加登山、探险等充满新鲜感的项目，虽然这部分的收入占了整个学校全部营业收入的70%，但是这种项目并不赢利。

——劣势1：无利润，反映经营管理问题。特殊课程是应一些大公司的要求，专门为此公司开办的短期团队合作培训（与普通课程具有关联性）。这部分课程是新设立的，深受各大公司经理们的欢迎，在非正式的反馈中，他们都认为在这些课程里获益很多，他们所属的公司也愿意继续扩大与菁菁校园的合作。同时，这类课程为学校带来丰厚的利润。

——机会：说明特殊课程市场有需求，并能获利。但在实施特殊课程时，刘岩和他的好友们也有疑虑：这种课程的商业化倾向非常重，如果过分扩张，可能会破坏"菁菁校园"的形象。另外，特殊课程的学员多是中高级经理，他们的时间非常紧，因此如果课程一旦设立，如果要求改动，就会与普通课程发生冲突。在学校成立初期，刘岩并没有特别关注管理问题，他觉得很简单：每年暑假开始，学校就招生开课，到暑假结束就关门。但是随着知名度的提高和注册学生的不断增多，学校变得日益庞大复杂，管理问题和财务状况开始受到关注。最明显的是学校暑期过于繁忙，设施不足，而淡季则设备人员闲置。他还发现无法找到足够的技术熟练、经验丰富的从事短期的工作的指导老师，但是要常年聘请他们花销实在太大。

——劣势2：资源不足、管理问题。与此同时，在社会上出现了相似的竞争者。

——威胁：出现替代品。学校面临内外两方面的评估和战略方向的重新确定。

模拟内容：

1. "菁菁校园"的未来应如何定位？

2. "菁菁校园"的项目组合如何发展？

3. "菁菁校园"的运营管理应如何改进？

模拟分析：

1. 即使普通课程占学校全部营业收入的 70%，仍不赢利，学校的运转仍难以维持，且出现了相似的竞争对手，因此未来应定位于充分利用品牌的优势，实现范围经济，分散风险，引入市场化竞争机制，保持学校的活力和竞争力，以保持品牌。

2. 通过客观评价项目组合的关联性，可以得出：项目组合的发展应以普通课程为基础，适当增加特殊课程，逐步过渡到以开设特殊课程为主。一是公司战略层次上，宜采用多元化战略；二是竞争战略层次上，宜采用差异化、集中化战略；三是职能战略层次上，宜采用整体营销战略和人才开发战略。

3. 对暑期过于繁忙、设施不足而淡季设备人员闲置及无法找到足够的指导老师的问题，解决方案如下。一是引入先进的技术和运营管理方式，使人、财、物有机结合，合理分配资源，提高有限资源利用率；二是合理设定项目组合、制订完善的教学计划，使淡旺季节相对平衡发展；三是解决设施设备不足的问题，如解决课程编排上的冲突等；四是招聘、培训、借用和调配教学、管理人员，建立相对稳定的教职工队伍；五是特色经营，提高服务质量，现实表明普通课程难以维持学校的运转，因此应针对自己的市场定位突出特色；六是加强营销力度，应加大对学校的宣传力度，建立有效的招生部门，积极加强与企业的合作等，如利用举办或承办各种比赛，进行商业运作；七是合理设计收费标准，控制成本，力求盈亏平衡、略有盈利。

一、公共事业组织管理战略规划的内容

公共事业组织管理战略规划与私营部门不同，且具有不同的类别，其所具有的内容构成了对战略规划过程的具体要求。

（一）战略规划的基本概念和价值

公共事业组织管理战略规划是该组织在分析环境和把握环境所存在的威胁与机会的基础上产生组织战略的过程，是一个一体化决策系统的形式产生并发出连贯协调的结果的正规化程序。战略规划是整个公共事业管理计划的核心，它为各项具体计划的制订从整体上确定了基本的轮廓和依据。

从横向看，战略规划的确定，有助于各项具体的管理工作的开展，如公共产品和服务市场的定位、资金筹措、设备购置、人员配置等之间的相互协调；从纵向看，战略规划的确定，有助于正确处理长远需要和眼前需要、长远发展和眼前生存的关系，减少和避免短期行为的干扰，保证组织长期稳定的发展。总之，公共事业组织管理战略规划的目的在于识别环境对公共事业组织的挑战，并指导公共事业组织对环境的变化作出适时的反应，通过形成相应的战略决策，以获取组织长期的、稳定的发展和竞争优势。

这里还必须注意战略规划中价值观念的作用。战略规划的制定不仅取决于对未来情况的估计分析，而且取决于战略制定者的价值观念，这对公共事业组织来说尤其重要。如具有特定营利性的电讯部门从其利润获取来看，更愿意在发达地区尤其是发达的大中城市中进行发展，但通常相关的公共事业组织根据其公共价值取向及国际通行的电讯服务公平的原则，就需要制定扩大在农村和不发达地区进行电讯服务的战略，然后通过相应的政策，要求和引导电讯部门在广大农村和不发达地区进行发展。

（二）战略规划的基本内容与层次

从决策结果来看，战略规划的直接结果是形成组织的战略计划。一般来说，一个科学的战略计划应包含如下的基本内容：一是战略范围，即规定了组织与社会环境因素之间发生作用的范围，这也表明了组织通过战略管理所要达到的目标；二是确定功能战略，即针对所确定的总体战略中的关键因素，强化组织提供公共产品和服务中的关键环节；三是资源配置，即要阐明如何部署资源；四是形成最佳协调作用的机制，即在战略范围内，制订出如何使资源配置与竞争优势相互协调的方向的措施；五是说明战略范围的机会与威胁，以及环境变化的趋势，同时还要配置必需的应急战略。由于战略规划是针对未来制定的，在不确定的未来环境中贯彻，因而必须根据预期的环境变化趋势，形成一定的应急战略，从而使组织在环境变化的情况下能很快地扭转局面，避免陷入危机。

从战略规划的层次来看，战略规划在公共事业管理部门中的应用与公共事业管理的层次相应，可以大致分为 3 类：一是涉及全国的应用，这是最高层次的应用，通常需要广泛的公民参与，且在战略执行过程中必须有相应的组织之间高度的合作与协调；二是在地区性（如省级）的应用，这是根据最高层次的战略规划并针对本地区的实际需要所作出的策略性的中长期规划；三是以部门为主的应用，这实际上是一种战略议题管理，即公共事业管理部门根据本身的性质和法定管理范围从上述战略计划中选择特定的议题，形成相应的计划进行管理，而非全面性的战略规划。

二、公共事业组织管理战略规划过程

（一）制订战略计划

公共事业组织管理战略规划过程的第一步，即制订战略计划并形成初步共识。这一步骤的目的，在于取得主要决策者与战略规划行为的共识，如对战略规划的价值、需要介入的单位和人员、特定的步骤以及方法等的认同。

（二）明确组织权限

明确关于公共事业管理部门立法的具体规定，这是公共事业管理部门战略规划过程中一个有特定价值的步骤。这一过程中，一方面，要了解法律，知道什么是不受法律限制的，什么是受法律限制的；另一方面，要确认自己作为公共组织的使命。使命是一个组织存在的目的，战略规划的主要工作就在于从总体的高度上明确组织的使命与价值。为此，规划者要在充分分析自己的以公共性为基本要求的战略将对哪些人或群体产生影响、产生何种影响的基础上，通过回答以下问题来明确公共事业组织的使命。

第一，我们是什么样的组织，我们应该做什么，我们追求的主要价值是什么。

第二，我们所要满足的社会及政治需要是什么，或者说我们组织的服务对象是什么、服务对象需要什么等。

第三，我们应该进入什么样的领域进行服务，通过什么样的方式和行动去满足这些需求。

第四，我们应如何处理与战略有利益相关的对象关系。

第五，我们进行行动时不同于其他组织的条件是什么。

 小贴士4.3

美国红十字协会的使命

美国红十字协会的使命是改善人类生命的质量；增强自力更生和关爱他人的能力；帮助人们避免、预防和治疗急症。

（三）进行 SWOT 分析

进行 SWOT 分析即对特定的环境进行分析，该步骤的主要目的是通过对内外部环境进行分析评价，并将内外环境结合起来，提供组织内外部的优势与弱点、机会与威胁的相关信息，以便组织把握环境状况及其走势，作出最适宜的回应。这是一个战略规划步骤，也是一个广泛使用的分析工具。

（四）确定战略性问题

确定组织面对的战略性问题，或说战略议题。确定战略性问题，就是确认组织根本的政策选择。组织的战略性议题的确定，对组织的法规、服务价值、产品或服务水准与组合、顾客或使用者、成本、财政、组织资源配置和管理等发生直接的影响。该步骤就是通过处理组织内部所确定的任何薄弱环节，以及来自外部的威胁和未来机遇，并通过一定的方式将战略问题与平常问题分开来完成。

对公共事业组织来说，战略议题可能会是一个重要的人事问题，如有经验的高级管理人员辞去公职而到与该部门所管理或生产的公共产品有关的私营部门任职，也可能会是某一公共产品或服务将按照某种管理权限通过订立合同转包给私营部门，由此也许会考虑将来进行民营化的问题等。由于战略性议题是形成和贯彻战略的基础，所以在这一阶段的主要工作，就是确认组织面临的这些基本政策选择，包括列举战略议题清单，并以优先顺序进行排列。

（五）进行战略选择

战略选择的主要任务是在综合分析各种可能战略的基础上，作出适合组织发展的使命、具有可能性与可行性的战略。实际上，这一阶段也是制订"实施计划"的过程，因为一旦战略议题获得认可，由这一战略所包含的指标及有关的重要步骤、责任、期限和所需要的资源、组织结构等也就确定，因而实施这一战略的行动计划就会应运而生。

1989—2009 年，威斯康星·麦迪逊大学先后出台了《未来方向：21 世纪的大学》(1989)、《未来大学：麦大未来十年的工作重点》(1995)、《战 略规划》(2001)、《校园战略框架》(2009)，这4部战略规划的重点都突出了研究、教学及"威斯康星理念"的定位，反映了战略规划的连贯性和递进性。其始终将战略目标定位在巩固自身在世界高等教育界的领先地位上，反映了威斯康星·麦迪逊大学在战略目标上的高度一致性。其中，这4个战略规划所反映出的核心问题是对"威斯康星理念"的回应，并不断深入拓展。这一更迭过程中的核心在于对大学办学理念的关照，是对大学发展的回应。威斯康星·麦迪逊大学1989—2009年战略规划见表4-1。

表4-1　　　　　　　　　威斯康星·麦迪逊大学 1989—2009 年战略规划

名称	时间	目标	重点
Future Directions：The University in the 21st Century	1989	促进跨学科研究及跨学科教学	聘用、培养和留住最好的师资、职员和学生；加强本科教育；继续进行研究领域的超越；强化公共服务的责任；确保公平、多元的环境；整合学术规划与预算规划
A Vision for the Future：Priorities for UW - Madison in the Next Decade	1995	用学习经历、学习社区、学习环境相互交叉的重叠主题"勾勒我们的未来"	保持研究的领先地位；重新定义本科教育；加入全球社区；提升"威斯康星理念"
Strategic Plan	2000	培育和加强 威斯康星·麦迪逊大学在研究领域和高等教育领域的地位	促进科研；提升学习；加速国际化；凸显威斯康星理念；培育人力资源
Campus Strategic Framework	2009	21世纪 威斯康星·麦迪逊大学将是一个典型的公立大学，为公众提供公共资源，致力于提升州、国家以及全世界的生活质量	提供示范性的本科教育；继续振兴威斯康星理念，重申对公众的使命；投资于现在拥有或潜在的优势领域或有影响的学术领域；引进并保持最好的教师、职员及相应的薪酬；加强多样性以确保教学和研究的卓越；对资源的负责任的管理

　　注：根据王英杰、刘宝存《世界一流大学的形成与发展》(山西教育出版社，2008年) 和威斯康星·麦迪逊分校《大学的战略框架（2009—2014)》整理而成。

三、公共事业组织管理战略规划的 SWOT 分析

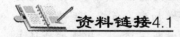 资料链接4.1

我国医院管理 SWOT 战略规划分析

一、当前我国医院管理面临的形势

　　在市场经济条件下，医疗卫生事业的发展改善了群众对医疗卫生服务的需求，同时也使医院之间的竞争日趋激烈。医院之间激烈的竞争，一些医院管理者急功近利，不明确自

身的优势和劣势，对环境变化、发展及威胁认识不足，注重短期效应，对医院发展长远目标缺乏战略思考。因此，借鉴先进的管理经验，加强医院战略管理，对于医院的发展将有十分重要的意义。

二、SWOT 分析与战略形成

通过 SWOT 分析，各级管理人员就能够从医院层次、业务层次和职能层次进行战略选择，使组织处于能够实现其使命和目标的最佳位置。SWOT 分析的第一步就是明确优势与劣势，如先进的技术等就是优势，过高的服务成本等则是组织的劣势。管理人员的任务就是分析组织在当前的环境下所具有的优势和劣势。SWOT 分析的第二步就是在完成分析后，开始计划，制订医院战略目标。所制定的战略应该能够使医院通过利用机会、抵制威胁、建立优势、改善劣势来实现医院的目标。制定战略分 3 个层次。

第一，医院层次的战略，确定组织所应从事的业务领域。集中资源于某一业务，以提高知名度，建立自己的独特的品牌和顾客忠诚度，在行业内形成较强的竞争优势。

第二，业务层次的战略，用于确定如何在特定的环境中使医院获得竞争优势的计划，包括总成本领先战略、差别化战略和目标集聚战略 3 种常用的竞争战略。总成本领先战略也称低成本战略，指提供相同服务时，其成本或费用明显低于行业平均水平或主要竞争对手的竞争策略，其意义是通过成本优势使医院在相同的条件下，或在不利的环境中具有更强的生命力；差异化战略指对医院提供的服务在一个或几个方面与竞争对手有所不同，如特殊的功能、高超的质量、优质的服务、独特的品牌；目标集聚战略指在医院将全力集中在某一特定区域的顾客群时，要么采用低成本战略，要么采用差别化战略以满足特定顾客群的需求。

第三，职能层次战略，也称职能支持战略，指改善组织中的各主要职能部门创造价值的能力。这些部门通常包括财务、医技、后勤和人力资源管理等职能部门，以降低服务成本，实现优质高效的目标。

三、SWOT 战略分析在医院管理中的实施

主要包括以下 5 个方面。

第一，转变医院管理者的思想。SWOT 战略分析的基本观点是确立竞争优势。如何确立和发展竞争优势，需要医院管理者对 SWOT 进行组合分析，把握环境变化趋势，发挥优势和弥补劣势。对于医院战略管理而言，每个医院管理者必须转变传统的"等、靠、要"的思想，不要幻想上级拨款的不断增加，而是要根据自身的特点，把握多变的环境，确定战略目标和方向，发挥自己的竞争优势。

第二，运用 SWOT 分析准确进行定位。医院根据自身情况实施相应的战略，不能盲目购买先进仪器，如果一味追求大而全的医院规模，其结果会增加病人负担，医院效益也难以提高。在业务层面上，大医院应实施差别化战略，发挥资源集中优势，提高医疗技术水平，开设特色专科，在地区保持独特性和相对优势，增加对病人的吸引力；专科医院要发挥专科优势，保持竞争力；中小型医院应选择低成本竞争战略，对常见病和多发病治疗，通过降低成本，减轻病人负担，提供优质服务，从而提高其竞争能力。

第三，发挥自身优势，实施竞争策略。如何在医院竞争中充分发挥自身优势，实现两

个效益的提高，是每一个医院管理者都在思考的问题。医院战略要以"高效、优质、低耗"为目标，在管理工作中切实贯彻目标，在同行业中保持高质量、低成本的服务。

第四，加大宣传力度，树立医院品牌。医院应当大力宣传、推广并树立独特的品牌，如通过报刊、网站的宣传，在社会上举办义务健康咨询活动，在医院设立便民服务和人性化的关怀性服务，创立医院自己的品牌。一个好的医院品牌能够打动医院患者的心，在情感上给予认同，医院也就能够保持医疗市场份额的长期稳定。

第五，加强全面管理，促进医院发展。这是医院职能支持战略的体现。医院管理者在确立新的战略目标并实施时，需要动员全体员工共同努力，加强对各职能部门的管理，挖掘潜力，降低服务成本，提高医疗质量，使医院在竞争中立于不败之地。

(一) 公共事业组织不同战略匹配和选择

1. SWOT 分析后的战略匹配和选择

经过 SWOT 分析，一个公共事业组织可有以下 4 种不同的战略匹配和选择。

(1) 优势与机会（SO）战略。SO 战略是一种将组织内部的优势与外部环境的机会相匹配，发挥组织内部优势和利用外部机会，以实现组织目标的战略。从制定战略来说，这是任何组织追求的目标；从战略管理过程看，任何一个组织及管理者都希望充分利用自己的优势并避免其弱点，抓住外部环境机遇，以求得发展。但要充分发挥自己的优势实际上与其他因素的控制和转化有关，因而这一战略的采用往往需要其他战略奠定基础。

(2) 弱点与机会（WO）战略。WO 战略是指利用外部机会来弥补内部的弱点的战略。通常是在这样一种情况下使用这一战略，即组织存在着外部的机会，但内部却存在着弱点，妨碍着外部机会的实现。实际上，当外部环境的组织具有发展机会时，可利用这一机会达到发展目标指向，并进行组织内部的更新。

(3) 优势与威胁（ST）战略。ST 战略是利用优势回避或减轻外部威胁影响的战略。

(4) 弱点与威胁（WT）战略。WT 战略是在减少内部弱点的同时规避外部环境威胁的战略。与上述 3 种战略比较，这是一种防御性战略。一个处于内部有许多弱点而外部又面临大量威胁境地的组织，其对外界机会的利用效率往往是很低的。

2. 公共事业组织战略选择的运用

上述对 SWOT 的分析，主要是从一种一般性的技术的角度展开的，即从包括公共组织和非私营组织在内的所有组织的战略管理一般性的角度进行的。对管理工具在包括公共事业组织在内的整个公共部门中的应用，目前有两种观点。

一种观点认为，当公共部门评价外界环境或认为有必要进行 SWOT 分析时，公共部门和私营部门对 SWOT 的运用没有区别。

另一观点则认为，SWOT 内容的重要性因部门的不同而存在显著差异，主要表现如下。私营部门在运用 SWOT 分析时，因市场的明确化和较少受到政治的直接影响，更能单纯和直接地从利润出发，主动地寻找外部机会。而公共组织因不存在与私营部门一样的市场或其特殊化，更易受到政治的直接影响和制约，且缺少私营部门的生存压力，因此更可能是被动的，更容易对威胁产生反应。这种因 SWOT 分析运用时的不同倾向，导致战略规划基本态势不同，决定了战略管理过程在公共部门的运用所产生的结果与私营部门的不同。

3. 公共事业组织战略管理的发展趋势

战略管理作为一种从 20 世纪 80 年代后逐步在包括公共事业组织在内的整个公共部门中运用的管理技术，其目前还处于起步和发展阶段。虽然从一开始就对公共部门能否使用这一管理工具存在不同的观点，但多年来这一技术在一些发达国家公共管理部门中的使用确已产生了积极的结果。

在实践中，战略管理技术的采用作为一个特定的管理过程，为公共部门管理提供了战略性发展方向，指导着资源配置的优先顺序，强化了组织对环境的适应能力，提供了控制和评估的基础等。最关键的是使公共部门管理从专注于组织内部转向首先注重外部环境，与时代发展需要同步。当然，这一管理技术的运用也存在不足和困难，有待于根据公共部门管理的特点进一步改进与完善。

(二) SWOT 分析在学校战略管理中的应用

1. 学校战略管理的必要性

学校虽然为非营利组织，不以营利为目的，但同样也需要制定战略。因为学校同样被要求充分、有效利用资源和进行良好的管理，其管理者同样也会设置目标衡量自己的绩效。而且，不同的学校之间也要为争夺有限资源而相互竞争，特别是在公共服务不均等的现实环境下，学校的生存竞争日趋激烈。国家在宏观上的必要调控并不能保证每一所学校的生存发展，命运掌握在学校自己手中。为争夺生源，吸引优秀教师，引起社会关注，在有限的资源中争得更多的份额，学校同样也需要通过制定和实施强有力的战略来形成自己的独特竞争力，而这种竞争力应当以质为中心、以量为基础，达到质与量的有机统一，并获得持久的竞争优势。

2. SWOT 分析与学校战略规划

学校战略规划的过程同样也包括战略制定和战略实施两方面。整个学校战略规划过程如图 4 - 1 所示。

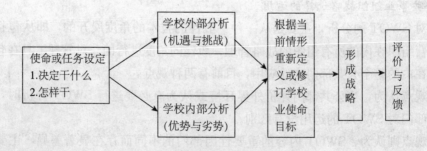

图 4 - 1　学校战略规划过程示意图

(1) 学校外部环境分析。对学校外部环境分析着眼于教育行业环境、中观环境和宏观环境 3 个内在关联的环境。教育行业环境主要包括教育的消费者、行业内的竞争者、行业内外的合作者 3 个方面，这种分析结构由"利益相关者"的划分为思考路径。教育行业属于非营利性质，竞争并不是其唯一主要特征。教育的中观环境是与学校发展直接联系的外部环境因素，就范围而言，主要是指为学校提供经常性资源的行政辖区内相关的政治、经济、文化和教育发展状况。宏观环境是影响学校发展的高层次、间接性的外部因素，如国家经济发展规划、产业发展和劳动人事政策等，它们构成影响学校发展的总体制度和心理制约因素。

（2）学校内部环境分析。学校内部环境分析着眼于全面分析学校内部基本条件，分析影响学校的关键竞争优势和劣势，明确学校独特竞争力。学校内部基本条件主要包括学校的教育产品的类型、数量和质量，学校的发展历史和社会地位，领导者和管理人员的素质，学校组织结构，教职工的基本情况，学校建筑、设备、设施情况，以及学校资金运作情况等。

3. SWOT 分析与学校战略选择

学校的优势是指那些保障学校竞争力，并促使学校获得战略性领先，保证学校实现学校发展目标的较好的内部因素或特征。劣势是指那些可能给学校带来不利影响，并可能导致学校无法实现其既定目标的消极因素和内部特征，如缺乏明确的学校发展计划、教学设备陈旧落后、优秀师资力量流失等。学校判定自己的优势和劣势，需要在和同类学校中较优秀的学校进行对比中得出。

机遇是那些有可能帮助学校实现其超过自身既定发展目标的外部因素，或某种可能促使学校发展出现良好转机，甚至可能促使学校获得跨越式发展的因素的出现。如出现了新的生源群体，政府政策性利好消息的发布，办学条件有机会得到大大改善，学生的升学、就业渠道出现了可能性拓展机遇，以及竞争对手可能出现的决策失误等。挑战是对学校发展带来不利影响，并可能导致学校无法实现既定目标，甚至可能导致学校发展计划无法实施的外部不利因素。它有可能影响学校当前发展，甚至可能影响学校既定发展目标的实现。

通过内外环境分析，得出学校外部所面临机遇与挑战，内部所具有的优势与劣势，将这 4 类战略因素进行匹配，就可以产生一系列的、可能的战略，使其发挥优势因素，克服弱点因素，利用机会因素，化解威胁因素。学校运用 SWOT 分析进行战略规划时，要注意以下几点。

第一，战略规划的根本目的在于营造学校所特有的核心竞争力，形成竞争优势。这种竞争力不仅仅体现为量上的差异，更要体现出质的差别。

第二，不存在完美无缺的战略规划。变是永恒的，不变永远是相对而言的。学校所面临的内外环境是不断发生变化的，学校的战略规划需要在一定时间段内进行必要的审视和再评估。

第三，对学校外部环境的分析不是政治、经济、文化、教育、人口等因素的罗列，要明确分析核心和基点，从而由核心到外围对外部环境展开分析。

第四，优势与劣势、机遇与挑战不是"一、二、三"，"四、五、六"的关系，优势从另外的角度来看可能就成为劣势，而所谓的挑战中也可能蕴含着机遇。战略制定者要通过系统的分析、辩证的思考进行通盘考虑。

在学校战略管理中运用 SWOT 分析法对学校的现状进行科学的分析，可以对学校现实情况有一个比较清楚和全面的了解，使学校战略制定者和管理者更好地发挥本校的优势，克服本校的缺陷，抓住改革的机遇，战胜面临的威胁，从中找到一条比较符合学校发展的思路，促使学校获得长远而持久的发展。

▶▶ 本章小结

● 战略是指带有全局性、长远性和根本性的重大谋划与对策研究。战略具有全局性、长期性、创新性、稳定性和适应性的特征。战略管理是指管理者有意识地选择政策、发挥能力、解释环境，以集中组织的努力，达成目标的行为。战略管理要素理论包括发展战略理论、竞争战略理论和核心竞争力理论。

● 公共事业组织战略管理与私营部门的战略管理在程序上或步骤上的基本相同，使得公共事业组织的战略管理也具有战略管理的一般特征，但公共事业组织的基本性质决定了公共事业管理有自己公共性的特点，即必须从公共利益出发对战略管理的程序或步骤提出特定的规定和要求。

● 公共事业组织制定战略在一定意义上是一种管理艺术，但由于它又是一个由一定步骤或环节组成的客观过程，因而其有一定规律可循，也有一些基本原则可依。其原则包括以社会公众的共同需要为出发点，使战略管理过程尽可能简单化和非程式化。

● 公共事业组织战略管理过程可分为环境分析、战略规划、战略实施和战略评估几个相互联系、循环往复的环节。其中，战略评估包括检查战略基础、衡量战略绩效、修正与调整战略等活动。

● 公共事业组织管理战略规划过程，包括制订战略计划、明确组织权限、进行 SWOT 分析、确定战略性问题和进行战略选择。

● 公共事业组织 SWOT 分析后的不同战略匹配和选择，包括优势与机会（SO）战略、弱点与机会（WO）战略、优势与威胁（ST）战略、弱点与威胁（WT）战略。

● 学校战略管理中应用 SWOT 分析，应明确学校战略管理的必要性，SWOT 分析与学校战略规划，以及 SWOT 分析与学校战略选择。通过学校内外环境分析，得出学校外部所面临的机遇和挑战，内部所具有的优势与劣势，将这 4 类战略因素进行匹配，就可产生一系列的、可能的战略。

◆ 复习思考题

1. 什么是战略管理？它有哪些特点？
2. 公共事业组织为什么要重视战略管理？如何运用？
3. 简述战略管理的重要过程。
4. 什么是战略规划？它与战略管理有何不同？
5. 运用 SWOT 分析原理说明其在公共事业管理某一领域的应用。

参考文献

[1] 高洪源．学校战略管理［M］．重庆：重庆大学出版社，2006.

[2] 唐东方．战略规划三部曲：方法·实务·案例［M］．北京：中国经济出版社，2009.

[3] 陈振明．公共部门战略管理［M］．北京：中国人民大学出版社，2011.

[4] 戴维．战略管理［M］．李克宁，译．北京：经济科学出版社，2011.

[5] 理查德·鲁梅尔特．好战略，坏战略［M］．北京：中信出版社，2012.

[6] 杰克·特劳特．什么是战略［M］．北京：机械工业出版社，2012.

[7] 亨利·明茨伯格，布鲁斯·阿尔斯特兰德，约瑟夫·兰佩尔．战略历程：穿越战略管理旷野的指南［M］．北京：机械工业出版社，2012.

[8] 唐东方．战略选择：框架·方法·案例［M］．北京：中国经济出版社，2011.

[9] 秦杨勇．战略绩效管理：中国企业战略执行最佳实践标准［M］．北京：中国经济出版社，2009.

[10] 全晓明．城市医院战略管理研究［D］．武汉：华中科技大学，2008.

[11] 边慧．战略管理理论的历史演进线索［J］．管理研究，2011（6）.

[12] 康秀梅．战略管理理论流派的贡献与局限［J］．经营管理，2013（1）.

第五章　公共事业人力资源管理

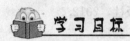 学习目标

1. 知识目标

❖了解人力资源的含义与特征。

❖理解公共事业人力资源的特点与分类。

❖领会公共事业人力资源管理的各项内容。

❖掌握公共事业员工职业生涯设计要素与管理。

2. 能力目标

❖增强公共事业员工职业生涯设计能力。

❖提高公共事业人力资源培训与开发能力。

案例 导 入

　　贵州省某市委和市政府认为，越是贫困地区，越要重视对干部的培养。在财政拮据的情况下，市委和市政府仍然尽可能挤出资金培训干部，年教育培训开支占财政收入的34.5%。他们的培训方法灵活多样，如有进入市、县党校办中专班学习和进短期培训班训练的，有选送到综合大学和农林学院等省内外高等院校进修的，有党政机关部门就某个专题组织短期培训的，有通过成人高考、参加电大、自学考试、函授大学学习的，还有选派到河南、四川及沿海经济发达地区挂职锻炼的。几年来，推荐到省内外高等院校完成进修的达1298人，从市、县党校办中专毕业的1105人，参加电大等学习结业的2550人，接受各类短期培训的22047人。这个地区在培训干部上所做的努力，使各级干部素质有了明显提高。以各县县级领导班子的文化结构为例，具有大专文化水平的领导干部由培训前的3.3%，经过培训和调整后达到59.7%。各级领导班子成员的实际工作能力也有显著提高。

　　请思考：

　　1. 公共事业人力资源的特殊性表现在哪些方面？

　　2. 干部培训的路径有哪些？

第一节 公共事业人力资源管理概述

一、人力资源的概念与特征

(一) 人力资源的含义

资源一般分为自然资源、资本资源、人力资源和信息资源。人力资源是指一定范围内能够推动社会和经济发展的、具有正常智力和体力劳动能力的人的总称。

人力资源是一个涵盖面较广的概念，可分为现实的人力资源和潜在的人力资源。前者是指一个国家或一个地区在一定时间内拥有的实际从事社会经济活动的全部人口，包括正在从事劳动和投入经济运行的人口以及由于非个人原因暂时未能从事劳动的人口；后者是指处于储备状态，正在培养成长，逐步具备劳动能力的，或虽具有劳动能力但由于各种原因不能或不愿从事社会劳动的，并在一定条件下可以动员其投入社会经济生活的人口总和，如在校的青年学生、现役军人和从事家务劳动的家庭妇女等。

(二) 人力资源的特征

人力资源与其他资源相比，具有以下 5 个特征。

1. 资源的创造性

人力资源具有能动的创造性，在经济活动中居于主导地位。人力资源能有目的、有意识地引导、操纵和控制其他资源来推动社会经济的发展，同时，它还是唯一能起到创造作用的资源。它既能顺应一定的社会历史条件，也能创新和发展社会条件，改变不合时宜的陈规陋习。因此，人力资源能适应环境的变化和要求，担负起应变、进取、创新、发展的任务，从而使组织更加充满活力，成为社会发展最积极、最活跃的生产要素。

2. 资源的生物性

人力资源以人的身体为天然载体，是一种"活"的资源，并与人的自然生理特征相联系。这一特点决定了人力资源在使用过程中必须考虑工作环境、工伤风险、时间弹性等非经济和非货币因素。人口的生产和劳动力的再生产，通过人口总体和劳动力总体内各个个体的不断替换、更新和恢复的过程得以实现。

3. 资源的时效性

人力资源的形成、开发、使用都具有时间方面的制约性。从个体看，作为生物有机体的人，有其生命周期；而作为人力资源的人，能够从事劳动的自然时间又被限定在其生命周期的中间一段；从事劳动的不同年龄段的人（青年、壮年、老年），劳动能力也不尽相同。当人的劳动能力处于曲线的顶端时，要求被组织及时地开发和使用。如果组织储之不用，或没有充分地使用，那么一方面可能导致人力资源的才能逐渐退化，甚至消失；另一方面，过了最佳的生理、心理时期，人力资源的综合素质能力就开始从顶峰下降。因此，组织就需考虑动态条件下人力资源的形成、开发、分配、使用的相对稳定性。

4. 资源的两重性

人力资源既能投资又能创造财富，或者说它既是生产者又是消费者。由于人力资源的绝大部分是后天获得的，为了提升人力资源必须投入财力和时间，这些投入就变成人力资本投资。从生产与消费的角度看，人力资本投资是一种消费行为，而且这种消费行为是必需的，是先于人力资本收益的。没有这种先前的投资，就不可能有后期的收益。同时，人力资源与一般资本一样具有投入产出的规律，并具有增值性。研究证明，对人力资源的投资无论是为社会还是为个人所带来的收益，都要远远大于其他资源投资所产生的收益。舒尔茨（Theodore W. Schults）用投资收益率法研究了美国 1929—1957 年的经济增长贡献，结果表明教育投资对经济增长率的贡献为 33%。

5. 资源的社会性

每个人受自身民族文化和社会环境的影响不同，其个人的价值观也不相同。在生产经营活动、人与人交往等社会性活动中，人力资源的配置与运用不是单纯的经济资源配置与运用问题，还存在大量的价值判断、社会文化问题，不妥善解决这些问题，就不可能真正实现人力资源的最优配置。

（三）人力资源的要素

人力资源的构成要素包括人力资源的数量和质量。

1. 人力资源的数量

人力资源的数量是衡量人力资源总量的基础性指标，是人力资源量的特征。一国或地区的人口数量与广义的人力资源数量呈明显的正相关性，反映了人力资源绝对量的水平。人力资源的相对量是现实的人力资源数量在国家或地区总人口中所占的比重。现实人力资源数量投入得越多，就意味着就业人口越多，表明该国家或地区经济发展具有一定优势。

2. 人力资源的质量

人力资源的质量是衡量人力资源总体素质的指标，是人力资源质的特征。人力资源的质量对国家和社会发展的作用比人力资源的数量更为重要。人力资源的质和量综合体现在劳动者个体和人力资源整体的健康状况、知识水平、技能水平和劳动态度 4 个方面。提高一国人力资源的质量是现代人力资源发展的重要目标和方向，在以信息、知识和技术密集为特征的现代知识经济时代更是如此。

二、公共事业人力资源的特征与分类

公共事业人力资源是指在公共事业领域内从事管理、生产、服务和相关保障工作的具有民事行为能力和权利能力的人们的总和。公共事业限定了部门的人力资源活动的特性和价值取向，即以公共事务服务为主，提供免费或低收费的公共物品；部门人员分布范围广泛，工作内容丰富，涉及管理和服务的诸多环节，服务方式主要是提供高智力、高附加值的软性服务，能够增加社会财富，提高人们驾驭自然、改造社会的能力，从而改善自身的生活环境和生存状况。

（一）公共事业人力资源的特征

公共事业人力资源除具有人力资源的一般特征外，还具有其自身的一些特殊性，主要表现在以下 8 个方面。

1. 领域的约束性

公共事业人力资源的发展和活动一般会受到公共事业部门性质的强烈影响，这就决定了公共事业人力资源在思维、价值取向、工作内容和服务方式等方面都具有典型的公共事业部门化特征，即部门系统结构和功能深刻影响到人力资源功能，在其中进行活动的从业者必然受到该部门特征的约束。当公共事业部门与其他系统发生联系时，能更深刻体现出公共事业领域所具有的全部特征。

2. 价值的公益性

公共事业是为社会提供纯公共物品和准公共物品的部门，非营利性和公益性既是部门存在的基础，也是部门发展的依据。这种部门特征反映或体现到其活动承担者身上，就是公共事业从业者的活动价值取向必须以公益性为主。这些人员无论是在思想上还是在行动中，都具有超乎其他部门人员的公共精神。这种精神决定了公共事业人力资源在业务活动中能够摒弃一些庸俗化干扰，保持平和心态。

3. 服务的全局性

公共事业人力资源部门的性质决定了要树立全局观，将公共性原则置于工作的首位，以崇高的理念、高尚的操守、过硬的心理素质和扎实的基本功来应对工作需求。在社会发展关键时刻和危机与挑战发生时，都能够站得稳、立得牢，服务全局，一切从全局出发，一切以大局为重。这样的人力资源特点，使得公共事业能够在不同的社会发展阶段保持积极的发展势头，能够满足公众的需要，促进社会的平稳运行，成为构建和谐社会的重要推动力。

4. 影响的扩张性

尽管公共事业组织不直接创造物质财富，然而在知识经济时代，公共事业人力资源所具有的科学知识储备、技能训练、健康体魄与积极向上的心态，都会影响到物质财富创造进程。即便在不同的部门领域，人力资源发挥作用的影响也不会仅局限在本领域，有些往往是全局性的，如公用、教育和科技事业等人力资源，具有较强的正外部性，其存在和作用都是全局性的，其影响能够通过不同的方式和载体传播到更广阔的领域，即"晕轮效应"。

5. 功能的持久性

公共事业人力资源具有的能力特点不会随着他们工作的停止而结束，相反，有些人员还可进一步在某些领域发挥专家和顾问特长。例如，在教育和科技领域，一些人并不会因为到了退休年龄，其掌握的知识技术就会变得无用或消失，相反，经验性知识会因为长时期的积累对于后来的工作具有很强的支持和指导作用，因而变得更加必不可少；卫生领域的一些老专家在治疗疑难杂症上面颇具心得、越老弥珍。

6. 活动的时效性

活动时效性是指因受到自然因素制约，同时也受到活动项目、工作任务的阶段性特征影响，公共事业人力资源及其活动的效用在特定的时间和空间范围内不能够充分体现出来。这些人员的职业生命周期具有行业特点，在职业生涯的不同阶段，其能力价值的体现各有不同。只有抓住人才体能、智能和技能的高峰期，才能真正发挥公共事业人力资源的最大价值。另外，应创造条件提升公共服务基础设施配套能力，确保人力资源活动的高效率，保证社会公众的突发性、紧急需要能够得到满足。

7. 能力的突出性

公共事业对社会第一、第二部门的影响是持久的、全方位的，不同人群和相同人群在不同时期都会对公共事业有所期待。这就要求公共事业人力资源要具有深厚的知识储备、超凡的技术能力。尽管不同国家对公共事业人力资源的能力要求不同，但从国际竞争和发展的实际比较看，公共事业人力资源能力状况确实影响到社会的发展进程。因此，公共事业人力资源能力建设状况会越来越受到关注，而这些从业者本身也确实具有特定专业领域的能力特征。

8. 知识的密集性

公共事业领域的一切活动离不开一定的知识，且往往是专业性和复合型知识。公共事业人力资源本身及活动内容、服务方式和追求效果诸方面，都充分体现了知识密集性特征，这是其他部门人力资源所不能比拟的。这一方面体现了该领域人力资源的独特价值，即高知识、高智力特点；另一方面体现了效率性，即利用知识和技术改善基础设施条件和保障，为社会提供安居乐业的后勤设施和基础环境，这在大都市时代、城市化进程中都是极为重要的。

(二) 公共事业人力资源的分类

公共事业人力资源是一支庞大的队伍，要对其实施协调、监督等一系列的有效管理，就必须按照一定的标准将其划分成不同的类别，进行分类管理。没有分类，就没有管理。

1. 公共事业人力资源分类的方法

人员分类是人力资源管理中的一项基础工作。公共事业人力资源分类是指将公共事业组织中的工作人员或职位按工作性质、责任轻重、资历条件及工作环境等因素分门别类设定等级，为人力资源管理的其他环节提供相应管理依据的程序方法。公共部门人员分类管理是建立在工作分析和职位评价的基础上的，因而人员分类依据的是工作性质、责任轻重、资历条件及工作环境等因素，而这些因素的确定是建立在工作分析、工作说明书、工作规范基础上的。没有科学的工作分析和职位评价，公共事业的人员分类管理将成为无根之木、无本之草。

目前世界上有两种比较典型的分类制度，一是以"人"为对象进行分类，即品位分类，其分类的依据主要是公务员个人所具备的条件（如资历、学历）和身份（如官职的高低、所得薪酬的多少），以英国为代表；二是以"事"为对象的分类，即职位分类的依据主要是职位的工作性质、难易程度、责任轻重及所需资格条件，以美国为代表。

2. 公共事业人力资源分类的原则

公共事业人力资源分类的基本原则受到国家性质、社会发展阶段等诸多因素影响，因此必须遵循一定的原则来确定是选择品位分类还是职位分类或者将二者相结合。一般来说，这些原则可概括为以下 3 个方面。

（1）文化原则。文化是社会经济生活中的人们所共有的一种约定俗成的心理状态，它渗透在社会的各个层次和角落，影响到社会的各种管理制度和管理方法。任何一种分类制度的产生和形成，无不深深打上特定文化的烙印。我国几千年文化积淀中的人本主义、理性主义推崇礼义、不逾规矩，中庸之道着重折中适当、从容中道。这就要求我国人员的分类制度既不能照搬美国的职位分类，也不能照抄英国的品位分类，而应吸取二者的精华，并结合中国的特色。

（2）传统原则。任何一个民族的历史传统都是本民族的宝贵遗产，不能割断，而应批判扬弃。人员分类制度的选择和革新也是如此，对传统的不能完全摒弃，而应在传统基础上推陈出新。我国公共事业人力资源分类的选择，也不能完全抛弃古代的品级分类和传统行政事业部门实行的分类方法，而应在此基础上古为今用、洋为中用，逐步实现我国公共事业人力资源分类制度的科学化。

（3）组织需求原则。任何分类制度和方法都要落实在具体的组织中，不同的组织，其组织目标、组织任务、组织文化也不同，这就要求有不同的分类制度来对其工作人员或职位进行分类。在研究单位等开放型管理的组织中，实行品位分类最能促进其工作和管理的开展；在经营性、服务性的社会公共组织中，职位分类可能更利于提高效率。

3. 公共事业人力资源分类的方式

主要包括品位分类和职位分类两种。

（1）品位分类。品位分类即以国家公共事业组织工作人员的职务或等级高低为依据进行的人员分类管理制度。我国自魏晋以来，官阶就称品，朝廷官吏分为"九品十八级"，以后各代逐步完善，品级也逐步增多。在封建社会，品级同俸禄挂钩，品位主要是特权和身份的标志。而现代意义上的品位分类则是工作内容和资历并重，英国、法国、意大利是实行现代品位分类的典型国家。

品位分类首先是以"人"为中心的分类体系。在人员运用方面重视人员的学历、资历、经验和能力，个体的背景条件在公职人员录用和升迁中起着至关重要的作用，任职年限、德才表现等通用资格条件是晋升的主要依据。其次是分类和分等相互交织。在品位分类中，分类实际上同职务、级别的分等同时进行，通常采用先纵后横的实施方法，也就是先确定等级，然后再分类别。再次是品位分类强调公务人员的综合管理能力。品位分类注重"通才"，不注重公务人员所具备的某一方面的特殊知识和技能。最后是官位和等级职位可以分离，官位可以随人走，与其所从事职位不强求一致。

品位分类的优点的主要表现：品位分类方法简单易行，结构富于弹性，能够增强公共事业人力资源对工作的适应性；有利于"通才"的培养和人才队伍的稳定，也有利于吸收高学历的优秀人才。缺点的表现：人在事先，易出现因人设岗、机构臃肿、轻视专业人才、官本位倾向、同工不同酬等不利于严格科学管理等的问题。

（2）职位分类。职位分类最早产生于10世纪的美国，后被许多西方发达国家所效仿，它是现代公共事业人力资源管理比较理想的分类制度参照标准。公共事业人力资源职位分类，是在职业岗位分析的基础上，依据职位的工作性质、责任轻重、劳动特点和所需资格条件，区分若干具有共同特色的职位，加以分类。职位分类一般有4个步骤，如图5-1

所示。

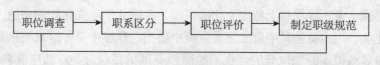

图 5-1 职位分类流程

由图 5-1 可见，职位调查是职位分类的前提，调查是否准确和全面，必将影响到后面的整体工作，这一步可以由专业公司或专家进行，否则会出现"差之毫厘，谬以千里"的非线性演变后果。在调查分析基础上，依照公共事业部门功能和工作性质，把工作性质相同的职位汇集归类，构成职系。这是职位的横向划分，是保证层级部门任务分工明确的基础，能够促进人力资源间的合作。在分类基础上，需要对各职系的职位进行纵向的职级、职等认定。一般把同一职系内工作性质、繁简难易、责任轻重及资格条件充分相似的职位集合称作职级；把工作性质不同，但工作难易繁简、责任轻重及所需资格条件程度相当的各职级统一称为职等。根据分类结果，可以制定职级规范，用于指导人员录用、监督、考核。由于规范受到时代和社会发展的制约，也受到公共事业人力资源发展规律的影响，因此必然要结合变化了的实际情况，进行一定程度的信息反馈，以对下一次职位分类起到信息支持作用。

职位分类是公共事业人力资源管理比较理想的一种制度设计，其具体特征表现为以"事"为中心的分类体系，即首先重视职位工作的性质、责任大小、繁简难易程度，其次才是人所具备的资格条件。职位分类方式先横后纵，即先进行横向的职系区分，然后再进行纵向等级划分；注重人员的专业知识和技能；官等和职能相重合，官位与职位相连，严格实行以职位定薪酬的规则，官等薪酬取决于新职位的工作性质；实行严格的功绩制。如美国一般职务类（GS）人员增加薪酬的方式区分为两种：一是依据工作年限增长，自动提升等级，表现突出的奖励提升一级；二是随职务提升，薪酬也相应提高。

职位分类的优点的主要体现：职位分类是一种规范化的分类管理体系，能够突出专业化人才价值，能够以科学方式定编人员，完善机构建设，形成竞争性职务设计，激励人力资源才能发挥，激发人力资源在职培训和适才适用。缺点的体现：职位分类任务量大，费时费力难以实施，对人才保护不够，容易造成人才流失，也不利于综合管理人才的培养，整个体系过于强调量化，缺乏弹性，使其激励作用减弱。

三、公共事业人力资源管理的概念与特征

（一）公共事业人力资源管理的概念

公共事业人力资源管理是指公共事业组织依据法律规定对其所属的人力资源开展的战略规划、甄选录用、职业发展、开发培训、绩效评估、薪酬设计管理、法定权力保障等管理活动和活动过程的总和。

从总体上讲，公共事业人力资源管理包括宏观管理和微观管理两部分。

宏观的公共事业人力资源管理是指在整个公共部门系统中，为保证其工作的性质与人力资源的整体结构的相互匹配以及满足发展的需要，对公共事业内外的人力资源供求状况进行宏观和中长期统计、预测、规划，制定人力资源管理的基本制度、政策、管理权限和管理标准，维持公共事业人力资源管理、流动和人才市场秩序的管理的活动和过程。其目的是奠定公共事业人力资源管理和发展的良好基础。

微观的公共事业人力资源管理是指每个具体的公共组织依法对本组织内现实的人力资源进行开发、管理的活动和过程。宏观的公共事业人力资源管理与微观的公共事业人力资源管理不是截然分离的两个体系，而是有机地结合在一起的，它们互为条件、相互保障，共同形成公共事业人力资源管理系统。

（二）公共事业人力资源管理的特征

公共事业人力资源管理与一般人力资源管理相比，除具有一般人力资源管理的共性之外，还具有自身的性质和特征。其特征主要表现在以下 6 个方面。

1. 政治性

以政府为主体的公共事业组织代表公民行使社会公共权力，贯彻执行国家的方针政策，因此公共事业人力资源管理不可避免地具有强烈的政治色彩；同时，也要求公共部门人员必须拥有较高的理论水平、政策水平、法制观念和政治水准。

2. 复杂性

公共事业组织是一个纵横交错、层级繁杂的庞大体系，涉及教育、卫生、文化、社会保障等众多领域，公共事业组织内部上下级部门之间、同级部门之间关系错综复杂，这就导致了公共事业组织在人力资源管理权限的划分及人力资源的获取、配置使用等方面具有私人部门所无法比拟的复杂性。

3. 服务性

公共事业组织是为社会提供福利的，而非以营利为目的，所以，公共事业人力资源管理应提高公共事业组织人员素质，提升公共人力资源的价值，更好地为公众提供高质量的社会服务，它具有较强的服务性。

4. 公开性

公共事业组织借助于人民赋予的公共权力服务于人民群众，自然要接受人民的监督，所以对公共事业人力资源管理、对公共事业组织的人员调整，理所当然地要向群众公开，接受群众监督。

5. 稳定性

公共事业组织自身的稳定性，且其不同于企业以追求最大利润为目的，竞争异常激烈，这决定了公共事业组织的人力资源有较少的变动，相对比较稳定。

6. 技术性

公共事业组织不同于私人部门的产出可在市场上通过价格和数量来衡量，其产出大都是具有非竞争性、非排他性的公共物品，其价值也难以量化，且公共物品一般是集体性的产品，难以确定个人在其中的贡献份额，因此公共事业人力资源管理在绩效评估上有较强的技术性。

第二节　公共事业人力资源管理内容

一、公共事业人力资源的招聘录用

 小贴士5.1

事业单位推行聘用制度的宗旨

2000 年 7 月中共中央组织部、国家人事部制定的《关于加快推进事业单位人事制度改革的意见》明确提出"全面推行聘用制度"，同时指出："破除干部身份终身制，引入竞争机制，在事业单位全面建立和推行聘用制度，把聘用制度作为事业单位一项基本的用人制度……通过建立和推行聘用制度，实现用人上的公开、公平、公正，促进单位自主用人，保障职工自主择业，维护单位和职工双方的合法权益。通过聘用制度转换事业单位的用人机制，实现事业单位人事管理由身份管理向岗位管理转变，由单纯行政管理向法制管理转变，由行政依附关系向平等人事主体转变，由国家用人向单位用人转变。"并提出"建立解聘辞聘制度"和"加强聘后管理"等管理办法。

（一）招聘录用的意义

招聘录用是指根据公共事业组织的职位需求，通过收集信息、招募甄选等活动，把具有一定能力和资格的符合职位要求的合适人选吸纳到公共事业组织空缺职位上的过程。招聘录用作为人力资源的入口管理，即对进入组织的人员进行选择、把关，它是人力资源管理过程中的关键环节，在人力资源管理中具有重要的意义。其重要意义主要表现在以下 3 个方面。

1. 有效的招聘录用是公共部门健康发展的基础

招聘录用是人力资源管理的第一关口，它的质量将直接关系到组织人才引进和输入的质量。有效的招聘录用能够为组织不断充实新生力量，实现组织内部人力资源的合理配置，为组织的发展提供人力资源上的保障。

2. 有效的招聘录用有利于公共部门人员的稳定

成功的招聘与录用可为组织的每一个职位找到合适的人选，做到人尽其才，提高人员对工作的满意度。

3. 有效的招聘录用有利于节约人力资源管理成本，降低人员初任培训和能力开发的费用

高素质人才初任培训开发的费用比低素质人员培训开发的费用低，从而降低了人力资

源管理成本，提高了人力资源管理的效率。

（二）招聘录用的方式

公共事业组织的人员招聘的方式有很多种，实际采取哪种形式应视成本和效益而定。从大的方面讲，主要包括外部招聘和内部招聘两种基本类型。外部招聘可以采取刊登广告、学校招募、猎头公司、网络招聘等方式，其中，刊登广告是组织常用的招聘方式，大学毕业的专科生、本科生和研究生是公共组织所需公职人员的最好来源。内部招聘采取的手段主要包括两种：一是直接调动或提升，即根据工作业绩和上级领导、管理人员、广大群众等多方面的意见，决定把某人调动或提升到某空缺职位；二是工作招标，即张榜公布职位空缺和工作招标告示，吸引现有人员竞聘，其中提升和调动比较常见。工作调动是一种工作轮换，即轮岗。如今，轮岗已经被人们看作培养人才、提高组织效能的重要手段。

（三）招聘录用的程序

人员的招聘录用是一个复杂、完整而又连续的程序化的操作过程，这一程序的每一组成部分都是为了保证组织人员招募甄选的质量，确保为组织录用到合格、优秀的人才。人员招聘与录用的程序包括了准备、实施和评估 3 个阶段。

1. 准备阶段

这是招聘录用工作的基础，主要包括以下工作。

（1）招聘的需求分析。组织中出现职位空缺，提出人员增补需求，开始人员招募甄选工作。招聘需求原因：组织人力资源自然流失，即因员工的调动、离职、退休、休假等产生岗位空缺；组织业务量变化，即因组织成长发展导致岗位空缺；现有人力资源配置不合理，即人与岗位不匹配导致岗位空缺。

（2）制订招募计划。确定招募甄选的负责部门，制订招募实施计划。一般由人力资源管理部负责人员招募甄选，也可由业务部门负责制订实施计划，包括招募人数、招募标准、招募对象、招募经费预算及参与人员等。

（3）确定招募方式。就是根据组织的具体情况，选择合适的招募方式与方法，可以几种方式结合使用。

2. 实施阶段

这是整个招聘录用工作的核心，也是最关键的环节。

（1）开展对应聘人员的考试、面试等甄选工作。一般由人力资源部会同用人的业务部门共同完成。用人单位应依据具体职位的工作规范对应聘人员进行各种形式的知识、技能和能力考试以及心理测验，从应聘人员的基本素质、心理特点、能力特长上进行甄选，合格者参加面试。大多数组织要通过面试评价确定之后的录用人选，因为面试评价提供的应聘人员的信息最直观、真实、准确，因此面试是人员甄选中最重要的环节。

（2）确定试用人员并进行任职培训。经考试、测验和面试后，合格者成为组织的试用人员，试用前需接受初任任职培训。通过多种形式的任职培训，试用人员可充分了解组织和工作职位的状况，掌握工作所需要的有关知识、技能。

（3）试用人员上岗试用。目的是通过工作实践进一步考察试用人员的工作适应能力，同时也为试用人员提供深入了解组织和职位的机会。试用期间，组织与试用人员仍可双向选择，双方不受任何契约影响。试用期可为 2 个月至 1 年不等。

（4）对试用人员进行考核。试用期满后，对试用人员的工作绩效和适应性进行考核，合格者正式录用为组织人员，双方签订任用合同或其他契约。

（四）招聘录用的评估

对招聘录用活动的评估主要从两方面进行：一是对招聘与录用结果的成效评估，即对照招聘计划对实际招聘与录用的结果从数量和质量两个方面进行评估总结，看公共部门是否获得了其理想的人员匹配；二是对招聘与录用工作效率的评估，即对时间效率和经济效益进行评估，以便及时发现问题，分析原因，寻找解决的对策，及时调整有关计划，为下次的招聘与录用工作总结经验教训。

二、公共事业人力资源的绩效考核

公共事业人力资源的绩效考核又称绩效评估、绩效评价、绩效考评等，是指公共事业组织按照一定的原则和标准，定期或不定期地对所属员工在工作中的政治素质、业务表现、行为能力和工作成果等绩效情况进行系统、全面的考查与评价，并以此作为其奖惩、晋升、薪酬增减、培训和辞退等的客观依据的管理活动。

（一）公共事业组织人员考核的原则

世界各国在公共事业组织人员考核方面所遵循的原则，可以概括为客观、公正、合理。主要表现：讲究公开性，大部分国家都将考核过程和考核结果向工作人员公开，接受群众监督；注意针对性，即针对被考核人的实际情况诸如所从事工作的性质、个人阅历、学识进行考核而不是千篇一律；讲求实效性，即以完成工作的数量、质量和实绩为考核标准，并保证考评结果的兑现，使考评真正落到实处。我国早在 1995 年 12 月人事部制定的《事业单位工作人员考核暂行规定》中就明确要求考核要坚持客观公正、民主公开、注重实绩的原则。

（二）公共事业组织人员考核的内容

国外公共事业组织人员考核的内容大致分为考勤和考绩两部分，是针对员工的出勤情况和日常工作表现进行的考核，其目的是保证工作质量，提高工作效率。考勤的标准有对员工的上下班及休息时间作明确的规定，并以此作为督察的依据，或者利用一些现代化手段，如计时卡、刷卡等及时了解员工的出勤情况。考绩是对于员工履行职责的考评，也是考核的重点部分。

我国公共事业组织人员考核内容包括德、能、勤、绩 4 个方面，重点是考核工作实绩。与国外相比，我国的公共事业组织人员考核的内容突出"德考"，这是中国公共事业组织考核的一大特色。我国公共事业组织人员的考核以德为首，以绩为主，尤其注重考核员工的政治思想品德、责任感、实干精神、群众观念、全局观点、开拓精神、廉洁公正，以及管理、决策、选人用人和组织协调等能力。

(三) 公共事业组织人员考核的方法

各国在考核方法上的共同之处：重视定量考核，以定量方法为主、定性方法为辅。考核的标准详细、具体，项目设置体现考核宗旨，重能力甚至是潜能的考核而相对轻工作表现。考核方式上趋于数字化、表格化。论功行赏、赏罚分明的功绩制和具体而微的考核标准体现了新时代对公共事业人员队伍的要求。从具体考核方法来看存在较大差异，主要体现如下。

1. 考核的时间

除日常考核外，各国都对工作人员进行严格的定期考核。但考核期时间各不相同，几年一次、一年一次、半年一次不等，大部分国家是一年一次。我国公共事业组织的考核分为平时考核和年度考核，平时考核随时进行，由被考核人根据工作任务定期记录，主管领导负责检查；年度考核一般每年年末或翌年年初进行，年度考核以平时考核为基础。

2. 考核的人员和机构

一般而言，由被考核者的直接上司进行考核，本部门领导负责审核，由人事管理部门或专门机构进行监督。我国公共事业组织考核采用的是领导考察与群众评议相结合、平时考核与定期考核相结合、定性考核与定量考核相结合的方式，注重实效，简便易行，宜于操作。考核由公共事业单位负责人负责，必要时单位负责人可授权同级副职或有关机构负责人负责考核。

(四) 公共事业组织人员考核结果的使用

公共事业组织人员考核的结果一般分为优秀、合格、不合格 3 个等次。对德、能、勤、绩表现较差，在年度考核中难以确定等次的人员，可先予以告诫；告诫期满有明显改进的，可定为合格等次；仍表现不好的，定为不合格等次。

考核结果的等次必须同组织员工的相关利益紧密挂钩，即同奖励、职务升降、辞退、培训、工资、级别相结合；同时，还要与目标管理、人员聘用、单位福利等内容相联系，使考核工作在公共事业人力资源管理制度中发挥更加积极的作用，做到激励先进、鞭策后进。

我国《事业单位工作人员暂行规定》中要求，连续两年考核确定为不合格等级的，根据不同情况可予以降职、调整工作、低聘或解聘；连续两年考核确定为不合格又不服从组织安排，或重新安排后年度考核仍不合格的，予以辞退。

三、公共事业人力资源的薪酬管理

(一) 公共事业组织薪酬管理的含义

薪酬管理是指一个组织针对员工所提供的服务来确定其应当得到的报酬总额及报酬结构和报酬形式的过程。在这一过程中，组织必须就薪酬水平、薪酬体系、薪酬结构和薪酬形式，以及特殊员工群体的薪酬作出决策；同时，作为一种持续的组织过程，组织还要持续不断地制订薪酬计划，拟定薪酬预算，就薪酬管理问题与员工进行沟通，并对薪酬体系本身的有效性作出评价和完善。

薪酬管理对于任何一个组织来讲都是一个复杂而棘手的问题。迈克尔·比尔等哈佛学者认为，在人力资源管理的雇员影响、人力资源流动、薪酬体系、工作体系 4 个领域里，薪酬领域中理论与实践的矛盾是最显著的。

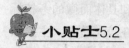 **小贴士5.2**

公共事业组织人员的报酬构成

公共事业组织人员的报酬由工资、福利和社会保险 3 部分构成。其中，工资实行职级工资制，即职务与级别相结合的工资制度，职级工资包括职务工资、级别工资、基础工资和工龄工资 4 个部分，其中，职务工资和级别工资是工资构成的主体；福利包括福利补贴、探亲与休假、集体生活福利设施；社会保险主要包括养老保险、失业保险、医疗保险生育保险、工伤保险和住房公积金"五险一金"等。

（二）公共事业组织薪酬管理的原则

良好薪酬制度的建立会使组织进入期望—创新的循环，而一旦薪酬制度失效，就会导致员工积极性和工作效率降低、内部矛盾激化等严重后果。为此，在确定公共事业组织薪酬制度时，一般要遵循以下原则。

1. 与公共利益相一致原则

薪酬的制定应当围绕组织的战略目标实现来进行，这应是制定薪酬制度的总体指导思想之一。对组织战略目标的实现贡献大的职位或个人，理应得到薪酬分配上的倾斜。而公共事业的组织目标是为了最大限度地实现公共利益，为公民提供更高质量的公共服务，因此，公共事业的薪酬设计应当与组织的战略目标——实现公共利益相一致。

2. 按劳分配原则

按劳分配原则是指社会成员应按照向社会提供的劳动质量和数量领取报酬。公共事业员工的劳动虽然不能直接创造社会财富，其劳动的经济效益也难以直接衡量，但作为社会分工体系中不可缺少的一个重要组成部分，其也应当贯彻按劳分配原则。根据员工的劳动量付酬，既能维持员工的劳动能力再生产，也能满足员工的生活需求和学习需求。

3. 平衡比较原则

平衡比较原则是指在确定公共事业员工薪酬时，应参考企业职工的工资水平，力求使公职人员的工资水平与企业同类员工的工资水平保持适当平衡。所谓同类员工，是指职务相当、学历相当、资历相当的员工。平衡比较原则是处理公共部门和外部系统工资关系的重要准则。通过与企业工资的平衡，间接引进了市场机制，使公共组织人员工资水平的提高与经济发展保持了恰当的比例关系。

4. 同工同酬原则

同工同酬原则是指在确定组织员工工资时，对担任相同职务与工作的人员应给予大致相同的工资待遇，而不应因其性别、民族、出身等不同而有所不同。该原则几乎是西方市场经济国家公职人员薪酬分配的首要原则，在部分国家还上升为法律。同工同酬是按劳分配的本质体现，同时对实现民族平等、男女平等、区域平等等关系到社会长久治安的重要问题有着尤其重大的影响。因此，同工同酬是体现薪酬管理和设计公平性的基本原则之一。

5. 物价补偿原则

受通货膨胀的影响，员工的工资报酬有可能偏离工作绩效所应得的薪酬水平，这时政府要根据物价指数的变动，定期适当调整员工的薪酬，使薪酬增长率等于或高于物价上涨指数率，以保证员工的实际工资不因物价上涨而下降。物价补偿方式：一是实行薪酬指数化；二是参照物价上涨水平，定期调整薪酬标准；三是发放物价补贴，计入薪酬标准。

(三) 公共事业组织薪酬管理的设计

制定科学合理的公共事业薪酬制度是人力资源管理的难点所在。必须根据按劳分配的原则，结合工作环境的变化以及当地企业的工资水平等要素，合理有序地提高公共事业薪酬水平。

1. 制定薪酬原则和策略

这是设计薪酬制度的前提，它对于薪酬制度设计的后续步骤影响重大，起着决定性的指导作用。公共事业组织的薪酬设计，一般经由国家人事主管部门在大量调查和周密计算的基础上，向国务院提出报告，国务院决定形成统一的方案后，提交国家权力机关审查、通过和颁布。我国公共事业组织的薪酬设计的主要原则是按劳分配、定期增薪，采用以按月支付为主、兼有其他形式的支付策略，以发挥薪酬的生活保障功能和激励功能。

2. 设置岗位和工作分析

在职务等级工资制度下，工作分析是建立薪酬制度的重要依据，而工作分析必须基于科学、合理的岗位设置。必须研究组织的工作需要和权责分配，设置合理的岗位，并在此基础上进行科学、规范的工作分析，通过这一系列步骤将产生明确的工作分析和岗位评价体系。工作分析是决定等级职务的前提，也是在同一等级职务条件下确定工作难易程度、责任大小、所需学历、任职资格和工作实绩等因素的基础。

3. 工作评价 (职位评价)

工作分析是实施职务级别工资制的基础，为确定职务等级提供以工作内容和工作要求为主的依据。虽然工作分析反映了公共事业组织对各项工作的期望和要求，但不能揭示各项工作之间的纵横关系，因此要通过工作评价来对各项工作进行分析和比较。工作评价是对组织内部各项工作的劳动价值或重要性进行评价。工作评价需要对组织内人员的工作实绩与职位要求进行对比，从而确定人员的劳动价值，并以此作为确定职务工资档次和级别工资高低的基础，尤其是职务工资的基础。

4. 薪酬调查

当今社会的竞争归根结底是人才的竞争。公共事业组织若要吸引优秀人才，则在薪酬设计的过程中不仅要保证薪酬制度的内在公正性，还必须使得薪酬具备外部竞争性。因为薪酬以货币作为表现方式，可自动使劳动力受到市场价格杠杆的调节，从而实现薪酬对人力资源配置和流动的调控作用。故而公共事业组织必须对薪酬进行专门的调查，这种调查与营利性组织的调查有所不同：公共部门的产出无法用货币加以量化，其成员的薪酬水平除了应当与私营企业相比较以外，还要调查和搜集与国民经济发展、国民收入和物价指数等的有关数据，并对它们进行归类分析，为确定公共部门的薪酬水平提供依据和参考。具体操作步骤：确定薪酬调查目的、薪酬调查渠道、薪酬调查内容、调查范围，根据需要搜集数据。

5. 薪酬结构设计

薪酬结构是指组织结构中各项职位的相对价值及其对应的实际支付的薪酬间存在的相互关系。这种关系理论上必须服从一定的规律和原则，通常以工资结构线来表示，以达到简便、直观、清晰的观感效果，更易于分析和控制。薪酬结构是公共事业组织薪酬管理设计的最后一个步骤，它决定整个薪酬由哪几部分构成及各自所占的比重。公共事业组织的薪酬结构由工资、福利、保险和各种保障 4 个部分构成，其中，工资包括基本工资、奖金、津贴和补贴。

四、公共事业人力资源的培训开发

（一）公共事业人力资源培训开发的概念

公共事业人力资源培训开发是指公共事业组织通过有计划的培训、教育和开发活动，提高受训者的知识、技能和能力水平，改善受训者的态度，以提高其工作效率，使其能够胜任本职工作并不断有所创新，促进公共事业组织的发展和员工的成长。

公共事业人力资源培训开发的特点：一是人力资源培训开发的最终目的是促进组织目标与员工职业生涯目标的实现；二是人力资源培训开发的出发点是满足组织实际情况和员工发展的需要；三是人力资源培训开发的直接任务是提高员工的知识、技能，改变员工的工作动机、态度和行为；四是人力资源培训开发是有计划的管理活动；五是人力资源培训开发的类型是教育、培训和开发。

 小贴士5.3

培训与开发的关系

培训与开发是两个不同的概念。培训往往是针对培训对象获得目前工作所需的知识、技能和能力进行的，所需时间相对较短，阶段性较清晰；开发则要使开发对象掌握目前工作和未来工作所需的知识、技能和能力，它着眼于更长期的目标，时间较长，阶段性较模糊。可以这样讲，培训是人力资源开发的主要手段，但不是唯一的手段。

人力资源开发不仅与培训有关，而且与人力资源管理的其他职能有关，特别是与绩效评估有关。所以，培训的内涵较小，开发的内涵较大。在人力资源管理创新的当今时代，人力资源培训与开发无论是其实施的目的、内容，还是使用的方法等都是紧密相连的，二者相互作用、相互补充，培训之中兼有开发，开发之中含有培训。因此，我们将这两个概念结合在一起，称为培训与开发。

（二）公共事业人力资源培训开发的内容

1. 知识与技能的培训内容

主要包括以下 5 个方面的内容。

（1）物质精神文化。主要是针对刚参加工作的新员工进行的培训，可分为物质文化培训和精神文化培训。物质文化的培训是帮助新员工了解组织的基本架构及基本情况，以及组织今后的发展规划；精神文化的培训是要员工了解组织的文化及道德准则，以及组织中的一些潜在的行为准则，如领导的办事风格等。培训的主要目的是帮助新员工尽快地适应组织环境，使其尽早地投入到工作中。

（2）一般文化知识。对有关普及和提高一般文化知识的培训。主要是培训在组织机构中工作的一般工作人员。其目的主要是提高任职人员的综合素质水平，从而提高其工作的效率。

（3）组织前沿科技。对有关本部门中相关的最前沿的科学技术的培训。这是针对组织中的专业技术人员而言的。科学技术总是在不断向前发展的，技术人员需要不断地学习，以更新其专业知识，适应时代和组织发展的需要。

（4）现代管理技能。对有关现代管理理论和技能的培训。这是针对专业技术人员和中、高层管理人员而言的。随着员工素质、知识等能力的提高，管理人员的管理方法和管理能力也应有所改变，因此这方面的培训是必需的。

（5）岗位知识技能。对有关组织、行业及有关工作岗位所需的知识和技能的培训。主要是培训在组织机构中工作的一般工作人员。其目的主要是让任职人员能够更好地了解工作内容及职责，从而提高其工作的效率。

2. 按年龄结构的培训内容

除知识与技能培训的分类外，还可根据员工年龄的不同安排培训内容。

（1）新进人员。新进员工往往是一些刚刚参加工作的年轻人，因此培训内容应包括组织的基本情况，组织文化及有关其工作岗位所需的基本技能、基本知识等内容。

（2）30 岁左右的人员。对 30 岁左右的员工，应培训与其工作直接相关的知识与技能。

（3）35～40 岁的人员。35～40 岁的人员往往在单位中担任着中、高级的领导职务，应重点培训有关管理知识、工作协调能力、决策能力及领导能力等。

（4）45 岁以上的人员。对 45 岁以上的人员的培训重点应放在前沿知识领域和管理技能方面。该年龄段的员工知识往往比较陈旧，需要进行科学知识和技能的更新培训。

（三）公共事业人力资源培训开发的种类

1. 初任培训

初任培训也称入门培训、职前培训等，是指公共事业组织对新录用的人员在正式上岗前所进行的理论和实践教育培训，是使新进人员熟悉并适应环境的一种过程培训。新进人员在刚进入工作单位时的适应阶段，对他们今后的职业生涯发展有很大影响，如果他们在刚入职时没能很好地融入组织，就会对其造成很大的心理压力。

初任培训的目的就是通过对新进人员进行培训，让他们学习工作准则，了解公共部门的要求、目标，使其能够与同事建立良好的关系，从而减轻其心理压力，帮助其确立工作目标、工作期望，树立良好的工作态度。初任培训的内容是国家公共事业组织人员岗位所要求的基本业务知识和技能。一般来说，初任培训主要采用两种培训方式。

（1）工作实习。工作实习也就是让新进人员在经验丰富的公共事业组织人员的指导下从事行政工作，从实际工作中学到知识、了解程序等。这种方式比较经济实用，易于操作实施，但往往会流于形式，因此应加强监督。

（2）集中培训。集中培训就是把新进人员集中起来，送到培训班或是专门的培训机构培训。这种培训时间较长，成本相对较高，但能够较为系统地学习理论知识，因此应根据实际情况来应用。

2. 任职培训

任职培训也称资历培训、晋升培训等，是指公共事业组织对晋升领导职务的人员，以及高层次的人员和拟晋升到更高职位的人员，按照拟任职务的相应要求所实施的培训。职务的相应要求包括理论水平、政策水平、组织能力和业务素质等方面。通过对公共事业组织人员在政治、业务、技能等方面的教育，使其能够胜任即将担任的职务要求。

任职培训的特点是培训对象是准备晋升的在职人员，一般包括两类人员：一是经过特种考试，从公共部门以外的在职人员中录用担任领导职务的公共事业组织人员；二是在公共事业组织内得到晋升机会，晋升到一定层次领导职务的在职人员。培训的内容应该围绕新的领导职务所要求的政策理论水平、组织协调能力、专业能力等方面来确定。

3. 专门业务培训

专门业务培训是指对公共事业组织人员在从事某项专门性的业务工作或临时性业务工作之前所进行的专门知识和技能的培训。其培训目的是让他们掌握专业工作所要求的特殊知识、技能、注意事项等。专门业务培训的特点有别于初任培训和任职培训。

专门业务培训对象完全取决于工作的需要，有可能是新任人员，也有可能是在职人员。培训的内容偏重于专门领域的知识和技能，即围绕专项工作（如人口普查、计划生育等工作）所需要的知识、技能、工作方法等进行培训。培训的形式既可采用在职培训，也可采用离职培训，这是因为专门业务培训的集中性和临时性较强。

4. 更新知识培训

更新知识的培训也称轮训、深造培训等，是指公共事业组织按其人员岗位职责的要求和社会经济发展的需要，有计划地对在职人员所进行的旨在增加、补充、拓宽其知识面和相关技能的培训。其特点如下。在培训的对象上，全体在职公共事业组织人员都可以参加培训。所谓"在职"，是指公共事业组织人员在轮训期间不丧失原有的职务、身份、地位，仍然享受公共事业组织人员的待遇。

更新知识培训的内容要根据公共事业组织人员岗位职责的要求和社会经济发展的需要来确定，要与实际工作情况相结合；同时，培训要有计划、有组织、分批分期地定期举办。培训的目的是使公共事业组织人员在业务上得到进修和深造，及时地增加、补充、拓宽其知识面和相关技能。

第三节　公共事业人员职业生涯设计

公共事业人员职业生涯设计对公共事业及其人员都具有重要的意义。对公共事业来说，强化人员职业生涯设计，能够为事业的发展储备充足的人力资源，不断增强公共事业的人员凝聚力和向心力，提高公共事业服务公众和社会的竞争力。对人员来说，不断优化自身的职业生涯设计，是不断丰富自身素质、实现自身价值的重要手段。因此，公共事业人员职业生涯设计是公共事业部门吸引人才、留住人才、用好人才的关键。同时，公共事业人员也只有把自身的特长和职业发展取向与公共事业需要相结合，才能真正体现自身职业生涯价值。

一、职业生涯设计的含义及其内容

（一）职业生涯的含义

一般来说，职业生涯是指一个人一生连续从事职业、承担工作和职务的时间过程。它由个人工作相关的行为活动与认知工作的态度和价值观两个方面构成：前者表明职业生涯的客观特征，即"外职业生涯"，体现一个人在其从事的各种职业工作中的活动和行为举止，它是一个连续的过程；后者称"内职业生涯"，体现一个人职业生涯的主观特征，包括个人的价值观、态度、需求、动机、能力和性格等。职业生涯由职业的准备期、选择期、适应期、稳定期和衰退期相互联系的 5 个阶段所组成。

由上可见，职业生涯的基本单位是个人，但又不局限于个人。因为个人在其职业生涯中会受到多方面的影响和制约。如每个人都有对自己终生职业的理想、憧憬和设计，但个人计划要经过学校的培养教育，家庭、父母、配偶的理解与支持，以及组织的人才需求和规划才能付诸实施，是多种因素交互作用的结果。

（二）职业生涯设计的含义

职业生涯设计也称职业生涯发展规划，是现代人力资源管理的一项全新的功能。具体来说，职业生涯设计是将员工个人发展与组织发展相结合，对决定员工个人职业生涯的主客观因素进行测定、分析和总结，并通过设计、规划、执行、评估和反馈的过程，使每位员工的职业生涯目标与组织发展的战略目标一致；同时，也包括个人为实现期望或寻求理想的职业发展途径，有意识地思考和列出自己期望从事职业的目标，并在此基础上进一步设计不断丰富和发展自我的职业知识、能力和技术结构的一系列活动与步骤，以努力开发自身潜质的行为和过程。

在现代社会中，职业生涯设计已经不完全是个人的理想和行为。当人们将管理作为追求组织目标与个人价值实现的和谐匹配的过程时，它就成为了组织人事行政管理的组成部分。职业生涯设计与个人的价值观、态度密切相关，它决定了个人对自我职业经历的认知和选择。职业生涯设计的目的：通过对人生职业环境因素进行正确分析，能够科学地评价自己的特点和优势，确立正确的人生职业方向、奋斗目标和发展策略，使自己一生的学习、工作和生活充满精彩。

据报道，美国一家银行通过审议开展职业生涯计划，使员工流失率降低65％，工作绩效提高85％，个人提升的机会增加75％，每年节约经费190万美元。当然，职业生涯设计也存在着某些消极因素，如员工奢望过高，超出组织所能满足的限度，当达不到目标时很容易悲观失望，或是为了达到个人目标而排挤他人，造成不良后果。

（三）职业生涯设计的内容

单位组织中的大多数员工都有从自己现在和未来工作中得到成长、发展和获得满足的强烈愿望和要求。为实现这种愿望和要求，他们不断地追求理想的职业，根据个人的特点、单位组织与社会发展的需要，制定自己的职业规划。其个人职业生涯设计的内容主要包括以下5个方面。

第一，认识和提出自己的职业发展目标，规划自己与职业有关的活动。

第二，自我洞察自己的兴趣、能力和性格等，寻求适合的职业种类。

第三，结合来自各方面的职业限制性因素，发现目前状况与职业或职业理想之间的差距。

第四，设计各种发展方案，考虑可行性和成功概率，作出相应的选择。

第五，根据职业生涯要求，拟订自身的教育、培养计划和工作计划。

二、职业生涯设计的要素与管理

（一）职业生涯设计要素

1. 职业生涯设计的期限

职业生涯设计期限有长有短，短期设计为3年，主要是确定近期目标，设计近期完成的任务；中期设计一般为3～5年，主要是在近期目标的基础上设定中期目标；长期设计时间一般是5～10年，主要设定长远的目标。

2. 职业生涯设计的三要素

俗话说，"知己知彼，百战百胜"。所谓"知己"，就是自我认识与自我了解。"知彼"就是熟悉周围的环境，特别是与职业生涯发展有关的工作环境。在此基础上，判断自己从事的职业是否做到了符合情愿、能够发挥出能力、能够实现自身价值，也就是你的当初选择与现实能否合拍。这样，知己、知彼与选择就成为职业生涯设计的三要素，可用公式形象表示为：

$$职业生涯设计＝知己＋知彼＋抉择$$

3. 职业生涯设计应考虑的问题

从职业生涯发展的规律看，每个人都有不同的发展阶段与历程，职业生涯设计的重点也就有所不同，不同的人在作其职业生涯设计时，所考虑的因素也有所不同。一般而言，在作职业生涯设计时至少应考虑以下几个方面的问题。

（1）自我认识问题。主要包括个人的兴趣、爱好与特长；个人的性格与价值观；个人所选定的目标与需求；个人的工作经验；个人的优缺点；个人的学历与能力；个人的情商；个人的生理情况等。

（2）外围环境问题。主要包括组织的需求；家庭的期望；社会的需求；科技的发展；经济的兴衰；政策、法律的影响。

（3）个人目标选择问题。主要包括设定该目标的原因；欲达到该目标的途径；欲达到该目标所需的能力、训练及教育；达到该目标可能得到的助力；达到该目标可能遇到的阻力。

（4）落实职业生涯目标措施问题。主要包括教育、训练的安排；获得发展的安排；排除各种阻力的计划与措施；争取各种助力的计划与措施。

（二）职业生涯设计管理

职业生涯设计管理是指组织和员工个人对职业生涯进行设计、规划、执行、评估和反馈的一个综合性的过程。通过组织及员工的共同努力与合作，能使每个员工的职业生涯目标与组织战略目标相一致，使员工发展与组织发展相吻合。

1. 职业生涯管理的特点

主要体现：一是个人和组织必须都承担一定的责任，双方共同完成对职业生涯的管理；二是必须有完善的信息管理系统，使员工和组织能够相互了解彼此需要的信息，且该信息是有效的；三是职业生涯设计管理是一种动态管理，它贯穿于职业生涯发展的全过程。

2. 职业生涯管理的任务

主要包括6项任务：一是职业生涯目标的设定；二是员工与组织的配合与选用；三是员工绩效评估；四是职业生涯发展评估；五是工作与职业生涯调适；六是职业生涯发展。上述6项任务彼此之间相互影响，在实际管理中只有彼此兼顾，才能获得最佳管理效果，促进员工的自我发展，实现员工的生涯目标，提高组织的整体人员素质与竞争力，确保组织永续发展。

三、公共事业人力资源职业生涯设计管理

（一）公共事业人力资源职业生涯设计的必要性

公共事业人力资源职业生涯设计既有一般性的意义，也有特定价值，即公共事业组织和人力资源都得到发展，这是根本意义的体现。其必要性表现如下。

1. 发挥公共事业人力资源价值的需要

公共事业组织必须为人才作好职业生涯发展设计，并具体落实到行动上，这样才可能吸引人才，留住人才，人才才能脱颖而出，发挥出他们的潜能和创造力，为国家和社会作出应有的贡献，同时，他们自身也可以得到很好的发展。否则，就会造成人才的浪费，耽误人才发展的最佳时机。

2. 提高公共事业组织人才吸引力的需要

公共事业组织是贯彻落实国家和政府决策，满足公众需要的重要组织载体。公共事业

人力资源素质的高低直接关系到公共事业的形象和威望，影响到公共事业管理和服务社会的能力。提高公共事业管理职能和服务水平，需要有一支精明强干、创新进取、技艺精湛的人力资源队伍。公共事业职能部门恰当地应用职业生涯设计与管理，能够有效地吸引一批社会精英的加入。

3. 提高公共事业管理和服务社会能力的需要

组织价值归根结底是由人才来实现的，是由不同层次的人力资源相互协调完成的。随着当今社会经济的发展，事业单位改革进程的加快和国家鼓励人才合理流动，政策的推出职业流动性日益加强，危及组织目标的实现和社会定位。公共事业组织引入职业生涯设计管理，可帮助优秀人才在工作中明确认识自身的角色和努力的目标，不断发展自己，实现人与事的最佳结合，以此推动公共事业组织管理社会和服务公众的能力水平。

4. 提供人才价值实现的空间和舞台的需要

目前许多优秀人才不愿意到公共事业组织工作，而更愿意选择到合资或外资企业去发展。究其原因，除合资或外资企业有较高的薪酬待遇外，其还有公平竞争的工作环境，有良好的职业生涯发展空间。我国当前进行事业单位人员聘任制为主的改革，减员增效、目标管理成为改革的一个主要途径。公共事业组织引入职业生涯设计管理，可为每一个员工提供科学的职业生涯指导和发展支持，真正实现"英雄大有用武之地"。

5. 提高公共事业人力资源忠诚度的需要

公共事业组织引入职业生涯设计管理，是改变目前改革中出现的人浮于事、人心浮动的补救措施，能够提高公共事业组织行政效能，改善工作环境。引入职业生涯设计，将公共事业的工作目标与员工个人的事业发展结合起来，使员工在为公共事业贡献聪明才智中个人的志向也得到发展，从而提高员工对公共事业的忠诚度，使他们安心工作，努力发挥最大潜能。

(二) 公共事业人力资源职业生涯设计管理的内容

公共事业人力资源管理部门为了解内部人员的特点，以及他们成长和发展的方向及兴趣，不断地增加他们对工作的满意感，并使他们能与公共事业组织的发展和需要统一协调起来，需要由专门人员制订有关员工个人成长、发展的计划与组织需求和发展相结合的统筹设计。

1. 明确员工职业定位

尽最大可能帮助员工明确其职业定位，做好员工的职业生涯设计管理。公共事业人力资源管理人员应该给予员工必要的指导，使他们的职业生涯设计建立在现实、合理的基础上，并通过必要的培训、职务设计及有计划的晋升等手段，实现员工职业生涯发展目标。其主要内容如下：帮助员工分析个人素质和外在的环境，确定选择什么职业、在什么单位和地方从事这个职业，以及在这个职业队伍中担任什么职务；在个人一生的各发展阶段中如何进一步修正和完善原有的设计和规划，以及为实现这样的设想和规划设计职业培训和开发性的行动计划，并对计划的每一步骤的时间、顺序作出合理的安排。

2. 实现职业生涯设计

帮助员工有步骤、有计划、分阶段地实现职业生涯设计和职业发展，使之与公共事业发展融为一体。公共事业部门首先要为员工创造一个舞台，让员工能够施展才华，实现自我价值，找到发展的方向，进而产生与组织同命运、共发展的归属感。

3. 给予员工晋升机会

构建完善的管理体系，保障员工有较多的晋升机会。管理者应首先明确职位升迁不是公共事业组织对员工的酬谢和奖赏，而是双方共同的目标，是建设完善的"以人为本"的组织文化的生动表现。

（三）公共事业组织人力资源职业生涯设计的措施

公共事业组织在个人职业生涯发展设计中主要起指导和辅助个人职业生涯设计的作用。公共事业组织协助个人制订职业生涯设计的措施主要如下。

1. 建立职业发展的信息与预测系统

个人由于精力、财力、空间以及认知能力的限制，掌握职业信息的来源和通道是有限的。组织在进行人力资源规划的同时，建立有关职业的信息系统，包括职业的性质、职业在社会中的地位和发展方向、从事职业必备的资格条件、职业的收入水平、职业生涯发展要求的知识结构与素质、在职业中晋升的通道等，这对组织和员工的发展都是非常重要的。

2. 提供员工需要的职业咨询

组织可通过面谈、问卷和讲授等形式，由组织的领导者、部门主管和职业研究专家为所属员工提供职业咨询。其主要内容：帮助员工分析自身的特性、职业锚、长处、短处和发展需要；帮助员工学习职业生涯发展的知识，使自己能够更积极地管理职业生涯；提供组织内外部的可选择职业；克服职业生涯发展中出现的各种问题。

3. 制订科学的职业生涯通道计划

职业生涯通道是对前后相继的工作岗位和经验所作的客观描述，表明在一种职业中个人发展的一般路线或理想路线。主要包括确定某一职业进口和出口通道、职业的纵向流动通道、职业的横向流动通道三大方面。职业生涯通道设计的内容：比较和分析工作的性质，对工作进行分类，并确定胜任工作必备的条件；描述职业流动进步的条件，详细说明在职业生涯通道进程中需要的学历、工作经历、知识结构和技能；规定垂直流动中逐级上升的逻辑次序与最低服务年限等。

4. 向员工开放工作岗位信息

组织应将其每个工作岗位的信息向员工开放，要求员工或求职者根据自己的条件和职业期望自愿选择适当的岗位，组织则与员工之间双向选择；同时，组织可通过反馈得到员工工作的绩效信息，进一步完善供员工选择的职业标准。

5. 完善的教育与培训计划

公共事业组织有计划的教育、培训包括两方面内容：一是工作经验、技能等实际才干的培养，一般使用师傅带徒弟或以榜样示范等方式实现；二是当工作经验不足以有效提供更多的知识时，员工就要接受正规的课程学习和教育，以此丰富或更新知识结构，适应社会和组织提出的各种挑战，满足个人职业生涯发展的资格要求。

▶▶ 本章小结

● 人力资源是指一定范围内能够推动社会和经济发展的、具有正常智力和体力劳动能力的人的总称。其可分为现实的人力资源和潜在的人力资源。人力资源具有资源的创造性、资源的生物性、资源的时效性、资源的两重性和资源的社会性等特征。人力资源的构成要素包括人力资源的数量和质量。

● 公共事业人力资源是指在公共事业领域内从事管理、生产、服务和相关保障工作的具有民事行为能力和权利能力的人们的总和。它除具有人力资源的一般特征外，还具有其自身的一些特殊性，主要表现为领域的约束性、价值的公益性、服务的全局性、影响的扩张性、功能的持久性、活动的时效性、能力的突出性和知识的密集性。

● 公共事业人力资源分类是指将公共事业组织中的工作人员或职位按工作性质、责任轻重、资历条件及工作环境等因素分门别类设定等级，为人力资源管理的其他环节提供相应管理依据的程序方法。其原则包括文化原则、传统原则和组织需求原则，其分类的方式是品位分类和职位分类。

● 公共事业人力资源管理是指公共事业组织依据法律规定对其所属的人力资源开展的战略规划、甄选录用、职业发展、开发培训、绩效评估、薪酬设计管理、法定权力保障等管理活动和活动过程的总和。其具有政治性、复杂性、服务性、公开性、稳定性和技术性的特征。其内容主要包括招聘录用、绩效考核、薪酬管理和培训开发。

● 职业生涯是指一个人一生连续从事职业、承担工作和职务的时间过程。职业生涯设计也称职业生涯发展规划，是现代人力资源管理的一项全新的功能。知己、知彼与选择是职业生涯设计的三要素。

● 公共事业人力资源职业生涯设计管理的内容包括明确员工职业定位、实现职业生涯设计和给予员工晋升机会。其措施包括建立职业发展的信息与预测系统、提供员工需要的职业咨询、制订科学的职业生涯通道计划、向员工开放工作岗位信息、完善教育与培训计划。

◆ 复习思考题

1. 什么是公共事业人力资源？它具有哪些特点？
2. 公共事业人力资源的分类方式有哪些？
3. 简述公共事业人力资源招聘录用的主要环节。
4. 简述公共事业人力资源培训开发的内容。
5. 公共事业人力资源如何策划自己的职业生涯？

参考文献

[1] 滕玉成，于萍. 公共部门人力资源管理 [M]. 北京：中国人民大学出版社，2009.

[2] 徐顽强. 非营利组织管理 [M]. 北京：科学出版社，2013.

［3］娄成武，李坚，陈德权．公共事业管理概论［M］．北京：首都经济贸易大学出版社，2007．

［4］崔运武．公共事业管理［M］．上海：复旦大学出版社，2013．

［5］徐佳琦，金田．试论我国公共事业人力资源管理中的问题及对策［J］．山西青年，2013（14）．

［6］邢斌．我国公共部门人力资源激励制度之研究［D］．保定：河北大学，2013．

［7］安毅杰．事业单位人力资源管理环境分析及探讨［J］．内蒙古科技与经济，2013（17）．

第六章　公共事业市场营销管理

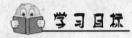 学习目标

1. 知识目标

❖理解公共事业市场营销管理的特征。

❖掌握公共事业市场营销的微观和宏观环境。

❖掌握市场营销管理的多种策略。

❖熟悉公共事业组织的资金来源。

2. 能力目标

❖增强公共事业组织筹集资金的能力。

❖提高公共事业组织市场营销的能力。

案例导入

　　天津自然博物馆是中国最大的自然博物馆之一，是我国为数不多的集动物、植物、地质、古生物、古人类等多学科于一体的综合性博物馆。其坐落在天津市河西区马场道的西端，占地面积约 2 万平方米。前身是北疆博物院，于 1914 年由法国传教士桑志华创办，1927 年对外开放。1952 年改建为天津市人民科学馆，1957 年正式定名天津自然博物馆。

　　1997 年天津市政府投资亿元翻建自然博物馆，新馆展示采用国际上流行的主题单元式陈列，在展示方法上强调"以人为本"，动、静结合。大胆引进国内外资源，探索国际合作展览的新途径，开创了文博领域长期国际合作办展之先河。

　　2000 年为大力宣传先进文化，整合馆内展览资源，形成制作队伍，建立从策划编辑和工艺制作到展览销售的一条龙专业生产线，设计制作了 60 余个专题巡回展览，在全国率先推出"展览超市"，并面向全国省市县博物馆、展览馆、科技馆和文化馆，足迹遍布全国 100 余个展场，观众达 200 余万人，把营销学的理论应用到博物馆的经营管理上，取得了良好的社会效益和经济效益，在全国引起了轰动。

　　2014 年天津自然博物馆已走过百年的风雨历程。该馆重点收藏了中国西北、华北、东北地区及世界范围内具有代表性、典型性的自然科学标本。馆藏动、植物标本及古生物、古人类化石约 40 万件，其中有 200 件模式标本被列为国家一级标本保存，其中噬人鲨、翻车鲀、蝠鲼、姥鲨等标本是全国乃至世界之最。展厅包括序厅、水生生物厅、热带

植物园、两栖爬行厅、海洋贝类厅、古生物一厅、古生物二厅、动物生态厅、昆虫厅、海洋生物区和电教厅，以及观赏区和触摸池等。

请思考：

1. 公共事业市场营销与企业市场营销有何不同？

2. 公共事业组织的资金来源渠道有哪些？

第一节　公共事业市场营销管理概述

一、市场营销管理的基本概念

（一）市场营销的含义

市场营销（marketing）一词伴随着商品经济的发展而产生。市场营销理论在经历生产观念、产品观念、推销观念、市场营销观念和社会营销观念不同的经营观念后，才形成了今天这样的"以顾客需求为中心"的市场营销理论体系。近几十年来，西方学者从不同的角度对市场营销这一概念作了不同的解释。

道宁在《基础市场营销：系统研究法》（1971年）一书中认为，市场营销是企业活动的总体系统，它通过定价、促销、分销活动，并通过各种渠道把产品和服务供应给现实顾客和潜在的顾客。

美国市场营销协会把市场营销定义为："市场营销作为一种计划及执行活动，其过程包括对思想、产品和服务开发制作、定价、促销、流通等活动，其目的是经由交换及交易的过程，满足个人和组织的需求。"提出市场营销职能包括商品化、购买、销售、标准化和分级、风险管理、集中、融资、运输及管理、储存9个方面，这些职能又可归纳为3类：一是交换职能——销售（创造需求）和收集（购买）；二是物流职能——运输和储存；三是辅助职能——融资、风险承担、市场信息沟通和标准化等。

菲利普·科特勒（Philop Kotler）是当代市场营销学界最有影响的代表之一。他在所著的《营销管理》一书中认为："营销是个人和集体通过创造，提供出售，并同别人自由交换产品和价值，以获得其所需所欲之物的一种社会过程。"他认为市场营销管理就是通过创造、建立和保持与目标市场之间的有益交换和联系，以实现组织的各种目标而进行的分析、计划、执行和控制过程。其管理体系包括分析市场营销机会、确定市场营销战略、制定市场营销战术、组织市场营销活动、执行和控制市场营销努力5个方面。他还认为，市场营销是与市场有关的人类活动，市场营销理论既适用于营利组织，也适用于非营利组织。这一观点扩大了市场营销学的研究和应用领域。

（二）对市场营销的理解

第一，宏观上市场营销是整个社会的经济活动过程。市场营销通过企业、公共事业组织等各种市场主体的营销系统来组织整个社会的生产、流通、销售和消费，从而体现、挖掘和满足社会成员的各种需要。

第二，微观上市场营销是市场主体的经济活动。市场营销是市场主体以市场为中心的生产经营过程中的重要部分。市场主体通过市场营销活动使其产品或服务满足消费者需求，从而实现产品或服务的价值交换。

第三，市场营销内容是一系列的活动过程。市场营销活动的内容主要包括营销调研、产品开发、定价策略、分销、推销、促销、售后服务等一系列的过程，不能简单地把推销或销售等市场营销中的某些环节错误地理解为市场营销。

第四，市场营销既是一个动态发展的过程，又是与市场主体复杂的宏观环境和微观条件紧密相连的。这些宏观环境包括政治、经济、文化和自然等诸多因素，微观条件则包括供应商、分销商、顾客和竞争对手等主体。在与这些发展变化着的环境和条件相互协调中，市场营销活动得以顺利开展。

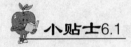 小贴士6.1

公共事业市场营销的起因

20世纪70年代以来，随着英、美等西方发达国家市场经济的发展，一场席卷西方世界的经济大萧条使得政府和民间对博物馆等公益机构的财政支持猛烈削减，博物馆不得不另找出路，纪念品、咖啡、餐饮、场地出租等商业性服务开始大举登入博物馆的大雅之堂，成为博物馆创收的重要手段。一些博物馆甚至开始设立专门的市场营销部门，仿照企业模式开展营销活动。

正如菲利普·科特勒所说，市场营销不仅适用于商业企业，同样也适用于非营利的公共事业组织。所有的公共事业组织都将面对不同的客户，且在生产商和消费者之间扮演着重要角色。市场营销管理的理论知识不仅运用于公共事业的管理和运作当中，而且在公共事业发展过程中起着不可忽视的作用。

(三) 市场营销管理的含义

市场营销管理是一个过程，包括分析、规划、执行和控制。其管理的对象包含理念、产品和服务，基础是交换，目的是满足各方需要。市场营销管理的主要任务是刺激消费者对产品的需求，但局限于此，同时还帮助企业或组织在实现其营销目标的过程中影响需求水平、需求时间和需求构成。

公共事业市场营销管理是指为实现公共事业组织目标，提供公共产品与服务而进行分析、规划、实施和控制的过程。其本质是社会公共需求管理，即对社会公共需求的水平、时机和性质进行有效的调解。

公共事业组织在实践中可设定一个预期的社会公共需求水平，但实际需求水平可能与预期需求水平并不一致。这就需要公共事业管理者针对不同的社会公共需求情况采取不同的营销管理对策，进而有效地满足社会公共需求，确保公共事业组织目标的实现。

二、公共事业市场营销管理的特征

公共事业营销管理与营利性组织营销管理有着许多相似的方法，如都需要进行营销环境分析和制定营销策略等。但公共事业组织不仅要谋求其自身的利益，更重要的是谋求目标群体利益，以及为整个社会造福。因此，公共事业营销管理又呈现出与营利性组织明显不同的特征。主要包括以下 4 个方面。

1. 营销多样

与营利性组织不同的是，公共事业组织不仅要对公众进行营销管理，还要考虑对政府、捐助者的营销管理。前者涉及资源的吸引和配置，而后者仅涉及资源吸引问题。另外，公共事业组织还要妥善处理与其他各种利益相关者的关系，如一所学校要同时处理好与潜在生源、在校学生、教职员工的关系，所以学校需要以上述的多种公众为目标来开展其营销活动，采取各种措施来吸引学生，同时，通过公共关系处理好与政府、企业及其他公共事业组织的关系，从多种渠道吸引资金。

2. 多种目标

与营利性组织以利润最大化为目标不同，公共事业营销管理倾向于追求多种目标。它除了谋求自己的利益，尽可能地增加收入，使公共事业组织发展壮大外，更多的是为了目标群体的利益，其最终目标与任务在于造福整个社会。"以顾客为中心，顾客永远是对的"是营利性组织奉行的核心理念。但在公共事业组织中，为承担社会责任，它不得不违背一些公众的意愿。如在戒烟运动中因找不到有效的戒烟方法，目标顾客很难接受"不吸烟"的观念，但其还是要大力宣传吸烟的害处。因此，它在进行营销时有时得不到公众的支持，而且还影响了相关群体的利益。尽管如此，公共事业组织还是积极参与到改造社会不良习惯的营销活动中。

3. 专供服务

大多数公共事业提供的主要业务是服务，而服务具有无形性、相关性、易变性和时间性等特点，所以公共事业营销管理具有明显的服务营销管理的特点。它强调人是服务产品的构成因素，重视内部营销管理等。另外，公共事业营销管理和服务营销管理一样，并不能仅仅以财务指标作为评判依据，还要考虑诸多社会效益等指标，这就要求公共事业组织要用更开阔的眼光来审视营销的效果。例如，学校的体育馆往往是学校严重亏损的部门，但可为学生带来身心健康，因此学校不能仅凭财务上的亏损而决定体育馆的去留。

4. 社会监督

由于公共事业提供的具有必要性的公共服务是享受公众资助和政府财政支持并常常是免税的，因而要受到包括政府、公众、服务对象等在内的全社会的严格监督，其一举一动也常常引起政府、大众媒体、捐助者和顾客的关注。所以，公共事业营销管理活动必须服从或服务于公众利益。从这个意义上讲，公共事业组织所承受的政治压力远大于市场压力。

第二节　公共事业市场营销管理策略

一、公共事业的营销环境分析

根据营销环境与公共事业营销活动的密切程度，采用美国营销专家菲利普科特勒的划分法，可以把营销环境划分为微观营销环境和宏观营销环境。

（一）微观营销环境分析

公共事业微观营销环境是指直接影响和制约公共事业组织经营活动的环境因素，主要包括顾客、竞争环境和公众。这些因素与公共事业营销活动有着密不可分的联系，与公共事业组织之间形成了协作、竞争、服务、监督的关系，组成了公共事业的市场营销系统，直接影响和制约着公共事业服务目标市场的能力。

1. 顾客

现代市场营销理念倡导以顾客为中心，关注市场需求。分析顾客需求，选择目标群体，预测公共事业市场营销活动对社会公众的影响等问题，是公共事业开展市场营销需要解决的首要问题。因此，我们需要对公共事业服务的对象进行深度剖析。

具体来说，管理者在制定市场营销管理策略之前，应考虑的因素包括：公共事业组织提供的产品和服务针对的是哪些社会群体，他们有哪些明显特征，如年龄结构、教育程度、价值观、家庭情况和需求状况等；公共事业组织通过市场营销活动能够挖掘出哪些潜在消费者，这些潜在消费者可能有哪些特征，他们可能通过哪些渠道了解公共事业组织；已有的消费者对公共事业组织的认同程度，在哪些情况下公共事业组织可能巩固或失去这些既有消费者；受公共事业市场营销活动影响的其他社会公众或群体有什么样的特征，这些公众或群体是指大众媒体、政府组织、民间组织还是企业等市场主体。

2. 竞争环境

在市场经济条件下，公共事业组织生存和发展还要面对竞争者，只是竞争的激烈程度、手段和方式与企业竞争有别而已。因为市场中存在各种各样的公共事业组织，它们分布在社会的各个行业、各个领域。在社会资源有限的条件下，公共事业组织之间存在一定程度的竞争关系。如红十字协会和其他慈善机构之间就存在对捐赠人的竞争，相似的教育机构（如不同的高等院校之间）也存在对优秀生源的竞争等。

因此，公共事业组织在开展市场营销管理的过程中，需要认真研究市场中的同类竞争者，全面、深刻分析竞争者的优势和劣势，将其优势、劣势与竞争者进行比较，一方面吸取竞争者的优势和经验教训，另一方面开发、改进和利用其优势，针对选定的目标群体开展营销活动，在竞争中发展壮大自己的组织。

3. 公众

公众是指对公共事业组织实现其目标的能力有现实或潜在影响的各种团体或个人的总

称。由于公共事业在营销管理活动过程中必然与相关公众存在密切的联系，因而相关公众必然会关注、监督、影响、制约公共事业的营销管理活动，并对其产生正面或负面的影响与制约。

上述公众包括金融公众（影响公共事业组织融资能力的机构）、媒介公众（对公共事业组织的声誉有举足轻重作用的大众传播媒介）、政府公众（政府部门）、群众团体（消费者组织、环保组织等群众团体）、地方公众（公共事业所在地附近的居民和社区组织）、一般公众和内部公众（组织内部员工）等。

（二）宏观营销环境分析

公共事业宏观营销环境是指大范围影响公共事业营销决策的社会约束力量，它来自公共事业组织的外部，因而也被称为外部环境，主要包括人口、经济、自然、科学技术、政治法律和社会文化等。

微观营销环境对公共事业营销活动的影响是直接的，而宏观营销环境对公共事业营销活动的影响和制约往往是间接的，它不仅直接影响公共事业组织所处的微观环境，而且为组织成长、发展提供机会或者构成威胁，制约着公共事业的发展空间。

二、制订公共事业市场营销计划

公共事业组织在掌握市场营销管理的基本理念，分析组织的生存环境、市场营销外部环境和内部条件之后，下一步重要的工作就是制订组织的营销计划。公共事业市场营销计划主要内容包括市场细分、目标市场选择、市场营销定位、市场营销计划制订与实施。

（一）市场细分

市场细分是美国市场营销学家温德尔·斯密于1956年提出的一种选择目标市场的策略思想。市场细分是公共事业组织根据市场上消费者的不同需求，将市场细分成若干个不同的消费群体，针对这些群体作具体调查研究，为下一步选定目标市场打下基础。

1. 市场细分的特征

有效的细分市场方式具有以下特征。

（1）独立性。各个细分市场是独立的，彼此之间完全不相同。如慈善协会可将市场按已经捐赠者和从未捐赠者划分，这两个市场就不会有重复之处。

（2）完整性。按照变量的划分，每一个目标群体都将包含在各个细分的市场之内，不会有遗漏部分。

（3）衡量性。按照变量划分后，每个细分市场都是可衡量具体特征的，但有些是不可衡量的，如黑市交易等。

（4）进入性。在细分市场时，既要考虑到公共事业组织开展市场营销活动能否进入这个市场，还要考虑到进入的难易程度等。

（5）营利性。被细分出来的市场要达到一定的规模，这样开展营销活动的时候才能收入大于支出，而不会产生预算不足的情况。

（6）差异性。细分市场的消费者将对营销活动作出不同的反应。

2. 市场细分的基础

市场细分是基于消费需求的差异性和相似性，以及公共事业资源的有限性。

（1）消费需求的差异性。消费者所处客观环境的差异，使其在消费需求与购买行为上存在一定程度差异。这种消费需求的差异性，使得公共事业组织将需求大体相似的消费者划归同一群体，从而以相应的营销组合策略来满足目标市场消费者的需求。

（2）消费需求的相似性。细分子市场之间存在消费者需求的差异性，而在细分子市场内部，消费者又具有相似的购买行为和购买习惯，表现出消费需求的相似性。这种相似性使不同的消费者形成相类似的消费群体，从而构成了相对独立而又比较稳定的某一细分子市场。

（3）公共资源的有限性。任何公共事业的资源和经营能力都是有限的，不可能满足所有消费者需求，只能在自身资源和能力所允许的范围内生产经营某类或某几类产品或服务，以满足某些消费群体的某些需求。这种资源的有限性，就要求公共事业组织必须对整体市场进行细分，然后选择与其相匹配的细分市场，发挥公共事业资源优势，更好地满足目标市场消费者需求。

3. 市场细分的标准

选择、确定细分标准是细分市场的关键。消费者需求的差异性是市场细分的依据，凡是构成消费者需求差异的因素都可以作为市场细分的标准。不同类型的市场特征不同，各自的市场细分标准也各有差异，如表 6-1 所示。

表 6-1   消费者市场、产业市场细分的一般标准

市场类型	细分标准	细分变量
消费者市场	地理因素	地理区域、地形、气候、交通条件、人口密度等
	人口因素	年龄、性别、收入、民族、国籍、职业、教育、家庭人口、家庭生命周期、宗教等
	心理因素	性格、生活方式、社会阶层、购买动机与态度等
	行为因素	·购买时机（季节性、节假日） ·追求利益（高、中、低） ·品牌忠诚度（高、中、低） ·使用频率（少量、中量、大量） ·使用情况（未使用、曾使用、潜在使用、初次使用、经常使用）
产业市场	最终用户	用户所属行业、用户的产品用途、用户产品的使用频率等
	用户规模及其购买力	大量需求用户、中量需求用户、少量需求用户
	用户地理区域	地理位置、自然环境、资源条件、交通通信条件、生产力布局等

（1）地理细分。地理细分是指按照消费者所处的地理位置和自然环境来细分市场，具

体变量包括家、地区、城市、乡村、地形地貌、气候、交通条件和人口密度等。处于不同地理环境的消费者对同一类产品可能会有不同的需要与偏好，他们对产品价格、销售渠道、广告宣传等营销措施的反应也常存在差别。按地理因素细分市场，对公共事业组织分析、研究不同地区消费者的需求特点、需求总量及其发展趋势具有一定的意义，有利于公共事业组织开拓区域市场。地理因素相对稳定，易于辨别和分析是细分市场时应予以首先考虑的重要依据。但地理因素是一种静态因素，处在同一地理环境中的不同消费者仍然会存在很大的需求差异。因此，公共事业组织还需同时依据其他因素进一步细分市场。

（2）人口细分。人口细分是指按人口统计变量来细分市场，具体变量包括年龄、性别、收入、民族、国籍、职业、教育、家庭人口、家庭生命周期和宗教等。人口变量与消费者的需求差异性之间存在密切的因果关系，因此人口变量一直是消费者市场最主要的细分标准，也历来为公共事业组织所普遍重视。

（3）心理细分。心理细分是指按照消费者的心理特征来细分市场，具体变量包括性格、生活方式、社会阶层、购买动机与态度等。心理细分市场复杂，比较抽象，不容易把握，但其影响消费需求的重要性日益突出。如高校中接受成人高等教育的人，有的求学者希望获得高质量的教育，有的希望高校教育可以带给他们升迁或跳槽的机会，还有的希望在高校的求学过程可以增加他们的声望和资历。学校就可以根据这些不同的需求进行市场细分，以便于发掘新的市场机会，同时也可以配置和利用资源。

（4）行为细分。行为细分是指根据消费者不同的消费（购买）行为来细分市场。消费行为变量包括购买动机、利益追求、商品或服务的使用频率、消费者对产品的了解和态度等。

（二）目标市场选择

整个市场经过细分后被划分为若干子市场，公共事业组织面临着许多不同的市场机会，必须从中仔细选择自己的目标市场，以便根据自身的科研、技术、资金等资源更有效地为这些目标市场服务，以实现公共事业组织的经营目标。

1. 目标市场选择的步骤

目标市场选择的步骤如图 6-1 所示。

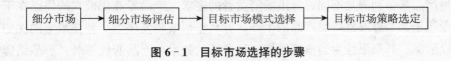

图 6-1　目标市场选择的步骤

2. 细分市场评估

公共事业在对整个市场进行细分之后，要对各细分市场进行评估，然后根据细分市场的市场规模与增长潜力、市场吸引力、市场竞争状况及本组织资源条件等多种因素决定选择哪一个或几个细分市场作为组织的目标市场。一般而言，公共事业评估细分市场主要从以下几个方面进行。

（1）市场规模与增长潜力。公共事业组织要选择的目标市场必须是未来能够发展的市场而不是正在萎缩的市场，否则必然会造成营销资源的浪费。

（2）市场吸引力。细分市场可能具备理想的规模和发展特征，然而公共事业组织还必须考虑细分市场同行业竞争者、潜在的新参加的竞争者、替代产品和消费者4种力量群体的状况。

第一，如果某个细分市场已经存在众多的、强大的竞争者，那么该细分市场就会失去吸引力。

第二，如果某个细分市场可能吸引能够获得新的生产能力和大量资源的新的竞争者，那么该细分市场就会没有吸引力，问题的关键是新的竞争者能否轻易地进入这个细分市场。

第三，如果某个细分市场存在着替代产品或者有潜在替代产品，那么该细分市场就不能轻易进入。

第四，如果某个细分市场中的消费者的抵制能力很强，或者对公共事业组织的产品或服务存在很多意见，那么公共事业组织也不宜立即进入这个市场。

（3）组织目标与资源。某些细分市场虽然有较大吸引力，但不能推动公共事业组织实现发展目标和宗旨，甚至分散组织的精力，使之无法完成其主要目标，这样的市场应考虑放弃。此外，还应考虑组织的资源条件是否适合在某一细分市场进行各种活动，因此最好选择那些公共事业组织有条件进入、能充分发挥其资源优势的市场作为其目标市场。

3. 目标市场模式选择

公共事业组织经过对市场进行细分、评估后，可能得出若干可供组织进军的细分市场，公共事业组织是选择某一市场还是某些市场，这就需要组织对某些市场模式进行选择。可供考虑的目标市场模式有以下几种。

（1）市场集中化。市场集中化是一种最简单的目标市场模式，即公共事业组织只选取一个细分市场，只生产一类产品供应某单一的顾客群，进行集中营销。选择市场集中化模式一般基于以下考虑：组织具备在该细分市场从事专业化经营或取胜的优势条件；限于资金能力，只能经营一个细分市场；该细分市场中没有竞争对手；准备以此为出发点，取得成功后向更多的细分市场扩展。

（2）产品专业化。产品专业化是指公共事业组织选择几个细分市场作为目标市场，只生产一种产品来分别满足不同目标市场消费者的需求。产品专业化模式的优点在于公共事业组织专注于某一种或某一类产品的生产，有利于形成和发展生产和技术上的优势，在该领域树立形象。其局限性为当该领域被一种全新的技术与产品所代替时，产品销售量有大幅度下降的危险。

（3）市场专业化。公共事业组织选择一个细分市场作为目标市场，并生产多种产品来满足这一市场消费者的需求。组织提供一系列产品专门为某一目标市场服务，容易获得这一市场消费者的信赖，产生良好的声誉，打开产品的销路。市场专业化经营的产品类型众多，能有效地分散经营风险。但由于集中于某一类顾客，当这类顾客的需求下降时，企业也会遇到收益下降的风险。

（4）选择专业化。选择专业化是公共事业组织选取若干个具有良好的盈利潜力和结构吸引力，且符合组织的目标和资源的细分市场作为目标市场，其中，每个细分市场都与其他细分市场之间较少联系。选择专业化模式的优点是可以有效地分散经营风险，即使某个细分市场盈利不佳，其他细分市场也会取得盈利。采用这一市场模式的组织应具有较强的资源和营销实力。

（5）市场全面化。市场全面化又称为完全市场覆盖，是公共事业组织以生产多种产品来满足各类顾客群体的需要。因此，只有实力雄厚的大型组织才能选用这种市场模式。这种市场模式由于面广量大，能够收到良好的营销效果。

4. 目标市场策略制定

一般而言，可供企业选择的目标市场营销策略有无差异营销策略、差异性营销策略和集中性营销策略 3 种。

（1）无差异营销策略是指公共事业组织将整个市场作为目标市场，推出一种产品，实施一种营销组合策略，以满足整个市场上尽可能多的消费者的某种共同需求。采用该种策略的组织主要是着眼于顾客需求的同质性，而忽略顾客需求的差异性。对市场不再进行细分，只求满足最大多数顾客的共同性需要。

（2）差异性营销策略是公共事业组织在市场细分的基础上，选择多个细分子市场作为目标，并针对各个目标市场的不同特点，分别设计不同的产品，运用不同的营销组合方案满足多个目标市场消费者的不同需求。采用该种策略的组织，主要着眼于消费者需求的异质性，体现了以消费者需求为中心的现代市场营销观念的经营思想。

（3）集中性营销策略又称"密集性营销策略"，即选择一个或少数几个细分子市场或一个细分市场的一部分作为目标市场，集中组织全部市场营销组合为其服务，实行专门化生产和销售。公共事业组织采用此种营销策略，追求的不是在较大市场上占有较小的市场份额，而是在较小的市场上占有较大的市场份额。

（三）市场营销定位

1. 市场营销定位的借鉴

公共事业的市场营销定位是为适应消费者的某一特定地位而设计公共事业组织的产品或服务、设计营销组合的一种行为。在消费者开展营销的过程中，如何塑造卖点和突出形象，在信息高速传递、广告狂轰滥炸，市场由许多相似产品填满的今天，有些产品往往不能给消费者留下什么特殊的印象，因此营销的任务就是创造产品的差异特色。实际上，消费者在购买产品时总是要按不同的方面如产品的功能、外表、寿命、质量等要素对众多产品进行排队和权衡的。

一般来说，公共事业组织在确定市场营销定位策略时可借鉴企业市场营销定位的策略。一是加强定位策略，即在消费者心目中加强自己现有的良好形象。二是空档定位策略，即找到受众多消费者重视而又尚未被占领的细分市场。三是比较定位策略，即通过与竞争产品和服务的客观比较，来确定自己的市场地位。运用比较定位策略时一定要慎重，保持客观、公正，否则就会给消费者留下言过其实的印象，甚至成为一种诋毁行为，引起法律纠纷。四是高级俱乐部策略，即强调是某个具有良好声誉的小集团的成员之一，利用各种排名强调自己在某排名中的前几名之内。

2. 市场营销的基本定位

公共事业组织确定市场营销定位的关键,是要选定本组织产品和服务的特色和突出的形象。这些既可从产品实体上表现出来,如形状、成分、构造、性能等,也可从消费者心理上反映出来,如豪华、朴素、时髦、典雅等,还可从价格水平、质量水准等方面体现出来。

如中国红楼梦协会强调组织对《红楼梦》内容及相关的历史、书鉴典故等的研究,这样的定位吸引了国内外众多红学工作者和爱好者共同开展学术研究和国内外交流,为推动我国《红楼梦》研究事业作出了巨大的贡献。

(四)制订与实施市场营销计划

1. 制订与实施市场营销计划

公共事业营销计划是公共事业营销管理者在某一特定时期内对公共事业整个营销活动作出的规划。其市场营销计划通常以书面形式制订,包含营销部门乃至整个公共事业组织在计划期内的需要协调、配合完成的各项营销活动,以及组织资源分配的具体安排。市场营销计划按时间可划分为长期计划、中期计划和短期计划,按职能机构可划分为组织总计划和部门分计划。

2. 实施市场营销计划

市场营销计划制订后,需要通过公共事业组织的营销管理部门实施市场营销计划,使营销计划转化为具体的营销方案与行为。这个转化过程必须根据组织宗旨和营销计划目标,对组织的人、财、物等各种资源进行合理分配,处理好组织内外的各种关系,并在营销计划的执行过程中树立创新的观念,发挥人员的自觉能动性;同时,还要定期加强对营销计划的执行情况进行诊断,以发现问题和及时地解决问题。实施营销计划一般包括以下步骤。

(1)制订详细的营销方案和各阶段的具体营销目标和指标。各具体的营销方案必须明确计划的关键性环境、措施和任务,并将各个具体步骤的责任分配到个人或团队,力求使他们在具体时间表中完成相应的任务和工作。

(2)以书面的形式确立营销部门或组织运作流程和责任机制。在这些规章制度中,明确与计划有关的各个环节、岗位、人员的责权利关系,各项要求以及奖惩的条件和方法等,以确保营销计划得以顺利实施。

(3)发挥组织结构在计划实施过程中的决定性作用。需要根据营销计划的总体目标、具体目标、方案和有关制度建立有效的组织结构。组织结构不仅把任务分配给具体部门和具体人员,还能规定明确的职权界限和组织内部信息沟通路线,以协调组织内部各项决策和行动。在营销活动中,还要根据情况和条件的发展变化相应地调整组织结构。

(4)对各个具体的部门和人员进行有效的资源配置。在营销计划中,营销预算已经对组织资源的安排作出了明确的规划,因而在实施中可相应地分配各种人力、物力和财力资源,乃至从外部招募合适的营销管理和营销执行人员。

（5）加强营销活动全过程的监督和控制。在根据营销总计划、具体计划进行营销活动的过程中，公共事业组织要定期监督和控制营销活动，建立和发展有效的沟通与协调机制，防止组织营销活动违背营销计划的安排。

三、确定公共事业市场营销策略

（一）公共事业产品的组合策略

1. 公共事业产品的范围

在市场营销活动当中，公共事业组织满足公众需要是通过提供一定服务产品来实现的，所以正确确定公共事业的产品结构和服务范围，决定生产和提供什么产品来为顾客服务并满足他们的利益，这是公共事业市场营销策略的核心。

目前，公共事业产品范围十分广泛，很难为其范围做出一个明确的界定。一般认为，公共事业产品主要包括提供教育、科学、卫生、文化、体育、公用事业等服务。如以资助贫困儿童就学、消除文盲、保护环境等为目的的活动，这些都属于公共事业产品。公共事业产品绝大多数是介于公共产品和私人产品之间的产品形态（准公共物品），有的偏向于公共产品，如义务教育；有的偏向于私人产品，如企业培训。

2. 公共事业产品的分类

按照公共事业产品形式，可将其分为有形产品和无形产品两类，见表 6-2，这是公共事业产品的基本分类。

表 6-2　　　　　　　　　公共事业产品的构成

产品类型	细分	
有形产品	产品质量水平、外观特色、式样、品牌名称、包装等	
无形产品	观念	看法、态度、价值观
	实践	行为、行动

（1）有形产品。有形产品是指向市场提供的实体和服务的形象，它在市场上通常表现为产品质量水平、外观特色、式样、品牌名称和包装等。就有形产品来看，它的形态与营利性组织提供的产品相似，如非营利性医院的药品。

（2）无形产品。无形产品是指对一切有形资源通过物化和非物化转化形式使其具有价值和使用价值属性的非物质的劳动产品以及有偿经济言行等。从无形产品涵盖的范围看，快递、教育培训、银行保险、软件、咨询、医疗、旅游等行业都属于无形产品的范畴，消费者对这些无形产品无法进行直接的看、触、试等行为，由此导致的无形产品品牌营销的难度比有形产品大得多。在公共事业产品中，无形产品服务占大多数。

此外，按照公共事业产品进入市场的难易程度，可将其分为新的、高级和替代性公共事业产品。新的公共事业产品是能够满足公众新的需求，而其他竞争性产品却无法满足的新产品；高级公共事业产品是虽然竞争性产品能够满足，但它能够更好地满足需求的产品；替代性公共事业产品虽然不能够满足公众目前的某种需求，但能改变现有需求，并满足真实的基本需求。

3. 公共事业产品组合要素

产品组合也称产品搭配，是指组织提供给市场的全部产品线和产品项目的组合或搭配，即经营范围和结构。公共事业产品组合是指一个公共事业组织提供的全部产品和服务的有机构成和量的比例关系。它由各种各样的产品线组成，每条产品线又由许多产品项目构成。其中，产品线是指密切相关的满足同类需求的一组产品，一个公共事业组织可生产经营一条或几条不同的产品线；产品项目是指公共事业组织在其产品目录上列出的每一个产品。

公共事业产品组合要素包括宽度、长度和深度。其中，宽度是指一个公共事业组织拥有多少条不同的产品线；长度是指每条产品线上的产品数目；深度是指产品线中的每一产品有多少品种。上述要素对吸引更多的公众，促进销售和增加公共事业组织的收入，都有着十分密切的关系。拓展产品组合的长度和宽度可充分发挥公共事业组织特长，充分利用公共事业组织资源，开拓新市场，拓展服务面，分散投资风险，提高经济效益。增加产品组合的深度可使各产品线有更多的花色品种，适应公众的不同需要，扩大总销售量，提高公共事业组织的竞争力，增强市场地位，提高经营的安全性。

4. 公共事业产品组合策略

公共事业组织有必要对现有提供的产品与服务进行整顿，调整其结构，使其达到最佳的组合。其途径主要如下。

（1）扩大产品策略。由于有些产品适合公众的需求，公共事业组织可采取扩大产品组合的策略，满足市场需求。该策略是扩大产品组合的长度和深度，也就是增加产品线和产品项目，增添生产经营品种，扩大服务范围，从而提高公共事业组织的收入和获得的资助。

①向上延伸。向上延伸是在原本定位于低档服务的产品线中增加高档产品。其原因是高档产品销售形势好，利润高或是为了发展生产经营低档产品的公共事业组织更好地服务于公众。

②向下延伸。向下延伸定位于生产经营高档产品线中增加生产和经营低档产品。其原因是高档产品市场增长缓慢或受到激烈的竞争，利用高档产品的声誉，吸引低档产品的需求者，扩大市场范围，或是填补市场空隙。

③双向延伸。双向延伸定位于提供中档服务、中等价格的产品线上，同时增加高、低档产品项目。公共事业组织向产品线上、下两个方向延伸，主要是为了扩大市场范围，开拓新市场，为更多的公众服务，获取更多公众的支持。

（2）缩减产品策略。这种策略是公共事业组织随着市场需求及公共事业组织内部条件的变化；对一些已经确认进入衰退期的老化的产品线和产品项目所采取的策略。

①立即放弃。立即放弃是对那些已无发展前途或其存在会危害其他有发展前途的产品或其售价已不能补偿成本的产品采取立即淘汰的策略。

②逐步放弃。逐步放弃是对那些不是必须立即淘汰的产品有计划地逐步减产直至淘

汰，使公众的使用习惯能逐步适应，公共事业组织的资源有计划地逐步转移。

③自然淘汰。自然淘汰是不主动放弃产品，而是留在市场上，直至产品销售完全衰竭被市场淘汰。这样可以继续获得一些公众的支持，但会面临着丧失市场机会，蒙受损失的危险。

提供多种产品的公共事业组织，调整和改组产品结构，做出最佳产品组合策略，力争产品组合能使公共事业组织最大限度地吸引公众，满足公众需求，提高公共事业组织收入和社会知名度，获得最大的社会捐助，这是公共事业产品营销管理面临的一项十分艰巨的任务。

（二）公共事业产品的价格策略

1. 确定公共事业产品价格策略的意义

许多公共事业产品需要定价，收取一定的费用，从某种程度上讲，费用的高低直接影响顾客的数量，因此公共事业产品必须慎重定价。价格往往是产品质量的代言人，低价格给人一种产品质量差的印象，高价格则使公众认为产品质量或声誉很高。产品如果是免费的，公众有可能并不注意。如一家医院专为贫穷的市民免费提供医疗服务，但是大部分人却依旧到需要费用的私人诊所就诊，这是因为顾客对免费诊所的质量和所能得到的治疗没有信心。后来该诊所试着收费，却取得了很好的效果。

公共事业组织的产品价格策略，还可有意地减少某些不良的市场需求。例如，在戒烟运动中，可通过提高香烟的价格、税收的水平，减少不吸烟者的保险费用，增加吸烟者的保险费用，要求香烟的生产者捐助与吸烟有关的疾病治疗费用，或以其他利益方式降低对香烟的需求。在这种情况下，公共事业组织试图提高公众从事某种活动的价格来暂时或永久地阻止这一行为。

2. 制定公共事业产品价格的主要方法

公共事业产品价格的制定有许多影响因素。其价格制定的方法主要有如下几个。

（1）全成本定价法。公共事业大量的产品与服务的价格是以全成本定价法确定的。公共事业组织往往拥有产品独占权，但其价格不应超过其成本，否则就是对其独占地位优势的不合理运用。即公共事业产品价格不需要高于成本，虽然高于成本可产生利润。当然，公共事业产品定价一般也不应低于全成本，因为这将使其提供的产品少于其可提供的量，而且可能导致资源的不合理配置。

（2）成本加成定价法。有些公共事业产品价格必须高于其成本并有一定的剩余，以利用这些剩余发展公共事业，更好地为社会服务。成本加成定价包括完全成本加成定价和进价加成定价。对公共事业一些产品而言，可采取成本加成定价法来确定其产品价格。

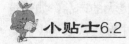 小贴士6.2

完全成本加成定价的计算

完全成本加成定价首先要确定单位变动成本，再加上平均分摊的固定成本组成单位完全成本，在此基础上加上一定的加成率和应缴税金（因为大多数公共事业组织都享受免收税金的照顾，所以税金可省），形成销售价格。其计算公式为：

产品售价＝单位完全成本×（1＋成本加成率）／（1－税率）

（3）市场基础定价法。全成本定价法和成本加成定价法适用于与公共事业组织的主要宗旨直接有关的产品和其他联系密切的产品，但那些与公共事业组织主要任务关系不大的产品的定价，一般应按照相当于同类产品的市场价格来确定。

（4）诱使价格法。在某些情况下，由公共事业组织制定的价格旨在诱使更多的私人实体以此价格提供服务。

（5）补贴价格法。公共事业组织可使用价格补贴方式，鼓励那些不能或不愿支付以全成本或全成本附加价格向公众提供的产品。

（6）处罚价格法。公共事业组织为了阻止公众使用某一类型的产品而对某些产品以高于其全成本的价格收费。

（7）分配定价法。一些产品的定价是为了保证在不同支付能力的使用者之间进行公正的分配，即对特定阶层的使用者规定不同的价格。

（三）公共事业产品的渠道策略

渠道是指某种货物和劳务从生产者向消费者移动时取得这种货物和劳务的所有权或帮助转移其所有权的组织和个人。渠道的起点是生产者，终点是消费者或用户，中间环节包括各参与交易活动的批发商、零售商、代理商和经纪人。从生产者到最终用户或消费者之间，任何一组与产品交易活动有关并相互依存、相互联系的营销中介机构，均可称作一条营销渠道。公共事业产品在确定渠道策略时要注意以下几个方面的问题。

1. 分析公众需要的产出水平

在设计选择渠道时，营销人员必须了解目标公众需要的产出水平。一般可提供5种产品与服务产出。

（1）批量大小。批量是指营销渠道在购买过程中提供给公众产品一次的单位数量。

（2）等候时间。等候时间指公众等待收到货物的时间。公众一般喜欢快速交货渠道。

（3）空间便利。空间便利是营销渠道为公众购买产品所提供的方便程度。

（4）产品品种。产品品种是营销渠道提供的产品花色品种的宽度。一般来说，公众喜欢较宽的花色品种，因为这使得实际上满足公众需求的机会更多。

（5）服务支持。服务支持是渠道提供的附加服务（信贷、交货、安装、修理）。渠道提供的服务工作越多，渠道的工作量越大。

2. 建立渠道的目标与结构

渠道目标因产品特性不同而不同。易腐产品要求直接营销；体积庞大的产品，如建筑材料，要求采用运输距离最短，在产品从生产者向消费者移动的过程中搬运次数最少的渠道布局。单位价值高的产品一般由公司推销员销售，很少通过中间机构。

3. 直接渠道与间接渠道的选择

直接渠道是指产品生产者直接将产品送达公众；间接渠道则是指产品生产者通过代理

商、批发商、零售商等将产品传递到公众手中。一般来说，运用直接渠道可及时对公众的需求做出反应，同时还能很好地控制渠道中的活动，但利用直接渠道往往需要花费较大的成本，对不以营利为目的的公共事业组织来讲是有很大困难的，因此，公共事业组织还是常常选择间接渠道来分销自己的产品的。

4. 渠道环节的选择

间接渠道有一级渠道、二级渠道、三级渠道 3 种最常用的渠道种类。其中，一级渠道包括一个中间机构，如零售商；二级渠道包括两个中间机构，一般是批发商和零售商；三级渠道包括 3 个中间机构，一般是批发商、零售商和代销商。当然，还有更高级数的渠道，组织需要根据自己的实力和自身产品的特点来选择。

5. 渠道成员的选择

公共事业组织在确定渠道方案后，必须对生产者与公众间的每个中间机构进行慎重选择。在选择中间机构时，应注意其经营年数、经营的产品、成长的记录、偿付能力、合作态度以及声誉等。此外，随着时间的变化，渠道安排必须调整。

（四）公共事业产品的促销策略

促销策略的主要任务是将有关公共事业组织及其服务产品的信息传递给目标市场上的顾客，以扩大销售。在今天这样一个"信息爆炸"的时代，开展有效的促销活动，对公共事业组织与公众之间的信息沟通起着至关重要的作用。公共事业产品可选择的促销工具主要包括广告、人员推销、营业推广和公共关系。

1. 广告

公共事业产品广告是公共事业产品促销方式中最为普遍的一种，公共事业组织在制订广告计划时，首先应确定目标市场及购买者动机，然后做出 5 项主要的决策，包括广告目标、广告预算、所传送信息、媒体和评估效果的方法。公共事业组织可根据曝光度、公众的意识与态度、希望行为的结果来确定自己的广告目标。影响广告预算的因素有产品的生命周期、市场占有率、竞争情况、产品的可替代性。广告媒体的选择应参考公共事业组织对广告传播频次、范围和效果的要求；目标公众接受媒体的习惯；产品特点；信息内容；媒体的成本和公共事业组织的支付能力等因素。

2. 人员推销

人员推销是最古老的促销方式，具有面对面双向沟通、选择性强、完整性等特点。但其最大的问题在于访问客户的数量受到时间和费用的限制，因此人员推销主要用于买主数量有限、分布区域集中或购买批量大的情况，以降低费用。

3. 营业推广

营业推广是指多种能在短期内迅速刺激需求，促成公众或中间商购买某一特定产品的活动。针对不同的对象可采用免费提供、样品、演示、赠券、现金退还、奖金、竞赛和保险、免费商品、折扣、广告补贴、合作的广告、配送竞赛、奖励和为最佳业绩者提供佣金、奖励、竞赛和奖金等措施。

4. 公共关系

公共事业组织的公共关系是组织有计划、坚持不懈运用沟通手段，争取内、外公众谅解、支持与协作，建立和维护组织形象的管理活动。公共关系与许多营销任务有关。主要包括建立和维护形象；支持其他沟通活动；解决问题与麻烦；加强定位；影响特殊公众；协助新服务的启动。

四、公共事业市场营销评估

公共事业市场营销评估是指公共事业组织在实施市场营销过程中对营销计划及其实施情况进行监控，并对营销计划的实施绩效进行系统评价的过程。评估既可是市场营销实施过程中的评价、营销结束后的评价，也可是在营销活动开始前对营销计划的事前评价。市场营销活动评估的方法很多，有观察法、问卷法、文献法、访谈法等，市场营销活动评估往往是这些方法的综合运用，只用一种方法很难作出准确的评估。

（一）公共事业市场营销评估的作用

市场营销评估主要是建立一种反馈机制，用以控制营销过程，以及为将来的营销活动总结营销经验和教训。因此，公共事业市场营销评估是公共事业组织整个营销过程的重要组成部分。

公共事业市场营销评估的主要作用：一是检查和总结市场营销活动的实践活动，确定各个实践阶段是否实现了具体目标，目标是否合理有效，主要绩效指标是否实现；二是及时调整和修改营销计划，以适应市场环境和组织内部条件的变化；三是通过分析评价找出成败的原因，总结经验教训；四是通过及时有效的信息反馈，为未来市场营销活动的设计、决策、市场营销活动管理能力的提高提供建议。

（二）公共事业市场营销评估的内容

1. 营销计划评估

主要内容包括营销计划是否和宗旨紧密相连；组织内外部环境和内部条件分析是否存在偏差；市场营销活动总体上是否符合实际情况。

2. 营销成果评估

主要内容包括营销具体目标是否实现；现实和目标之间有何差异；各项指标完成情况。

3. 经济效益评估

主要内容包括营销有没有出现支出失控的情况；营销活动的收支是否平衡；市场营销活动能否形成自负盈亏能力。

4. 实施情况评估

主要内容包括营销组织机构的设置是否有利于市场营销活动的实施；营销计划和战略如何落实为行动；营销活动运作出现了哪些限制因素和障碍；营销活动进度和预先设定的进度有何偏差，是何原因导致其偏差。

5. 管理能力评估

主要内容包括营销信息流动是否通畅；营销活动决策是否吸收了相关参与人员的意见；能否调动市场营销活动人员的积极性；应对紧急情况能力如何；有没有出现管理

混乱。

6. 目标人群评估

主要内容包括营销活动有哪些；目标人群是如何参与组织的营销活动的；妨碍目标人群参与营销活动的因素有哪些。

(三) 公共事业市场营销评估的步骤

1. 制订评估提纲

在正式营销评估开始之前，应先编制评估提纲。编制提纲前，评估人应先明确以下问题：评估报告的是谁；评估的内容是什么；涉及哪些人员；评估的最佳时机在什么时候；参与人员有哪些。评估提纲的内容主要包括公共事业市场营销活动背景、营销活动概述（目标和主要内容等）、现阶段的基本情况、评估目的、评估问题、评估成员、日程安排、评估报告的提交，并将作为评估的依据和基础。

2. 检查营销的市场环境和内部条件

市场营销的市场环境总是在不断发展和变化的，有的变化有利于市场营销活动的开展，有的则会妨碍营销计划的实施。因此，市场营销评估应先对市场环境进行评估，同时应注意市场营销内部条件的发展变化，因为有的内部优势和劣势可能会相互转化，也有可能出现尚未预测到的新情况，所以需要评估外部市场环境和内部条件，以确保优势是否还是优势，是否得到加强，劣势是否还是劣势，是否得到减弱。如果发生了变化，原因是什么，能否控制使之符合公共事业组织的营销计划。

3. 衡量营销活动的绩效

衡量营销活动绩效需要制定相应的衡量标准，其标准主要包括数量标准、时间标准、质量标准等。通过这些标准将实际营销活动的结果与计划中的预期结果进行比较，找出已经获得的成绩和未达到计划的地方，以及成功和失败的原因，从而加以控制和调整。科学衡量营销绩效有利于下一步工作的开展，并需要解决这样一些问题：组织的制度和结构是否符合营销计划？内部条件是否适应外部环境的变化？营销计划的实施是否有效，是否最大化地使用了已有资源？是否需要调整时间和进度？风险控制是否得当？

4. 调整或修正营销计划

通过评估了解营销计划与实际情况偏差后，公共事业组织需要对营销计划和具体目标进行调整和修改，或者制订新的方案和计划以补充原有计划。通过评估还要决定是否继续原有计划，是否重新组织资源，是否终止营销，是否实施重新组织计划。

5. 形成营销评估报告

在总结市场营销活动评估经验和教训的基础上，形成市场营销活动的评估报告。报告文字应力求准确清晰，尽可能不用过分专业化的词汇，以便于阅读和对比。报告应包括摘要、市场营销活动概况、营销活动内外部影响因素、对收集到的材料和实际调查情况进行描述和分析、经验教训、最终的结论和意见、评价方法说明、参考资料等。报告的结论要与分析相对应，经验教训和建议要与将来的市场营销活动设计、运作联系起来，利用已有成果和教训指导未来的营销活动。

第三节　公共事业组织资金筹集管理

公共事业组织虽是非营利的组织，但为社会提供公共服务，要消耗一定的人力、物力、财力，因而公共事业组织筹资的首要原因是为了生存；公共事业组织要发展壮大，要能够可持续发展，也必须不断扩大活动范围，建立一定数量的忠实的消费者和认同组织的社会群体。因此，加强公共事业组织筹集资金管理是十分必要和紧迫的。

一、公共事业组织的资金来源

（一）公共事业组织资金的来源渠道

1. 公益性的捐赠

公益性的捐赠主要是一些热心公益事业，有爱心的个人、团体或组织的捐赠。从世界范围看，个人（包括团体）捐赠的比例最大，占总额的 65%。个人捐赠者的动机是支持有意义的事业，得到新的知识、信息和经验，获得自我发展、自我挑战等，帮助弱势群体，纪念故人、故事，推动政府与社会的民主化进程及改善生存的宏观环境，改善自己所居住地区的条件及生活等微观环境等。

2. 服务性收费

通过努力提高产品和服务的质量，扩大消费者群体，增加服务收入。我国公共卫生等组织的服务收费收入，约占其总收入的 50%。

3. 政府的资助

公共事业组织为社会提供公共服务，增进了公共福利，体现了公共利益，政府作为社会公共权力部门，有义务在财力上支持公共事业组织的发展。我国公共事业组织主要依赖政府财政资金的支持，在财政预算中也明确安排出相应的资金用于公共事业。

4. 经营性资金

公共事业组织通过一些经营活动，取得一定的资金，如下设的印刷厂、商场上交公共事业组织的资金等，但这些经营活动必须独立注册登记、独立核算、照章纳税。

（二）公共事业组织筹资的关键问题

从国际经验来看，一个公共事业组织要能成功筹款，必须解决好以下关键问题。

1. 宗旨明确

公共事业组织与任何其他组织一样，要有一个明确的使命或宗旨，以说明它为什么做这些事。如果公共事业组织的工作和努力没有聚焦在有益于社会、合理的目标上，如果其哲学和价值观本身不是为了公共利益，则该组织就难以筹集到所需的资源。

2. 使用透明

世界各地的捐款人都希望自己善意的捐赠能够对社会作出贡献，他们理所当然地担心捐赠的资金被贪污和滥用。而在中国，这样的担忧尤为突出。如果不能提高筹集资金的使用透明度，不能取得社会的支持和信任，公共事业组织的发展便会举步维艰。公开资金的使用情况及财务报表等信息，可为公共事业组织树立良好的公众形象，吸引更多的社会资源，支持组织实现宗旨。

3. 自身壮大

尽管降低营运成本很重要，但不能以丧失作为一个有效的公共事业组织所必需的基本运转能力为代价。不管筹集来的资金是用于某些专门项目上，还是用于提高员工工作效率、个人素质上，或是投资于技术、改进生产和服务上，公共事业组织都不能视为对组织自身运作能力的投资。只有组织自身壮大了，才能筹集到更多的款项为社会公共福祉作出贡献。

4. 志愿参与

参加非营利性组织志愿活动的人，可能会为公共事业组织捐赠更多的资金。虽然要找到乐于参与志愿活动的人并不难，但他们往往缺乏连续性，有的参加过一两次就不再参加了。公共事业组织通过市场营销策划，可改进组织的项目安排，为志愿者提供更好的工作，尽量满足他们的需要。我们常常要问，公共事业组织招募志愿者将干什么？他们要具备什么样的资格？谁来监管他们？他们在什么时候被安排到什么地方？如何感谢他们？为适应某些志愿者的需要，非营利性组织必须在正常工作时间和项目工作以外为他们提供更多的发展机会。实践证明：社区内的志愿者参与越多，公共事业组织的声誉就越好，社区居民对于公共事业组织的认同度就越高，同时，公共事业组织在社区内的筹款工作就会做得越成功。

 小贴士6.3

公共事业组织筹款的构成要素

不管公共事业组织采取何种筹款活动，都有可能涉及5类人群的参与：一是表演者，表演是一些筹款活动的中心任务，筹款活动要依靠表演者的技艺和吸引力来赢得成功；二是赞助者，赞助者是筹款活动的主要构成，他们往往承担筹款活动的大部分开销；三是媒体，当媒体以发表专题报道或活动图片的形式对筹款活动进行报道时，它们就成了公共事业组织的慈善活动的"媒体赞助人"；四是慈善组织或NGO，NGO是慈善筹款活动的一个焦点，因为开展活动的真正理由就是为公共事业组织的慈善工作筹集资金；五是观众。

二、公共事业组织筹集资金的方式

公共事业组织服务于公众，为公众提供公共产品服务，也从公众处获取组织生存和发展所必需的资金。如何树立一个良好的公众形象，赢得公众的信任、支持和投入，与公共事业组织的生存与发展密切相关。因此，建立与国际组织、国内公共事业组织、政府、公众及企业的交流与联系，通过各种媒体和手段获取信息和进行沟通，是公共事业组织市场营销、筹集资金的重要内容。公共事业组织筹集款项的方式主要包括争取外部援助和扩大内部自筹收入，这两种筹集方式又包含有不同的具体途径。

(一) 争取外部援助

外部援助是公共事业组织资金的重要来源，公共事业组织可通过以下 4 种途径争取尽可能多的外部资金。

1. 争取政府财政资金

公共事业组织可利用政府承担发展文化、教育、卫生、慈善和环保等社会公益事业的责任和义务，争取获得资金支持、减免税费的优惠政策，争取政府为自己免费或低价提供物资或土地等。但在争取政府支持的同时，公共事业组织要保持其自身的独立性，不能过分地依赖于政府。公共事业组织应是政府的合作伙伴，而不是其附庸或代理人。与政府建立合作关系，对公共事业组织的发展具有长期的、深远的影响。

2. 加强与企业合作

公共事业组织可在法律允许和不对自己的声誉造成不良影响的前提下，利用自身品牌的无形资产与企业合作。如与公司签订产品认可或促销协议，以换取对方捐款。通过合作，促进公共事业组织与企业实现双赢。这样，公共事业组织就能从企业获取资金和物资的援助，还能吸引企业员工投身于公益事业；企业则能树立良好的社会形象，增强社会知名度，也有利于企业取得更好的运营成效，增加收益。

3. 推动民众募捐

这是公共事业组织获取外部援助的一条传统途径。公共事业组织要想取得好的募捐效果，除了要树立很高的社会公信度，向捐赠者提供真实的、能满足其抉择需要的财务信息外，还应当选择被社会公众认可、支持的公益项目，同时，募捐活动要精心策划，募捐方式要灵活多样。

4. 争取国外援助

在发展中国家，政府、企业和民众的收入还不高，公共事业组织在国内难以筹集到足够的资金，因此，包括来自发达国家政府机构、企业、个人、基金会和其他公共事业组织的捐款和援助，就成了发展中国家公共事业组织收入的一项重要来源。良好的形象，民主化和规范化的工作方法，公开化和透明化的资金运作，以及与国外政府机构、企业、基金会和其他公共事业组织的沟通交流，是我国公共事业组织争取国外援助的基础。

(二) 扩大内部自营收入

公共事业组织虽不以营利为目标，但并不等于免费提供服务，没有任何营利行为，其可依法进行某些营利性经营并获取利润，只是其利润属于组织本身而不能分配给组织中的个人，其利润应成为组织筹措资金的一部分，为完成组织的目标和使命而使用。此外，公共事业组织因其公益性还能享受一定程度的税收优惠。公共事业组织可通过收取服务费用、从事经营活动、进行商业投资等来获取收入。

1. 收取服务费用

顾客支持型和公众支持型公共事业组织，在对其顾客提供产品或劳务时，可以收取一定的费用，如学校向学生收取学费等。需要明确的是，公共事业组织是为了实现其社会使命而向公众提供服务的，收取一定费用的目的是弥补开支、降低成本，所以其收费应是低水平甚至是免费的，而不应按照市场经济价值规律来收取。

2. 从事经营活动

公共事业组织在开展实现其社会使命的主要业务活动的同时，还可从事一些相关的经济活动，将获取的收入用于组织的发展，以便向社会提供更多、更好的服务，如博物馆可开办礼品店向参观者出售纪念品等。对公共事业组织而言，从事经营活动从中获利是一项极重要的资金来源。但公共事业组织须牢记这样做的目的，是更好地实现其为社会公益服务的宗旨，所以从事的经营活动必须是合法的，不能对自己的声誉造成不良影响，从中所获的经济利益不能在组织内部进行分配，而必须全部用于公共事业组织。

3. 进行商业投资

投资是指将资金投放于生产经营领域，以期望在未来获取收益的经济行为。对公共事业组织来说，商业投资是一种重要的投资方式，是指公共事业组织将所获取的资金实现其保值与增值，以便能有更多的资金投入社会公益服务的活动，如慈善基金会可将闲置资金投入到房地产、证券市场等领域。为了以尽可能低的市场风险、尽可能少的资金占用获取尽可能多的投资收益，公共事业组织还应进行科学的投资管理。其内容主要包括：评估自身承受投资风险的能力；确定投资结构；研究投资环境，选择投资机会；评价投资方案的风险与收益；选择最佳的投资方案等。

由于公共事业组织在国内和国际上所承担的角色日渐重要，面临的筹款压力也越来越大，传统的筹资方式已难以满足目前的组织发展需要；同时，公共事业组织在积累了一定的筹资经验之后，其筹集资金的能力、技术也在不断加强，公共事业组织有了组建专业筹款机构的可能性。因此，许多公共事业组织都在内部建立起专门的筹款项目小组、团队或部门，以解决公共事业组织的筹款问题。目前，这种团队在亚洲、非洲等发展中国家的公共事业组织中还有不断扩大的趋势。

三、公共事业组织的筹款管理

公共事业组织作为非营利组织，经常面对着资金困难的局面，资金筹集在公共事业组织管理和运作中具有十分重要的地位。筹款管理的重要环节是对组织的筹款绩效进行合理的评估，从而不断地提高组织运作的效率，争取更多的资金来源，以维持和发展组织，并且为社会公众提供更好的产品和服务。

(一) 绩效评估

1. 绩效评估的标准

公共事业组织筹款管理的绩效评估，就是运用科学的标准、方法和程序，对组织筹款业绩、成就和实际作为尽可能准确的评价。绩效评估是筹款管理的重要手段，通过评估提供公共事业组织筹款绩效信息，诊断公共事业组织在筹款中所遇到的问题，并提出有针对性的改进措施，从而鼓励、促进员工更加努力工作，提高筹款部门和员工工作效率，达到预期目的。

衡量公共事业组织筹款的绩效，需要制定相应的衡量标准。在公共事业组织的筹款绩效评估中，最困难的工作莫过于确立衡量的标准或确定评估的指标。由于公共事业组织自身宗旨、活动特点的复杂性，单一的量化的绩效标准不可能准确地反映一个公共事业组织的运作情况，所以，其筹款的绩效标准是一些复杂的要素的综合，这些要素共同反映着公共事业组织的运作状况。这些标准包括数量标准、时间标准和质量标准等。

2. 绩效评估的实施

从宏观方面来讲，对于组织整个筹款效果的评估，可以从以下几个方面展开。

（1）比较款项规模。筹款规模可与近期本组织的其他筹款效果比较，分析二者的差距，找出差距的原因，如市场条件变化、消费者心理变化及宏观环境变化等。筹集款项的规模也可与其他公共事业组织的类似项目筹款规模作比较，从中分析本组织与其他组织的差异，总结经验教训，为下次筹款做好经验准备。

（2）分析捐赠人情况。捐赠人指标可用来衡量公共事业组织在社会公众中的影响，具体影响到哪些人群，分析他们在哪个地区，属于哪个年龄阶段，具有什么样的教育背景，目前正在做什么职业等情况，以便在其他地区或相似的条件下开展筹款准备，推广公共事业组织的产品和服务。此外，公共事业组织还要分析每个捐赠人的捐赠规模，分析主要捐赠人的特征。

（3）成本效益分析。成本效益指标用于分析公共事业组织在筹集到每一单位款项时需要花费多少成本。其公式表示为：

$$成本效益比＝成本费用/筹得款项$$

通过组织内部各个项目的纵向比较和组织外部与竞争者的纵向比较，找到绩效差异的原因。一般来说，成本费用与筹得款项的比例为 10％～20％为宜，这个比例组织能够接受，公众也比较认可。成本效益比率越低，显示市场营销活动的效率越高。

3. 员工的绩效评估

与此同时，公共事业组织也需要对筹集资金的员工进行绩效评估。对每个人的评估是十分必要的，个人是组织中的个体，充分发挥个人的能动性，争取筹得更多的资金，关系到整个组织的资金来源。因此，对每一个相关的员工进行筹资绩效评估也是十分重要的。具体来说，对于公共事业组织个人的绩效评估可从以下方面进行考核。

（1）走访人数。员工走访的人数能够使公共事业组织扩大其影响，争取更多的公众了解组织的宗旨和使命，引起公众对公共事业组织的长期关注。因此，员工在筹集资金时所接触到的人数可成为员工筹资绩效的一个重要指标。

（2）工作范围。不同的地区有着不同的人群、企业和各种组织，他们的需求各不相同。员工工作范围越大，能为组织现在和未来筹集到的资金就越多，组织在以后的发展过程中得到的关注也就越多。

（3）每月工作时间。这是衡量一个员工工作绩效的数据指标，也是规范员工绩效的基本指标。有的公共组织依据这个指标决定员工的薪酬的基本标准。

（4）参加培训。员工参加相关培训的时间和培训效果，可以被认为是员工提高其工作绩效的重要方式。公共事业组织也必须注重对员工人力资源的开发，重视员工综合素质的提升，不断发掘员工的工作潜力。

（5）项目建议书。项目建议书是公共事业组织的员工筹集资金的重要工具，也是取得捐赠的有效手段。因此，公共事业组织有必要考核员工在一定时期内书写项目建议书的次数、书写成果的有效价值等相关指标。

（6）筹资结果。它是考核员工工作绩效的最直接和最重要的指标。在这一环节中，公共事业组织不仅要考核员工筹集资金的规模，还要考核筹集到单位资金量所花费的成本，包括时间成本和资金成本。筹资结果也直接影响到对员工的激励方式，如薪酬激励等。

（二）员工激励

1. 员工激励的现实意义

激励是通过各种客观因素的刺激，激发人的行为动机，引发和增强人的行为的内在驱动力，使人达到一种兴奋的心理状态，从而把外部的刺激内化为个人的自觉行动，通过这种自觉的行动来完成组织交给的任务和组织目标。公共事业组织的筹资员工激励，指通过有效的激励手段，激发筹资人员的需要、动机、欲望等，形成某一特定的目标并在追求这一目标的过程中保持高昂的情绪和持续的积极状态，发挥潜能，达到预期筹资目标。

随着社会的进步和人们受教育程度的不断提高，公共事业组织的员工素质也发生了很大的变化。公共事业组织中的"知识型员工"比重越来越大，他们渴望通过为组织筹集资金来充分发挥自己的能力，并得到心理上的满足感。"人是企业最宝贵的财富"、"人是企业的第一资源"不仅已被绝大多数企业所认同，也被公共事业组织所认同。在公共事业的发展中，尤其是在筹资活动中，人的因素越来越重要，所以在筹资管理中也越来越重视员工激励问题。筹资部门的管理者在公共事业组织的筹资管理中，一项重要的任务就是激励筹资人员，充分发掘他们的工作潜力，调动他们的工作积极性，以达到组织的筹资目标。激励员工是推动筹集绩效的重要和有效的办法之一。

2. 员工激励的关键问题

公共事业组织在筹资管理的过程及员工激励的过程中需要注意以下关键问题。

（1）为员工出色完成任务提供各种有效信息。这些信息包括组织的整体目标、营销目标及筹资具体任务，需要员工个人必须着重解决的具体问题。这些信息不仅要在项目或任务刚开始时提供给员工，在整个工作过程中及项目即将结束时，也应该源源不断提供给员工。

（2）有定期的反馈。管理者需要在筹资活动过程中不断地倾听来自基层员工的各种反馈信息，从这些信息中寻找激励方式和方法。不仅如此，管理者还要及时了解与组织有关的各种信息，如公众及消费者的反馈、捐赠人的需求，并将这些反馈信息传达给筹集资金的员工。

（3）听取员工的意见。邀请员工参与制定与其工作相关的决策，使员工感受到自己的人格受到尊重，自己的工作受到重视。

（4）建立交流渠道。员工可通过这些渠道提出工作中遇到的问题，从组织内部获得问题的答复，或者诉说关心的事。公共事业组织鼓励员工畅所欲言的方法有很多，如设立员工热线、设立意见箱、举行小组讨论、举办答疑会、建立网络论坛等。

（5）从员工身上找到激励员工的动力。每个人所处的周围环境不同，内心的动机各不相同，各人的需求亦不相同。因此，激励员工的方法也应因人而异。如果有迹象表明某员工喜欢某种对待方式或者想做某类工作，就应该根据情况作出适当的沟通和反应，让他们有更多机会做这些工作。

（6）注意激励的方式、方法。管理者在激励员工时有时需要一些技巧，如当员工出色完成工作时，管理者可当面表示祝贺。这种祝贺要及时，也要说得具体。书面形式的祝贺能让员工看得见管理者的赏识，被重视和关注的感觉也会持久一些；而当众表扬员工工作出色就等于告诉员工他的业绩值得组织所有人关注和赞许等。

（7）制订一整套从内部提拔员工的标准。要强调组织愿意长期聘用这些员工，且制定相应的提拔标准；从各个阶段筹资绩效中评估员工的工作能力，根据工作能力和提拔标准来提拔员工。这样不仅能使员工绩效得到提高，还能激发员工的工作积极性，满足他们的提升要求。

（8）制定合理的薪酬标准。虽然公共事业组织属非营利组织，且由于资金的限制，在薪酬鼓励方面的能力较弱，但也能根据组织的具体情况和依据员工的贡献价值合理地制定出有差别的员工薪酬体系，使员工觉得自己的劳动报酬合情合理是激励员工的基本保证。

▶▶▶ 本章小结

● 市场营销是整个社会的经济活动过程和市场主体的经济活动，其内容是一个系列的活动过程。它既是一个动态发展的过程，又是与市场主体复杂的宏观环境和微观条件紧密相连的。市场营销具有营销多样、多种目标、专供服务和社会监督的特征。

● 公共事业市场营销管理是指为实现公共事业组织目标，提供公共产品与服务而进行分析、规划、实施和控制的过程。其本质是社会公共需求管理，即对社会公共需求的水平、时机和性质进行有效的调解。

● 公共事业微观营销环境是指直接影响和制约公共事业组织经营活动的环境因素，包括顾客、竞争环境和公众；公共事业宏观营销环境是指大范围影响公共事业营销决策的社会约束力量，主要包括人口、经济、自然、科学技术、政治法律和社会文化等。

● 公共事业市场营销计划主要内容包括市场细分、目标市场选择、市场营销定位、制订与实施市场营销计划。市场细分具有独立性、完整性、衡量性、进入性、营利性和差异性的特征，其基础是消费需求的差异性、相似性和公共资源的有限性。

● 公共事业市场营销策略包括组合策略、价格策略、渠道策略和促销策略。其中，组合策略的途径是扩大产品和缩减产品；制定产品价格的方法有全成本定价法、成本加成定价法、市场基础定价法、诱使价格法、补贴价格法、处罚价格法和分配定价法；在确定渠道策略时要注意分析公众需要的产出水平、建立渠道的目标与结构等；促销策略包括广告策略、人员推销、营业推广和公共关系。

● 公共事业市场营销评估是指公共事业组织在实施市场营销过程中，对营销计划及其实施情况进行监控，并对营销计划的实施绩效进行系统评价的过程。评估的内容包括营销计划、营销成果、经济效益、实施情况、管理能力和目标人群的评估；其步骤是制定评估提纲，检查营销的市场环境和内部条件，衡量营销活动的绩效，调整或修正营销计划和形成营销评估报告。

● 公共事业组织虽属于非营利的组织，但为社会提供公共服务，要消耗一定的人力、物力、财力，因此公共事业组织也要进行资金的筹集。其资金的来源渠道是公益性的捐赠、服务性收费、政府的资助和经营性资金；组织筹款主要应争取外部援助，同时积极扩大内部自筹收入，并就款项规模、捐赠人情况、成本效益等进行评估，开展绩效评估和员工激励等筹款管理工作。

◆ 复习思考题

1. 如何理解市场营销及其特征？
2. 结合实际说明公共事业市场营销策略。
3. 阐述公共事业组织制定营销价格的方法。
4. 论述公共事业组织筹款的主要方式。
5. 结合公共事业组织筹款案例阐述员工激励的途径。

参考文献

[1] 菲利普·科特勒. 市场营销原理 [M]. 北京：清华大学出版社，2003.

[2] 李海琼. 市场营销实务 [M]. 北京：机械工业出版社，2011.

[3] 温来成. 现代公共事业管理概论 [M]. 北京：清华大学出版社，2007.

[4] 林修果. 非政府组织管理 [M]. 武汉：武汉大学出版社，2010.

[5] 苗丽静. 非营利组织管理学 [M]. 大连：东北财经大学出版社，2010.

[6] 胡斌. 面向公共事业服务的核心业务平台的研究与实现 [D]. 南昌：江西师范大学，2012.

[7] 马杰. 公共事业组织营销理念选择与模型构建 [J]. 商业时代，2010.

[8] 德吉德玛. 浅谈公共图书馆信息市场营销发展 [J]. 金田，2013 (6).

第七章　公共事业项目管理

学习目标

1. 知识目标

❖理解项目管理、公共事业项目及其管理的基本理论。

❖掌握项目管理的过程与内容。

❖熟悉公共事业项目管理的原则与过程。

❖掌握公共事业项目管理的范畴与要素。

2. 能力目标

❖提高解决公共事业项目管理问题的能力。

❖增强公共事业项目管理的实际运作能力。

案例导入

环境保护在各国受到了越来越多的重视。环境保护项目是指社会各有关投资主体从社会的积累和各种补偿基金中拿出一定的资金用于工业污染防治、城市基础设施建设、自然生态环境保护和改善的项目。环境保护项目具有如下特点。

1. 环境保护项目的社会性

一般而言，项目主要目的是获取最大的经济效益，而环境保护项目的效益主要表现为项目对国家、地区和社会群体共同利益所作的贡献。环境保护的受益面很广，如我国北方的防护林工程，不仅减少了北方地区的沙尘暴，使北方居民直接受益，而且还可间接减轻沙尘暴对我国南方、日本等国家造成的不利影响。

2. 环境保护项目的长期性

环境保护项目一般不是一次性投资或短期行为，而是持续不断的投资，其投资周期较长，要经过长期、持续、有效的投资才能真正发挥作用。如生态环境的改善需要几十年，甚至上百年的努力才能完成。因此，在对环境保护项目进行经济评价的时候，不能简单地将投资回收期的长短作为评价标准。

3. 环境保护项目的系统性

由于环境保护项目具有明显的外部效果，其费用和效益并没有纳入复杂的商品市场系统，因而对环境污染治理要注意政策的手段上的系统性。如过分地强调对空气污染的治理，就可能会忽视固体废物的排放。所以，要综合考虑环境保护的有效性和公平性，从全局出发对环境保护项目进行评价。

请思考：

如何从社会整体角度考察环境保护项目的费用和效益？

第一节　公共事业项目管理概述

一、项目及项目管理的概念

(一) 项目的含义及特点

1. 项目的含义

在管理学中，项目是指一系列独特的、复杂的并相互关联的活动。这些活动有着一个明确的目标或目的，必须在特定的时间、预算和资源限定内按照规范完成。项目可以是建造一栋大楼、一座工厂或一座大水坝，也可以是解决某个研究问题，如研制一种新药，设计、制造一种新型设备或产品等。这些都是一次性的，都要求在一定的期限内完成，不得超过一定的费用，并有一定的性能要求等。所以，有人说项目是新企业、新产品、新工程、新系统和新技术的总称。

2. 项目的特点

在各种不同的项目中，项目内容是千差万别的，但项目本身有其共同的特点，主要体现在：一是项目由多个部分组成，跨越多个组织，需要多方合作才能完成；二是通常是为了追求一种新产物才组织项目；三是可利用资源预先要有明确的预算；四是可利用资源一经约定就不再接受其他支援；五是有严格的时间界限，并公之于众；六是项目的构成人员来自不同专业的不同职能组织，项目结束后原则上仍回原职能组织中；七是项目的产物其保全或扩展通常由项目参加者以外的人员来进行。

(二) 项目管理的含义及特征

1. 项目管理的含义

项目管理是指通过项目经理和项目组织的努力，运用系统理论和方法对项目及其资源进行计划、组织、协调、控制，旨在实现项目特定目标的管理方法体系。作为一种管理项目的理论与方法，项目管理已日趋成熟与完善，表现出强大的生命力，并被世界各国广泛应用于建筑、军事、银行、电信、矿山、机械、石油开发等行业。项目管理是特别适用于那些责任重大、关系复杂、时间紧迫、资源有限的一次性任务的管理方法。

但是，人们往往把项目管理理解为工程建设项目管理，这在很大程度上限制了项目管理的适用范围。工程建设项目管理只是项目管理在工程建设项目中的具体应用。公共事业可视为一个项目，当然也可用项目管理的方法来管理。因此，在公共事业管理中引入项目管理方式有助于政府对公共事业实行有效管理。

2. 项目管理的特征

主要体现在以下 3 个方面的特征。

(1) 复杂性。项目管理一般由多个部分组成，工作跨越多个组织，需要运用多种学科的知识来解决问题。项目工作通常没有或很少有以往的经验可以借鉴，执行中有许多未知因素，每个因素又常常带有不确定性。实施项目管理需要将具有不同经历、来自不同组织的人员有机地组织在一个临时性的组织内，在技术性能、成本、进度等较为严格的约束条件下实现项目的目标等。这些因素都决定了项目管理是一项很复杂的工作，且其复杂性与一般的生产管理有很大不同。

(2) 创新性。项目管理的复杂性决定其既要承担风险，又必须发挥创新效应，这是其与一般重复性管理工作的主要区别。项目的创新性依赖于科学技术的发展和支持，而现代科技发展的特点体现了其继承积累性，人类可继承前人的知识、经验和成果，并在此基础上发展；同时，也体现了解决复杂项目往往要依靠和综合多种技术、多种学科成果的必然性，并实现科技的飞跃或更快的发展。因此，在项目管理的前期构思中，必须重视科学技术情报工作和信息的组织管理，这是产生新思维、新构想和解决问题的首要途径。

(3) 周期性。项目管理的本质是计划和控制一次性的工作，在规定期限内达到预定目标。一旦目标满足，项目就失去其存在的意义而解体。因此，项目具有一种可预知的寿命周期，并通常在其寿命周期中有一个较明确的阶段顺序。这些阶段可通过任务的类型或关键的决策点加以区分。根据项目内容的不同，阶段的划分和定义也有所区别。一般认为，项目的每个阶段应涉及管理上的不同特点并提出需完成的不同任务，但无论如何划分，对每个阶段开始和完成的条件与时间要都有明确的定义，以便于审查其完成程度。表 7-1 提出了一种项目阶段的划分方法，并说明了每个阶段应采取的行动。

表 7-1　　　　　　　　　项目阶段的划分

阶段 1——概念	阶段 2——计划	阶段 3——执行	阶段 4——完成
★确定项目需要 ★建立目标 ★估计投入的资源和组织 ★构成项目组织 ★指定关键人员	★确定项目组织方法 ★确定基本预算和进度 ★为执行阶段做准备 ★进行研究与分析	★项目的设计、建设生产、建立场地、试验交货等	★帮助项目产品转移 ★转移人力和费人力资源到其他组织 ★培训职能人员 ★转移或完成承诺 ★项目终止

(4) 组织性。项目管理需要集权领导和建立专门的项目组织。项目的复杂性随其范围不同变化较大，项目越大、越复杂，其所包括或涉及的学科、技术种类也越多。项目进行过程中可能出现的各种问题多是贯穿于各组织部门，它们要求这些不同的部门作出迅速且相互关联、相互依存的反应。但传统的职能组织不能尽快与横向协调的需求相配合，因此需要建立围绕专一任务进行决策的机制和相应的专门组织。这样的组织不受现存组织的任何约束，由

各种不同专业、来自不同部门的专业人员构成。因此，复杂而包含多种学科的项目，大都以矩阵方式来组织，这是一种着眼于取得项目和职能组织形式两者的好处的组织方式。

（5）责任性。在项目管理中，项目负责人（或称项目经理）起着非常重要的作用。项目管理的主要原理之一是将一个时间有限和预算有限的事业委托给一个人即项目负责人，独立进行计划、资源分配、指挥和控制。项目负责人的位置是由于特殊需要而形成的，因为他行使着大部分传统职能组织以外的职能。项目负责人必须能够了解、利用和管理项目的技术逻辑方面的复杂性，必须能够综合各种不同专业观点来考虑问题。但只有这些技术知识和专业知识仍是不够的，成功的管理还取决于预测和控制人的行为的能力。因此，项目负责人还必须通过人的因素来熟练地运用技术因素，以达到其项目目标。也就是说，项目负责人必须使其组织成员成为一个工作配合默契、具有积极性和责任心的高效率群体。

（三）项目管理的过程和内容

1. 项目管理的过程

一个项目的全过程或项目阶段都需要有一个相对应的项目管理过程。项目管理过程一般包括以下 5 个不同的管理阶段。

（1）起始过程。定义一个项目阶段的工作与活动，决策一个项目或项目阶段的起始与否，以及决定是否将一个项目或项目阶段继续进行下去等。

（2）计划过程。拟订、编制和修订一个项目或项目阶段的工作目标、工作计划方案、资源供应计划、成本预算、计划应急措施等。

（3）实施过程。组织和协调人力资源和其他资源，组织和协调各项任务与工作，激励项目团队完成既定的工作计划，生成项目产出物等。

（4）控制过程。制定标准，监督和测量项目工作的实际情况，分析差异和问题，采取纠偏措施等。这些都是保障项目目标得以实现，防止偏差积累而造成项目失败的管理工作与活动。

（5）结束过程。制定一个项目或项目阶段的移交与接受条件，移交项目或项目阶段成果，从而使项目顺利结束。

项目管理的过程如图 7-1、图 7-2 和 7-3 所示。

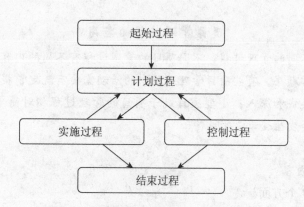

图 7-1　各管理工作过程之间的相互联系

注：图中箭头代表了文件和文件内容的流程。

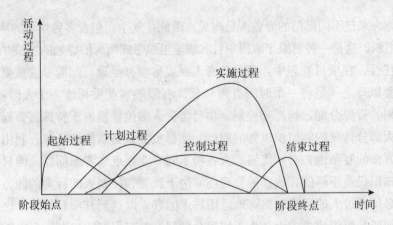

图7-2 一个项目阶段中管理工作过程的交叉、重叠关系图示

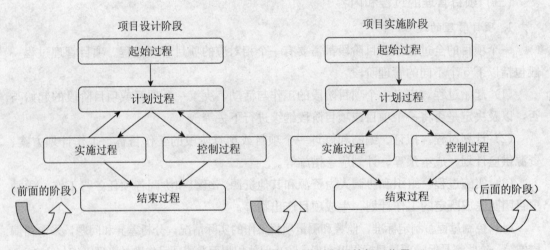

图7-3 项目阶段之间的管理工作过程间的相互作用

 小贴士7.1

项目管理过程的应用

　　不同项目选用不同的管理过程，不同项目的管理过程有不同的内容，不同项目的管理过程会有不同的工作顺序。有些项目管理过程中的活动需要有既定前提条件。大型项目的管理过程需要更加集成和深入；小型项目或子项目的管理过程相对简单。项目发生变动，则项目管理过程也会发生变动。

　　2. 项目管理的内容

　　主要包括以下9个方面。

　　（1）**项目范围管理。** 项目范围管理是指为实现项目的目标，对项目内容进行控制的管理过程，主要包括范围的界定、范围的规划和范围的调整等工作。

（2）项目时间管理。项目时间管理是指确保项目最终按时完成的一系列管理过程，主要包括具体活动界定、活动排序、时间估计、进度安排及时间控制等工作。

（3）项目成本管理。项目成本管理是指为保证完成项目的实际成本、费用不超过预算成本费用而实施的管理过程，主要包括资源配置、成本与费用预算及费用控制等工作。

（4）项目质量管理。项目质量管理是指为确保项目达到客户所规定的质量要求而实施的一系列管理过程，主要包括质量规划、质量控制和质量保证等工作。

（5）项目人力资源管理。项目人力资源管理是指为保证所有项目关系人的能力和积极性都得到最有效的发挥和利用而做的一系列管理措施，主要包括组织的规划、团队的建设、人员的选聘和项目的班子建设等工作。

（6）项目沟通管理。项目沟通管理是指为确保项目信息的合理收集和传输所需要实施的一系列措施，主要包括沟通规划、信息传输和进度报告等工作。

（7）项目风险管理。项目风险管理是指对涉及项目的各种不确定因素进行管理的过程及实施的措施，主要包括风险识别、风险量化、对策制订和风险控制等工作。

（8）项目采购管理。项目采购管理是指为从项目实施组织之外获得所需资源或服务所采取的一系列管理措施，主要包括采购计划的制订采购与征购、资源的选择以及合同的管理等工作。

（9）项目集成管理。项目集成管理是指为确保项目各项工作能够有机地协调和配合而展开的综合性和全局性的项目管理工作和过程，主要包括项目集成计划的制订、项目集成计划的实施和项目变动的总体控制等工作。

二、公共事业项目及其管理的概念

（一）公共事业项目的特征与分类

1. 公共事业项目的特征

公共事业项目是指政府、社会事业团体或社会福利机构等公共事业管理主体直接或间接向社会公众提供公共物品，以满足国民经济和社会发展、改善公共生活质量、提高社会科学水平和人民素质为目的而进行组织和配置社会资源的一次性活动。公共事业项目具有以下3个特征。

（1）项目的公共性。公共事业项目通常是由政府出资兴建的，它不以商业利润为追求目标，而是以社会公共利益为主要目标。因此，公共事业项目所提供的产品或服务往往具有较强的公共性。任何一项公共事业项目都不是为特定部门、单位、企业或居民服务的，而是为社会所有部门、单位、企业和居民提供服务的，是为社会整体提供社会化服务。

（2）收益的外部性。外部收益是指在项目投资经营主体之外的收益，此收益由投资经营主体之外的人免费获取。例如，公共文化、公共体育设施的建设投资和维护费用虽然很大，但一般并不直接向使用者收费，当然也就不能采取市场补偿的方式直接收回投资或进行更新和再建，更不能为财政提供积累。因此，许多公共事业领域的投资项目，其自身效益并不十分明显，但确实为整个社会高效运转创造了条件。

（3）运转的协调性。公共事业项目是一个有机的综合系统，也是社会系统中的一个子系统，它不仅通过显而易见的各类设施自成体系的网络表现出来，而且表现为各个分类设施系统之间的密切联系，形成一个相对独立的系统。这个系统在其内部及同外界环境之间均需协调一致，才能正常良好地运转。公共事业项目必须与国民经济、社会发展、人口规模和居民需求等保持协调发展的关系，因此，公共事业项目内部各分类设施系统之间联系也非常紧密而协调。

2. 公共事业项目的分类

公共事业项目按照不同的标准可进行不同的分类。以公共物品种类为标准，公共事业项目可分为公共卫生项目、科技项目、教育项目、文化项目和体育项目；以投资来源为标准，公共事业项目可分为政府投资项目和非政府投资项目；以项目投资国别为标准，公共事业项目可分为国内公共事业项目和国际公共事业项目。

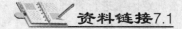 资料链接7.1

中英甘肃普及九年义务教育项目

2010年3月，中英甘肃普及九年义务教育项目完工总结大会在兰州召开，这标志着长达10年的中英甘肃教育项目顺利完工。10年间英国政府分两次援助项目2.4亿元人民币，惠及甘肃省35个县区的30余万名师生。

为帮助甘肃省贫困地区儿童完成高质量的九年义务教育，中英两国政府签署了双边教育合作项目——中英甘肃教育项目，主要包括中英甘肃基础教育和中英甘肃普及九年义务教育两个项目，总项目为期10年，分两阶段实施。

中英甘肃教育项目实施期间，在甘肃省12个市州的35个县区开展双边教育合作，内容涉及参与式教师培训、教学支持、学校发展计划等内容。10年来，中英项目为临夏州的和政、东乡、康乐、积石山4县改扩建小学196所，并为学校配发了桌椅、图书、实验仪器等教学设施，资助了3万多名贫困学生，使4县315所小学的5万多名学生受益，并为35个项目县的1898所中小学配发篮球、乒乓球拍等体育设施，受益学生28万名。

项目还重点加强对教师和校长的培训，共培训小学教师39699人，校长4146人，通过引进新的教育理念和"以学生为中心"的参与式教学方法，改变了传统的课堂教学。这种参与式教学方式受到国内外教育界的普遍关注。项目对20个县的1962所中小学实现了教育信息系统电子化管理，将37万名学生和1.5万余名教职工纳入该系统，为学校和教育部门提供了客观的决策依据。

资料来源：http://www.sina.com.cn，2010年3月31日。

（二）公共事业项目管理的含义及原则

公共事业项目管理是指在公共事业投资领域，通过项目经理和项目组织的努力，运用系统理论和方法对公共事业项目及其资源进行计划、组织、协调、控制，旨在实现公共事业项目特定目标的管理方法体系。其主要原则如下。

1. 注重公平、兼顾效率原则

公共事业项目多以公益功能为主，经济效益偏低。其建设资金部分或大部分来源于财政性资金、政府担保贷款和国内外赠款等。这些资金最终来源于纳税人，或需由纳税人承担一定责任。因此，公共事业项目实施的全过程中要贯彻保护公共利益的原则，但在保护公共利益前提下应通过优化项目组织、再造项目流程等方式提高项目管理水平和投资效益。

2. 利益主体相互制衡原则

公共事业项目参与者众多，包括相关政府部门、使用单位、管理公司、咨询机构、设计单位、施工单位、监理单位和材料供应商等。政府投资项目的所有权人为公众，是一个"缺位的业主"，其他参与主体也不能真正对公共财产负责，相反却希望从项目实施中获益，因此如果不形成有效的制衡和监管机制，就难以约束各方的行为，也就难以保障公共利益。

3. 专业化管理原则

现代项目管理提倡分工与协作的统一，不同参与主体应发挥各自的特长，相互协助。国家发改委倡导代建制，建设部倡导总承包和项目管理模式，都是在倡导用专业化的项目管理公司取代或协助缺乏工程管理经验的使用单位、投资人作为管理单位，改善业主方的项目管理水平。

4. 项目集成化管理原则

工程项目管理实践中先后出现了传统模式、CM 模式、DB 模式、EPC 模式、PM 模式、PMC 模式、partnering 方式和项目总控方式等多种模式。模式创新的一个基本规律就是项目管理趋于整体化、集成化，重视不同界面的联结。公共事业项目管理虽然有其特殊之处，但也应尽可能顺应项目管理发展的普遍趋势。

第二节　公共事业项目管理过程

公共事业项目管理过程是一个由不同阶段组成的系统流程。公共事业管理按项目的生命周期可分为项目立项与论证、项目计划与调整、项目实施与控制、项目终结与后评估等阶段，且每个阶段都有其特定的内容和需要解决的问题。

一、公共事业项目的立项与论证

随着一个国家或地区社会经济发展及物质文化水平的提高，这个国家或地区对公共事业项目的需求也会日益迫切，也就会形成政府部门的构想和规划。将这种构想和规划变为项目后，就产生了公共事业项目。政府部门决策者通常会构思公共事业项目的主要内容和初步计划，报上级部门立项，该阶段就是项目立项阶段，可为顺利地开展公共事业管理奠定基础。项目论证是对拟实施项目在技术上是否可能、经济上是否有利、建设上是否可行所进行的综合分析和全面科学论证的技术经济研究活动。其目的是避免或减少项目决策的

失误，提高投资的效益和综合效果。公共事业项目立项与论证阶段的主要任务包括以下 3
个方面。

（一）撰写项目建议书

项目建议书是项目建设筹建单位或项目法人，根据国民经济发展、国家和地方中长期
规划、产业政策、生产力布局、国内外市场、所在地的内外部条件，提出的某一具体项目
的建议文件，是对拟建项目提出的框架性的总体设想。项目建议书的呈报可供项目审批机
关作出初步决策，可减少项目选择的盲目性，为下一步可行性研究打下基础。

公共事业项目建议书主要从总体上对拟建公共事业项目的目标与产出、进度计划、资
金估算、社会效益和经济效益等进行说明，并将其作为决策者选择项目的初步依据和进行
可行性论证的基础。

（二）进行可行性论证

一个项目是否值得做，是否可以实现，事先必须进行一系列的论证，以免盲目投资。
可行性论证为规划的编制和建设项目的立项提供了科学的论证结论。公共事业项目可行性
论证是在公共事业项目作出实施决策前，为决定该项目是否合理可行而对与其相关的社
会、经济和技术等各方面情况进行调查研究，全面分析论证，为项目决策提供科学依据的
过程。

公共事业项目论证的重点是技术上、社会上和经济上的可行性。技术上的可行性主要
是从项目实施的技术角度合理设计技术方案，并进行比选和评价；社会上的可行性主要是
分析项目对社会的影响，包括政治体制、方针政策、经济结构、法律道德、宗教民族、妇
女儿童及社会稳定性等；经济上的可行性主要是从资源配置的角度衡量项目的价值，评价
项目在实现区域经济发展目标、有效配置经济资源、增加供应、创造就业、改善环境、提
高人民生活等方面的效益。

项目可行性论证创造的知识与信息量，在整个项目运作中占有相当大的比重。据我国
不完全统计，经过广泛的调研，能够立项的项目仅占所有考察项目的 5% 以下，经过调研
绝大多数项目将会被取消。

（三）项目团队的构建

项目团队是指本着共同的目标，为保障项目的有效协调实施而建立起来的管理组织，
一般由项目经理和团队成员组成。在公共事业项目管理中，人们处事准则差异较大，存在
种种相互冲突、相互矛盾的观点，如果没有组建专业化的管理组织机构，将会出现混乱的
局面，会使得公共事业管理达不到预期效果，因此，建立公共事业项目团队是非常必要
的。为使公共事业管理工作保持明确的方向和连续性，团队需要配备足够的人员，并明确
每个成员的权利与职责。公共事业项目团队组织结构可设计为项目领导小组、管理小组和
工作小组 3 个层次。

1. 领导小组

领导小组由政府职能部门的领导组成，领导小组的建立要解决的问题主要如下。一是
制订启动战略，确定下属管理小组和各个工作小组的职责和任务，制定衡量公共事业项目

的业绩标准，以评估项目是否成功。二是对政府公共事业管理工作提供战略和政策方面的指导，其成员并不是把全部时间都用于项目管理工作，而是通过定期开会来批准计划和检查项目进展情况，从宏观上对项目进行控制。三是部门领导的职位和地位对公共事业项目管理的成功起着非常关键的作用，通过部门领导之间的协调，项目管理工作中的个人或部门之间的沟通障碍或冲突比较容易克服，矛盾比较容易被化解。

2. 管理小组

管理小组由政府职能部门和项目承包商中抽出的专职人员组成，在领导小组的领导下协调和处理下属各工作小组提出的方案。其职责是编制项目计划，制定衡量工作业绩标准，评估项目进展过程是否成功，控制项目工作按既定的日程进行，并提供日常指导和决策。领导小组要指派一名来自项目承包商的小组成员作为项目经理，对项目实施情况负总责。项目经理之所以要求来自项目承包商，是因为其熟悉专业知识。一般情况下项目经理是责大于权，因而要授予其指导全部项目活动的权力，同时来自政府职能部门的成员要对其进行监督。为弥补项目经理能力等不足，可外聘专家、学者或经理人等作为项目经理助理。

3. 工作小组

工作小组由项目承包商企业人员组成，对管理小组负责。工作小组可能是一个或多个，各个小组负责资源、技术等方面的问题，如财务小组和采购小组执行管理小组的指令，解决项目过程中一些需要解决的具体问题，提出解决方案供管理小组决策。

二、公共事业项目的计划与优化

(一) 项目的进度计划

项目计划主要是根据政府公共事业管理项目的具体目标和要求，制订一个完整、系统的项目进度计划，以保证公共事业项目按期完成。进度计划常用网络图或横道图表示。其进度计划应确定各项重要工作的轻重缓急，恰当分配资源，并对项目进行所涉及的预测、计划、调度、资源分配及控制手段加以详细说明。

项目计划阶段还需要重新考察公共事业项目的风险，如果发现新的风险，需要在评估报告中进行说明，并制订应急计划和对策，以控制这些风险。此外，不论是即时的还是长期的资源需求，一般都应当予以量化。

(二) 项目计划的调整

在实践中，事先制订出的计划往往很难反映出实际项目进度，许多项目计划随着进度的深入，需要对原计划进行频繁的、重大的调整。虽然制订了计划，往往完成时间却一再推迟。其原因是进度计划由于缺乏足够的数据难以准确地编排，进度计划难以协调各部门、各工作环节的进度。

我们认为，针对这种情况可用关键链项目管理（CCPM）方法，CCPM 步骤是形成项目网络图，因为某些资源的量是有限的，关键路径上的工序的工期可能因为资源的有限而延长，所以项目的工期一般要长于通过 CPM 法或 PERT 法得到的关键路径。在此时形成的项目网络图中，就可识别该项目的瓶颈，它是网络图中最长的那一条工序链，该链的长度就是整个项目的完成时间。这条链被称为关键链，关键链上所需要的资源就是关键资源。对其优化产生新的计划，往往比用传统方法编制的计划更容易实施。

三、公共事业项目实施与监控

（一）公共事业项目实施与监控的意义

公共事业项目实施是一个动态、随机、复杂的过程，为实现项目建设的预期目标，参与项目建设的有关各方应围绕项目建设的进度、成本和质量，对项目的实施状态进行周密的、全面的监控。项目的实施与监控工作可追踪公共事业管理项目的进展情况，同时根据项目计划的要求提出具体的改进对策。

公共事业项目监控是在实现公共事业项目目标中，项目管理主体基于对未来行为状态的预测，按照事先拟订行为计划、准则与措施，通过组织系统，运用各种手段，及时检查、收集项目实施状态的信息，并将其与原计划作比较，发现偏差，分析偏差形成的原因，采取措施纠正，保证项目计划正常实施，以实现公共事业项目预定目标的活动过程。任何项目管理在达到预期目标的过程中，由于存在干扰，往往会发生偏差，将该偏差反馈回原计划或决策管理部门进行调节和控制，从而使项目管理沿着预期目标进行，以达到优化的结果。

（二）公共事业项目监控的内容与方法

1. 公共事业项目监控的内容

公共事业项目监控的目的是确保公共事业项目的实施能满足项目的目标要求，其监控依据是公共事业项目目标的各种文件，包括可行性研究报告、项目任务书、设计文件、合同文件、资源清单和变更文件，以及对工程适用的法律法规文件。项目工程的一切活动都必须符合这些要求，它们构成项目实施的边界条件。

公共事业项目监控的主要内容：一是建设项目进展状况，主要包括项目建设的组织实施、工作进度、任务书推进与落实、克服重点与难点工作等情况；二是项目完成情况及效益，根据项目建设任务书预期目标和验收要点，检查项目建设质量、目标完成情况及项目取得效益情况；三是项目建设日常管理，主要包括管理制度的完善、管理文件的规范及管理的创新等；四是各项目组建设资金和设备的采购、使用与管理情况。

2. 公共事业项目日常监控的方式

主要包括以下 4 种。

（1）项目自查。各项目以本项目的《项目年度推进计划》为依据进行自查，对一定时期（如季度）的项目建设进度、建设效果等工作情况进行全面总结与梳理，以便发现进度的偏差，及时采取应对措施。

（2）定期抽查。在各项目自查基础上每年进行若干次定期抽查，监控项目预期目标、建设内容、建设进度、设备采购和资金的使用情况，尤其应侧重对项目中关键节点的监督检查。

（3）专项检查。根据前期自查和抽查情况，对项目建设的薄弱环节和整改效果进行专项检查。

（4）中期专查。根据项目建设进展情况，定期组织中期专查，对项目建设过程中的关键点和重点工作进行集中检查。通过中期专查，确保各项目按时保质地完成建设任务。

四、公共事业项目的终结与后评估

（一）公共事业项目终结

1. 公共事业项目终结的情形

公共事业项目终结是公共事业项目管理组织向项目业主交接项目的阶段。其终结的情形主要有项目终结和项目终止两种情况：一是项目任务已顺利完成，项目目标已成功实现，项目做出进入生命周期的最后阶段——结束阶段的情况，该状况下的项目结束为"项目正常结束"，即项目终结；二是项目任务无法完成，项目目标无法实现，"忍痛割爱"提前终止项目实施的情况，该状况下的项目结束为"项目非正常结束"，即项目终止。

2. 公共事业项目终结程序

其终结程序主要包括做出项目终结的决策，列出工作活动清单，征得项目成员的一致意见并召开结束会议，做好内部沟通，做好外部沟通，项目决算，合理处置资源和项目移交等工作。

（二）公共事业项目后评估

1. 公共事业项目后评估的含义

公共事业项目后评估是指对已经完成的公共事业项目的目标、执行过程、效益和影响进行系统、客观分析，通过考核、检查来确定项目预期的目标是否达到，项目主要的效益指标是否实现，并分析项目成败及其原因，总结经验教训，为未来新项目的决策和管理提供借鉴。

项目后评估产生于 19 世纪 30 年代的美国，但直到 20 世纪 70 年代才被广泛地加以运用。许多国家和世界银行、亚洲银行等双边或多边援助组织，将项目后评估用于世界范围的资助活动结果的评价。

2. 公共事业项目后评估的意义

对当前公共事业项目而言，提升投资计划管理效果，改进投资效益，关键在于改进项目筛选工作，建立对项目实施效果的跟踪和反馈机制。而解决这些问题的一个有效办法，就是在投资计划管理体系中建立"后评估"机制，形成闭环管理模式。

一方面，项目后评估及时对投资项目的效果进行后评估并将结果反馈至决策部门，作为今后投资决策的重要参考；另一方面，建立后评估机制，并与部门、单位绩效考核体系建立必要的接口，能够约束各项目需求单位的行为，降低其在申报项目需求时的故意夸大行为，增强项目前评估的准确性和可信性，使项目筛选的依据更加可靠，筛选结果更加科学。因此，公共事业项目开展后评估，对投资决策的科学化和项目的投资控制具有重要作用，有利于投资项目的最优化控制，有利于提高以后对项目投资决策的科学性。

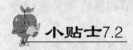 小贴士7.2

前评估与后评估区别对比表

对比项目	前评估	后评估
评估目的	项目决策的主要依据是论证是否可以立项的预测性评价	检验项目是否达到了设定的目的，找出差异，分析原因，提出改进建议
评估对象	在项目建设实施之前，数据多为预测值	在项目投产或交付使用一段时间之后，数据多为实际值
评估标准	重要判别标准是投资决策者要求获得的基准收益率或期望达到的效果	评价标准是前评估中设定的目标值与行业参考值，主要采用对比分析法

3. 公共事业项目后评估的主要方法

公共事业后评估的主要方法是对比法，即根据后评价调查得到的项目实际情况，对照项目立项时所确定的直接目标、宏观目标和其他指标，找出偏差和变化，分析原因，得出结论和经验教训。项目后评估的对比法包括以下 3 种：

(1) 前后对比。前后对比是指项目实施前后相关指标的对比，用以直接估量项目实施的相对成效。

(2) 有无对比。有无对比是指将在项目周期内"有项目"（实施项目）相关指标的实际值与"无项目"（不实施项目）相关指标的预测值对比，用以度量项目真实的效益、作用及影响。

(3) 横向对比。横向对比指同一行业内类似项目相关指标的对比，用以评价企业（项目）的绩效或竞争力。

4. 公共事业项目后评估的指标体系

构建项目后评估的指标体系，应按照项目逻辑框架构架，从项目的投入、产出、直接目的 3 个层面出发，将各层次的目标进行分解，落实到各项具体指标中。其评价指标包括工程咨询评价常用的各类指标，主要有工程技术指标、财务和经济指标、环境和社会影响指标、管理效能指标等。不同类型项目后评估应选用不同的重点评价指标。

公共事业项目后评估应根据不同情况，对项目立项、项目评估、初步设计、合同签订、开工报告、概算调整、完工投产、竣工验收等项目周期中几个时点的指标值进行比较，特别应分析比较项目立项与完工投产（或竣工验收）两个时点指标值的变化，并分析其变化原因。

5. 公共事业项目后评估应注意的问题

主要包括以下 3 个问题。

(1) 后评估时点的选择问题。后评估时点选择的得当与否，是影响后评估结果有效性的关键因素。公共事业项目后评估的时点应根据不同项目的特点灵活选取。如对目前的许多新业务投资项目，在短期内看实际效果往往与设计目标存在较大差距，但从长远看其投资具有明显的战略意义和竞争意味，那么选择何时进行后评估就成为影响这类项目后评估结果好坏的关键因素。

（2）后评估项目有关信息、数据资料的收集问题。后评估工作能否顺利进行，评估结果是否全面、准确，一个关键的影响因素是项目相关信息资料是否完整。这些资料不仅包括项目前评估的相关书面资料，以及建设实施、竣工验收过程保留下来的文字资料，还应该包括项目建设过程和投入使用过程中外部环境变化的相关记录，甚至是必要的市场调查资料。

（3）后评估操作的独立性问题。保持后评估工作的相对独立性，避免后评估结果受前评估人员、项目执行人员的干扰，是决定后评估结果是否客观、准确的关键所在。为实现评估过程的独立性，应尽量减少项目前评估人员和执行人员在后评估过程中的直接参与程度，同时坚持评估人员直接从财务、市场、技术等综合信息收集部门获得有关项目实施效果的一手资料；聘请独立的第三方咨询机构或专家进行后评估，也可由公司后评估工作组牵头，组织独立专家（组）共同完成后评估。

第三节　公共事业项目管理范畴

一、公共事业项目时间管理

（一）公共事业项目时间管理的概念

项目时间管理是项目管理的重要组成部分，一个项目成功与否、成长的快慢以及是否合理、能否及时利用一定的资源实现利润最大化，都离不开对时间的管理，尤其是在如今信息快速传递、机会稍纵即逝的环境下。每一个项目都有自己的目标，而每个任务都应该在期限内完成，否则便不能够达到预期的效果，时间管理也因此在项目的完成过程中显得特别重要，决定着项目的未来。

公共事业项目时间管理是指运用科学的方法对公共事业项目范围所包括的活动及其之间的相互关系进行分析，对各项活动所需要的时间进行估计，并在项目的时间期限内合理地安排和控制活动的开始和结束时间。其目的是保证按时完成项目，合理分配资源，发挥最佳工作效率。项目时间管理是整个项目管理中重要的组成部分，包括定义项目活动、任务、活动排序和每项活动的合理工期估算，以及制订项目完整的进度计划、资源共享分配和监控项目进度等内容。

（二）公共事业项目时间管理的过程

公共事业项目时间管理的过程总体上可分为项目活动定义、项目活动排序、活动工期估算、进度安排、进度控制和项目计划调整 6 个阶段，且每个阶段包含一个或多个管理过程。

1. 项目活动定义

项目各个环节的每一个活动的出发点和终结点都是总体目标，只有以此为基础才能制订出可行的时间计划，进行合理的时间管理。有了明确的项目总体目标后，要把项目工作分为易管理的、较小的活动，并将所有活动列成一个明确的活动清单，使项目团队每个成员都清楚自己的工作内容和目的。

2. 项目活动排序

项目中的每项活动都需要耗费或占用一定的时间和资源，要想完成项目目标就得把有限的时间和资源分配到各个活动中，并在活动清单的基础上找出项目活动之间的依赖关系，以及特殊领域的依赖关系和工作顺序。

3. 活动工期估算

对每项活动的工期进行估算、加总，从而得到整体量化的工期估算数据。应该注意的是，在估算时应充分考虑风险因素对工期的影响。

4. 进度安排

项目进度计划应根据项目网络图、估算的活动工期、资源需求、资源共享等情况制订。

5. 进度控制

进度控制在整个项目实施过程中对保证顺利按时按质完成有非常重要的影响作用。不论是大项目还是小项目，进度控制都非常关键，进度控制是项目能否成功的最主要的判断标准之一。如果掌握不好，会造成项目延期甚至导致整个项目的失败。进度控制的目的主要是监督进度的执行状况，及时发现和纠正偏差、错误。

6. 项目计划调整

俗话说得好，计划赶不上变化。计划编制完成后，在实施的过程中，可能需要对其进行调整。调整的内容是多方面的，可延长一个任务的历时，可更改两个任务之间的任务关系，可增加或删除一个任务，但应该注意的是，尽量不要频繁地调整项目计划，以保证项目实施的稳定性。

（三）公共事业项目时间管理的技术与方法

1. 项目进度计划的表示方法

项目进度计划可用摘要、详细说明、图表等多种方式表示，其中较为直观、清晰的图表方式有网络图、甘特图和里程碑图。

2. 网络计划技术

网络图主要是用来计算活动时间和反映进度计划的管理工具，有节点型网络图（单代号网络图）和箭线型网络图（双代号网络图）两种基本类型。所有的网络计划都要计算项目活动的最早开始时间和最早结束时间、最晚开始时间和最晚结束时间及其时差等时间参数。常用的分析技术有关键线路法和计划评审技术。

3. 持续时间的压缩

持续时间压缩是对进度计划进行数学分析的一种特殊情况，即寻找在不改变项目范围的条件下缩短项目持续时间的途径。针对关键路径进行优化，结合成本因素、资源因素、工作时间因素、活动的可行进度因素对整个计划进行调整，直到关键路径所用的时间不能再压缩为止，得到最佳时间进度计划。持续时间的压缩会导致费用增加和风险增加两种后果。

4. 时差的应用

时差度量是一个活动在项目进度计划中时间安排的可调整程度，为活动的最晚时间与最早时间之差。在解决资源分配冲突时，需要考虑资源在不同活动中分配的优先级别。时差是资源调配的重要依据，可将紧缺资源从时差较长的活动调到关键活动上去。随着人们对项目认识的不断深化，项目时间管理的理论、方法和技术还会不断创新，项目时间管理的内容还会不断丰富，管理的质量还会不断提高。

二、公共事业项目资金管理

(一) 项目资源计划

1. 项目资源计划编制的依据

项目资源计划是指通过分析和识别项目的资源需求，确定出项目需要投入的资源种类（包括人力、设备、材料、资金等）、项目资源投入的数量和项目资源投入的时间，从而制订出项目资源供应计划的项目成本管理活动。在项目资源计划工作中最为重要的是确定能够充分保证项目实施所需的各种资源的清单和计划安排。

项目资源计划编制的依据，主要包括项目工作分解结构、历史项目信息、项目范围说明书、项目资源描述、项目组织的管理政策和活动工期估算。

2. 项目资源计划编制的方法

主要包括以下4种。

(1) 专家判断法。专家判断法是指由项目成本管理专家根据经验和判断去确定和编制项目资源计划的方法。专家可来自行业技术协会、咨询顾问公司、精通本行业的学者及项目组的专业技术人员等。

(2) 统一定额法。统一定额法是指使用国家或民间统一的标准定额和工程量计算规则去制订项目资源计划的方法。

(3) 资料统计法。资料统计法是指采用历史项目的统计数据资料计算和确定项目资源计划的方法。

(4) 项目管理软件法。随着微型计算机的出现和运算速度的提高，20世纪80年代后项目管理技术也呈现出繁荣发展的趋势，项目管理软件开始出现。对于大型项目管理，没有软件支撑，手工完成项目任务制定、项目进度跟踪、资源管理、成本预算的难度是相当大的。可以说，计算机技术的发展对项目管理深入应用起了举足轻重的作用。根据管理对象的不同，项目管理软件包括进度管理、合同管理、风险管理和投资管理等软件。

(二) 项目资金估算

1. 项目资金估算的影响

项目资金估算是指对项目执行前后的费用进行尽可能精确的估算，它是安排项目进度的前提。项目资金估算的准确与否，不仅影响到可行性研究工作的质量和经济评价结果，也直接关系到整个项目的进度和成本，对项目资金筹措也有直接的影响。因此，全面准确地估算项目资金，是项目管理的重要任务。

2. 项目资金估算的方法

主要包括以下 4 种。

（1）自上而下法

自上而下法是指通过比照已完成的类似项目实际成本估算出新项目成本的方法。类比估算法通常比其他方法简便易行，费用低，但它的精度也低。有两种情况可以使用这种方法：一是以前完成的项目与新项目非常相似；二是项目成本估算专家或小组具有必需的专业技能。

（2）自下而上法。自下而上法是指先给出项目所需工料清单，对工料清单中各项物料和作业的成本进行估算，并向上滚动加总得到项目总成本的方法。该方法通常十分详细且耗时，但是估算精度较高，可对每个工作包进行详细分析并估算其成本，然后统计得出整个项目的成本。

（3）参数模型法。参数模型法是指利用项目特性参数建立数学模型来估算项目成本的方法。参数模型法使用一组项目费用的估算关系式，通过这些关系式对整个项目或其中大部分的费用进行一定精度的估算。

（4）计算机工具法。计算机工具法是指运用现有的计算机成本估算软件来确定项目成本的方法。项目成本管理软件根据功能和价格水平可分为两个档次：一是高档项目成本管理软件，是供专业项目成本管理人士使用的软件，这类软件功能强大、价格高，能够较好地估算项目的成本；二是低档项目成本管理软件，这类软件虽功能不够齐全，但价格较低，可用于一些中小型项目的成本估算。大部分项目成本管理软件都有项目成本估算的功能，但其功能还要依靠人的辅助来完成，且人的作用仍然占据主导地位，这是这种方法的关键缺陷。

（三）项目资金控制

1. 项目资金控制的原则

项目资金控制是指保证完成项目的实际资金按照预算运行，费用不超过预算及资金的管理过程。在项目预算的执行过程中，要加强对材料费、人工费、机械费等各种费用的有效监控，遵循一定的原则。

（1）安全性原则。安全性原则对任何单位而言都是第一位的，项目资金的安全性原则要求资金不能被盗窃、贪污及挪用等。

（2）集中性原则。集中性原则体现集权管理思想，能保证项目管理主体迅速而有效地控制全部的资金，并使其资金的保存与运用达到最优化状态。

（3）时机性原则。时机性原则要求把资金准时集中在决定性的机会上，该原则与集中性原则紧密相连，资金的集中与投放必须集中于决定性的方向与时间，以使资金最快、最佳地发挥作用。

（4）协同性原则。协同性原则要求对不同职能之间的资金投入要保持合理的比例关系，对不同分项目资金投放要保持合理的比例关系，战术资金与战略资金之间要有合理的比例关系，关联项目之间可建立相互调剂、相互融通资金的关系。

2. 资金流控制的一般方式

主要包括以下 4 种。

（1）统收统支方式。统收统支是指项目单位的一切现金收付活动都集中在单位的财务部门，项目分支机构不单独设立账号，一切现金支出都通过财务部门支付。统收统支方式有助于实现全面收支的平衡，提高现金的流转效率，减少资金的沉淀，控制现金的流出，但不利于调动各层次开源节流的积极性。

（2）拨付备用金方式。拨付备用金是指项目单位按照一定的期限统拨给项目分支机构一定数额的现金，备其使用。待各分支机构发生现金支出后，持有关凭证到项目单位财务部门报销，以补足备用金。与统收统支比较，该方式的特点：各项目分支机构有了一定的现金经营权；各项目分支机构在项目单位规定的现金支出范围和支出标准之内，可对拨付的备用金的使用行使决策权。

（3）设立结算中心方式。结算中心是由项目单位内部设立的，办理内部各项目分支机构现金收付和往来结算业务的专门机构。结算中心一般设在财务部门内，是一个独立运行的职能机构。该方式的特点：各项目分支机构都有自身的财务部门、独立的账号（通常是二级账号）进行独立核算，拥有现金的经营权和决策权；为减少因分散管理而导致的现金沉淀增加，提高现金周转效率，节约资金成本，项目单位对各分支机构的现金实施统一调控与结算。

（4）设立内部银行方式。内部银行是将社会银行的基本职能与管理方式引入项目单位内部管理机制而建立起来的一种内部资金管理机构。其主要职责是进行项目单位内部日常的往来结算和资金调拨、运筹。

三、公共事业项目质量管理

（一）公共事业项目质量管理的概念

公共事业项目质量管理是指围绕公共事业项目质量所进行的指挥、协调和控制等活动，通过编制质量计划、执行质量保证和实施质量控制等措施，来确保质量目标的实现。项目质量管理使项目所有的功能活动都能按其质量目标及要求得以实施，其最终目的是确保项目成果满足客户需要，因为客户是项目质量好坏的最终裁判。

项目质量管理贯穿于项目管理的全过程，从质量方针的制订到产品质量的检验，都是为保障和提高项目质量而进行的管理活动。项目质量管理需要项目客户、项目所属公司和项目经理、项目管理人员、项目团队等方面的共同努力，不仅要确保产品的质量，还要注重项目过程中的各个环节。项目最终产品的质量是通过产品的生产过程保证的，只有保证过程的高质量，才能保证产品的高质量。

（二）公共事业项目质量管理的原则

1. 顾客需求的原则

顾客是组织生存的基础，关注顾客的要求和期望是组织立足于市场、不断发展的基本要求，因而保证顾客需求是组织关注的行为。应用这一原则必须解决"我们的顾客是谁"及"顾客需要什么"的问题，并在满足顾客要求、超越顾客期望方面开展活动。

2. 领导决策的原则

领导对组织的发展至关重要，组织能否适应日益变化的环境并在其中发展壮大，关键是组织的领导能否审时度势地做出适宜的战略决策，明确组织要实现的质量方针，并通过创造和保持员工充分参与的内部环境保证组织目标的实现。

3. 全员参与的原则

人是管理活动的主体，组织目标的实现取决于各级各类人员的质量意识、思想和业务素质、事业心和责任心和职业道德，以及能胜任岗位要求的工作能力等。组织应为员工创造发挥其潜能的环境和条件，以有利于员工奋发进取，充分发挥其才智，创造其价值。

4. 过程管理的原则

过程是质量管理活动所研究的最基本单元，通常质量管理体系由若干过程组成，一个过程的输出形成下一处过程的输入。采用过程管理可有效地使用资源、降低成本、缩短周期，关注和掌握按优先次序改进的机会，以高效率实现过程的目标。

5. 系统方法的原则

系统是指由若干相互关联、相互作用的要素按一定的方式组成的统一整体。每一个组织因其生产规模、类型、复杂程度不同，涉及体系过程的相互作用和关系各不相同，需理解、理顺其相互关系和接口，以使过程整体有效运行。

6. 持续改进的原则

社会中的任何事物都受其自身和所处环境的影响，从诞生一开始就会经历一个从不完善到完善、更新的发展过程，因而持续改进是无止境的，是一个永恒的目标。改进机制即指按 PDCA 循环的要求，分析和评价质量管理体系过程存在的影响目标实现的问题和薄弱环节，识别潜在改进区域，有针对性地制订相应的计划并组织实施。

7. 事实决策的原则

基于事实作出决策是获得成功结果的基础。为正确决策，保证信息和数据的真实性、准确性和充分性是关键，这就需要采用包括统计技术在内的适宜方法去收集和分析信息和数据。

8. 战略联盟的原则

供方提供的产品或服务构成组织产品的组成部分，供方提供产品的保证程度，关系到组织能否持续稳定地提供顾客满意的产品，因此，与供方建立战略联盟关系，对组织有决定性的意义。

（三）公共事业项目质量管理的过程

项目质量管理的职能包括确定项目的质量方针、目标和职责等，这是一个连续的过程，一般通过质量计划、质量保证和质量控制 3 个过程来实现。

1. 质量计划

质量计划是整个质量管理过程的基础工作，主要包括项目质量方针标准和项目质量管理方式策划，其质量标准是质量计划的重要基础。质量计划能为项目工作的有效开展提供指南，为项目相关人了解项目质量管理提供依据，也能确保项目高质量完成。质量计划的内容要力求全面反映用户需求，项目管理人可结合企业的质量方针，深入了解客户对项目的需求、产品描述及质量标准，通过成本分析和流程设计等方式制订出管理策略。

2. 质量保证

质量保证活动应贯穿于整个质量管理过程中，能够对整个项目计划的执行过程进行全方位的评估、检查和改进，同时收集来自管理层、客户和其他相关方的信息，确保项目计划能够被执行，并不断得到修正。质量保证的制定，主要是依据预先对项目进行的评估和预测，提出能够满足质量需要的标准，制定工作流程和操作程序，以便于项目过程中依照执行。质量保证的目的不仅在于保证项目取得最终成果，更在于保证整个项目实施过程中的质量。

3. 质量控制

质量控制的目的主要是对项目实施过程中的各个节点进行监测、评价和改进、消除，为保证项目质量提供依据，保证满足质量要求。质量控制过程就是对特定的项目阶段性结果进行监测分析和评价，确保其严格按照质量计划进行，符合质量标准要求，并根据质量计划找出避免出现问题的办法，制订改进质量的措施和方案。质量控制也应贯穿于项目执行的全过程，但质量控制通常由专门的部门来完成。质量控制相关术语见表 7-2。

表 7-2   质量控制相关术语

术语	含义
预防	不让错误进入项目程序
检验	不让错误进入客户手中
静态调整	其结果要么一致要么不一致
动态调查	其结果依据衡量一致性程度的一种持续性标准而评估
确定因素	非常事件
随机因素	正态过程分布
误差范围	检测结果在误差范围所界定的范围内是可以接受的
控制界限	检测结果在控制界限内，那么该项目也在控制之中

▶▶▶ 本章小结

● 在管理学中，项目是指一系列独特的、复杂的并相互关联的活动。这些活动有着一个明确的目标或目的，必须在特定的时间、预算和资源限定内按照规范完成。

● 项目管理是指通过项目经理和项目组织的努力，运用系统理论和方法对项目及其资源进行计划、组织、协调、控制，旨在实现项目特定目标的管理方法体系。项目管理具有复杂性、创新性、周期性、组织性和责任性的特征，其过程包括起始、计划、实施、控制和结束的过程，其内容主要包括项目的范围、时间、成本、质量、人力资源、沟通、风险、采购和集成等管理。

● 公共事业项目是指政府、社会事业团体或社会福利机构等公共事业管理主体直接或间接向社会公众提供公共物品，以满足国民经济和社会发展、改善公共生活质量、提高社会科学水平和人民素质为目的而进行组织和配置社会资源的一次性活动。公共事业项目具有项目的公共性、收益的外部性和运转的协调性等特征。

● 公共事业项目管理是在公共事业投资领域，通过项目经理和项目组织的努力，运用系统理论和方法对公共事业项目及其资源进行计划、组织、协调、控制，旨在实现公共事业项目特定目标的管理方法体系。其原则主要包括注重公平、兼顾效率原则；利益主体相互制衡原则；专业化管理原则；项目集成化管理原则。

● 公共事业项目管理过程是一个由不同阶段组成的系统流程。公共事业管理按项目的生命周期可分为项目立项与论证、项目计划与调整、项目实施与控制、项目终结与后评估等阶段，且每个阶段都有其特定的内容和需要解决的问题。

● 公共事业项目管理范畴包括公共事业项目时间管理、公共事业项目资金管理、公共事业项目质量管理和公共事业项目人力资源管理。

● 公共事业项目时间管理是指运用科学的方法对公共事业项目范围所包括的活动及其之间的相互关系进行分析，对各项活动所需要的时间进行估计，并在项目的时间期限内合理地安排和控制活动的开始和结束时间。其过程总体上可分为项目活动定义、项目活动排序、活动工期估算、进度安排、进度控制和项目计划调整 6 个阶段。

● 公共事业项目资金管理包括项目资源计划、项目资金估算和项目资金控制。项目资源计划是指通过分析和识别项目的资源需求，确定出项目需要投入的资源种类（包括人力、设备、材料、资金等）、项目资源投入的数量和项目资源投入的时间，从而制订出项目资源供应计划的项目成本管理活动。项目资金估算是指对项目执行前后的费用进行尽可能精确的估算。项目资金控制是指保证完成项目的实际资金按照预算运行，费用不超过预算及资金的管理过程。

● 公共事业项目质量管理是指围绕公共事业项目质量所进行的指挥、协调和控制等活动，通过编制质量计划、执行质量保证和实施质量控制等措施，来确保质量目标的实现。遵循顾客需求、领导决策、全员参与、过程管理、系统方法、持续改进、事实决策和战略联盟等原则。一般通过质量计划、质量保证和质量控制 3 个过程来实现。

◆ **复习思考题**

1. 如何理解项目管理的含义与特点？
2. 简述项目管理的过程与内容。
3. 公共事业项目管理的原则有哪些？

4. 试述公共事业项目管理过程。

5. 试述公共事业项目管理范畴。

参考文献

[1] 朱仁显. 公共事业管理概论 [M]. 2版. 北京：中国人民大学出版社，2009.

[2] 李林，段晓梅，彭国甫. 政府公共事业项目管理研究 [J]. 财经理论与实践，2006（5）.

[3] 王帅力，单汨源. PPP模式在我国公共事业项目管理中的应用与发展 [J]. 湖南师范大学社会科学学报，2006（1）.

[4] 侯彦温，董国利. 公共事业项目中应用PPP模式的思考 [J]. 中国经贸导刊，2011（7）.

[5] 徐彦，李琳. 中国项目管理发展的热点和趋势研究 [J]. 项目管理技术，2013（10）.

[6] 周燕敏. 加强政府投资项目管理的对策研究 [J]. 现代经济信息，2013（12）.

[7] 刘丙福. 论工程项目全过程管理 [J]. 价值工程，2014（2）.

[8] 曾文光. 基于投资项目进度控制管理系统的设计 [J]. 中国科技信息，2014（2）.

[9] 汤其亚. 行政事业单位项目资金管理浅析 [J]. 北方经济，2012（11）.

第八章 公共事业绩效管理

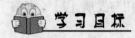 **学习目标**

1. 知识目标

❖了解公共事业绩效管理的基本构成和评估指标。

❖明确公共事业绩效管理的必需条件、价值与应用。

❖熟悉公共事业绩效评价体系。

2. 能力目标

❖增强公共事业绩效管理分析能力。

❖提高公共事业绩效管理水平。

案例导入

在人们的生产活动和社会活动中常常会遇到这样的问题：经过一段时间之后，需要对相同类型的部门或单位（称为决策单元）进行评价。其评价的依据是决策单元的输入数据和输出数据。输入数据是指决策单元在某种活动中需要消耗的某些量。例如，在评价某城市大学时，输入数据可以是学校的全年资金、教职员工总人数、教学用房总面积、各类职称教师人数等；输出数据可以是培养博士研究生人数、硕士研究生人数、大学生人数、学生质量（德、智、体）、教师教学工作量、学校科研成果（数量与质量）等。根据输入数据和输出数据来评价决策单元的优劣，即所谓评价部门（或单位）间的相对有效性。

请思考：

1. 上述是用什么评价方法进行评价的？

2. 上述评价方法有什么优点？

第一节　公共事业绩效管理概述

一、公共事业绩效管理的基本概念

（一）绩效与绩效管理的概念

1. 绩效的含义

目前学术界对绩效的含义主要有 4 种观点：一是认为绩效就是行为；二是认为绩效就是完成工作；三是认为绩效就是工作结果或者产出；四是认为绩效是结果与过程的统一。

《现代汉语词典》对绩效的解释：绩效表示成绩、成效，成绩指工作或学习的收获，强调对工作或学习结果的主观评价；成效指功效或效果，强调工作或学习所造成的客观后果及影响，绩效则是对二者的综合。

自 20 世纪 80 年代后期和 20 世纪 90 年代初开始，绩效就成为管理实践中的一个流行词语。在新公共管理运动的指导下，许多企业的经验和做法被引入公共部门。因此，绩效不可避免地被公共部门采用，以代替狭窄的"效率"来反映和全面评估公共部门的表现和行为结果。

 小贴士8.1

英国政府用绩效衡量政府管理的成果

英国政府运用绩效概念来衡量政府行政管理活动的成果，主要包括经济（economy，节约）、效率（efficiency）和效益（effectiveness，效能）3 项重要内容。经济是指花费更少的资金保持和提高服务的水平，侧重于节约成本；效率是指投入与产出之间的比率，着重于利用有限的资源提供更多、更好的服务；效益则是指活动产出带来的社会效果，包括质量及社会公众的满意程度。

2. 绩效管理的含义

绩效管理一词最早源于西方。早在 19 世纪，苏格兰人罗伯特·欧文就引入绩效评价的概念，他也因此被称为"人事管理之父"。美国也是最早施行绩效评价的国家之一，1813 年就将绩效评价运用在军队管理中，1842 年美国联邦政府开始对政府公务员进行绩效评价。

20 世纪 80 年代以来，有关绩效管理的研究越来越丰富。有的学者将绩效管理表述为："绩效管理是管理者与员工通过持续开放的沟通，就组织目标和目标实现方式达成共识的过程，也是促进员工做出有利于组织的行为、达成组织目标、取得卓越绩效的管理实践。"

我们认为，绩效管理是指各级管理者和员工为了达到组织目标，共同参与的绩效计划制订、绩效辅导沟通、绩效考核评价、绩效结果应用、绩效目标提升的持续循环过程。它是对组织和组织成员的行为与结果进行管理的一个系统，是一系列充分发挥每个组织成员的潜力，提高其绩效，并通过将组织成员的个人目标与企业战略相结合以提高组织绩效的一个过程。其目的是持续提升个人和组织整体的绩效。

（二）公共事业绩效管理的构成

公共部门绩效管理是在20世纪七八十年代以后政府管理改革的实践中形成的，其基本做法是将组织目标分解为组织成员的职责，并与资源的配置和整个组织系统的控制、评估相结合。以英国财政管理改革为例，英国以提高每个部门的绩效为目标，提出了在一个组织和一个制度中各级管理者的职责：对其目标有清楚的认识，在任何可能的地方都有办法去评估与这些目标有关的方法、产出和绩效；为最大限度地使用资源而明确规定的责任，包括对产出和资金价值的严格监视；有效地履行其职责所需要的信息（特别是成本方面的），培训及获得专家建议的渠道。

从发生的前后顺序分析，公共事业绩效管理是一个从绩效目标的确立到实施再到检查评估是否达到目标的完整的系统过程，主要包括绩效目标的确立和分解、绩效目标的实施和绩效目标的评估。从功能活动角度分析，公共事业绩效管理基本上是由绩效评估、绩效衡量和绩效追踪3个方面的活动组成的，并形成一个完整的绩效管理闭环。其中，在绩效评估方面，目前在公共事业管理中，比较重视的是对组织绩效和个人绩效结合的评估；在绩效衡量方面，要将组织目标分解为可测量的绩效目标；在绩效追踪方面，对组织绩效进行不间断的观察、记录和分析，并将其作为改进的依据。

（三）公共事业绩效管理的必备条件

绩效管理在公共事业管理中占有十分重要的地位，但其实施与企业相比较有难度。公共事业管理组织尤其是其中的政府部门要获得绩效管理的成功，必须努力创造出实施绩效管理的必备条件：一是组织领导必须对绩效管理的价值有足够的认识和重视，必须对组织实施绩效管理予以积极支持；二是必须具有制订绩效指标的专业性人才；三是要将绩效管理制度化，要求确定明确的绩效目标、绩效规划和绩效衡量指标，要有绩效规划落实的责任制度，形成绩效管理中心，不断发现问题并提供改进绩效的机会。

二、公共事业绩效管理的现实意义

（一）有利于落实项目责任制度

在传统管理时代，公共事业组织活动不计消耗、不计成本、不讲效益，主要强调过程和投入，不重视结果。有的领导在决策时，不管结果如何，只看下级对自己的态度忠诚与否，以此作为下级人员升迁的标志，从而造成许多项目盲目地上马。下级不敢纠正领导错误的决策，只是因为要与领导保持一致。领导者头脑发热，认为投资项目越多越好，而拍脑袋的项目一旦搁浅，就当缴学费，缺乏对决策失误的追究，结果造成国家资产严重流失，或投资项目不了了之。

在现代管理时代，公共事业组织实行绩效管理，建立项目责任和责任追究制度，强化领导集体对重大项目负责的重要性。不仅强调程序与规则，更要强调结果的重要性，即是否有利于经济社会的可持续发展，是否满足人民群众不断增长的物质文化需要，成为评价公共事业组织的重要指标。如果某个领导人作决策一旦出现失误，便要追究其领导责任。这使得从重视个人绩效评估转向个人绩效评估与组织绩效评估并重发展。因此，通过绩效管理有利于落实公共事业组织的责任及其追究制度。

（二）有利于完善激励约束机制

公共事业组织所要完成的任务是满足人民群众日益增长的物质、文化和生活水平的需求，这决定了作为公共服务窗口地位的公共事业组织首当其冲地直接面对人民群众。人民群众眼中公共事业组织的工作人员服务的好坏并不是代表他本人，而是代表一个组织、一个系统。为讲求诚信、提供优质服务，公共事业组织必须重新思考自己的职责及其社会责任，必须以绩效管理作为改革的手段，从人性出发，以追求利益最大化为动力。

任何管理，包括公共事业组织管理，都需要某种诱因机制，才能充分发挥人的主观能动性，激发人的工作热情。组织最重要的诱因机制是将绩效与奖惩联系起来，通过绩效评估工作，为组织的激励约束机制提供依据。因此，通过建立与完善公共事业组织激励约束机制，可以推动公共事业组织各项项目的落实。绩效管理作为一种管理工具，最重要的意义是在公共事业组织的运作和管理中引进了成本效益分析，通过激励约束机制有效发挥每个员工的潜能，杜绝公共事业组织不负责的现象，为公共事业资源优化配置奠定基础。

（三）有利于提高公众满意程度

传统的管理模式使公共事业组织的一些员工养成了"一张报纸、一杯茶"的工作方式，干好干坏一个样，导致公众对公共事业组织的公共服务不满，认为收了纳税人的钱，没有替纳税人办好事，由此丧失了公共事业组织在公众中的威望。因此，通过加强绩效管理工作，可使工作责任落实到人，纠正工作中的错误，堵塞漏洞，为公众提供更多的公共产品，不断提升社会服务水平，从而得到公众的理解与信任。

由于大多数公共事业组织都是靠政府的财政拨款，自己缴纳的税款是否用在令自己满意的地方，资源是否被有效利用，资源使用是否达到公共事业的预期效果并是否符合正当的支出程序等，这些都成为公共事业组织对公众的责任，必须满足公众的知情权，这就要求建立一套能对公共事业组织绩效做客观评价的管理制度与考核机制，让纳税人的钱交得满意、用得放心。如果能正确和科学地评价公共事业组织绩效，以及每个专业技术人员的绩效，公众就能知晓和理解公共事业组织的管理工作，从而投出"满意票"。

第二节　公共事业绩效管理评估

一、公共事业绩效管理评估的概念

（一）绩效评估的概念

1. 国外专家学者的认识

从管理学视角上，国外专家学者将绩效评估解释如下。理查德·威廉姆斯在其《组织绩效管理》一书中认为，绩效评估是把对组织的绩效评估和对员工的绩效评估结合在一起的一种体系。美国学者史密斯·穆飞认为，绩效评估是组织对组织雇员价值秩序的判定。

从组织行为学视角上，国外专家学者将绩效评估解释如下。美国学者朗格纳斯认为，绩效评估是基于事实，有组织地、客观地评价组织中每个成员的特征、资格、习惯和态度的相对价值，确定组织成员个人能力、工作适应性和业务状态的过程。日本学者认为，绩效评估是对雇员与职务有关的能力、业绩、业务态度、业务适应性、性格等方面进行记录与评定的过程。

2. 本书的基本认识

由上述认识可以看出，绩效评估涉及的方面较为广泛，既包括对工作结果的评估，也涵盖了对评估对象行为、性格等综合方面的评价。可以说，绩效评估是一个非常复杂的过程。

综合国外学者从不同角度对绩效评估的理解，可以将绩效评估概括如下。绩效评估是指在一定的时期内，按照一定的标准，采用科学的方法检查和评定组织或组织内部员工对职位所规定职责的履行程度，从而对组织或其成员所进行的活动本身，以及由活动而产生的结果进行评价的过程，以确定其工作成效的管理方法。

（二）公共事业绩效管理评估的含义

公共事业绩效管理评估是指根据对公共事业管理的效率、能力、服务质量、公共责任和公众满意程度等方面的判断，对公共事业管理过程中投入、产出和成果所反映的效果进行评定和划分等级的过程。

公共事业绩效管理评估在衡量公共事业管理水平、树立科学发展观和正确的业绩观、提高自身运作效率、改善服务质量等方面发挥着重要的作用。

二、公共事业绩效管理评估体系

公共事业绩效管理评估体系主要包括评估目标、评估主体、评估类型、评估标准、评估制度和评估程序等。

（一）评估目标

1. 确定公共事业组织绩效管理评估的目标体系

我国公共事业组织绩效管理评估的目的，是提高其效率和管理能力，提高公共服务的质量，提高公众的满意度，改善公众对公共事业组织的信任。一般来说，公共事业组织绩效管理评估的目标体系包括以下两个方面。

第一，由功能不同的各个公共事业组织目标组成的公共事业总目标体系，涵盖整个公共事业活动的成绩和效果。具体表现为人们生活水平和生活质量的持续提高，公共事业组织形象的改善，以及公共事业组织竞争机制的形成。

第二，由各不同绩效等级的绩效目标所组成的同一功能的公共事业组织的绩效目标体系。如医疗卫生组织，在确保总绩效目标的前提下，还具有具体的部门目标，如降低死亡率等。

2. 制定公共事业组织绩效管理评估目标的措施

结合我国公共事业组织的实际，根据评估的侧重点不同，制定公共事业组织绩效管理评估目标的措施主要包括以下 3 个方面。

（1）建立高绩效组织。通过公共事业组织绩效评估，促进其内部的功能发挥，以达到持续提高组织绩效的目标。提高组织的运行效率和所提供的服务质量意味着对组织的结构、功能的不断审查，对各种制度及其制度间的相互作用进行反思，这就需要建立以绩效为导向的信息系统，采用灵活的管理工具与技术。

（2）增强组织的责任感。以结果为导向的绩效评估从一开始就为各个组织注入了责任。通过绩效评估，能够改变我国公共事业组织社会参与少、权力滥用和形式主义等不良现象，以公众的满意程度来评估事业组织行为，让事业组织为自己的行为负起责任。

（3）开展增收节支活动。通过绩效评估缩减公共事业组织不必要的活动和开支，以实现增收节支目标。随着社会事务的日益增多，社会需求不断增大，现代公共事业组织的规模也日趋庞大，其开支也越来越大。与此相矛盾的是，收入的增长速度低于开支增长速度，公共事业组织面临着花更少的钱办更多的事的压力。绩效评估的一个重要作用就是通过衡量公共事业组织的绩效，借鉴有效管理制度、程序和方法，摒弃不必要的活动，从而实现节约成本、增加收益的目标。

 小贴士8.2

制订评估目标的要求

制订评估目标的要求：具体的，而不是概括的；可测量的；结果导向的，而不是过程导向的；与机构的使命、目的保持一致，而不是针对某一具体工作单位。在某种程度上，绩效评估的过程实质就是组织要达到一定的目标、如何达到这一目标以及评估是否达到这一目标的系统管理过程，是一个运用绩效评估来提高和达到组织绩效的过程。因此，绩效评估循环的起点和核心就是绩效目标的制订，没有绩效目标，评估者就不知应该评估什么。

(二) 评估主体

公共事业绩效评估的主体一般可界定为直接或间接地参与公共事业绩效管理评估的个人、团体或组织，主要包括以下 3 个方面。

1. 公共事业组织自身

公共事业组织绩效管理评估的实质是要求公共事业组织对其行为的结果承担责任，而这种责任关系就是要考察公共事业组织是否以满意的方式执行了被授权要求完成的职责。随着信息业的发展和传媒的发达，公众能够越来越真切地感受事业组织的服务水平，而且随着人们生活水平的提高，人们对公共事业组织的服务水平要求也越来越高。

公共事业组织面对这种社会的压力也会进行绩效评估，以更有效地加强其内部控制，从而改善组织的管理活动；同时，公共事业组织通过自我评估，不断检查自己的活动，以确定其是否正在实现其目标，或这些目标是否有价值，从而修正其目标和手段，以适应社会经济发展的需要。因此，作为管理组织的手段，公共事业组织自身成为了绩效评估的主体。

2. 社会公众

社会公众在这里是一个笼统的概念，或者说它是公共事业组织绩效最直接的感受者。公共事业组织面向社会提供各种各样的服务，社会公众作为公共事业组织服务的顾客，最真切地感受到其服务水平的高低，也最有资格对其绩效进行评估。此外，谁接受公共事业组织的服务，谁的利益就与公共事业组织的管理活动紧密地联系在一起了。因此，社会公众的评估必然是绩效评估的重要组成部分。

3. 专业评估机构

专业评估机构超脱了公共事业组织自我评估时有关利益的种种考虑，比较客观公正，对功能相同的各个事业组织所用的考评方法与标准也较一致，具有可比性，因而专家和专业组织的评估往往会受到普遍的欢迎。

(三) 评估类型

随着公共事业活动的日益复杂化和影响的深远化，公共事业组织绩效的评估也呈现出多样化的特点。从不同的角度，依据不同的标准，可将多样化的公共事业组织的绩效评估划分为不同的种类。

1. 正式评估和非正式评估

以评估组织活动形式为标准，可将绩效评估分为正式评估和非正式评估。

(1) 正式评估。正式评估是指事先制定完整的绩效评估方案，严格按照规定的程序和内容，并由确定的评估者实施的评估。它在公共事业组织绩效评估中占据主导地位，其结论是公共事业组织考察绩效的主要依据。正式评估具有评估过程标准化、评估方案科学化、评估结论比较客观全面的优点。其缺点是要求的条件苛刻，不仅要系统地掌握相关信息，而且要求评估者自身具备较高的素质。

（2）非正式评估。非正式评估是指对评估者、评估的形式和内容没有严格的规定，对评估的最后结论也不作严格要求，而是根据自己掌握的情况对公共事业组织绩效实施的评估。其优点是方式灵活、简便易行，通过非正式评估，不但可以全面了解公共事业组织管理的实际效果，还能够吸引社会各阶层的人士参与评估活动，增强公众的参与意识。其缺点是评估者掌握的信息往往有限，加之缺乏科学的程序和方式，其结论难免粗糙，容易犯以偏概全的错误，同时它的随意性也使结论难以收集和整理。

正式评估与非正式评估是公共事业组织绩效评估的两种主要方式，它们各有优缺点，正式评估是占据主导地位的评估，直接关系到评估活动的质量，应大力提倡，不断改进；非正式评估可视为正式评估的必要准备，也是正式评估的一种重要补充。因此，在公共事业组织绩效评估中，正式评估和非正式评估两者缺一不可，都应当给予足够的重视。

2. 内部评估和外部评估

以评估机构地位为标准，可将绩效评估分为内部评估和外部评估。

（1）内部评估。内部评估是指由公共事业组织内部的评估者所完成的绩效评估。由于评估主体本身就是公共事业组织内部的决策者、管理者和工作人员，他们对该组织有着详细的了解，掌握第一手材料，能够进行持续性的长期的绩效评估，而且评估者可以根据绩效评估的结论对组织的目标和措施迅速做出调整，这使评估活动能真正发挥其应有的作用。但要求公共事业组织对自己的行为进行客观评价也不是一件容易的事情，这是因为：一是评估往往会服从一些自利行为，如只强调取得的成就，避免暴露缺陷，而且当预期的目标没有达到或只是小部分目标达到时，内部评估的主体很有可能找出种种理由为失败辩护；二是评估往往代表着某一组织的局部利益，这使得绩效评估容易走向片面性，并带有浓厚的主观色彩；三是绩效评估是一项复杂且细致的工作，需要评估者系统地掌握有关的理论知识，并熟悉某些专门的方法和技术，但由于组织内部缺乏专家，可能会导致绩效评估的失败。

（2）外部评估。外部评估是指由公共事业组织外的评估者完成的评估。它可由公共事业组织委托营利性或非营利性的研究机构、学术团体、专业性的咨询公司乃至大专院校的专家学者实施，也可由投资或立法机构实施，或由报纸、电视、民间团体等其他各种外部评估者组织实施。外部评估同内部评估相比，往往更加客观，但是存在获取资料困难等问题。

由以上分析可以看出，内部评估和外部评估各有利弊。在实践中，应当把这两种评估形式有机地结合起来，取长补短，从而提高绩效评估工作的质量。

3. 个人绩效评估和组织绩效评估

以评估对象为标准，可将绩效评估分为个人绩效评估和组织绩效评估。

（1）个人绩效评估。个人绩效评估是指对公共事业组织的雇员的特征、资格、能力、业务态度、工作适应性及对组织的贡献有组织地、客观地实施的评估。个人绩效评估在人力资源管理中运用广泛，且在方法、技术上及流程设计、指标建构方面都比较完备。因此，该种评估有利于管理层和雇员在组织目标方面实现沟通，能够激发雇员的工作潜力、责任感和紧迫感。

（2）组织绩效评估。组织绩效评估是指运用科学的方法、标准和程序对公共事业组织的成效和问题作出尽可能准确的评价。在微观层面上，它是对具体的事业组织如何履行被授权职能的测评；在宏观层面上，则是对整个公共事业组织绩效的评估，如人民生活水平的持续提高和文化的发展等方面。组织绩效评估与个人绩效评估相比，其特点是复杂、多面及界定困难，因而组织绩效评估难度相对较大，需要进一步科学化、规范化、制度化。

传统的绩效评估大多以个人层面的绩效评估为核心，而现代绩效评估开始以组织绩效评估为核心，个人绩效评估是以促进整个组织的绩效为前提的。

4. 定量评估和定性评估

以评估指标为标准，可将绩效评估分为定量评估和定性评估。

（1）定量评估。定量评估是指运用定量指标实施的评估。定量指标称为数值分析指标，比较具体、直观，评估时有明确的实际数值和可供参考的标准值。这样对公共事业组织所作的评估结论直接、明确，能给外界留下清晰的印象。但因公共事业组织的特殊性，其绩效在一些情况下是不能用定量指标测量的。

（2）定性评估。定性评估是指当某些事业组织的绩效无法用具体数据来表达或无法进行定量考核时，只能从基本概念、属性特征、通行惯例等方面对被评估对象进行语言描述和分析判断，从而说明公共事业组织绩效优劣的评估。定性评估的优点：能将无法计量、但能反映公共事业组织某方面状况的潜在因素纳入评估范围，通过分析判断、验证指标、评估结果，得出综合评估结论；缺点：指标外延宽、内涵广而难以具体化，实际操作中存在着随意性和受主观意识影响等问题，从而影响评估的客观性和公正性。

定量评估和定性评估各有其优缺点，因此在公共事业组织绩效评估的实际操作中应结合使用，根据不同的情况确定其比重，以全面有效地反映公共事业组织的实际绩效。

此外，公共事业组织的绩效管理评估还可以根据其他标准进行分类。例如，根据评估时限的不同，可将其分为短期评估、中期评估和长期评估；根据评估层次的差异，可将其分为宏观评估、中观评估和微观评估。

（四）评估标准

1. 经济标准

经济（Economic）标准，又称成本标准，一般是指公共事业组织投入到管理项目中的资源水准，即一个公共事业组织在既定的时间内在获取一定的收益或得到一定的产出的情况下花费了多少钱，即成本问题。公共事业组织开展活动，势必需要投入一定的人力、物力、设备等资源，这些资源是可以资金化的，这就是公共事业组织对特定活动的投入成本。

经济标准关注的是以尽可能少的成本提供与维持一定数量的公共事业产品和服务，而不会涉及服务的品质问题。以高校为例，经济标准就是要求对学校固定资产的使用成本、各项经费投入等进行评估，并作出经济或不经济的价值判断。

2. 效率标准

追求效率（Efficiency）是公共事业组织绩效管理的核心，社会各界对公共事业组织的一个共同期望就是高效。布赖顿·米勒德认为公共管理中的所有问题都与绩效、管理有关，绩效的意义在于公共组织或非营利组织如何在各种条件下改善与提高纳税人所要求的效率与有效性。西蒙也认为，行政官员用于实际问题的标准之一就是效率。可供行政官员处置的资源、投入有限性，其作用是有效运用所能获得的有限资源最大限度地实现政府目标，因此，效率在政府管理绩效评估中占据着重要的地位。公共事业组织作为公共部门的重要组成部分，与政府效率类似，都是不可忽视的。

与私营部门相似，公共事业组织提供产品或服务的效率也分为生产效率和配置效率两种类型。生产效率是指公共事业组织生产或提供服务的平均成本；配置效率是指公共事业组织所提供的产品或服务是否能够满足利害关系人的不同偏好。对有些公共事业组织创造的产出，不仅要看其生产效率，还要看这种产出是否满足了相关利害人的真正需要。只有考虑到这两种效率标准，才能对公共事业组织的效率做出准确的评估。

3. 效益标准

效益（Effectiveness）标准是评估中最重要的内容，没有质的量和没有效益的效率都是毫无意义的。效益标准衡量的是公共事业组织提供的服务的影响、质量和社会效果等。公共事业服务对象范围极其广泛，功能不同的公共事业组织所承担的工作性质差别很大，因而其效益的表现方式也存在着差异。对有些公共事业活动来说，其效益只能通过产出的质量来体现，而有的公共事业活动的效益则只能体现为产出的社会效果。

以效益标准实施评估，评估的对象是难以量化或货币化的公共事业产品或服务，因效益指标设计的困难而使该项评估工作也存在较大的困难。尽管效益评估较难，但公共事业组织提供的每一项服务都有明确或含糊的指向顾客的目标，这些目标也就为界定效果衡量奠定了基础。如在高校，要评估其教学质量和办学效益，既可以从服务的对象即学生的角度来衡量，也可以使用毕业生在社会上的受欢迎程度、毕业生的就业率、学生对所受教育的满意程度等指标。

4. 公平标准

公平（Equity）标准一般是指接受服务的团体和个人所质疑的公正性。它所关心的是接受服务的团体或个人是否都享受到公平的待遇，需要特别照顾的弱势群体是否能够享受到更多的服务。作为一种价值追求，公平无法进行量的描述，也无法在市场机制中加以界定，因而公平标准在绩效评估实践中的应用还具有相当大的难度，基本还处于探索阶段。

公共事业最大的特征是公共性，这意味着公共事业组织提供的产品或服务应该能够为所有需要该产品或服务的人所接受，而不能仅仅由少部分人所垄断，这就是公共事业组织绩效评估的公平标准。对于高校，公平表现为增进人群的受高等教育的水平和减少受教育的不公平，即减少不同人群不合理的教育差异，使所有需要的人都能享受到高等教育的服务。

（五）评估制度

建立一套合理、可行的绩效评估制度，其最大困难就是构建科学的、可操作的评估指标，因此构建评估指标是绩效评估最关键也是最难的一个环节。绩效评估指标是根据所设定的各项战略目标而制订的可量化和不可量化的目标，一旦实施公共事业管理的战略目标得以确定，量化的绩效评估指标就可以为公共事业组织提供明确而直观的方法，且可衡量公共事业组织各项战略目标实现与否。

但是，由于公共事业管理工作的复杂性，不同组织面临不同的工作，需要采取不同的工作方法，因此很难用统一的指标来度量公共事业管理活动的绩效，且许多评估指标还存在着量化的困难。正如谢夫利兹和罗森布卢姆所言："绩效指标很容易受到批评，因为它试图详细说明模糊的问题。"目前，我国评估公共事业组织的绩效评估指标无法满足和反映社会的需要和公众的需要，但可随着社会经济的发展与进步而不断丰富、发展与完善。

（六）评估程序

公共事业组织绩效管理评估是一个有计划、有步骤的活动，这一动态过程的完成需要一定的程序。主要包括以下4个阶段。

1. 公共事业组织绩效管理评估的准备阶段

准备阶段是公共事业组织绩效评估工作的基础和起点，也是评估工作能够顺利进行的前提。准备得比较充分，就能抓住关键问题，明确评估的中心和重点，避免盲目性。其工作主要如下。

第一，对绩效评估活动做出整体的规划，主要有确定决策者的需要、明确问题的性质与范围、制订有效的评估目标和全面的考核办法等。

第二，做好绩效评估的技术准备，包括评估指标体系的选择、评估方法的选用、评估人员的培训等。

第三，根据评估的内容和范围收集评估所需要的资料和信息。由于绩效评估结果的可靠性、真实性受制于所获得的评估信息的充分性和可靠性，所以应尽可能地收集到相关的评估信息，为绩效评估工作的顺利实施做好充分准备。

2. 公共事业组织绩效管理评估的实施阶段

绩效评估的准备工作完成后，就进入了评估的具体操作环节，即采取必要步骤实施评估。实施绩效评估是公共事业组织绩效评估最重要的阶段，在这一阶段要利用各种调查手段全面收集公共事业组织管理活动的各种信息，并在此基础上进行系统的整理分类、统计和分析，运用相应的评估方法，对公共事业绩效进行评估，得出评估结论。

绩效评估的实施步骤主要包括制订详尽的研究计划、建立联系渠道、选用方法对收集的资料进行评估等，其中，编制研究计划时应对问题有清楚的描述，对内在的限制条件和可能运用的假设做出说明，以保证评估工作严格按照研究计划进行。一般来说，计划的内容包括组建评估小组、分派任务、日程安排及预算等。

3. 公共事业组织绩效管理评估的报告阶段

在获得绩效评估结果后，就需要对评估结果进行分析了，这是关键工作。只有分析绩效评估结果，才能了解组织绩效现状，才能知道哪些方面需要改进。

因此，对获得的绩效评估结果应做出处理，主要是将考核的结果与目标管理的要求进行对比，分析绩效的不足并提出绩效改进方案，并在此基础上撰写绩效评估报告，全面地反映评估目的、过程和结果。

4. 公共事业组织绩效管理评估结果的反馈阶段

在绩效分析报告结果的基础上，确定的有效性、高质量、具体的评估结果反馈机制，并明确说明如何确定所陈述的有效性及质量标准是否已经达到预期的目标。

这包括将实际的项目结果与之前商定的标准进行比较，其比较的内容包括以前的业绩、类似机构的业绩、最好机构的业绩及之前制订的目标。一个良好的业绩评估结果反馈，不仅可发现绩效评估结果的长处和改善的机会，而且可以发现绩效评估的弱点和不足。

总之，公共事业组织绩效管理评估的过程是个持续的、周期性的过程，它通过评估—反馈—再评估的循环来达到不断提高公共事业组织绩效的目的。

三、公共事业绩效评估的方法

关于公共事业绩效评估方法，本书主要阐述当今较为流行的"3E"评价法、标杆管理法、平衡计分卡法和顾客满意度法4种。

(一)"3E"评价法

"3E"评价法是指运用经济、效率和效果3个指标进行绩效评估的方法。所谓经济，是指以最低可能的成本供应与采购维持既定服务品质的公共服务，关心的是投入的数量；效率是指投入与产出之比例，只注重数量；效果是指公共服务实现目标的程度，强调结果的满意程度。

"3E"即指英文的 Economy、Efficiency、Effectiveness，中文的经济性、效率性、效果性。经济性强调在提供高品质公共服务的前提下，尽可能降低供应和采购成本；效率性追求尽可能少的时间投入与尽可能多的产出；效果性则是衡量公共部门提供的公共产品和公共服务能够达到的程度。该方法的根本价值准则是强调成本的节约，强调经济性，其目的是更好地控制政府财政支出和节约成本。

(二)标杆管理法

标杆管理（benchmarking）又称标杆瞄准、基准管理，是指组织或企业在不断寻找和研究同行一流公司的标杆实践中，以最先进的基准目标与本组织或企业进行比较、分析和判断，并促使组织或企业将一些最优化的标杆目标不断地应用于整个改进和实施活动当中，从而进入赶超一流公司、创造优秀业绩的良性循环和模仿创新的过程。其最终目的就是提高本企业或部门的绩效。

不同的公共事业组织应根据部门的自身现状和所处的环境实施标杆管理。标杆管理法的价值准则实现了政府效能的全面提升，发挥政府对社会的全方位引导作用。标杆管理是一个认识和引进最佳时间和提高绩效的过程，是一个帮助机构发现其他组织更高绩效水平的过程，并尽量了解其是怎么样达到那种水准的，以利于使产生那种水准的做法和程序得以运用到自己的组织机构中。

(三)平衡计分卡法

平衡计分卡（the Balanced Scorecard，BSC）是一种着眼于组织发展战略有效性的管理理念和系统管理的方法。它强调从财务和非财务的角度综合评估绩效。该方法从顾客（Customer）、财务（Financial）、内部业务（Internal Business Process）、学习与成长（Learning and Growth）4 个层面来管理组织的绩效。

平衡计分卡在公共事业组织的适用性是由平衡计分卡自身的特点决定的。平衡计分卡基于平衡的理念，财务状况并不是直接影响部门绩效高低和优势的决定性因素，而在于组织自身创造价值的能力和可持续发展的能力，因此公共事业组织在设置绩效指标时需要考虑到短期绩效与长期绩效、竞争与合作、稳定和发展等之间的平衡关系。平衡计分卡将发展作为核心，将部门战略目标转换为绩效评估指标，通过具体的规划将部门的行为、结果等和目标作比较，进而完成既定目标，同时也提高组织的绩效水平。

（四）顾客满意度法

从企业视角来看，"顾客"就是接受产品的个人或者群体；从公共部门视角来看，"顾客"则是管理和服务的对象，即社会公众和企业。

顾客满意度是指顾客感受到的服务质量达到其期望值的程度。主要包括：了解顾客的需求，并能迅速、准确地回应服务对象的需要；充分具备提供服务所需的知识与技能；热心接受顾客的要求；服务态度谦虚、有礼；能够倾听顾客的不同意见；非营利组织及其工作人员（包括志愿者）值得信赖；能够尊重顾客的隐私；被服务对象有畅通的投诉渠道等。

第三节　公共事业管理外部评价

一、公共事业管理的社会评价

公共事业管理社会评价是指从公共事业管理结果对社会发展目标所作贡献与影响进行的评价。这是从公共事业管理外部，且主要由非公共事业管理机构来进行的评价。这种评价是把公共事业管理的结果放在整个社会的发展中，从全社会的角度出发，分析评判公共事业管理的最终结果对社会发展目标的影响程度，从各个方面综合评价其结果对社会发展的贡献。

（一）公共事业管理社会评价指标

1. 公共事业管理社会评价的基本指标

对公共事业管理社会评价的基本指标是效率、效果和公共职责的履行。其中，社会评价中的效率是公共事业管理机构投入和产出的问题；社会评价中的效果主要是公共事业管理机构管理结果与目标的吻合程度。

社会评价中的公共职责的履行，其分析：一是看公共事业管理机构的结果是否体现了公共事业管理的本质要求并对结果是否负责；二是看其管理程序是否具有合法性；三是考察公共事业管理机构是否公开回应了来自社会各方面的要求，是否回答了公众的查询和提问，因为除涉及国家机密或法律所规定的保密内容外，其管理工作应当可以公开。

2. 公共事业管理社会评价的社会指标

社会指标是指观测各部分人口的社会情况与长期变化趋势的统计数字。它是以统计数字来表示的，社会指标既有主观的，也有客观的，它们可以反映公众对公共事业管理满意程度的主观情况，也反映着社会变化的特定内容，从而提供了公共事业管理所需要的相关信息。按照部门来划分，公共事业管理社会评价指标由以下 8 个社会评价指标构成。

(1) 教育事业管理的社会指标。主要包括教育事业费用占 GDP 比重、每百人在校学生拥有专任教师数和大学生毛入学率。地方政府财政支出中，教育事业费用比重的增长，突出反映了该地方教育事业发展的总体状况。

(2) 科技事业管理的社会指标。主要包括 R&D 公共支出占 GDP 比重、专利申请量（件）。一个国家或一个地区 R&D 经费占 GDP 的比重，是衡量这个国家或地区科技创新水平和科技事业发展水平的重要指标。

(3) 文化事业管理的社会指标。主要包括人均公共图书馆藏书量、广播人口覆盖率、电视人口覆盖率。人均公共图书馆藏书量是反映图书文献资源的建设、开发和利用等方面的重要指标；广播人口覆盖率和电视人口覆盖率是衡量居民文化娱乐生活和文化设施最基本的指标。

(4) 卫生事业管理的社会指标。主要包括公共卫生事业支出占 GDP 比重、每万人拥有病床数和每万人拥有医生数。

(5) 体育事业管理的社会指标。主要包括县级以上运动会举办次数。体育事业管理业绩的提升直接地体现在地方政府体育设施的建设、体育运动会的举办和运动会的夺金次数等方面。

(6) 社会保障事业管理的社会指标。主要包括社会保障支出占 GDP 比重、社会救济总人数和收养收容性社会福利事业单位个数。目前，随着我国全面深化改革的不断推进，社会保障指标已成为评价公共事业管理在维护社会稳定、改善人民生活等方面工作效果的重点。

(7) 环境保护的社会指标。主要包括城市维护费占 GDP 比重、固体废弃物综合利用率和工业废水排放达标率。

(8) 基础设施建设的社会指标。主要包括人均道路面积、人均地下排水管道长度和人均园林绿化面积。这里的基础设施仅指狭义的城市公用事业。

(二) 公共事业管理社会评价方法

公共事业管理社会评价方法一般采取对比分析法或者比较分析法，它是通过实际数与基数的对比来揭示实际数与基数之间的差异，借以了解经济社会活动的成绩和问题的一种分析方法。其主要有以下两种形式。

1. 绝对数比较

绝对数比较是利用绝对数进行对比，从而寻找差异。具体又可分为同一指标横向对比、实际指标与计划指标对比和同一指标纵向对比。

绝对数比较在运用中应注意的问题：一是指标的计算口径保持一致；二是指标的时间期限一致；三是指标的计算方法一致。

2. 相对数比较

相对数比较是由两个有联系的指标对比计算的，用以反映客观现象之间数量联系程度的综合指标，其数值表现为相对数。因评价目的和对比基础不同，其相对数可分为以下几种。

（1）结构相对数。将同一总体内的部分数值与全部数值对比求得比重，用以说明事物的性质、结构或质量。如每百人在校学生拥有专任教师数。

（2）比例相对数。将同一总体内不同部分的数值对比，表明总体内各部分的比例关系。如人口性别比例。

（3）比较相对数。将同一时期两个性质相同的指标数值对比，说明同类现象在不同空间条件下的数量对比关系。如不同地区人均公共图书馆藏书量对比。

（4）强度相对数。将两个性质不同但有一定联系的总量指标对比，用以说明现象的强度、密度和普遍程度。

（5）动态相对数。将同一现象在不同时期的指标数值对比，用以说明发展方向和变化的速度。

（6）计划完成程度相对数。某一时期实际完成数与计划数对比，用以说明计划完成程度。

（三）公共事业管理社会效果评价

社会效果评价主要是关注在下述方面公共事业管理是否作出了贡献。

1. 提高人民生活质量

公共事业管理对提高人民生活质量的绩效，主要体现在坚持把不断提高人民生活水平作为公共事业管理的根本出发点和落脚点，保障全体人民共享改革与发展的成果上。

2. 促进经济持续增长

公共事业管理对经济发展的绩效，主要体现在通过对公共产品的供给和公共资本的投入来促进经济持续增长，而且在结构合理的前提下有质的提升，达到经济增长方式转变和要素生产效率提高的目的。

3. 解决社会经济问题

主要是看是否消除污染、减少危险、方便群众、维护秩序、确保安全、减少贫困、提升文明程度、提高公众素养等。

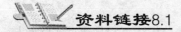 资料链接8.1

中国高等学校绩效评价报告

对 72 所教育部直属高校绩效评价的研究表明——影响
高校绩效的主因是资源有效利用

中央教育科学研究所高等教育研究中心

一、高校绩效评价的意义

对高校进行评价或排行是促进高校发展的一种手段，各国都在广泛采用。目前的评价与排行大都是依据高校既有存量进行的绝对评价，重视高校投入或产出的绝对产量。高校绩效评价则是依据产出与投入之比对高校进行的相对评价。对 72 所教育部直属高校进行绩效评价的研究表明：绝对评价得分高的学校，绩效评价不一定高；绝对评价得分低的学校，绩效评价不一定低。绩效评价可满足政府实施高校绩效拨款的需要和高校了解办学资源利用情况的需要，对丰富高校评价内容和方式、合理配置高校资源有重大意义。

72 所教育部直属高校绩效评价结果与排序

项目及得分 学校	3 年整体投入 综合得分		3 年整体产出 综合得分		3 年整体绩效 综合得分	
	分值	排序	分值	排序	分值	排序
清华大学	1.00000	1	1.00000	1	1.00000	1
北京大学	0.91510	2	0.77096	2	0.84248	2
东北大学	0.27192	38	0.22646	16	0.83281	3
中国人民大学	0.37042	27	0.30839	9	0.83255	4
电子科技大学	0.27267	37	0.21898	20	0.80307	5
复旦大学	0.60960	7	0.45740	4	0.75033	6
北京语言大学	0.04984	69	0.03713	62	0.74500	7
中南大学	0.45858	16	0.32172	8	0.70155	8
浙江大学	0.84424	3	0.58412	3	0.69189	9
北京科技大学	0.31148	31	0.20114	22	0.64575	10
华中农业大学	0.18181	53	0.11483	38	0.63159	11
山东大学	0.58040	9	0.35344	6	0.60896	12
天津大学	0.39070	25	0.22688	15	0.58069	13
中国矿业大学	0.32070	30	0.18584	24	0.57947	14
东华大学	0.20983	49	0.11967	37	0.57033	15
华东理工大学	0.30689	32	0.17437	26	0.56819	16
南京农业大学	0.20361	50	0.11395	40	0.55967	17
合肥工业大学	0.17391	58	0.09469	45	0.54450	18
西安交通大学	0.42586	20	0.22208	18	0.52149	19
华中科技大学	0.57567	11	0.29929	11	0.51989	20
河海大学	0.18333	52	0.09501	44	0.51828	21
武汉大学	0.59632	8	0.30393	10	0.50967	22
中国农业大学	0.43414	19	0.21917	19	0.50483	23
南京大学	0.53491	14	0.26922	13	0.50331	24

项目及得分 学校	3年整体投入 综合得分		3年整体产出 综合得分		3年整体绩效 综合得分	
	分值	排序	分值	排序	分值	排序
重庆大学	0.36215	28	0.17723	25	0.48939	25
四川大学	0.70526	5	0.34252	7	0.48567	26
兰州大学	0.25121	43	0.12068	36	0.48041	27
北京交通大学	0.29774	35	0.14293	34	0.48006	28
西北农林科技大学	0.17500	57	0.08391	50	0.47952	29
湖南大学	0.30322	33	0.14531	33	0.47921	30
上海交通大学	0.75912	4	0.35957	5	0.47366	31
北京邮电大学	0.21507	47	0.09982	43	0.46412	32
北京师范大学	0.45392	18	0.20354	21	0.44841	33
西南交通大学	0.30100	34	0.13490	35	0.44817	34
大连理工大学	0.38006	26	0.16626	27	0.43747	35
同济大学	0.53535	13	0.23060	14	0.43074	36
吉林大学	0.64944	6	0.27657	12	0.42586	37
中山大学	0.54132	12	0.22380	17	0.41343	38
北京化工大学	0.21860	46	0.08889	48	0.40663	39
东南大学	0.41845	22	0.16330	28	0.39025	40
中国地质大学	0.29372	36	0.11261	41	0.38340	41
北京中医药大学	0.13794	63	0.05278	55	0.38259	42
上海外国语大学	0.06513	68	0.02445	68	0.37533	43
武汉理工大学	0.39570	24	0.14565	32	0.36808	44
华南理工大学	0.42230	21	0.15444	30	0.36572	45
华中师范大学	0.25238	42	0.09190	47	0.36412	46
长安大学	0.22227	45	0.07733	52	0.34791	47
中国海洋大学	0.27112	39	0.09432	46	0.34788	48
江南大学	0.25376	41	0.08779	49	0.34597	49
西南大学	0.32568	29	0.10725	42	0.32932	50
东北林业大学	0.15989	62	0.05202	56	0.32536	51
中国石油大学	0.57784	10	0.18796	23	0.32527	52
南开大学	0.45458	17	0.14665	31	0.32261	53

项目及得分　　学校	3 年整体投入 综合得分		3 年整体产出 综合得分		3 年整体绩效 综合得分	
	分值	排序	分值	排序	分值	排序
北京外国语大学	0.08684	67	0.02777	66	0.31975	54
厦门大学	0.48773	15	0.15458	29	0.31693	55
西安电子科技大学	0.25978	40	0.07843	51	0.30192	56
中国药科大学	0.11450	65	0.03401	63	0.29704	57
东北师范大学	0.23716	44	0.07037	53	0.29672	58
华东师范大学	0.40254	23	0.11444	39	0.28428	59
中南财经政法大学	0.16419	60	0.04368	58	0.26606	60
陕西师范大学	0.21048	48	0.05533	54	0.26286	61
西南财经大学	0.11255	66	0.02936	65	0.26084	62
上海财经大学	0.18075	55	0.04554	57	0.25195	63
对外经济贸易大学	0.17528	56	0.04161	60	0.23738	64
华北电力大学	0.18179	54	0.04079	61	0.22440	65
中国政法大学	0.19422	51	0.04293	59	0.22106	66
中国传媒大学	0.11981	64	0.02504	67	0.20900	67
北京林业大学	0.17256	59	0.03359	64	0.19464	68
中央财经大学	0.16237	61	0.02229	69	0.13725	69
中央美术学院						
中央戏剧学院						
中央音乐学院						

注：①表中投入得分越高表示该学校获得的投入越多，产出得分越高表明该学校的产出越多，绩效得分越高表明该学校绩效状况越好。②考虑到中央美术学院、中央戏剧学院、中央音乐学院独特的办学定位和学科特色，本次绩效评价暂不将其结果列入排序之中。

二、绩效评价的基本思想与方法

1. 基本思想

目前的高校评价大都以绝对产量为评价标准，是终结性或结果性评价，而高校绩效评价则以高校利用办学资源实现其职能的效益为评价标准，是形成性评价与终结性评价、分析性评价与整体性评价的整合。其基本思想是基于投入—产出理论，从高校资源利用效益方面评价高校的绩效。

高校绩效评价充分考虑到促使高校绝对产量变化的条件，力求透过投入差异看产出结果的不同，将评价着眼于投入—产出的效益之上，淡化既有存量对评价结果的影响，集中反映高校在资源利用上的主观努力和效果。

2. 基本方法

——运用文献分析法，专家讨论筛选出最初的 14 项投入指标和 16 项产出指标，充分反映高校办学在人力、财力、物力 3 方面的投入以及高校在人才培养、科学研究与社会服务 3 方面的职能。

专家筛选的最初投入指标（14）	专家筛选的最初产出指标（16）
1. 校本部教职工总数	1. 当量在校生数
2. 博士学历教师占专任教师比例	2. 当量学历在校留学生数
3. 副高以上比例	3. 百篇优秀博士学位论文数
4. 研究与发展全时人员数	4. 国内学术期刊发表论文数
5. 社科、科技活动人员数	5. 国外学术期刊发表论文数
6. 科研经费总额	6. 国际学术会议提交论文数
7. 教育经费总额	7. 出版专著数
8. 其他经费拨款	8. 国家最高科学技术奖特等奖数
9. 本年度完成基建投资总额	9. 国家三大科技奖一等奖数
10. 固定资产总额	10. 国家三大科技奖一等奖数
11. 实验室（实习场所）面积	11. 省部级科学研究与发展成果奖数
12. 图书册数	12. 国家级项目验收数
13. 图书馆面积	13. 鉴定成果数
14. 教室面积	14. 发明专利授权数
	15. 技术转让当年实际收入金额
	16. 专利出售当年实际收入金额

注：教育、科技经费总额为教育、科技经费拨款与教育、科技事业收入总和。

——运用典型相关方法、聚类分析方法再次筛选并确立指标。典型相关法保证进入评价的投入变量与产出变量之间存在显著相关关系，满足回归分析的意义。聚类分析法把"性质相近"的变量聚在一起，使指标更具代表性。在聚类分析前将指标进行标准化处理，以消除指标的量纲影响。

——运用主成分方法计算投入综合得分与产出综合得分。先基于投入向量组和产出向量组的协方差矩阵分别计算出各产出主成分与投入主成分的特征值及方差贡献率，以方差贡献率作为权重，得到产出以及投入综合指标得分，并进行分数折算以使分值为正。

——运用"产出/投入"数学模型计算绩效。分别算出高校 n 年产出以及投入综合指标得分的算术平均值，代入"产出/投入"模型所得比值即为高校 n 年的绩效得分。

三、绩效评价结果的基本分析

高校绩效评价能反映高校的发展效益，可以为高校资源的重新配置提供依据和参考。

第一，绩效评价与绝对评价的结果并非对应。从绝对量得分（3 年整体投入综合得分、3 年整体产出综合得分）和绩效得分来看，高校投入与产出的绝对量与绩效评价之间并不一定对应。产出绝对量或投入绝对量排序靠前的，绩效排序不一定靠前。所以，绝对评价得分高的学校绩效评价不一定高，反之亦然。

第二，影响高校绩效的主要因素是资源有效利用。高校绩效评价的尝试发现，投入—产出与绩效之间形成了两类6种组合：第一类是"高绩效"，主要原因是资源的充分利用，表现为3种组合——高投入—高产出、低投入—高产出、低投入—低产出；第二类是"低绩效"，主要原因是资源没有得到充分利用，也表现为3种组合关系——高投入—高产出、高投入—低产出、低投入—低产出。尽管分类中的"高与低"只是相对而言，但仍然表明绩效的高低与投入—产出的高低不相对应，绩效偏高的高校不一定投入就偏高，即使投入和产出都偏高的高校也会出现绩效偏低的现象。可见，影响高校绩效的主要因素是资源的合理、有效利用。

第三，高校绩效呈现出地区差异，东部最高，西部次之，中部最低。东部地区高校的投入得分、产出得分和绩效得分都高于西部和中部地区，西部地区高校的投入综合得分低于中部地区，其产出综合得分却与中部地区高校差异不大，但绩效偏高。

资料来源：根据2009年12月11日《中国教育报》整理。

二、公共事业管理的公众满意评价

(一) 公共事业管理公众满意评价的实质

满意是人的一种感觉状况，是指在人们将期望与现实所得比较后的感受。公众满意度 (Public Satisfaction Index，PSI) 也称公众满意指数，是指公众在体验公共行政的过程中对其目标、期望与需求满足程度进行衡量的一种心理体验。由此，公众满意的程度取决于公众接受某项产品或服务后的感知与接受之前期望的比值，该比值越大则满意度越高。

公共事业管理绩效评价在内容上涵盖了政治、经济、社会、文化等方面，是对公共事业组织整体绩效在综合性、概念上进行的总体评价。公共事业管理公众满意评价实质是使公共事业组织的服务对象与公共事业组织绩效、公共项目绩效和公共政策绩效形成满意对应。

(二) 公共事业管理公众满意的调查问卷

满意度的衡量方法包括单一项目和多重项目两种：单一项目满意度是整体性、概括性的概念，因此仅用单一项目即用整体满意度来衡量；多重项目即应用综合尺度，先衡量各属性的满意程度，再加总求得整体的满意度。满意度是一个多重层面的指标，应以多重项目来衡量满意程度。调查问卷是多重项目来衡量满意度的最佳方法。

1. 调查问卷设计

公众满意度调查一般使用问卷的方法。问卷是直接测度公众满意度的工具，问卷设计依据是公众满意度的概念模型。

(1) 问卷设计要求。公众满意度调查问卷的设计有其特殊要求，不仅需要与整体绩效概念相符，而且还必须准确反映概念模型。

①效测指标要与评价方案匹配。公共事业整体绩效评价应包括客观评价与主观评价，主观评价服务于客观评价，因此在设计公共事业管理公众满意度评价指标体系时应与评价方案匹配。

②问卷必须准确反映测评模型。公共事业管理绩效测评模型是一个因果关系模型，该模型一般包含政府形象、公众预期、感知质量、公众满意度和公众抱怨 5 个变量，每个变量对应观测变量。调查问卷是效测模型的具体化，设计问卷必须准确把握效测模型中的变量。

③问卷中的问题必须通俗易懂。与一般的市场调查不同，公众满意度调查主要是公众对公共产品质量或服务质量问题的主观评价。如何将复杂问题简单化、抽象问题具体化并让公众易于准确回答成为问卷设计环节的核心问题。

④指标选择要考虑实施的可行性。这是设置顾客满意度评价指标体系必须考虑的一项重要因素。离开了实施的可行性，再科学、合理、系统和全面的评价指标体系也是枉然。

（2）满意度导向层。根据上述思路和效测模型，问卷内容或指标包括 5 个方面的变量，而每一个方面又可分为更具体的评价内容。在四级指标层级中，二、三层级主要是对应第一层级依次展开，从而形成层层展开的关系。第四级指标由前面的 3 个层级衍生出来，形成公众满意度测评中面对公众的具体指标，并与公众满意度测评问卷中的问题相对应。

为尽量避免和减少测评偏差，按照惯例一般采取 3 个或 3 个以上的问题来测评一个大类指标，即第二层级指标对应 3 个或 3 个以上的四级指标。根据四级指标初步选定问卷条目后，再进行定性和定量的研究，并形成初步问卷。

（3）效测指标层级。公众满意度测评的具体指标设计应体现 3 种导向。

①注重公众关心问题。着眼于公众所关心的问题，体现公众的需求，从而选择公众认为最重要、最能够评估公共事业管理绩效的指标，主要包括工作与收入评价、社会治安、医疗保障、政府作为和廉政等与地方政府职能关联密切的内容，既要测评公众的满意程度，又要了解与公众期望之间的差距。

②平衡各地方差异。由于各地区之间在人口、经济、文化等方面存在差异性，政府职能、决策或制度会有自身的特点，调查问卷及问题应有广泛的适用性，使不同地区的评价结果具有可比性。

③操作上的可行性。这就要求指标有较大的可选性。例如，某大学课题组研究当地地方政府整体绩效评价的公众满意度指标三级体系，从技术层面有两种方案：一是将公众满意调查置于经济发展、社会公正、保护环境和政府成本 4 个领域层指标，其指标评价结果由客观得分和主观得分构成；二是将公众满意指标领域层与经济发展、社会公正、保护环境、政府成本和公众满意平行作为 5 个领域层。

对两种方案进行比较，第二种方案简单方便，较为符合第三方评价地方政府整体绩效的操作条件，并部分实现了公众主观评价与客观事实评价的统一；而第一种方案，将公众满意度评价置于前述 4 个领域层的具体指标中，每一个具体指标都由公众再做主观评价，则满意度指标将会增加，调查问卷问题数量较大，实施操作也很困难，同时，公众对每一个具体指标很难有独立的见解与判断，调查结果失真度增加。

基于以上原因，可选择后面第二种方案。在经济发展领域层，可对诸如增长速度、增长质量、经济结构、收入与生活质量、发展潜力、市场竞争环境等进行公众满意度评价。这种针对客观领域内涵层的主观评价范围过于宽泛，操作上存在问题，故应突出重点并有所选择。

（4）具体指标范畴。公共事业管理整体绩效评价应是主观指标与客观指标的统一，具体指标如下。

①经济发展满意度评价指标。公共事业组织经济发展满意度包括公众收入、工作机会与总体满意度。公众收入满意度与政府的促进经济发展职能密切相关，只有经济的繁荣与发展，提供更多的发展机会，公众收入才会增加。

工作机会与政府职能、个人能力及整个社会经济环境相关，此项满意度可间接反映出经济的发展状况，进而反映政府的经济服务能力。政府要为公众创造更多的就业机会，加强就业培训与指导，以提升公众的工作机会满意度。

总体满意度是公民对政府在促进经济发展效果的总体评价，其具体测度方法是由公众对当地政府在促进经济发展的效果进行评分。

②社会公正满意度评价指标。公共事业组织社会公正满意度的领域包括社会治安（尤其是公共安全）、医疗保障、执法公正、政策稳定及总体满意度。社会治安是社会公正的重要标志，维持社会秩序和促进社会治安良性发展是政府重要职能，政府治安工作满意度可通过公众判断来评价。

近年来，医疗保障成为了我国公众普遍关注的焦点，医疗保障涉及费用筹措、提供医疗服务和供应医疗药品等问题。提升公众的医疗保障水平是政府卫生部门的工作目标，因此公众对医疗保障满意度指标应纳入整体绩效评价体系。行政执法几乎涵盖了政府的所有部门。

行政执法活动包括抽象与具体的行政行为，抽象行政行为即立法建制，具体行政行为即依法办事、依法管理行政事务。而与公众直接接触的行为为具体行政行为。衡量行政执法部门的工作绩效除用一些客观的指标外，还需要主观指标进行补充。

政府政策是稳定民心的基础，通过调查公众对政府政策稳定的满意度，可反映政府政策稳定状态。由于信息不对称等原因导致市场秩序需要政府来维持，市场监管满意度可作为政府维护社会公正的一项主观指标。

总体满意度是公民对政府在维护社会公正方面所取得效果的总体评价，其具体测度方法是由公众对当地政府维护社会公正的效果进行评分。

③环境保护满意度评价指标。公共事业组织环境保护满意度包括对生活自然环境满意度、环保宣传及总体满意度。生活自然环境的好坏与政府的长期政策理念与政策执行相关。我国许多地方存在经济发展与环境保护背道而驰的状况，为避免政府为发展经济而忽略对环境的保护，需要将公众对自然环境的评价纳入公共事业整体绩效评价中，反映政府在环境保护方面的绩效。

政府环保宣传到位与否直接体现了政府在环保方面的态度及成效，并可由公众做出评价。政府可通过在电视上播放公益广告、贴环保宣传图片或画册、进行环保知识讲座等活动来唤起公众对环境的保护意识。

总体满意度是指公民对政府保护环境的效果的总体评价，其具体测度方法是由公众对当地政府推动环保的效果进行评分。

④服务过程满意度评价指标。公共事业组织服务满意度包括服务态度满意度、服务效率满意度、人员廉洁满意度和政务公开满意度。公共事业服务要人性化，调查公众对公共事业组织服务态度的满意度，了解公众心中的公共事业组织服务态度，可为进一步改善公共事业组织服务态度提供依据。

提高组织服务效率是公共事业组织改革的目的之一，公共事业组织服务效率低下、程序烦琐、办事拖拉、履行承诺相互推诿和掣肘等，是近些年公众普遍反映的热点问题。

组织人员廉洁是衡量公共事业组织服务的一项重要指标，群众对公共事业组织人员廉洁的监督是最直接有效的，通过调查公众对公共事业组织人员廉洁的满意度，可反映公共事业组织人员廉洁现状。

政务公开的目的是提高公共事业管理的透明度，发挥其对公众生活和社会经济活动的服务作用。调查和了解公众对信息公开的全面性、真实性、准确性、及时性、合规性和便民性，有针对性地加以改进，提高公众对政务公开的满意度。

⑤整体绩效总体满意度评价指标。公共事业组织整体绩效总体满意度是公众对于当地公共事业组织在促进经济发展、维护社会公正、保护生态、节约政府成本、实现公众满意，以及对公共事业组织提供公共服务与进行社会管理的过程的效果、效率、公平性和回应性的总体评价。

总体满意度具体表现为公众对当地政府形象、政府行为的回应性、公共服务质量和公民抱怨程度，以及公众对公共事业组织的理想要求与现实评价的差距。

2. 调查问卷结构

基于概念模型的推导与具体指标的设计，以及问卷的规范格式要求，公众满意度调查问卷的结构包括样本的基本情况、调查指标的具体问题和调查监督。调查样本的基本情况主要包括性别、年龄、职业、学历和收入等，调查的具体指标包括经济发展、社会公正、环境保护、公共服务过程与总体满意的具体问题。

基于第三方评价的可操作性要求，通过结构变量与观测变量的测度，不仅可测量公众对具体指标的期望、感受与最低要求，而且可测量公众对公共事业组织的印象评价与总体满意度水平，从而反映公众感知、期望、满意与抱怨，既对公共事业组织绩效评价的客观指标形成印证与补充，也为公共事业组织改善绩效提供诊断与方向。

3. 调查问卷信度

信度是指测量工具反映被测量对象特征的可靠程度或一致性程度的指标。信度检验的常用方法有内部一致性信度、折半信度、重测信度和平行信度等。以 α 系数（内在信度）进行分析，α 系数的取值范围为 0~1。通常情况下，α 系数在 0.9 以上，则认为量表的信度较高；α 系数在 0.6 以上时，各项目具有可接受的一致性。

利用 SPSS 统计软件，计算出问卷各维度的 α 信度系数和问卷总体 α 信度系数为 0.6

以上，说明问卷的整体结构设计具有较高的可信度，因而依此调查得到的数据是可信的，基于该问卷进行的数据统计分析结果也是比较可靠的。

4. 调查问卷优化

调查问卷优化是在各种现实条件下对理论问卷的问题、备选答题进行优化选择和提出执行问卷的过程。概念模型推导下的问卷共有 48 个问题，完整反映了公共事业组织整体绩效满意度的各个方面。具体来说，问卷从公共事业组织整体绩效的公众满意度模型结构出发，覆盖政府形象、公众期望、公众感知质量、公众满意度和公众抱怨，从结构上看是完整的。

(1) 提高可操作性。主要体现为精简问卷问题的数量。问卷的容量 10 分钟以内可以完成，则比较容易被调查者接受，否则会引起被调查者的厌烦情绪和畏难情绪，影响调查质量。精练的问卷内容，需要删除那些可有可无的问题，保留必不可少的内容。

筛选标准需要从调查目的出发来思考：调查需要明确哪些问题，这些问题的重要程度及其相互关系，以及得到什么样的数据形式便于分析结果等。从公共事业组织整体绩效评价的公众满意度调查作用和需要出发，可舍去政府形象、公众预期、总体感知质量、预期与实际感受的差距，主要是考虑问卷容量的问题。

问卷设计的原则之一，就是要尽可能地用少量的问题问出较多的内容。调查公众满意度的目的在于在整个绩效评价的框架下了解公众对公共事业组织整体绩效的一个评价，而改善政府服务却是整个绩效评价的工作，可通过计算整体绩效预先设定的 5 个领域层的结果来具体提出改善意见。

(2) 优化主干问题。基本要求：指标及问题应尽可能覆盖满意度导向层；力求将满意度指标与客观指标相衔接；调查问卷完成时间控制在 10 分钟以内。问卷可简化为 10～15 项指标的感知质量，由公众评价。

例如，某大学课题组所设计的当地公共事业组织公众满意度调查问卷，初步问卷设计 19 个问题，通过相关性、对应性和重要性分析，并考虑到必要性和可操作性，最后确定 10 个具体指标，在此基础上考虑到问卷反映问题的全面性，调查内容增加政府公开、环保宣传和市场监管 3 项内容。

(3) 问卷量表简化。理论上满意度评价量化可任意分级，如 10 分制和 100 分制。实际运用常采用奇数值，如 3 分制、5 分制、7 分制和 9 分制。考虑国内公众的习惯，我国一般采用 10 级量表，5 分为中位数。

(三) 对不同个体特征的公众满意度讨论

1. 不同性别公众的满意度差异

不同性别人群对社会事务的关注侧重点存在很大的差异性，男性人群基本上倾向于关注社会宏观层面的发展状况，大到国际国内重大经济、政治事件和趋势变化，国家宏观经济政策，发展方针的制定、落实和变化，小到城市发展规划、交通物流、市政建设和金融服务等。女性人群则更倾向于关注微观层面事务的发展状况，特别是关乎生存和生活方方面面的琐碎细微处，显示了女性比男性更加细腻的心性。因此，介于不同的性别人群对于政府公共服务的绩效评估，会出现满意度的倾向性或偏好性。

2. 不同年龄公众的满意度差异

年轻人可能更加喜欢时尚潮流，而中年人则注重稳重大气，年纪较大的人群则更倾向于怀旧。例如，各年龄段的人群对"医疗保健"的满意度都较低，年龄在 50 岁以上或已退休人群由于身体状况等多方面原因，接触医院和接受医疗的机会更多，他们亲身体验了现在政府医疗改革的现实状况，他们对于政府"医疗保健"方面服务的满意程度更有发言权，同时也说明政府对退休人员群在"医疗保健"上的服务有待改善。

3. 不同文化公众的满意度差异

文化程度高的人群对公共事业管理的评价高于文化程度低的人群。文化程度较低的人对公共事业管理只是一般的了解政策宣传，缺乏深层次的思考；文化程度更高的人群虽然对公共事业管理有深层次的接触和思考，但也可能对其工作的态度显得漠不关心，或者关注度不高。

4. 不同职业公众的满意度差异

对公共事业管理各个方面，城市工作的人群比边远工作人群满意度高。可能政府对社会边缘化的人群在公共事业管理制度上的工作做得不到位，导致边远工作的人群对各个公共事业管理方面得不到应有的满意服务。

5. 不同收入公众的满意度差异

高收入的人群对公共事业管理满意度比低收入的人群低，其原因在于高收入人群对政府有更高标准的要求，希望能得到更优质的公共事业组织的服务。

综上所述，通过问卷调查，可以测评公共事业绩效管理的外部满意度，不断完善公共事业绩效管理水平，提高公众对公共事业绩效管理的满意度。

三、加强公共事业绩效管理的基本建议

（一）加强绩效评估立法工作

立法保障是开展公共事业组织绩效评估的前提和基础，只有将其用法律制度确定下来，并严格地加以执行，才能尽量排除主观和人情等非法律制度因素的影响，并逐步走上制度化、规范化和经常化的道路，因此，加强绩效评估立法工作成为改进公共事业组织绩效评估的有效策略。如美国政府出台了许多法律法规，从而有效地推动了公共部门的绩效评估活动。克林顿总统在执政期间，共签署了 90 个相关法案和 50 个总统行政命令，国会通过了 85 项立法，以保证国家绩效评估委员所提出的主张得以实施。根据我国实际情况，可采取以下 3 个方面的措施。

第一，从立法上明确绩效评估在公共事业管理中的重要地位和特殊作用，保证绩效评估成为公共事业管理的基本环节，促使公共事业组织开展评估工作，以提高公共事业管理水平。

第二，制定绩效评估工作的法律制度，对公共事业组织绩效评估的目标、范围、形式、内容、方式等诸多问题都做出详细规定，使评估工作有科学的法律依据和规章制度可

以遵循，从而把绩效评估纳入正常发展的轨道。

第三，从法律上树立绩效评估的权威性，确定公共事业组织绩效评估机构在评估中的地位，保证其享有与评估活动有关的一切权力，能够畅通无阻地收集评估信息、开展评估活动、分析评估结果和提出改进方案等。只有这样，才能从法律上保障绩效评估工作的有效、公正和透明。

（二）组建专业性的评估机构

当前我国公共事业组织绩效评估还相当薄弱，评估的主体主要是政府管理部门，这种评估机制不够科学，将会导致公共事业组织工作人员只对上负责、不对下负责及形式主义泛滥，因而组建一个独立于公共事业组织之外的、专业性的绩效评估机构是必要的。目前我国由独立的专业性评估机构所进行的评估，几乎还处于空白状态。所以，我国可借鉴西方发达国家绩效评估的经验，建立独立的、专业性的评估机构。

在美国，对公共部门进行绩效评估除公共部门自身、政府部门外，还有一支重要的民间组织，如坎贝尔研究所。该所是美国较有影响的民间评估机构，主要从事财政管理、人事管理、信息管理、领导目标管理及基础设施管理等政府的绩效评估，1998 年对全美 50 个州政府开展大规模的绩效测评活动，并公布了各州政府的测评分数和排名，引起了较大的社会反响；1999 年又对全美 35 个财政收入最好的市政府进行了绩效测评工作，这被评为 1999 年美国十大新闻之一。

此外，一些高校如哈佛大学、罗各斯大学也在关注和研究公共部门的绩效评估，他们提出了一系列相关的评估理论、方法、指标体系和步骤等，并以此为指导开展评估活动，有力地推动了绩效评估活动在公共部门中的开展。

（三）健全绩效评估信息系统

健全公共事业组织绩效评估信息系统，保证公共事业组织绩效评估的准确性和有效性，必须以准确、完备、科学的评估资料和数据为现实基础。为使公共事业组织绩效评估有准确、完整的评估信息，以及有效的反馈机制，建立健全公共事业组织绩效评估信息系统是十分必要的。主要措施包括以下 4 个方面。

第一，组织专门力量负责收集、加工信息，尤其对各方面的相关信息进行及时必要的收集、筛选、归纳、整理和加工，并视不同时期的不同情况及时予以调整、充实，形成公共事业组织绩效评估的信息资料库，为开展绩效评估工作收集与查询有关信息资料提供方便。

第二，充分利用电子计算机和现代通信技术，加快推进公共事业组织信息化建设，提高评估信息系统的现代化程度和评估信息传递的网络化程度。

第三，建立绩效评估信息的传递网络，把公共事业组织绩效评估的结果尽快反馈给相关各方，使评估信息得到广泛的使用。

第四，调整和优化公共事业组织结构，减少管理层次，强化管理力度，解决"条块分割"的管理组织构架的内在矛盾，消除信息孤岛现象，为公共事业绩效评估信息系统的创建提供良好的组织环境。

▶▶ **本章小结**

● 绩效管理是指各级管理者和员工为了达到组织目标，共同参与的绩效计划制订、绩效辅导沟通、绩效考核评价、绩效结果应用、绩效目标提升的持续循环过程。其目的是持续提升个人和组织整体的绩效。加强公共事业绩效管理有利于落实项目责任制度，有利于完善激励约束机制和提高公众满意程度。

● 公共事业绩效管理评估是指对公共事业管理的效率、能力、服务质量、公共责任和公众满意程度等方面进行判断，并对公共事业管理过程中投入、产出和成果所反映的效果进行评定和划分等级。它在衡量公共事业管理水平、树立科学发展观和正确的业绩观、提高自身运作效率、改善服务质量等方面发挥着重要的作用。

● 公共事业绩效管理评估体系主要包括评估目标、评估主体、评估类型、评估标准、评估指标和评估程序等。其评估过程是个持续的、周期性的过程，通过评估—反馈—再评估的循环来达到不断提高公共事业组织绩效的目的。其评估方法包括"3E"评价法、标杆管理法、平衡计分卡法和顾客满意度法。

● 公共事业管理社会评价是指从公共事业管理结果对社会发展目标所做贡献与影响进行的评价。其评价的社会指标包括教育事业管理、科技事业管理、文化事业管理、卫生事业管理、体育事业管理、社会保障事业管理、环境保护、基础设施建设等。

● 公众满意度也称公众满意指数，是指公众在体验公共行政的过程中对其目标、期望与需求满足程度进行衡量的一种心理体验。满意度是一个多重层面的指标，应以多重项目来衡量满意程度，而调查问卷是多重项目来衡量满意度的最佳方法。设计调查问卷应明确问卷设计要求、满意度导向层、效测指标层级和具体指标范畴。

◆ **复习思考题**

1. 简述加强公共事业绩效管理的现实意义。
2. 如何理解公共事业绩效管理评估体系？
3. 简述公共事业绩效评估体系与方法。
4. 试述公共事业管理外部评价的主要内容。
5. 如何加强公共事业组织的绩效管理工作？

📓✏ **参考文献**

[1] 娄成武，等. 公共事业管理概论 [M]. 北京：中国人民大学出版社，2006.

[2] 郑方辉，张文方，李文彬. 中国地方政府整体绩效评价——理论方法与"广东试验" [M]. 北京：中国经济出版社，2008.

[3] 李红梅. 江门市镇政府工作人员绩效考核满意度研究 [D]. 广州：华南师范大学，2007（6）.

[4] 胡晓东. 我国公众对公务员工作绩效的评价 [J]. 天水行政学院学报，2008（4）.

［5］刘岚芳．基于民众满意度的社会发展评价研究［D］．北京：首都经济贸易大学，2006（4）．

［6］王敏．政府财政教育支出绩效评价研究［M］．北京：经济科学出版社，2008.

［7］彭国甫．地方政府公共事业管理的绩效评估与模式创新研究［M］．北京：人民出版社，2010.

［8］李军鹏．责任政府与政府问责制［M］．北京：人民出版社，2009.

［9］戴维·奥斯本．摈弃官僚制：政府再造的五项战略［M］．北京：中国人民大学出版社，2002.

［10］珍妮特·V. 登哈特，依罗伯特·B. 登哈特．新公共服务：服务，而不是掌舵［M］．丁煌，译．北京：中国人民大学出版社，2004.

第九章 公共事业管理伦理

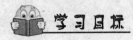 **学习目标**

1. 知识目标
❖了解伦理的含义。
❖理解公共事业管理伦理的含义及特征。
❖熟悉公共事业管理伦理的功能。
❖掌握公共事业管理伦理的内容。
❖熟悉公共事业管理伦理、人员伦理、组织伦理和制度伦理的内容。
2. 能力目标
❖具备公共事业管理伦理的实际应用能力。
❖具备公共事业管理伦理建设的基本能力。

案例导入

人民网北京 2013 年 6 月 13 日电：中央电视台今晚播出的《焦点访谈》对日前备受关注的陕西延安"5·31"城管打人事件进行了详细调查。据报道，延安城管在 4 月、5 月先后两次对当事自行车店就占道维修停放自行车问题下达整改通知书，事发当日对自行车店进行了两次执法。在此过程中，身穿黄色上衣的女协管员郑媛媛与车店店主刘国峰发生冲突。在城管执法队折返回来二次执法时冲突升级，协管员景鼎文跳起脚踩了车店店主头部，车店店主随后挣扎爬起来向郑媛媛打了一巴掌。央视播出的一位路人拍摄的视频显示，郑媛媛在被掌掴后大喊"爆他的头"，车店店主随即被二次暴打。

请思考：

1. 作为公共事业管理人员，应如何行使权力？
2. 城管人员的做法违背了什么？
3. 这个案例给人们以什么启示？

第一节　公共事业管理伦理概述

一、伦理的基本含义

伦理是指在处理人与人、人与社会、人与自然相互关系时应遵循的道德和规则。它也指做人的道理，包括人的情感、意志、人生观和价值观等方面。如"天地君亲师"为五天伦；又如君臣、父子、兄弟、夫妻、朋友为五人伦；忠、孝、悌、忍、信为处理人伦的规则。从学术视角看，人们往往把伦理看做是对道德标准的寻求。

伦理是一种特殊的社会意识形态，它关注什么是公正、公平和正义，以及我们应该做什么的问题，思考哪些措施应从人们的实际生活中被消除。其存在的理由就在于由伦理的功能所提供的价值，伦理价值一般是指向社会秩序的需要和人的自我完善与实现的需要的满足。管理与伦理相互结合已经成为时代潮流，这是由两者的内在本质所决定的，因为两者都是社会规范的主体，都是为适应人类社会生活而产生的，其对维系人类社会的存在和发展有着共同的规范价值。

 小贴士9.1

伦理与道德

当代"伦理"概念蕴含着西方文化的理性、科学、公共意志等属性，"道德"概念蕴含着更多的东方文化的情性、人文、个人修养等色彩。"西学东渐"以来，中西"伦理"与"道德"概念经过碰撞、竞争和融合，目前二者划界与范畴日益清晰，即"伦理"是伦理学中的一级概念，而"道德"是"伦理"概念下的二级概念。二者不能相互替代，它们有着各自的概念范畴和使用区域。

二、公共事业管理伦理的概念

（一）公共事业管理伦理的含义

公共事业管理伦理是指公共事业组织在从事公共事业管理活动时应该遵守的道德行为规范和准则。它是公共管理者高超的管理水平与个人品德在公共管理活动中的完整统一的表现，是从事公共管理活动的组织和个人应该恪守的一种职业道德。

由于不同的文化的差异和社会经济水平发展，不同国家的公共事业管理伦理并不完全相同。在现代社会中，不同民族和国家的公共事业管理都存在着共同性的价值准则和伦理标准，体现为管理过程中一些有约束性的价值观、标准和人生态度，如对生命的尊重、诚实、公正、廉洁、负责等。

（二）公共事业管理伦理的特征

结合公共事业管理的职业要求和主体构成，公共事业管理伦理的特征主要体现在以下4个方面。

1. 非强制性

公共事业管理伦理作用于人的内心，直接影响人的内部精神世界。它主要是依靠社会舆论、良心、个人信念、传统和公共社会教化的力量来直接影响人的内部精神世界，是通过对人们的潜移默化获得一种内在的威严和力量从而实现其社会管理职能的。众所周知，法律或政治也是一种社会管理方式，其主要依靠国家行政权力、司法机关和经济杠杆等暴力或惩罚机制强制执行，这种管理有着一种特殊的外在威严和力量。

与此相比，公共事业管理伦理不具有国家意志的属性，也无权力保障，更没有设立专门机构严格按制度进行，而是通过社会舆论、传统习惯、内心信念等力量来实施其对社会的管理职能。它是一种基于对社会发展、人类幸福和自我完善的普遍价值关怀的使命感，通过一系列公共伦理教育震惊人们的心灵，获得一种非强制性的威严和力量。其表现形式为风俗、习惯、传统、舆论、心理、伦理、信念、良知、社会教化、爱好等，但伦理是主要内容。这种管理虽然是无形的，但却是广泛的、深刻的，从某种意义上讲，也是强有力的。

2. 广泛渗透性

公共事业管理伦理规范是从现实利益关系的角度，特别是从现实生活中个人对待社会整体利益、群体利益的角度去调整人们的各种社会活动和社会关系的。凡是涉及公共事业现实利益的地方，就有公共事业管理伦理的调节和管理。

因此，公共事业管理伦理的管理作用的范围比法律、政治等制度化管理具有更大的普遍性、广泛的渗透性和悠久的历史。其具体表现：一是公共事业管理伦理的管理作用贯穿于人类社会的各个形态之中，自从人类进入文明社会，公共事业管理伦理就发挥着自身独特的管理作用；二是制度化管理必须在公共事业管理伦理的基础上才能更好地发挥作用，公共事业管理伦理所强调的公平、公正原则是制度化管理追求的重要目标；三是公共事业管理伦理能进入到人作为"社会人"的深层次发挥作用。

3. 义务本位性

义务就是本分，就是为他人和社会做自己应当做的事。义务本位性的基本特征是行使主体应当作出或应当怎样作出一定的行为，以及不得不作出某种行为，如果违反这种要求或是拒绝行为，他将受到社会舆论的非难和良心的自我谴责。

这种义务性要求同法律等制度化规范在形式上是相同的，但法律义务的履行是以对法律的恐惧和威慑为前提的，且谋求相应或对等的权利，人们对公共事业管理伦理义务的承担则是以对道德的自觉认同为前提的，并不是谋求相应或对等的权利。社会成员在履行公共伦理义务时，不是被动地屈从于某种外在压力，而是在正确地把握了现实公共事业管理伦理关系的基础上，领悟公共事业管理伦理提出的客观要求，从而把"应当怎样做"变为"我要这样做"，使义务的实现由自发到自觉，由自觉到自为。

同时，人们对公共事业管理伦理义务的恪守往往不是以谋求权利或获得相应的补偿为前提的，一般含有某种程度的自我牺牲精神。人们在履行政治、法律等制度化管理的义务时，往往同谋求个人权利相联系，人们对义务的恪守是为了满足权利的需要，而当人们履行义务不以求得某种权利或相应补偿为必要前提时，人们的行为便步入了公共事业管理伦理的殿堂。

4. 方式灵活性

政治和法律等强制性管理，都具有制度化的特征，对人和社会的管理要通过专门机构、专职人员、既定程序、较严厉的措施等来进行。一般来说，在这种管理中管理者与被管理者界限比较分明，由于具有强制性和权威性，只要实施就能立即见效。

由于制度化和权威性的特点，管理者容易按照条文办事，不能随着客观形势的变化而有所变化。相对而言，公共事业管理伦理可不受种种条条框框限制，它可在任何时间和场合，通过任何组织和个人，以灵活多样的方式进行。因此，与政治与法律等相比，它具有更强的灵活性。

三、公共事业管理伦理的功能

公共事业管理伦理属于上层建筑范畴，产生于一定的经济基础，并反作用于一定的社会政治经济关系。其功能主要体现在以下4个方面。

（一）示范引导功能

公共管理伦理作为公共管理主体的道德规范，要求公共管理主体，包括公共组织和公务人员必须以公共利益的实现作为一切行动的出发点和归宿，必须正确处理个人利益和公共利益的关系，能够抵制各种利益诱惑，以对人民高度负责的责任心约束自身的行为。

由于公共管理主体掌握公共权力及其他社会政治资源，在社会中处于特殊地位，所以其行为不仅受公众关注，且渗透到社会生活的各个方面，影响巨大，直接对社会公众起到示范效应和导向作用，并影响着民德和民风。公众道德水平如何，社会风气好坏，都与公共管理伦理状况息息相关。

（二）规范约束功能

公共事业管理伦理是一系列道德规范的总和，其规范约束性在于以善恶来认识、评价和把握公共管理过程中的管理行为，通过外在的舆论评价的传统习俗评价，以及内心信念的体验和一定的制度约束，形成强大的规范力量，引导和约束公共管理系统的运行及公共管理者的行为，即通过伦理规范约束公共管理活动的范围、行为方式，使公共管理过程趋于程序化、规范化。

在公共事业管理中，公共事业管理伦理对符合伦理规范的情感、信念、管理行为予以激励和强化，对不符的则予以纠正或弱化，特别是当在管理过程中出现认识错误、方式或方法失当时，公共事业管理伦理能够纠正行为者某种自私欲念和偏颇情感，改变自己行为的方向和方式，以避免产生违背公共事业管理责任、损害公众利益的后果。公共事业管理伦理对于管理行为起着检察官的作用。

（三）追求卓越功能

公共事业管理伦理虽有制度约束的因素，但更多的是道德要求。相对于法律的强制性硬约束，公共事业管理伦理是自觉性的软约束。法律的权威性能够保证公共事业管理活动不违背法律规定，否则就要承担法律责任，即法律保证的是公共事业管理主体"不做坏事"。哈佛大学林恩·夏普教授指出：法律不能激发人们追求卓越，它不是榜样行为的准则，甚至不是良好行为的准则。

道德可弥补法律的不足，道德会避免作恶、引导向善。道德对违法者予以谴责，对虽不违法但仍属于不道德的行为也予以批评和谴责，而对道德的行为，尤其是高尚的行为予以鼓励和褒奖。公共事业管理伦理的意义就在于使公共事业管理主体在遵守法律的基础上进一步挖掘道德的潜能，并充分发挥其作用，追求卓越的公共事业管理，最大限度地实现公共利益。以德治国理念的提出，以及将依法治国与以德治国相结合，正是要发挥法律和道德的双重积极作用，将国家治理得更好，让公众得到更多的实惠。

（四）选择维系功能

公共事业管理主体的伦理选择就是在一定伦理意识支配下，根据某一伦理道德标准，在不同的价值或善恶冲突之间作出的自觉自愿的抉择，即存在几种行为方案时确定采取何种行为方案以实现伦理目标的过程。

在公共事业管理活动中，特别是在进行公共决策时通常会遇到各种选择，公共事业管理伦理能够保证将体现公共利益的方案选择出来加以执行。这必然使公共事业管理主体赢得民心，"得民心者得天下"，所以从某种程度上来说，公共管理事业伦理直接影响着统治的稳固和国家的长治久安。因为公共事业管理伦理是整个社会的道德表率，其伦理取向昭示着社会的伦理导向。特别是作为公共事业管理重要主体的党政机关，其伦理状况是关系党和政府形象的头等大事，建设公共事业管理伦理是改善党风政风的关键。

当政者"其身正，不令而行，其身不正，虽令不从"（《四书章句集注·大学章句》）。公共事业管理主体如果能树立执政为民的理念，权为民所用，情为民所系，利为民所谋，则必能得到公众的拥护和支持；公务人员如果能廉洁自律、克己奉公，则很多社会问题都会迎刃而解。公共事业管理伦理就是要在公共事业管理主体内部实现团结，在公共事业管理主体与客体之间形成沟通的桥梁，使全国上下同心同德，形成凝聚力。

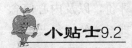

小贴士9.2

公共事业管理伦理的作用

一、导向作用

其作用源于公共事业管理伦理的示范引导功能。公共事业管理伦理通过对公共事业管理活动的引导而对整个社会产生引导，以提高其行为的合法性和合理性；通过管理人员的示范性和影响力，直接对社会大众起到示范效应和导向作用。管理人员遵守或违背伦理规范，将会得到舆论的赞扬或受到舆论的谴责，而通过善恶评价所造成的社会舆论和压力，有助于管理人员形成忠诚遵守组织伦理的外在环境，促进其遵守伦理规范。

二、规范作用

其作用源于公共事业管理伦理的规范约束功能。公共事业管理伦理是作用于公共事业管理组织从行为到结果的一系列的伦理准则和价值判断，其特点是以善恶来认识、评价和把握公共事业组织过程中的行为，通过外在的舆论评价、内心信念的体验及一定的制度约束形成强大的规范影响，引导和约束公共事业管理组织的运行和管理者的行为，即通过伦理规范限定其活动的范围和行为模式，使其管理的全过程程序化与规范化。

三、选择作用

其作用源于公共事业管理伦理的选择维系功能，要使该功能转化为现实的作用，就必须从优化管理的目的出发进行公共事业管理主体的行为选择，并依据伦理要求对其行为动机、方式和结果等进行检查。选择的价值尺度和标准是关键问题，一般是以社会或公众利益为标准，在不同的价值准则或善恶冲突作出自觉、自主、自控的抉择，是对自己行为动机、意图、目的、方式、过程和结果的选择。

第二节　公共事业管理伦理内容

公共事业管理伦理的内容包括人员伦理、组织伦理和制度伦理，都集中表现在政府组织、社会组织和公共企业组织的活动中。

一、公共事业管理的人员伦理

(一) 公共事业管理人员伦理的含义

公共事业管理人员伦理是指公共事业管理人员主体根据国家和社会发展的需要，依据法律法规和习惯，在履行公共事务和社会事务活动中所形成的伦理关系以及应遵循的道德规范。可从以下 3 个方面予以理解。

1. 公共事业管理人员伦理的主体

主要包括政府人员和非政府人员两类。

(1) 政府人员。政府人员是指领导职务人员与非领导职务人员。领导职务指国家级正职、国家级副职、省部级正职、省部级副职、厅局级正职、厅局级副职、县处级正职、县处级副职、乡科级正职、乡科级副职。非领导职务指巡视员、副巡视员、调研员、副调研员、主任科员、副主任科员、科员、办事员。

领导职务与非领导职务有较大的不同：领导职务人员行使决策权和领导权，对公共事务和社会事务行使最终方案的选择权，在此基础上配置相关的资源，安排执行任务的人员；非领导职务人员从事非决策性的事务和落实具体事务，副主任科员以上的非领导职务则享受相关的行政级别和福利待遇，配合领导职务行使决策权，接受领导人员的委托从事某类某项事务的决策。

（2）非政府人员。非政府人员与政府人员的主要区别：政府人员执掌国家的公共权力，施加强制性的影响力，而非政府人员没有其权力。当然，如果是法律授权或政府委托，非政府人员就享有了公共权力，可与政府人员一样施加强制性的影响力。目前，我国非政府人员主要指事业单位人员、社会团体人员，以及公用企业人员等。

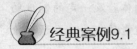 经典案例9.1

湖南临武城管疑用秤砣打死瓜农而警方现场维稳

2013年7月17日，在湖南省临武县城，瓜农邓正加与多名城管肢体冲突后倒地死亡。官方发布通告称，警方正在调查此事。有目击者称，死者倒地前曾遭城管持秤砣重击头部。

据死者亲属介绍，17日10时邓正加夫妇在临武县解放南路摆摊卖西瓜，先被城管以无着装、无证经营等理由罚款100元，并搬走一些西瓜。邓妻上前阻拦，并与城管发生推搡。随后，邓氏夫妇将西瓜摊转移至临武县检察院附近。

现场目击者称，正当邓氏夫妇准备卸瓜时，10余名城管人员赶到，双方再次发生争执。当时有人用手机拍下现场视频，被城管抢走、砸碎。

17日下午，湖南省临武县官方发布通稿证实，临武县城市管理行政执法局工作人员在执法过程中与南强镇莲塘村民邓正加发生争执，邓突然倒地死亡。

临武县官方的通报称，"7·17"事件发生后，县委、县政府高度重视，立即召开会议研究部署，全力做好善后处置和慰问工作，全力查清事件原因。

目前，临武县委、县政府领导正带领相关单位和部门调查和处理此事。记者联系临武县公安局和临武县委宣传部，均称此事正在调查当中，相关城管已在接受警方的调查。

资料来源：http：//news. qq. com/a/20130718/001362. htm。

2. 公共事业管理人员伦理的依据

其依据包括法律法规和其他规范两类。

（1）法律法规。依据处理公共事务的要求，国家法律法规对相应的行为准则作出了具体的规范。这些法律法规涉及的领域非常广泛，包括经济、社会、文化、环保等。如美国的《政府官员及雇员的行政伦理行为准则》（1990年），韩国的《韩国公职人员伦理法》（1981年），日本的《日本国家公务员伦理法》（1999年），以及我国的《中华人民共和国义务教育法》（以下简称《教育法》）（1986年）和《中华人民共和国公务员法》（2005年）等。我国《教育法》第36条规定："学校应当把德育放在首位，寓德育于教育教学之中，开展与学生年龄相适应的社会实践活动，形成学校、家庭、社会相互配合的思想道德教育体系，促进学生养成良好的思想品德和行为习惯。"

（2）其他规范。如行业规范和职业传统等。非政府组织根据不同行业的特点，制定相应的规范，由此来约束组织的管理和人员的行为。如1997年中国注册会计师协会制定的《中国注册会计师职业道德基本准则》就对注册会计师的行为进行了规范。此外，有一些职业道德是根据传统和习惯所传承下来的，如教师应教书育人和医生应救死扶伤等。

3. 公共事业管理人员伦理的范围

公共事业管理人员的伦理即在行使公共事业管理职能时所发生的伦理关系，如果在处理私人事务和企业事务时就不属于公共事业管理伦理约束的范围，而是受个人道德、家庭道德、企业道德和社会道德的约束和规范。

(二) 公共事业管理人员伦理的作用

在公共事业管理活动中，人员伦理不仅与动机、心理有关，还与行为有密切的关联。人员伦理在公共事业管理中发挥着比较重要的作用，主要表现在以下两个方面。

1. 有利于解决人员角色冲突

公共事业管理人员所涉及的角色较多，既有与父母、子女、亲戚朋友等有关的社会角色，又有管理职级、管理职位等方面的管理角色，从而导致社会角色与管理角色间的摩擦与冲突。其解决的办法：一是依靠法律法规外在的制度规范；二是依靠管理角色内在的伦理自主性来缓解矛盾、解决冲突。管理角色内在的伦理自主性，主要是公共事业管理人员有意识地培养自己的内部控制资源如个人价值观、政治信仰、道德良知等来实现。

在转型期的中国，由于公共事业管理事务的复杂性和多样性，人员角色冲突事例较多，主要表现为管理职责、公共利益、公共义务与个人利益最大化之间的矛盾，尤其是高职位的管理人员如何确保自由裁量权公正、公平地行使，除法律法规制度性的措施以外，还需要公共事业管理人员遵守相应的道德规范，通过人员的良知、责任心来约束人员的行为，提高自律的程度。

2. 有利于培养管理伦理人格

通过公共事业管理人员的伦理建设，形成管理道德养成机制，借助道德的他律提高公共事业管理人员的道德自律，履行起公共事业管理应有的责任，培养公共事业管理人员特有的职业人格，产生与之相符合的世界观、人生观、价值观，在公共事业管理人员的自主、自由中形成和完善公共事业管理人员的伦理人格。

(三) 公共事业管理人员伦理的特点

由于历史、文化、政治等情况的不同，公共事业管理人员的类别不断变化，因而公共事业管理人员伦理具有多重性的特点。

1. 政治性与社会性的结合

在阶级社会中，不同的阶级会有不同的人员伦理，公共事业和公共行政等管理都具有较强的阶级特性，反映统治阶级的意志，代表统治阶级的利益，两者没有根本性的差异。无产阶级的人员伦理体现的是大公无私的人员伦理，资产阶级的人员伦理是以个人主义为本位的人员伦理。

不同的是，狭义上的公共事业管理，包括生态环境、道路、水电等都有较强的社会性，它的任务是满足所有人的需求，不分阶级，不分敌我，提供一个正常人所必须拥有的条件，按照社会公德和公共生活准则来规范人员的行为。这样，公共事业管理人员的伦理既具有一定的政治性，又具有相应的社会性，政治性与社会性实现了有机统一。

2. 时代性与传统性的结合

不同的时代，公共事业管理人员的伦理有不同的内容要求，反映一个国家一个时期的经济、社会、政治和文化的内在需求。和平时期的公共事业管理人员伦理与战争时期的人员伦理有不同的要求：和平时期强调人与人的平等性与公正性；战争时期则强调国家与地区的战略目标，人的需求、人与人之间的平等性和公正性处于较次要的地位。计划经济时期，人员伦理强调等级性；市场经济时期更多的重视人的内在需求，突出公平性。尽管不同的时代有不同的需求，反映不同的道德规范要求，但在一个国家中，有其历史的传统，反映这一国家区别于另一国家道德规范的差异性，说明道德规范与传统是不可分离的。

3. 民族性与全球性的结合

任何一个公共事业管理人员的伦理都与一个社会、一个民族的文化有较大的关联，体现出较深厚的民族性。在民族发展的过程中，地理环境、社会、经济、政治、历史等条件的差异，使民族心理、民族文化、民族习惯和民族传统各不相同，形成了不同民族特色的人员伦理规范。

在经济全球化的浪潮中，没有一个国家可以自立于世界活动之外，都或多或少地受其他国家和国际组织相应规范的约束和影响，这样，全球化对一个国家的人员伦理会产生一定的影响，改变了原有的道德内容和道德结构，呈现出人员伦理"既有民族性，又有全球性"的特点。

4. 个体性与整体性的结合

在公共事业管理活动中，任何人员伦理首先都会出现在一个个人员主体的身上，反映出人员道德的个体性，使一个人员伦理不同于另一个人员伦理。同时，在整个公共事业管理系统中，尽管不同的行为主体有一定差异的道德规范，但从总体上都会遵守共同的道德规范要求，形成道德规范的整体性。

5. 完整性与层次性的结合

无论是政府人员的伦理，还是非政府人员的伦理，都有不同的道德规范要求。不同的部门、领域、职级、方面都体现出较强的层次性，这从不同的人员规范要求中可见一斑，如《国务院工作人员守则》（1982年）。不同的人员职位会有不同的道德规范要求，如1995年制定的《关于党政机关县（处）级以上的领导干部收入申报的规定》和《中国共产党领导干部廉洁从政若干准则》，以及2012年制定的《八项规定、六条禁令》等。

当然，不管部门的、领域的、职级的人员道德规范如何规定，从公共事业管理人员总体规范而言，都会有完整性的规定，如2002年人事部制定的《国家公务员行为规范》和2005年全国人大制定的《国家公务员法》就都明确规定公务员应遵守的道德规范和纪律要求。

6. 自律与他律的结合

每一个公共事业管理主体，在不同的岗位和职责的要求下，都应遵守相应的道德准则和道德规范，通过自身的努力和道德约束保持公共事业管理活动的公正与公平，这是自律的部分。

但在实践过程中，有些公共事业管理主体出于私心和私利，没有很好地遵守所应遵守的规范，仅依靠公共事业管理主体的自律可能存在缺陷，这就需要借助外部的力量，通过立法机关、司法机关、行政机关、社会组织和大众传播媒体等渠道，利用法律法规、社会公德、家庭道德、个人道德、职业道德等形式，对公共事业管理主体进行监督，使公共事业管理主体提高觉悟，履行职业所必须遵循的人员规范。通过自律和他律活动，确保公共事业管理主体遵守道德规范。

（四）公共事业管理人员伦理的内容

政府人员执掌着公共权力，有对公共事务和社会事务的强制性影响力，是一个非常特殊的管理主体，应对其提出特殊的职业道德要求。公共事业管理人员的伦理由许多人际关系规范和价值观组成，包括信念、理想、态度、宗旨、风格和立场等，这形成了一个有机而完整的系统。公共事业管理人员伦理有丰富的内容，特别重要的是价值基础规范、价值核心理念和价值目标追求3个方面。

1. 价值基础规范

通常情况下，规范是对人们行为和思想加以调整和约束的一系列规定。社会规范与政府规范有较大的不同，社会规范主要是针对所有的社会成员，无论男性、女性，无论年龄大小都必须遵守。政府伦理主要是针对政府人员在行使公共权力时必须遵守的一系列规范要求，它是管理伦理的具体表现，包括权利、义务、责任、利益、命令和服务等，反映出管理活动的特殊本质和客观要求。不同国家的政府人员有不同的历史传统和不同时期的任务要求，因此各个国家政府人员的道德规范有较大的差异。我国在大力发展市场经济的过程中，公共事业管理人员最为基础性的道德规范主要表现为政治道德、管理道德、生活道德3个层面。

（1）政治道德。与西方公务员制度相比，中国公务员制度有自己的传统和规定，其内容和特点也有不同。公共事业管理人员政治道德的内容主要包括以下5个方面。

①共产主义信仰。政府人员行使社会主义国家的公共权力，必须把为共产主义事业奋斗作为终极信仰，这是其政治责任、道德义务和价值目标。只有以共产主义信仰为工作目标，才能使政府人员在管理活动中有明确的方向和理想人格的追求。在具体管理活动中，共产主义信仰主要反映在共产主义理想、正确的政治方向、实事求是地分析问题和解决问题上。

②接受共产党的领导。公共事业管理人员接受中国共产党的领导，这是由中国的政治制度、党的历史、党的性质决定的。中国共产党是中国各族人民的代表，没有自我私利，人民的利益、国家的利益、民族的利益和地区的利益都体现在中国共产党的领导下。

③热爱祖国。热爱祖国、忠实维护国家的尊严和荣誉，这也是每一个公共事业管理人员所必须履行的义务。公共事业管理人员有必要把国家的领土完整和国家主权放在第一位，反对分裂，维护国家的统一；同时，也要从组织上和纪律上认同政府并表现在支持政府的各项活动中，因为政府行使公共权力处理公共事务，许多政府政策都是通过公共事业管理人员的行为具体地加以体现的。

④热爱人民。国家的一切权力属于人民，人民是国家的主人。处理公共事务的政府人

员都应忠于人民，解决人民迫切要求的问题，满足人民的各种需求。一旦个人利益、团体利益与人民利益之间发生矛盾和冲突，就有必要把人民的利益放在首要地位，克己奉公，廉洁自律，顾全大局，从人民的整体利益出发，接受人民的监督。

⑤管理民主。在处理社会事务和公共事务时，无论是政府人员还是非政府人员，包括管理内部人员和管理外部人员，都要充分发扬民主，听取各方面的意见，吸纳有价值的建议，完善决策方案和实施方案，做到职位不分高低，保持人格尊严，维护公正平等，发挥专家和智囊团的作用，使公共事务决策民主化和事务执行高效化。

（2）管理道德。公共事业管理人员在管理活动中，为确保公共利益、社会利益的实现，都要端正态度，遵守道德规范，约束自身的行为，使管理过程在法律规范、道德规范的基础上民主化和高效化。管理道德的内容主要包括以下4个方面。

①忠于职守。管理人员在处理公共事务时应热爱岗位，完成本职工作，任劳任怨，敬业爱岗，及时有效地处理公共事务；在工作中，不迷信权威，勇于改革和创新，独立思考，有较强的事业心；根据管理职责，从社会组织和社会成员的合理需要出发，做到遇事不推诿，知难而进，不回避矛盾，有克服困难的勇气和力量，责任感强。

②保持廉洁。公共事业管理人员具有相应的职位与职权，但有些人员不满足于法定的职权，而是凭借其权力牟取私利，直接或间接地损害了社会利益和公共利益，这是法律制度所不允许的。因此，管理人员应秉公执法、清廉无私，正确处理公道与私情之间的关系，维护法律的公正性、严肃性和权威性，遵守"法律面前人人平等"的基本原则，以维护法律制度的公正。

③实事求是。公共事业管理涉及诸多的人和事，呈现出复杂性和多样性的特征，因此要求公共事业管理人员一切从实际出发，按客观规律办事，重视调查研究，具体问题具体分析；做到言行一致、诚实公正，讲真话，办实事；勇于承认自己工作中的缺陷与差错，及时纠正失误；与人为善，宽容仁爱。

④团结合作。公共事业管理人员在处理公共事业事务时应做到沟通、理解、合作，下级服从上级，保持管理系统的畅通无阻；上级尊重下级，充分听取下级的意见和建议，确保下级人员的自主性与能动性，调动下级人员的积极性；协调好各种关系，妥善地处理好上下左右、内部外部之间的关系，使各方面都能合作良好，为实现预期目标创造一个良好的管理环境。

（3）生活道德。公共事业管理人员除政治道德与管理道德外，还要遵守相应的道德规范。公共事业管理人员生活道德的内容主要包括以下3个方面。

①举止文明。公共事业管理人员处理着诸多的社会事务和公共事务，与各种社会人物直接或间接地进行接触，这就要求注重一定的礼节、仪态、容貌和举止，反映出公共事业管理人员应有的气质、风度、表情、机智、含蓄等品德修养。通过文明的举止，既传递出公共事业管理人员自身的素质和修养，又能维护公共事业管理人员整体的威严和形象。

②语言得体。语言是公共事业管理人员处理社会事务和公共事务交际工具，通过演讲、报告和谈话等方式，可与利益相关者进行有效信息的传递与沟通。运用得体的语言和措辞，做好思想政治工作，合法、合理与合情有机结合。尤其是在协调、谈判活动中，应

做到言语适度、态度和蔼，切忌粗鲁和生硬。

③适度生活。公共事业管理人员的生活分为物质生活和精神生活两个部分。公共事业管理人员的物质生活消费应与社会经济发展水平、个人实际收入状况、家庭经济状况相适应，提倡勤俭节约，反对铺张浪费，避免无原则地与人攀比。同时，应拥有高尚的生活情趣和健康向上的精神风貌，讲操守，重品行，避免低俗的低级趣味，做到"不迷信鬼神、不吸毒、不卖淫嫖娼、不赌博"。认真严肃地对待家庭和婚姻，夫妻之间和睦相爱，对子女尽到应尽的抚养义务，以身作则，为孩子树立好的榜样。工作之余，注重知识的再学习，使健康的生活情趣与高尚的精神追求融为一体。

2. 价值核心理念

公共事业管理人员伦理的价值核心理念主要是公正、服务、勤政、高效。公共事业管理人员伦理的公正是灵魂，服务是本质，勤政是途径，高效是结果。只有公正、服务、勤政、高效四位一体，才能真正反映出公共事业管理人员的价值核心理念。

（1）公正。由于公共事业管理涉及社会事务和公共事务，而不是私人事务和企业事务，因此，对管理人员而言，最重要的伦理要求是公正。无论是对哪一个社会组织和社会成员，在法律法规明确的情况下，都能做到一视同仁、公正公平地对待。一般情况下，公正的含义包括以下3个方面。

①人员公平。只要是公共事业管理人员的管理对象和服务对象，就必须按照法律和制度的规定处理，做到人员之间的公平。

②权益公正。公共事业管理人员应在坚持原则的基础上平衡各方面的利益，妥善处理好个人利益、集体利益、地方利益、部门利益、社会利益和公共利益之间的关系，维护社会组织和公民的合法权益。

③确保效率、服务与公正的优化。公共事业管理事务有的要求是低投入和高产出，强调效率；有的是要求优质服务，最大限度地让服务对象满意；有的则强调处理社会事务和公共事务体现程序公正和机会平等。因此，应尽可能在各自的要求范围内遵循相应的伦理规范，使效率、服务和公正达到最优化的状态，确保人与人之间的平等，避免平均主义。

（2）服务。无论是社会事务还是公共事务，都要为社会组织和社会成员提供最优质服务，满足人们日益增长的物质和文化生活的需要。只有这样，才能树立公共事业管理人员的威信，获得社会组织和社会成员的支持和拥护，公共事业管理所作出的决策才能较好地得到执行。

（3）勤政。公共事业管理人员在各自不同的岗位上努力工作，行使应尽的职责和履行应尽的义务。勤政的内容：按时上下班，做到不迟到、不早退，遵守规定的作息时间；勤奋工作，努力完成岗位所规定的任务，执行上级的管理决策；遵守规章制度，在法律、法规范围内开展活动；有较强的时间观念，在规定的时间内快速办理各种公共事业管理事务，做到认真、负责；差错率低，处理的管理事务多等。

（4）高效。高效是公共事业管理人员伦理的结果。对社会组织和社会成员来说，过程尽管很重要，但其结果更加重要，能否以最短时间和最小投入获得最大的产出，这是组织管理绩效最重要的标志。通过高效的管理，可赢得社会组织和社会成员更多的支持。

3. 价值目标追求

公共事业管理人员的伦理要求不仅体现在政治道德、管理道德和生活道德方面，而且体现在其价值目标上。价值目标追求是确立和完善行政伦理人格。

（1）公共事业管理人员的伦理人格。公共事业管理人员的伦理人格是指在处理公共事业管理活动中，政府人员和非政府人员所应拥有的尊严、品格、品质及所实现价值的总和。其含义如下。公共事业管理人员伦理人格是道德的最高体现，是管理伦理在公共事业管理人员心中的内化，也是伦理价值观在公共事业管理人员日积月累的工作过程中的综合体现；公共事业管理人员伦理人格是道德心理、道德意志和道德品质的有机体，是最高层次的道德境界，是政治道德、管理道德和生活道德实现的自为境界。

公共事业管理人员要实现伦理价值就必须确立主体信念和主体意识，有必要按照自身的伦理价值观念和工作能力去创造各种行政价值，而且公共事业管理人员所创造和获得的伦理价值的程度，与他们自身的经历、需求、能力和自觉性程度密切相关。显然，它是培育合格行政人格的立足点和出发点。

（2）公共事业管理人员的人格意识。作为一名合格的公共事业管理者，必须具备伦理人格的责任、服务和正义等意识。公共事业管理人员处于一定的管理职位，掌握着与其职位相适应的社会权力和公共权力，具有相应的合法权益，因此必须在观念上树立起相应的责任意识，一旦在工作中出现差错和瑕疵，就应积极主动地承担相应的责任，高效快速地处理社会问题和公共问题，从而取得预期的社会效果。

公共事业管理人员处理社会事务和公共事务时的目的，是满足社会组织和社会成员的合理需求，实现决策目标，完成相应的工作任务。因此，在管理活动中，必须树立服务意识，不能把管理作为一种手段而要将其作为一种服务，使服务的内容与形式有机结合，优质高效地满足社会组织和社会成员的需求。

公共事业管理人员掌握着一定社会事务和公共事务的决定权，因此能否主持公正、维护正义，直接关系到公共事业管理人员的形象和威信，决定着整个公共事业管理活动的成败。作为一名公共事业管理人员，有必要把维护正义作为公共事业管理活动的基本价值准则，并将这一准则落实在行动中。

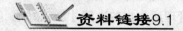 资料链接9.1

中华人民共和国公务员法——总则

第一条 为了规范公务员的管理，保障公务员的合法权益，加强对公务员的监督，建设高素质的公务员队伍，促进勤政廉政，提高工作效能，根据宪法，制定本法。

第二条 本法所称公务员，是指依法履行公职、纳入国家行政编制、由国家财政负担工资福利的工作人员。

第三条 公务员的义务、权利和管理，适用本法。

法律对公务员中的领导成员的产生、任免、监督以及法官、检察官等的义务、权利和管理另有规定的，从其规定。

第四条　公务员制度坚持以马克思列宁主义、毛泽东思想、邓小平理论和"三个代表"重要思想为指导，贯彻社会主义初级阶段的基本路线，贯彻中国共产党的干部路线和方针，坚持党管干部原则。

第五条　公务员的管理，坚持公开、平等、竞争、择优的原则，依照法定的权限、条件、标准和程序进行。

第六条　公务员的管理，坚持监督约束与激励保障并重的原则。

第七条　公务员的任用，坚持任人唯贤、德才兼备的原则，注重工作实绩。

第八条　国家对公务员实行分类管理，提高管理效能和科学化水平。

第九条　公务员依法履行职务的行为，受法律保护。

第十条　中央公务员主管部门负责全国公务员的综合管理工作。县级以上地方各级公务员主管部门负责本辖区内公务员的综合管理工作。上级公务员主管部门指导下级公务员主管部门的公务员管理工作。各级公务员主管部门指导同级各机关的公务员管理工作。

资料来源：《中华人民共和国公务员法》（2005 年）。

二、公共事业管理的组织伦理

（一）公共事业管理组织伦理的概念

公共事业管理的组织伦理是指在管理活动中形成的有关组织的善恶观念、价值取向、价值判断标准及其行为规范和习惯的总和。其含义包括以下 3 个方面。

1. 组织伦理的范围

公共事业管理组织伦理的范围仅指政府组织、社会团体、事业单位、民办非企事业单位、基金会、城市居民委员会、村民委员会、业主委员会和公用企业组织等非政府组织。

2. 组织伦理的对象

公共事业管理组织伦理的对象是组织伦理与人员伦理的集合体，它既有组织伦理的内容，又有人员伦理的内容。然而，组织伦理与人员伦理还是存在着一定的差异的。

3. 组织伦理的内容

公共事业管理组织伦理反映的是伦理本身的内容，主要涉及善恶、价值、态度和习惯等。

（二）公共事业管理组织伦理的特征

公共事业管理组织伦理不仅在组织内部起作用，而且还在组织外部发挥特殊的作用。通过处理社会事务和公共事务，按照组织伦理的规范要求，每一个个体都要接受组织伦理的原则、标准，集聚人员个体的伦理观和约束人员个体的伦理观，使组织伦理与人员伦理渐趋一致，发挥组织伦理的聚合功能；促进组织人员提高认识，使他们的行为也与伦理规范的要求相符合，并借助行政组织伦理，避免或减少官僚作风，完善服务质量，提高工作效率；通过组织伦理和人员伦理向社会组织和社会成员展示伦理的内容、标准与手段，向社会组织和社会成员传递伦理原则、标准与要求，促进社会环境和社会风气的好转。公共事业管理组织在处理社会事务和公共事务时，与权力、利益、资源有较密切的关联，因此组织伦理体现了利益性、矛盾性和过程性 3 个特征。

1. 利益性

由于公共事业管理组织执掌着社会权力与公共权力，能够在一定范围内配置相应的资源，因此涉及政治利益、经济利益、社会利益和文化利益问题。从形式上看，公共事业管理组织伦理属于观念性与价值性的规范，但伦理始终与组织内人们的直接利益、间接利益紧密相连，反映出公共事业管理组织的利益性。

2. 矛盾性

公共事业管理组织在处理事务过程中会引发权力与权利、利益与需求之间的矛盾，产生伦理冲突。这两方面的矛盾具体体现为组织与个体、上级与下级、公共事业管理组织与社会组织、公共事业管理人员与社会成员之间等方面的矛盾。出现诸多的矛盾并不可怕，只要采取针对性措施就可得到解决。在法律中应专门规定相应的条款，保护对抗上级的人员，使检举上级行为的人员不受到打击报复或利益损失，尤其是不会对其职位升迁造成影响。

3. 过程性

公共事业管理组织伦理是一种认识过程与实践过程，体现为公共事业管理活动中的过程性。在组织伦理的形成过程中，每一个组织人员都会自觉不自觉地参与"道德过程"，使组织伦理不仅体现在制度的规定中，如避免种族歧视、性别歧视和年龄歧视等，而且还对新进入公共事业管理系统的人员进行岗位培训，讨论可能遇到的道德困境，使组织伦理贯穿在整个社会事务和公共事务的实践活动中。

（三）公共事业管理组织伦理的内容

公共事业管理组织伦理在实践过程中不是一成不变的，它受到政治环境、经济环境、文化环境、社会环境的影响和制约。一般情况下，可将这种影响分为组织制度、组织文化和社会期待 3 个方面。在组织伦理中，组织制度为组织伦理提供制度规范性的保障，塑造组织人员的道德规范；组织文化引导组织人员遵守法律规范，并使组织人员从内心接受组织伦理；社会期待为组织伦理提供社会外部的动力资源，确保组织人员养成好的伦理习惯，使组织伦理与外部伦理要求相协调，满足外部伦理规范的要求。

1. 组织制度

公共事业管理一般由两个以上的人员聚集一起围绕目标展开活动，这样作为个体的人员伦理与作为整体的组织制度伦理处于同样重要的位置。每一个公共事业管理人员在进入组织体系时，已经经过了一定的"道德"社会化，但这种"道德"与公共事业管理组织所要求的道德规范会有一定的差异，这就要求通过公共事业管理组织的各种制度安排督促新成员接受或适应新的管理道德，形成组织道德规范行为。显然，公共事业管理过程实际上也是公共事业管理组织塑造组织人员道德品质、态度、价值观和身份的过程。

然而，一旦公共事业管理组织制度不健全，就可能会影响管理人员道德规范的形成，妨碍管理人员遵守道德规范，使组织道德规范出现扭曲，组织人员可能会面临两难的道德选择：对组织成员不道德的行为视而不见，不履行检举、揭发的义务，同流合污；公开举报和揭发不道德的行为，在组织制度和道德规范不健全的情况下，可能会受到不公正的对待，使正义得不到伸张。因此，在公共事业管理活动中，要建立起较健全的制度，使组织伦理贯穿于整个制度之中。只有这样，才能提高管理人员的伦理自主性，勇于承担起塑造正直道德的责任。

2. 组织文化

组织文化是组织成员的价值观、人生观、理想、信仰和态度等的总和，是组织成员在管理过程中形成的共同价值体系。公共事业管理组织文化的形成有其独特的环节和过程，是在组织成员履行职责、实现组织目标的过程中逐渐形成的，这里面充满着讨论、沟通、矛盾与冲突。

组织目标是组织期望达到的一种未来状态。一般情况下，组织目标规定着组织文化的内容，决定着组织的道德规范。在公共事业管理组织文化中，担任领导职务的人员对组织文化起着决定性的作用，通过奖励或惩罚，树立道德榜样，惩罚违反道德规范者，塑造着组织伦理的内容与方式，并间接或直接地为管理人员提供伦理参照标准与指南。假如担任领导职务的人员自身违反组织道德，出现言行不一的现象，就可能会降低领导职务在组织成员中的威信，影响组织人员形成好的组织文化。

在管理活动中可能会出现积极向上的组织文化与低级庸俗的组织文化的现象，因而应争取积极向上的组织文化，促使公共事业管理组织产生正义感、责任感、是非感与平等感，增强凝聚力、创造力、向心力与感召力，使组织人员的道德规范成为促进组织发展的动力和精神力量。

3. 社会期待

社会期待是社会组织与社会成员对公共事业管理组织处理社会事务和公共事务时所寄予的道德希望。不同国家、不同时期的社会期待会有较大的差异性，其主要原因在于社会组织和社会成员的需求不同。在一个崇尚清廉的社会中，制定反腐败的措施和严惩腐败，就会成为社会组织和社会成员对公共事业管理组织的期待。同样，在一个经济落后、效率低下的国度中，如何发展经济、提高效率，就成为社会组织和社会成员对公共事业管理组织的期待。

随着我国经济的迅速发展，社会组织和社会成员对公共事业管理组织的社会期待值正在逐渐提高，主要体现：大量的社会事务和公共事务需要政府组织、社会组织、公用企业组织采取有效的措施加以解决，转变其职能，提高效率。这就要求政府组织、社会组织和公用企业组织加快体制改革的步伐，塑造全新的组织道德规范，以回应社会组织与社会成员的正当需求。

公共事业管理组织在作出回应之前，需要运用各种技术提供给社会成员参与的机会并听取其意见，了解并预测社会组织和社会成员的喜好、需求和厌恶。如果公共事业管理组织和人员无法满足社会组织和社会成员的需求，不能真正代表其自身利益，社会组织与社会人员就会更多地参与公共事业管理活动，对社会事务、公共事务所确定的政策、目标施加影响，使公共事业管理组织与社会组织、社会成员之间有一个良性的互动和信息传递。

三、公共事业管理的制度伦理

(一) 公共事业管理制度伦理的含义

制度是处理社会事务、公共事务实现组织目标的一种结构安排。为实现组织目标，满足社会组织和社会成员的需求，需要对组织成员进行适当的规范和约束，运用价值观对善恶作出判断，这就涉及制度伦理。制度伦理是指制度的合道德性和合伦理性，由制度内在的规范、组织与人员权利义务的原则和规范所组成，并通过社会结构关系，法律、法规等正式的规范和习惯、行政风俗等非正式的规范表现出来，并由此对一定的制度作出善恶判断。公共事业管理制度伦理有制度伦理和伦理制度两个方面的含义。

1. 制度伦理

公共事业管理制度伦理是指公共事业管理制度的道德性与道德的制度化互相作用的一系列规范和规则的总和。它是对制度的正当性、公正性、合理性程度所作出的判断，强调制度安排的道德性、正当性和合理性，包括制度本身的伦理追求、道德原则和价值判断。公共事业管理制度伦理由伦理理念、道德规范和制度伦理评价3方面组成。

(1) 伦理理念。由社会结构、法律、成文的或不成文的制度所建立的伦理理念是制度内在价值的外部表现形式。一个制度具有多大的合法性，不是通过人员的道德观念与行为体现出来的，而是通过制度自身的道德性显现出来的，即伦理理念本身是否具有正义性，它是整个制度存在与发展的基础。

制度与伦理的关系，往往从伦理理念到制度再到伦理理念，也就是说，根据伦理理念建立起一定的制度，再通过制度来完善和发展某些伦理理念。我国在改革开放初期，经济比较落后，公共事业管理制度把效率作为基本的伦理判断标准，但从20世纪90年代末到21世纪初，随着经济水平的提高，公正问题逐渐上升到社会关注的重要问题，效率与公正并重就是判断制度伦理的标准。

(2) 道德规范。任何一个制度都蕴含着特定的道德价值、道德意识和道德判断。一般而言，人们在选择制度道德性的同时实际上也就明确了制度规范，根据制度规范确定的目标再着手选择人员的道德准则，包括职位、权力、职责与义务等。如果没有制度道德规范的具体化，公共事业管理人员就无法完善自身的道德修养，也就没有道德的方向感。

(3) 制度伦理评价。制度会有相应的活动、内容及其一定的结果。为了总结制度成功和失败的经验，人们会根据制度所设计的目标和人们的愿望作出评判。一般来说，在公共事业管理评价制度的标准和规范的过程中，应有伦理的价值追求。如对政治体制、政治结构和政策是否正确的判断，邓小平曾提出3个标准："第一是看国家的政局是否稳定；第二是看能否增进人民的团结，改善人民的生活；第三是看生产力能否得到持续发展。"

2. 伦理制度

通过伦理的形式化、法律化、制度化与规范化，使道德具有强制力，由原有道德的软性约束转变为现有道德的硬性约束。公共事业管理伦理制度是指人员个体行为的合道德性，以及个体具有内化性的道德品质和道德素质。伦理制度所针对和约束的对象是人员个体，并对人员个体的道德行为产生直接的影响，道德的法制化、伦理的制度化是根据市场经济发展的需要而产生的，是对传统伦理、传统制度进行反思的产物。

市场经济的发展需要良好的公共事业管理，也需要道德重建和规范重构。通过市场、政府与道德3种力量配置社会事务和公共事务的各种资源，发挥各自相应的作用，缓解社会诸多的矛盾，减少摩擦和冲突。重建道德的过程就是道德内容、道德方式、道德途径重新调整以适应现实社会需要的过程，伦理的制度化是道德方式重新选择的突出体现。由于社会利益的多元化和社会矛盾的复杂性，道德生活的内容与运作也发生了较为显著的变化，现实社会越来越要求道德评价的规范化、外显化与制度化，并以一定的强制力和约束力作为基础。

（二）公共事业管理制度伦理的特征

1. 非正式性

公共事业管理制度本身就包含着一定的伦理道德规范，而伦理道德规范是制度设置与运行所必须遵循的原则与基础。制度有正式安排与非正式安排两种，前者经一定的合法程序产生，后者则是通过传统、习惯和道德规范形成的。制度伦理属于非正式安排的范畴。

2. 非强制性

公共事业管理制度伦理与公共事业管理制度的结构性，与规则性相比较，制度伦理则主要依靠公共事业管理人员的内心认同和社会舆论，属于公共事业管理组织和人员自愿遵守的内容，不具有强制性。

3. 内在性

尽管公共事业管理制度伦理具有非正式性、非强制性，但其在组织规范和人员规范中还是发挥着较重要的作用。公共事业管理活动中有些组织行为和人员需要制度规范去约束，有些组织行为和人员行为需要伦理去约束，通过内在的规范指导组织和人员的行为，使组织的行为和人员的行为既与一般的制度规范相一致，又与制度伦理相吻合。

4. 协调性

制度伦理兼有制度的道德性与道德的制度化两方面，即制度是强制性的道德，道德是自觉化的制度。在公共事业管理活动中，只有通过制度的道德性与道德的制度化之间的有机协调，才能使其制度伦理有效地发挥作用。它既能规范组织内部的活动，又能满足社会组织与社会成员的合理需求。

（三）公共事业管理制度伦理的内容

公共事业管理制度在不同的国家和不同的时期会有较大的差异，呈现出多样的形式和复杂的内容。制度伦理内容有的与形式一致，有的与形式不一致。从公共事业管理制度的基础上分析，制度伦理的内容主要有以下5个方面。

1. 人本至上

社会权力和公共权力属于人民，社会权力和公共权力的行使者仅仅是人民的代理人和执行者，没有自身的特殊利益和要求。因此，公共事业管理主体听取社会组织和社会成员的呼声，代表社会组织和社会成员的利益。在社会管理中，人的需要和人的利益是最为重要的，因此，在管理活动中，需要强调公共事业管理人员的服务意识、责任义务意识，并把人的生存、自由、平等、财产、幸福等权益作为制度伦理的最高价值目标。维护人的尊严，满足人的需求，把人的全面发展作为制度伦理的根本目标。

2. 正义

正义的制度是使其最大限度地实现社会利益和公共利益，满足最大多数人的利益要求，使社会尽可能做到公平、公正与合理。在具体的制度设计中，要求做到权利与义务的对等性、道德认同与制度认同的和谐、利益要求与分配公正的一致性。公共事业管理人员应尽可能避免权利与义务不对等的状态，消除权利多于义务或义务多于权利的现象，使正义真正体现在公共事业管理人员的行为规范中。在公共事业管理活动中，不同组织、不同成员、不同地区和不同时期都会出现程度不等的利益矛盾、利益纠纷、利益摩擦和利益冲突，因此，如何缓解矛盾和冲突，配置社会利益与责任，就成为正义制度非常重要的一项工作。

3. 效率

效率不仅体现出满足社会组织与社会成员内在需求的程度，还说明社会需求与社会资源之间的比例关系。在公共事业管理活动中需要考虑投入与产出之间的比例关系，尽可能以较少的投入获取较高的产出，以使公共事业管理活动整体效用最大化。效率是衡量公共事业管理制度设计与运行良好的标准之一，尽管它是工具性的价值，且非目的性的价值。

4. 法治

现代社会公共事业管理的基础是依法行政，制度建设也正是在法治精神的指导下进行的。法治的主要内容：一是制度设计具有法治的理念，维护人的尊严与基本权利；二是制度设置的法治化，符合法治的原则与要求；三是制度程序的法治化，遵守相应的程序规范；四是制度运行的法治化，使法律规范不仅有各种翔实的规定，而且还能在实际生活中发挥真正的效用，有效地解决社会的各种矛盾、减少冲突。通过法治化维护社会组织和社会成员的基本权益，满足社会组织与社会成员的合理需求。

5. 服务

公共事业管理与一般的政府管理、企业管理不同，它为社会组织和社会成员提供诸多的社会服务。服务与管理有根本的不同：服务对象可以接受服务主体提供的服务内容和形式，也可以不接受服务主体提供的服务内容和形式；管理则要求所有的管理对象都不同程度地接受约束，一旦有社会组织和社会成员违反，自会受到相应的处罚。

第三节　公共事业管理伦理建设

一、公共事业管理伦理建设的原则

公共伦理的基本原则是公共伦理准则体系中最高层次的道德准则，指明公共伦理行为的总方向，具有广泛的指导性和制约力，并贯穿于公共伦理体系的各方面和全过程。公共事业管理伦理建设的原则主要包括服务原则、效率原则和公正原则，这些原则具有公共事业管理的特殊属性和社会伦理的一般属性，并贯穿于全部公共事业管理活动，指导实践活动。

(一) 服务原则

公共事业管理伦理的根本问题是个人利益同社会整体利益关系问题。为人民服务既是我国社会主义道德建设的核心，也是我国公共事业伦理道德建设的出发点和根本目的。

因此，从公共事业伦理管理建设的价值取向上，应积极倡导"领导就是服务"和"服务就是奉献"，以及国际上流行的服务社会、服务国民、报效国家的公共事业管理伦理建设的道德观念。

(二) 公正原则

公正与一定的社会基本制度相联系，规定社会成员的基本权利与义务，以及资源与利益在社会群体之间、在社会成员之间的适当安排和合理分配。公正原则实质是使个人、组织与社会能够公平、合理、友好相处的基本原则，它要求协调个人与他人、与社会的利益冲突，推动社会和谐、健康地发展。

在公共事业管理伦理建设管理中遵循公正原则，有利于满足社会成员的公共利益，实现人类自身的和谐有序发展。同时，公正作为公共事业管理伦理建设的基本原则也具有其特殊的意义，因为公共事业管理者掌握着一定的公共权力，其行为对社会公共事务具有重要的影响，为此必须强化其使用公共权力的公正意识。

(三) 效率原则

效率原则要求公共事业管理伦理道德建设应注重实际效果。资源总是有限的，使有限的资源发挥更大的作用既是经济学的标准，也是伦理学的标准。从管理活动的基础意义上来说，管理效率的提高最终必将促进社会成员生活状态的改善，它是人类提高生存质量的基础。

历史发展表明，人类自步入文明社会，始终把发展经济、追求最大化效率或者价值、消除官僚主义和形式主义作为管理活动和社会发展的根本目标。从这一意义上说，效率原则在管理活动和社会生活中占据着优先地位。公共事业管理活动是人类管理活动的重要组成部分，追求高效率是其重要的目标，它与市场经济获取最大利润是一致的，与追求最佳的管理效率具有内在价值同构性。

二、公共事业管理伦理建设的途径

公共事业管理伦理建设是一项重要且困难的任务，就公共事业管理者个体而言，其伦理建设的目标就是自律。自律包括 3 个层次：一是自律已成为行为主体的人格，使其超越一切监督而达到自为的境界；二是自律是舆论监督和道德规范约束的结果；三是自律是法律约束和权威监督的结果。其实现途径是道德内化教育和制度建设推动。

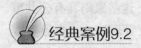

经典案例9.2

医德医术重于红包

沈阳市第五医院的王某、赵某和杨某3位医生，负责为癌症患者穆某进行治疗。手术前穆某就一直想给医生们送个红包，但苦于没有机会，红包未能送出，心里总是忐忑不安。

手术前一天，杨医生找到穆某，要与他谈谈次日手术的情况，目的是为穆某鼓气。穆某认为这是个送红包的好机会。于是在当晚谈话结束后将一个装有300元钱的红包送给杨医生，杨医生拒绝了红包，并严厉地对穆某讲收红包是职业道德和医院规定所不允许的。穆某只得收回红包，但心里仍是七上八下。第二天，穆某的手术顺利完成。

时间一晃过了4年，当初与穆某一样的癌症患者，现在大多已离开了人世，而穆某的手术非常成功，也未出现癌扩散，越是这样穆某越是从心里感激这几位没收他红包的医生。穆某专程赶到沈阳市第五医院，送上一封发自肺腑的感谢信。

(一) 道德内化教育

道德内化教育是通过提高公共事业管理主体的道德修养，使其能够超越一切外在监督和制约，以事业心、使命感、社会责任感人生理想和价值观为基础，自觉地遵守公共事业管理伦理规范和要求。从道德社会学视角看，每个人要从自然人转化为社会人，必须适应社会生活，服从社会规范，获得社会成员的资格。

个人学习社会文化和道德知识，接受文化教化，从自然人走向社会人的过程就是道德社会化的过程。该过程是个人道德意识和道德品质的形成过程，其主要途径包括学习、教育、环境影响和个人经验总结等。学习道德理论知识，在实践中总结道德经验具有主动性，接受教育和受环境影响具有受动性，个人在主动性与受动性相统一的过程中，逐步将道德理论知识转化为内心的意识和法则，这就是道德内化的过程。道德社会化的实质是外在道德要求转化为个人内心需要的过程，道德社会化和道德内化是一个过程的两个方面，二者是有机统一的过程，可以说，道德教育是个人道德社会化的主要途径和个体道德内化的重要方式。

从公共事业管理伦理建设实践上看，公共事业管理者实际上是社会的一个管理群体，扮演着管理者的角色，由于它属于特殊的职业伦理范畴，因而仅具有一般社会道德意识还不够，还必须通过相应的理论和实践教育，使其道德内化，形成内心约束机制，具有自觉的道德意识和义务感、责任感，从而积极履行义务，形成良好的道德品质，达到管理和伦理的完美统一。

（二）制度建设推动

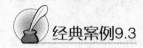 经典案例9.3

老者咽痰

在山东省青岛市曾发生过一个有趣的故事：一个老者在大街上行走，咳嗽一声，口中有痰，张口欲吐，无意中瞥见罚款人员正紧盯着他，手中已扬扬得意地拿着一张开出的罚款单，单等老者吐痰后罚款。让人意想不到的是，老者却把痰生生咽了回去。之后，老者咽痰成了人们的笑谈。

随地吐痰吐出了什么？吐出了不文明行为，更吐出了根治不良卫生习惯的必要性。

资料来源：公共事业管理伦理和公共事业品德2010.ppt.Convertor。

制度建设推动是通过相关的制度设计来推动公共事业管理者遵守公共事业管理伦理规范和要求，逐步达到自律的目的。从社会实践的发展看，公共事业管理者由于纯粹利他主义动机、事业感、爱心和同情心、社会责任感等而采取的符合伦理的行为是极少数的，绝大多数管理者的良好伦理行为有赖于外部力量的监督和约束，其系统化就构成了制度。它是调整社会关系、规范社会行为的基本规则体系，是处理个人利益和社会利益、公共利益的价值准绳。其措施主要包括以下3个方面。

1. 完善伦理法规

完善公共事业管理伦理法规应通过立法予以实现，使伦理具有与上层建筑的政治、法律同等地位的监督、执法权力的法律效力。除了宪法、行政法和刑法中的有关公共事业管理伦理规范外，还应加紧制定专门的公共事业管理伦理法典及其实施细则，明确从事公共事业管理活动必须遵守的道德行为规范、管理廉政事务的机构及其职责权限，以及对公共事业管理工作人员进行伦理教育的措施和公共事业管理人员的责任履行机制等。

2. 强化舆论监督

舆论监督在防止公共事业管理者的权力滥用和反腐败斗争中发挥着极其独特的作用，它具有较强的实效性、较广的辐射性，是一种制约权力。为使新闻舆论真正成为反腐倡廉的工具，当前我国必须逐步实现舆论监督的法律化、制度化，并使新闻舆论机构具有一定的独立性。

3. 公众积极参与

公众参与对公共事业管理具有多种功效，从公共事业管理伦理建设的角度看，制度化的公众参与对公共事业管理人员违反职业伦理，违法的、腐败的和不道德的行为具有十分明显的监督作用，因而对促进公共事业管理人员自觉遵守公共事业管理伦理具有积极的现实意义。

▶▶▶ 本章小结

● 伦理是指在处理人与人、人与社会、人与自然相互关系时应遵循的道德和规则。公共事业管理伦理是指公共管理者高超的管理水平与个人品德在公共管理活动中的完整统一的表现，是从事公共管理活动的组织和个人应该恪守的一种职业道德。它具有非强制性、广泛渗透性、义务本位性和方式灵活性的特征。

● 公共事业管理伦理属于上层建筑范畴，产生于一定的经济基础，并反作用于一定的社会政治经济关系。它主要包括示范引导功能、规范约束功能、追求卓越功能和选择维系功能。

● 公共事业管理伦理的内容包括人员伦理、组织伦理和制度伦理，都集中表现在政府组织、社会组织和公共企业组织的活动中。

● 公共事业管理人员伦理是指公共事业管理人员主体根据国家和社会发展的需要，依据法律法规和习惯，在履行公共事务和社会事务活动中所形成的伦理关系以及应遵循的道德规范。它具有政治性与社会性结合、时代性与传统性结合、民族性与全球性结合、个体性与整体性结合、完整性与层次性结合、自律与他律结合的特点。

● 公共事业管理的组织伦理是指在管理活动中形成的有关组织的善恶观念、价值取向、价值判断标准及其行为规范和习惯的总和。它具有利益性、矛盾性和过程性的特征。其内容包括组织制度、组织文化和社会期待。

● 公共事业管理制度伦理有制度伦理和伦理制度两个方面含义。前者是指公共事业管理制度的道德性与道德的制度化互相作用的一系列规范和规则的总和，包括伦理理念、道德规范和制度伦理评价；后者是指人员个体行为的合道德性，以及个体具有内化性的道德品质和道德素质。它具有非正式性、非强制性、内在性、协调性的特征。其内容主要有人本至上、正义、效率、法治和服务。

● 公共事业管理伦理建设的原则主要有服务原则、效率原则和公正原则，这些原则具有公共事业管理的特殊属性和社会伦理的一般属性，并贯穿于全部公共事业管理活动、指导实践活动。其实现途径是道德内化教育和制度建设推动。

◆ **复习思考题**

1. 如何理解公共事业管理伦理的含义及特征？
2. 公共事业管理伦理有哪些功能？
3. 简述公共事业管理人员伦理的内容。
4. 简述公共事业管理组织伦理的内容。
5. 简述公共事业管理制度伦理的内容。

参考文献

[1] 娄成武，等. 公共事业管理学 [M]. 北京：高等教育出版社，2008.
[2] 徐文兴. 公共事业管理学 [M]. 北京：中国农业出版社，2009.
[3] 徐家良. 公共事业管理学基础 [M]. 北京：师范大学出版集团，2008.
[4] 马英，梁廷. 公共管理学原理 [M]. 北京：经济科学出版社，2009.
[5] 李正明. 公共事业管理教程 [M]. 北京：机械工业出版社，2008.
[6] 高力. 公共伦理学 [M]. 北京：高等教育出版社，2006.

第十章　公共事业管理创新

学习目标

1. 知识目标

❖了解创新的含义及其基本特征。

❖理解公共事业管理创新的意义。

❖掌握公共事业管理观念创新的内容。

❖熟悉公共事业管理的手段创新及体制创新。

2. 能力目标

❖增强公共事业管理创新意识。

❖提高公共事业管理创新能力。

案例导入

深圳市通过对事业单位"一分为三"的改革，将事业单位甄别分为监督管理类、经营服务类和公共服务类，并使其各归其位：凡属于行使行政管理职能和从事经营开发活动的，均从事业单位中予以剥离，前者纳入行政管理序列，回归政府，后者转制为企业，推向市场；保留由政府直接举办的提供公共服务的事业单位，并进行必要的组织结构调整，做到"养事不养人"。

深圳市事业单位改革稳步推进，成效初现。其改革涉及的 518 家市属事业单位中 28 家纳入行政管理序列，124 家转为企业，27 家予以撤销，339 家予以保留。深圳市在改革中将党政机关事业单位所属 264 家企业一并划转国资委系统，对通过分类改革保留下来的 339 家事业单位，在机构重组整合的基础上，进一步推进管理体制和运行机制的创新，促进公共服务事业的发展。

请思考：

1. 公共事业单位改革创新的背景是什么？

2. 深圳市事业单位改革体现了哪些公共事业管理创新的观念？

第一节　公共事业管理创新概述

一、管理创新的概念与特征

（一）创新的概念

1. 创新的基本含义

"创新"在《现代汉语词典》中的解释为"抛开旧的，创造新的"。一般认为，创新是指以现有的思维模式提出有别于常规或常人思路的见解为导向，在特定的环境中利用现有的知识和物质，按照理想化需要或为满足社会需求而改进或创造新的事物、方法、元素、路径、环境，并能获得一定有益效果的行为。它是以新思维、新发明和新描述为特征的一种概念化过程。创新是人类特有的认识能力和实践能力，是人类主观能动性的高级表现形式，是推动民族进步和社会发展的不竭动力。

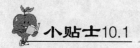 小贴士10.1

创新与改革的关系

改革未必是创新，但创新一定是改革。创新是变革的目的，变革是创新的手段。没有创新的变革是没有生命的行尸走肉，缺少灵魂。没有变革的创新则是空中楼阁，无法落地实行。在当代中国，理论创新问题提出和兴起的深刻的社会现实根源就是如何解决改革进程中出现的深层次的矛盾和问题。可以说，没有改革的持续推进，就不会有创新问题的提出。就当代中国社会主义实践要求来说，在当今乃至今后相当长的一段历史时期，改革是第一位的，创新要立足于改革的需要；但就当代中国社会主义实践的发展趋势来看，创新对于中国特色的社会主义事业将起着越来越重要的作用。改革与创新应该是公共事业管理永远追求的主题。

2. 创新的哲学含义

哲学上的创新是人的实践行为，是人类对发现的再创造和对物质世界的矛盾再创造。创新的哲学基本要点：一是物质的发展；二是矛盾是创新的核心；三是人是自我创新的结果；四是创新是人自我发展的基本路径；五是认识论上看创新是自我意识的发展。

从认识视角看，创新是更有广度、更有深度地观察和思考世界；从实践视角分析，创新是能将认识作为一种日常习惯贯穿于生活、工作与学习的每一个细节中，所以创新是无限的；从辩证法视角看，创新包括肯定和否定两个方面，所以创新就是一种"怀疑"、永无止境。

3. 创新的经济学含义

创新是利用已存在的自然资源或社会要素创造新的矛盾共同体的人类行为，或者被认为是对旧有的一切所进行的替代与覆盖。在经济学上，创新概念起源于美籍经济学家熊彼特在 1912 年出版的《经济发展理论》。熊彼特在其著作中认为：创新是指把一种新的生产要素和生产条件的"新结合"引入生产体系。主要有以下几种情形：引入一种新产品，引入一种新的生产方法，开辟一个新的市场，获得原材料或半成品的一种新的供应来源。熊彼特的创新概念包含的范围很广，如涉及技术性变化的创新及非技术性变化的组织创新等。

4. 创新的社会学含义

社会学上的创新是人们为了发展的需要，运用已知的信息，不断突破常规，发现或产生某种新颖、独特的有社会价值或个人价值的新事物、新思想的活动。

创新的本质是突破，即突破旧的思维定式、旧的常规戒律。创新活动的核心是"新"，它或是产品的结构、性能和外部特征的变革，或是造型设计、内容的表现形式和手段的创造，或是内容的丰富和完善。

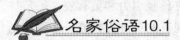 名家俗语 10.1

☆创新是一个民族进步的灵魂，是一个国家兴旺发达的不竭动力，也是一个政党永葆生机的源泉。

——江泽民

☆不创新，就灭亡。

——福特公司创始人亨利·福特

☆创新是企业持续壮大的唯一出路。

——创新魔法师李响

☆要么创新，要么死亡。

——畅销书《追求卓越》作者托马斯·彼得斯

（二）管理创新的特征

管理创新是指组织形成的一种创造性思想并将其转换为有用的产品、服务或作业方法的过程。影响创新的因素主要包括组织结构、文化和人力资源实践。从组织结构上看，有机式结构对创新有正面影响，拥有富足的资源能为创新提供重要保证，单位间密切的沟通有利于克服创新的潜在障碍；从文化上看，充满创新精神的组织文化可以接受模棱两可，容忍不切实际，外部控制少，接受风险，容忍冲突，注重结果甚于手段，强调开放系统；从人力资源实践上看，有创造力的组织并积极对其员工开展培训，给员工提供高工作保障，鼓励员工的新思想。其特征主要表现在以下 3 个方面。

1. 不确定性

任何创新都具有不确定性，创新的程度越高，不确定性就越大。创新的实现与扩散过程，也就是创新不确定性逐步消除的过程。创新的不确定性有市场不确定性、技术不确定性和战略不确定性 3 种类型。

　　创新的市场不确定性主要是不易把握市场需求的基本特征，以及如何将这些特征融入创新过程之中。这有可能是当出现根本性创新时，找不到市场方向。

　　技术不确定性主要是如何用技术语言来表达市场需要的特征，能否设计并制造出可满足市场需要或设计目标要求的产品与工艺，以及当原型测试后且规模放大时常出现的大量工程、工具设计和产品制造问题。

　　战略不确定性主要是针对重大技术创新和重投资项目而言的，是指一种技术创新出现使已有投资与技能过时的不确定性，即难以判断其对创新竞争基础和性质的影响程度，以及面临新技术潜在的重大变化时，企业如何进行组织适应与投资决策。

　　2. 保护性与破坏性

　　不同创新的影响范围、程度和性质有所不同，可能会形成破坏性的和保护性两个极端的情况。具有保护性的创新会提高其现有能力、技能价值和可应用性，虽然所有的技术创新都会引起某种变化，但其变化不一定非是破坏性的。例如，产品技术的创新可能解决了设计中的难题或消除设计上的缺陷，从而使现在的分销渠道更具吸引力和更有效；工艺技术的创新可能要求新的信息处理方式，但它能更有效地使用现有的劳动力技能，从而使创新保护了企业已有能力，使其资源和技能更难取得竞争优势。

　　在破坏性方面，创新效果完全相反。这类创新不是提高和加强现在的能力，而是使现有的技能和资产遭到毁坏和破坏。新产品或工艺技术会使企业现有的资源、技能和知识只能低劣地满足市场需要，或根本无法满足其要求，从而降低了现有能力的价值，在极端情况下会使其完全过时。这类变化正是熊彼特创新理论和经济发展理论的核心。熊彼特认为"创造性破坏"是经济发展的推进器，对竞争的影响是通过重铸竞争优势的实现基础而实现的。

　　3. 偶然性或机遇性

　　一些新产品是通过某种方式诞生的——偶然，更委婉的说法是机遇。我们可见到或听到数十种这样的发现：甘油炸药、爆米花和青霉素等。这类基于偶然的发现已成为任何一个创新规划作为其完整性所必需的，但发现并不是人们所想象的那种纯属偶然的事件。机遇和偶然虽然常常相伴而生，但决非等量齐观，因而机遇是偶然性与有所准备的大脑的结合。

 **小贴士**10.2

青霉素的诞生

　　一位名叫约翰·廷道的物理学家注意到一种具有固定的蓝绿色形态的霉菌具有抗菌作用，并记录下了这一事实，但这并不是他分内的事情，因此他没有继续研究这一现象。大约50年以后，细菌学家亚历山大·弗来明在一个由于疏漏而敞口很久的细菌培养碟上又发现了这种霉菌，他却意识到自己走到了一项重大发现的边缘，经过努力终于导致了青霉素的诞生。

二、公共事业管理创新的含义与目的

(一) 公共事业管理创新的含义

创新是一种规程、一种策略、一种目标，更是一种需求与期待，其无论是对发展中国家来说还是对发达国家来说都极为重要。公共事业管理总是在一定的环境中进行的，而这一环境又总处在不断变化之中，因此公共事业管理必须不断改革、发展、创新，以适应变化的环境。

公共事业管理创新是指公共事业组织为适应环境的变化，采取更为科学的方法，健全公共事业管理体系，改善公共事业管理活动方式，提高公共事业管理效率，促进公共事业更加健康发展的过程。从系统的观点来看，公共事业管理创新是整个社会发展的一个组成部分，它和政治、经济、文化发展等一起构成了整体的社会发展。公共事业管理发展在相当程度上取决于社会政治、经济、文化的发展；反过来，它的发展也推动着社会其他领域的发展和进步。

(二) 公共事业管理创新的目的

20 世纪 70 年代以来，世界上许多的国家掀起了公共事业管理改革的浪潮，并研究其改革和创新的动力，呈现出范围广、持续时间长、影响深远、方兴未艾的特征。尽管各国公共事业管理改革的起因、议程、战略、策略，以及改革的范围、规模和力度有所不同，但从本质上，世界各国公共事业管理改革与创新的目的都是顺应公民社会的需求，向公众提供公正、透明、高效、优质的公共服务，并借此提升公共部门形象，增进政府治理的合法性。

三、公共事业管理创新的原则与意义

(一) 公共事业管理创新的原则

1. 互动性原则

公共事业管理发展与整个社会的发展呈现出一种互动态势。公共事业管理不是孤立存在的，它离不开政治、经济和社会等因素的影响，因而公共事业发展必须与政治、经济和社会发展建立互为前提、互为基础的发展关系。

2. 稳定性原则

公共事业管理创新要求公共事业管理体系之间相互依存、相互协调，获得和谐的发展速度，是一种渐进、稳定、健康的发展；公共事业管理发展必须在保持改革、发展和稳定的协调关系下进行，在稳定中推进改革与发展，在改革与发展中实现社会稳定。

3. 制度化原则

公共事业管理创新的制度化要求公共事业管理体制的运行应实行制度化，并形成高度正规化和有组织的行为；既没有什么绝对恶劣的体制，也没有什么一成不变、完美无瑕的体制；既要有短期打算又要有长期计划，不能朝令夕改，必须保持政策的稳定性和连续性。因此，制度化原则所体现的稳定、规范与有序，是公共事业管理创新的价值导向和制度的保证。

4. 适度化原则

公共事业管理创新是一项复杂的系统工程，什么部门、什么时间及创新的性质、程度、速度等，应遵循着系统的整体性和相关性原则进行。系统的整体创新则是靠各部分创新及其相互的协调统一，每个部分的发展都应有一个"度"，并使之与整体相适应。适度创新原则也要求不可有一部分过分不创新，否则它将成为其他部分和行政体系整体创新的障碍。

（二）公共事业管理创新的意义

世界各国推进公共事业管理改革与创新有其内在的推动力，并产生了重大影响。概括起来，公共事业管理创新的意义主要包括以下 4 个方面。

1. 有利于顺应公民社会发展

公民社会是指由自由的公民和社会组织机构自愿组成的社会。公民社会逐步深入发展，大众传媒越来越发达，公众的舆论成为公共事业管理改革的舆论压力。公民社会在政治上的表现是"以人为本"方略在全社会得以有效贯彻。

在公民社会里，每一个公民都有公民权利，公民拥有较高的法制理念与社会公德意识，他们可依照法制的原则行使言论、出版、集会等权利，这些公民权利不受其他力量的非法干涉，公民个人、公民组织、公权机构，政党和政府在公共管理事务中都有发言权和参与权。在公民社会里，公民之间结社非常普遍，公民可以通过 NGO（非政府组织）参与公共事业管理。

媒体经常揭露公共事业组织人员的一些丑闻，使得公共事业组织人员经常处于诚惶诚恐之中，从而迫使公共事业组织进行改革与创新，以提高其自身的管理和服务水平。在这种情况下，对公共事业组织进行改革和创新无疑能够顺应公民社会的发展。

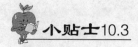 小贴士10.3

鱼缸效应与高危职业

大众传媒的普及形成的监督作用也迫使政府进行改革。电视、广播、报纸、网络的普及形成了一种"鱼缸效应"，公共事业组织的官员和人员就像在鱼缸中的金鱼一样一直处于大众的监视之下。媒体为吸引观众或读者总是力图报道公共事业组织的丑闻，对其领导的低效及由此造成的资源浪费也进行不断的揭露。特别是党的十八大以来，我国惩处了许多政府及公共事业组织的官员违纪行为，其中有些违纪行为是通过媒体和网络曝光发现的，其违纪行为及其处理结果也通过媒体和网络予以曝光。可以看出，被立案侦查的官员如此之多、反腐倡廉决心之大，以至于一些媒体称官员职业是"高危职业"。

2. 有利于缓解各种社会危机

20 世纪 70 年代末期以来，世界各国不同程度地出现了财政危机、管理危机和信任危机，这些危机促使政府对公共部门进行改革与创新。如一些西方国家推行的福利国家政策在 20 世纪 70 年代遇到严重的挑战，因为"滞涨"的出现，通货膨胀居高不下，经济停滞不前，政府税收增长乏力，政府债务呈现几何级数增长的趋势。

西方各国为保证统治的合法性与治理的有效性，纷纷探索与寻求开源节流、平衡预算的可行选择。由于纳税人的税负较为沉重，依靠减税来缩减预算赤字的空间极其有限，因而通过改革政府治理方式控制财政赤字，缓解日益尖锐的社会经济矛盾，自然就成了一种现实的可行手段。当代西方国家的行政改革主要是由严重的财政赤字所引发的，大规模削减预算无疑构成了大多数选择改革的主要动因。西方国家管理危机与财政危机有关，但更主要的是与政府规模庞大、机构臃肿、官僚主义、效率低下有关，财政危机与管理危机自然引发了西方国家公众对政府管理的信任危机。

1978 年我国十一届三中全会决定实施改革开放、大力发展经济的政策，无疑也是受到当时的财政压力及某种程度上管理危机和信任危机的影响，因而决定推行改革开放并逐步明确改革开放是涵盖政治体制改革的全方位的改革。可见，只有不断深化公共事业部门改革和创新，建立与完善危机管理机制，才能缓解当前社会出现的各种危机。

3. 有利于化解民众不满情绪

民众对公共部门的不满与对民主的要求，成为公共部门改革和创新的思想基础。20 世纪 70 年代末以来，有关公共部门问题的争论主要围绕规模和扩张展开。随着时代的变迁，规模庞大并日益扩张的公共部门在效率上并没有与时俱进地得到提升，反而效率日渐低下。纳税人支付了较高额税负，换来的只是劣质的公共服务。这种政府及公共事业管理无效率的状态，损害了其形象，导致广大民众对政府的不满。这种不满情绪的不断增加，最终形成推动公共事业管理改革和创新的政治压力。

在公民对公共部门治理现状日益不满的同时，公民对民主也提出了更高的要求。但民主并非意味着让公民当家做主从而完全控制公共部门的官员，因为其成本高、不可行，而且这种民主往往使得民选政府面临巨大的公共支出增加压力，导致大政府的"民主暴政"。因此，实际的民主应是公民负担得起也愿意负担的民主。这种还政于民的现实追求，客观上也要求政府为促进整个社会的和谐，尽快完成其管理方式向有限、有效公共部门的顺利转型，只有如此才能缓解民众对政府与公共服务的不满。

4. 有利于检验公共行政理论

公共行政理论如治理理论、新公共管理理论、公共选择理论、新自由主义理论和新制度经济学理论，对公共事业管理改革与创新起到了非常重要的指导和推动作用。以新公共管理理论为例，它以现代经济学为理论基础，主张在政府及公共组织广泛采取私营部门成功的管理方法和竞争机制，重视公共服务产出，强调文官对社会公众的响应力和政治敏锐性，倡导在人员录用、任期、工资及其他人事行政环节上实行更加灵活、富有成效的管理。

当代新公共管理理论已经成为西方公共管理改革浪潮中的重要理论与客观实践，与以往传统的公共行政框架内进行的变革不同，新公共管理不是对现存行政管理体制和方式某种程度的局部调整，也不仅仅是为了降低行政成本，减少行政费用开支，重要的是它是对传统的公共行政模式的一种全面清算和否定。新公共管理理论通过推进改革管理的整体的多元化和公共管理手段的企业化，促使政府不再担当公共产品和服务的唯一提供者，而是担当公共事务的促进者和管理者，这有助于提高公共事业管理的有效性和促进社会的可持续发展。

四、公共事业管理创新的目标与内容

(一) 公共事业管理创新的目标

我国实施改革开放 30 多年的研究和探索，使建立现代事业制度已经成为公共事业管理体制改革的基本共识。党的十八大报告明确指出：要按照建立中国特色社会主义行政体制的目标，深入推进政企分开、政资分开、政事分开、政社分开，建设职能科学、结构优化、廉洁高效、人民满意的服务型政府。众多的专家学者也提出我国公共事业管理改革和创新要以建立现代事业制度为目标。因此，建立现代事业制度成为总括各项改革和创新思路的一个基本观念。

现代事业制度是相对于我国计划时期的传统事业制度而言的，但对何为现代事业制度、如何建立现代事业制度，迄今为止并没有科学的理论阐释，也没有标准的制度模型。建立适合我国国情的现代事业制度，是一项重大的管理理论和制度创新，需要理论界与实践者共同创造。

目前代表性的观点认为，现代事业制度是指与我国社会主义市场经济体制和各项事业自身发展规律相适应的一整套事业管理制度，是有关现代事业组织的法人、领导、组织、人事、财务、社会保障、监督与评估等各项管理制度的总称。简单地说，我国的现代事业制度是社会主义市场经济条件下关于现代事业组织的一套制度体系，它既不同于传统的事业管理制度，也不能完全照搬外国的事业管理模式，而是符合中国国情的新型事业管理制度。

(二) 公共事业管理创新的内容

公共事业管理创新主要包括公共事业管理的观念创新、手段创新和体制创新等。

公共事业管理观念创新主要是指公共事业管理必须从最根本的观念上进行改革，发挥管理者的创新性，推动公共事业管理的发展与创新。在公共事业管理中，要顺应时代发展的趋势，转变观念，注重人本管理，将人的因素放在管理的首位，保证社会居民与社会管理者的顺利沟通。

公共事业管理手段是由管理体制来决定的。公共事业管理手段创新是指综合运用行政、经济、法律、教育和网络技术等现代管理手段来提高自身的管理能力。在传统的公共事业管理体制下，政府主要依靠行政手段来管理公共事业，事业单位内部管理也完全行政化。但在深化政府改革、实行政事分开、公共事业管理社会化和市场化的改革过程中，政府和公共组织都必须学习掌握新的管理手段。只有掌握了符合市场经济规律的管理手段，才能适应现代事业管理体制的要求。在新形势及公共事业管理现代化的过程中，政府除了继续运用行政管理手段外，还应更多地运用经济、法律和教育的手段来管理公共事业，其他公共事业组织也应综合运用现代管理手段来提高自身的管理能力。

公共事业管理体制是指在公共服务领域由政府主导，吸引其他非政府组织参与的，统一与多层次、集中与分散管理相结合、管理环节与实施环节相结合的综合管理系统。其体制创新的内容主要包括建立以市场配置资源为主的管理体制、合理的所有制结构体制、与市场经济相适应的体制，营造非公有经济发展的良好环境。进入 21 世纪以来，我国进行了一系列的公共事业管理体制的创新性改革，各地出现了大量各形式的社会组织力量参与到公共事业管理中，这有效地弥补了政府能力的不足，分担了政府的大量公共管理职能，为我国公共管理事业的发展提供了良好的动力。

第二节　公共事业管理观念创新

管理观念是指导各项管理决策、管理制度和管理活动的基本原则和基本价值观。管理观念创新是公共事业管理创新的先决条件，没有管理观念上的转变就难以确定公共事业改革方向，也就不会有动力去推进公共事业管理的创新。各国的公共服务改革方式各有特点，但也形成了一些基本共识，这些共识构成了公共事业管理的新理念。

一、公共事业管理的社会化

公共事业管理的社会化即"社会事业社会办"，是打破国家"包办"公共事业的单一体制，鼓励民间投资和兴办公共事业，实现公共事业主体的多元化。在计划经济体制之下，科技、卫生、文化和教育等公共事业由政府部门直接管理。这种单一体制的弊端是扩大政府事业职能，增加财政负担，导致公共事业的行政垄断，抑制社会办事业的积极性和创造性，阻碍事业健康发展。为改变现状、打破垄断，必须鼓励多元主体参与公共事业，逐步建立国办、民办和社会办等多方兴办公共事业的新格局。

随着经济全球化和信息技术的发展，公共事业组织生存的环境也在不断发生变化，社会公众对公共产品和服务的需求也随之发生改变。这些变化一方面给公共事业管理者提出了越来越多的问题和挑战，迫使其不断发现新需求，不断改变服务方式；另一方面也为管理者解决问题提供了新的方法和工具。在此情况下，产品和服务的性质在不断发生变化，昔日的私人产品今天可能会成为公共产品，原来由政府供给的产品和服务现在通过政府与非营利组织或私人部门的合作能够更好地提供。此外，每一种公共产品和服务方式也都不再是固定不变的，原来人们习以为常的物品分类标准今天需要重新定义。每种公共产品和服务都可能通过多种渠道、多种方式来供给，具体采取哪种方式取决于各个主体的职能分工与角色安排。这就要求公共事业的相关主体根据具体情况作出灵活的决策。公共事业社会化将极大地调动社会力量兴办事业的积极性，但也为政府对公共事业的监督带来更大的挑战。

二、公共事业管理的市场化

公共事业管理的市场化要求改变过去单一的利用行政手段配置事业资源的状况，增加利用市场来配置事业资源的手段，实质就是要通过竞争提高公共服务的供给效率和服务质量。我国公共事业组织之所以服务质量差、效率低，与公共事业服务资源配置的行政化有很大的关系。在旧体制下，公共事业管理表现出"各自为事、事出多门"的特点，中央部门、地方部门、事业单位和国有企业都在办事业，这些部门之间条块分割，造成各事业单位相对封闭，低水平重复建设，运行效率十分低下。显然，这既不符合整个社会公益事业发展的原则，又造成了公共事业资源的严重浪费。

在市场经济体制条件下，要确立市场配置资源的基础性地位，从根本上替代以政府配置资源为主的格局。通过事业单位资源配置与利用的市场化，打破事业资源的行政化分割与部门所有制，各种公共事业组织在同等条件下相互竞争以获取资源，面向公众提供公共产品和公共服务，真正实现公共事业资源的优化配置。

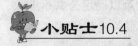 小贴士10.4

市场化的选择

值得注意的是，公共事业的市场化与私人产品的市场化具有不同的特点，政府的有效监管对公共事业市场化至关重要。完全的国有化和公有化固然不可取，但简单的市场化和产业化也会带来很多问题。

三、公共事业管理的法制化

公共事业管理必须树立法制化观念。在传统的事业单位管理体制下，事业单位通过接受行政指令来完成国家计划，公共事业发展主要取决于国家和政府领导者的重视程度，缺乏必要的法律保障和民众监督，从而致使发展各项事业的意义必须反复强调，事业经费必须坚持去争取，事业机构的设立与撤销变化无常，这对公共事业发展产生了许多消极的影响。

现代社会是法治社会，市场经济也是法制经济，在这样的基础上建立的公共事业管理必然也要求实行法制化管理。随着改革开放的不断深入，我国公共事业管理的职能范围逐步明确，政事关系也逐步厘清。为保证公共事业的稳定发展，就必须改革传统的公共事业管理模式，加强公共事业管理的法制化建设。其措施主要如下。要建立和健全公共事业管理的法律法规，填补公共事业管理实体法和程序法的空白，使其做到有法可依和管理的规范、有序；运用法律规定各种公共事业主体的权利、义务，保证各个主体之间的关系明晰、协调，以便充分调动各个方面参与公共事业管理的热情；运用法律法规的手段保障社会的稳定秩序，把各种管理主体之间的关系及管理主体与管理客体之间的关系都纳入法律调整的范畴，使公共事业管理有条不紊，为公共事业管理现代化提供良好的法制环境。

四、公共事业管理的民主化

传统的公共事业管理是以命令和统一的理念作为其运行的指导思想的，政府作为唯一的管理主体，形成了高高在上、脱离群众、自我服务的观念。民主化则要求改变公共事业管理主体与社会的关系，从社会公众要求出发，为满足社会各项需求服务，引导和教育公众积极参与社会事务。

公共事业组织还必须在法律基础上以民主化方式运行，不仅在公共事业管理内部实行民主决策、民主管理和民主监督，而且应主动向社会公开公共事业管理的财务信息和其他信息，接受政府行政管理部门监督、行业监督及媒体与公众的监督。

上述这些观念都不是独立存在的，它们是相互关联的。公共事业管理社会化的过程也是市场化的过程，多元事业主体通过公平竞争打破行政垄断，形成依靠市场优胜劣汰的机制。不仅如此，公共事业管理社会化和市场化还必须要依靠法制化和民主化管理的有力支持。

第三节　公共事业管理手段创新

在市场经济条件下，公共事业组织需要综合运用多种现代管理手段来提高自身的管理能力，特别是信息技术和网络技术。从发展趋势看，以计算机网络为物质技术基础，构建公共事业管理的信息化平台，实现公共事业管理网络化、信息化，是公共事业管理走向现代化的重要标志。

一、公共事业管理的信息化

（一）公共事业管理信息化的效应

从公共管理的范围看，公共事业管理不同于行政管理和公共企业管理。公共行政管理的信息渠道和来源集中，注重垂直性管理和信息分布，各层级之间有明显的权利划分和责任分配；公共企业管理除一部分垄断性强的、执行政府的干预政策以外，多数都是按照市场环境的实际变化来调节管理的，显然它们的信息传递速度更快。而公共事业服务的内容、收费标准和质量要求等信息传递滞后，通常处在被动阶段。因此，在公共事业管理过程中，要提高信息传递的速度，努力消除延缓性与滞后性，变被动为主动。

当信息技术的普及形成以共享数据资源为主要目标、相互联结起来的计算机网络后，计算机网络就开始从根本上改变着人们相互之间联系、工作和沟通的方式。计算机网络使得公共部门管理获得了更多的技术支持，能够采取以前所无法采取的新方式和手段。以信息技术为代表的高新技术革命正在改变着人类的经济结构、社会结构和生活方式，对公共事业管理产生着巨大的影响。科技革命（特别是现代通信和信息技术革命）正在改变着公共部门自身的组织结构、运行方式、工作行为，如何回应科技发展、利用科技创新管理政府正成为世界性潮流。

(二) 公共事业管理信息化的特征

信息技术和网络经济的发展为公共事业管理转型提供了契机。公共事业管理必须对此做出快速反应，在管理模式、业务能力、组织结构、工作流程等方面进行变革与创新，以适应信息技术革命的内在要求。适应信息技术发展的公共事业管理具有虚拟化、柔性化、智能化的特征。

1. 虚拟化

公共事业管理虚拟化含有公共事业管理的本质，但不具备公共管理的外在形式，不是常规的公共事业的组织结构。虚拟化使公共事业组织具有柔韧性，极大地降低了公共事业管理成本，并在公共事业领域整合社会资源。公共事业管理虚拟化最深刻、最本质的意义是能够加大竞争力，组织各个部门的协调，不同部门根据各自不同的管理内容联合形成一个有机体，在虚拟空间集中了不同部门的优势，形成了虚拟的社会服务与管理能力。

2. 柔性化

公共事业管理柔性化的本质是公共事业管理面对外部环境与自身的变革能做出快速反应、快速决策与快速行动，即组织结构、整合能力、工作流程与组织成员具有柔性。能够敏锐感觉变化并及时调整，游刃有余、进退自如，其特点是灵活性、敏捷性和自适应性。

3. 智能化

公共事业管理的智能化是通过设立相应的模型，信息系统通过模型的匹配找到解决问题的方法，不能找到模型的问题及时地向相应的部门实时地反映。可及时将各种信息进行交流，使得决策人员能够根据新状况及时地采取措施。如果将其已有的各种事件模型存入系统，那么信息系统就能根据先验的条件采取相应的措施，实现人机交互的办公模式。

二、公共事业管理的网络化

网络化管理是指通过先进的现代化设备将原本分散开来的单体通过技术手段组建成一个网络来进行管理的一种管理模式。以信息技术为主要标志的管理技术装备上的现代化，能够开发出适应公共事业组织特点的财务管理系统、人力资源管理系统、办公自动化系统。目前，许多公共事业组织在互联网上建立了主页，并通过网络与世界联系起来。另外，信息技术的发展使得企业组织更加扁平化、管理层次更少。公共事业组织的管理机构在充分利用信息技术的发展成果后，也可更为精简、高效。网络的发展也会导致公共事业组织之间的分工更加细密，协作更加灵活，可能也会产生类似于虚拟企业的虚拟事业组织。这里主要阐述公共事业网络缴费和一站式公共服务平台两种网络化服务。

(一) 公共事业网络缴费

随着城市生活节奏的不断加快和生活内容的日益丰富，烦琐的公共事业缴费已成为城市居民的日常负担。在一些大中城市到银行排队缴费难的问题日益突出，有时仅为缴纳几十元钱的燃气费也要跑到银行用较长时间排队缴纳，甚至市民为缴纳不同的费用奔波于不同的营业网点。

2012年3月工业和信息化部制定的《电子商务"十二五"发展规划》明确提出：要大力推动移动支付、公交购票、公共事业缴费和超市购物等移动电子商务应用的示范和普及推广。公共事业缴费是关乎民生的一件大事，借助于第三方支付将会极大地缓解公共事业缴费难的问题，彻底实现网络便民，改善民生问题。

每逢周末很多市民来银行办理业务大多是缴纳各种日常通信费、水费、电费及燃气费等，办理业务通常一排就是一个多小时，费时又费力。有了第三方支付，公共事业缴费难的问题将得到大大缓解。目前，易宝营业厅已开通了北京市供暖费缴纳，以及上海、苏州、宁波等城市的水费、电费、燃气费及固话宽带网上缴纳业务，市民只需坐在家里，登录相关页面，按照页面提示进行网上操作即可完成各种水费、电费、燃气费、固话、宽带和供暖费的缴纳，简单方便，省心省力，且无须承担任何额外费用。公共事业缴费的网络化，无疑为公共事业管理和消费者提供了巨大的便利。

（二）一站式公共服务平台

一些城市为加快政府职能转变、强化公共服务、优化审批流程、加强信息共享和业务协同，积极开展了网上审批和网上办事业务，并开始建设"一站式"网上审批服务大厅和通用审批业务办理平台，从而实现公共事业组织服务网络化、在线化。

公共事业组织开始增强门户网站建设，并整合网站资源，规范公共部门信息公开，拓宽公众参与渠道，加强网上服务能力建设，旨在全面提高公共部门门户网站的公众服务能力。公共部门正在加强本部门网站的宣传和推广，提高民众对公共部门网站的认知度和应用程度。这种利用网络化的一站式服务形式不但能够节省公共部门的成本，更是方便了广大人民群众。

第四节　公共事业管理体制创新

一、公共事业管理体制创新的内容

公共事业管理体制是以政府为核心、由非政府组织参与的综合管理系统。我国公共事业管理体制创新的内容从层次上主要包括以下3个方面。

（一）公共事业管理体制的结构创新

我国现有的大多数公共事业组织是由原隶属于政府的事业单位发展起来的，并延续了传统的组织结构，不适应公共事业管理发展的需要。要进行公共事业管理体制的结构创新，必须调整和优化其组织结构。主要体现如下。

1. 变革横向组织结构，促进优化组合

变革横向组织结构重点是要改变现有条块分割、大而全与小而全的计划体制格局，按照现代发展的要求，通过联合兼并等市场化的运作手段，发展多层次、多形式的公共事业单位，改变以往的贯穿型结构为网络化结构。借助市场加速调整与优化公共事业组织的集团化建设，把不同经济成分的公共事业有机组织起来，以实现资产与技术的双向发展，通过整合资源形成合理的社会分工。

2. 变革纵向组织结构，加强行业管理

坚决贯彻国家有关政事分开的指导原则，将行政权与所有权进行分离，加强事业法人地位，对隶属于政府的事业单位进行必要的整合，一部分交由社会中介组织进行运作，另一部分重合的事业单位则进行裁并。改革公共事业单位的纵向组织结构，重点是理顺关系，对各类公共事业单位进行职能的重新界定，实行分类管理，促进公共事业单位向企业化管理转变，从而使公共事业的组织管理更为科学、有效。

3. 变革内部管理结构，提高管理效率

公共事业组织普遍存在管理效率低下的问题，浪费了大量的国家资源，要积极推进内部管理结构的变革，一方面要理清其资产隶属，引入市场机制盘活存量资产；另一方面要积极引进企业化管理体制，改革其低下的管理机制，为公共事业组织在市场竞争中不断发展壮大奠定基础。

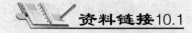 资料链接10.1

创新公共事业管理体制机制，建立现代事业组织体系

2006 年 7 月 7 日深圳市委、市政府召开了事业单位改革动员大会，同时发布了《深化事业单位改革指导意见》和《事业单位分类改革实施方案》及一系列配套文件，这标志着深圳市事业单位改革全面启动。这次改革是深圳市继国有企业改革和行政体制改革之后又一项涉及面广、触及深层次问题且影响深远的重要改革。本次改革不以精简机构编制为重点，也没有简单停留在分类改革上，而是着眼于适应社会主义市场经济发展需要，促进政府职能转变，着力推动传统事业向现代公共事业转型，推进公共事业管理体制改革和运行机制创新。其基本思路如下。一是实现政府职能归位，让政府"做正确的事"，凡不应由政府提供的服务均从现有事业单位剥离，交给社会去做。二是改革政府提供公共服务的方式，使政府能"正确地做事"。凡属可以政府采购方式提供的公共服务，在不影响该项服务稳定供给的前提下，均采取政府"花钱买服务"、"养事不养人"的办法，用市场化的方式组织生产和供应。三是改革和完善事业单位的管理体制和内部运行机制，提高事业单位的运行效率，大力增加公共服务的供给。

2007 年 10 月 26 日，深圳市启动第二轮事业单位改革。最引人注目的是，取消现有事业单位的行政级别，全面推行岗位等级管理制度及其与之相配套的人员聘用制度、工资分配制度和社会保障制度，将人员由身份管理转变为岗位管理，个人待遇与所在岗位的工作量、工作难度和责任大小密切挂钩，实行"级随岗走、薪随岗变"的办法。深圳市在公共事业管理体制和运行机制方面共推出 10 项改革创新措施，具体如下：一是推进管办分离；二是改变财政供养体制，推进以事定费和购买服务；三是推进公用场馆合约管理；四是研究制定公共事业监督管理制度；五是创立法定机构管理运行模式；六是建立适合事业单位自身特点的分类定级体系；七是建立事业单位法人治理结构；八是深化事业单位人事制度

改革；九是制定新设事业单位规则和标准；十是跨系统机构整合。推行同一机构面向所有行政部门（及其他单位）提供同类服务。

资料来源：www.gdbb.gov.cn/ 2008.09.18。

（二）公共事业管理体制的制度创新

1. 完善领导决策制度

公共事业组织经营管理决策的科学化与民主化是事业组织管理现代化的一个重要标志。建立科学民主的领导决策制度，实现公共事业两权相分离，由公共事业组织的创建人和各方出资人分别指定、委派或推选代表，依法拟定公共事业组织章程，组成领导决策权力机构。

2. 改革人事制度

针对公共事业单位人员膨胀、冗员难裁与优秀人才流失严重的局面，必须确保公共事业组织的用人自主权，辅以完善的激励措施和社会养老保障制度，建立一个富有竞争力的公共事业人事制度。

3. 完善财务制度

建立以国有资产管理和事业成本核算为中心的、统一的公共事业财务管理制度。一方面，保障国有资产的完整与安全，促进国有资产的合理使用，降低对国家财政的依赖；另一方面，通过现代财务管理制度，有效地控制各项公共事业的经营成本，提高公共事业投资效益，促进公共事业组织的健康发展。

4. 健全监管制度

尊重公共事业组织独立法人地位，改变单一监督管理机制，并建立多元化的公共事业监督管理制度，实现公共事业宏观监督管理的科学化、民主化、法制化、社会化与多元化，提高其运营效率。

（三）公共事业管理体制的方法创新

1. 引入科学管理方法

要积极引入科学、合理的管理方法，提高组织的运行效率，做到人尽其才、物尽其用。一方面，要进行公共事业组织管理方法上的创新，提高其运作水平；另一方面，要运用现代化的管理方法，尤其是信息化与网络化的管理手段。此外，应根据各公共事业组织的自身情况，适当进行自主管理，以促进组织管理方法的完善。

2. 推行多种管理手段

改变以前那种单一的行政命令式的管理手段，通过经济手段与法律规范手段，发挥情感教育与道德约束手段，发挥组织成员的主观能动性，创造良好的管理环境，提高组织人员的工作效率。

3. 完善人才培养方法

公共事业组织成为独立法人后，面对激烈的市场竞争，必须建设一支富有竞争力的人才队伍以实现发展壮大。一方面，要加强内部人员的业务技能培训，突出组织的固有技术优势；另一方面，通过走出去、引进来等方式培养复合型人才，提高组织的应对市场风险能力。

二、公共服务供给方式创新——政府购买

政府购买公共服务是一种特别值得推广的服务供给方式。政府购买公共服务是将一些本来由政府提供的公共服务外包出去，让私营组织或非营利组织去生产，政府再购买回来，向社会公众提供。

(一) 政府购买公共服务具有特殊的必要性

1. 满足公众对公共服务需求的需要

政府自身生产公共服务能力的不足，导致其无法满足公众对公共服务的需求。

(1) 政府自身生产公共服务不足或局限。主要表现：一是公共资金的有限性是生产公共服务不足的主要原因；二是国际经验与国内实践表明，政府生产公共服务的效率较低甚至无效率，主要是由缺乏竞争所引起的；三是由于政府部门处于垄断地位，政府公共服务的生产部门没有降低产品或服务成本的内在动力，造成公共服务的成本居高不下；四是政府部门缺乏相应的专业人才，与民营部门相比，政府部门没有动力去培养和引进更多的专业人才到相关的生产部门，也没有相应的激励机制去激励员工学习新知识或新技术。

(2) 无法满足公共服务日益增长的需求。随着社会经济的发展，社会公众生活水平不断提高，人们对社会公共服务需求的数量不断增加，同时，对公共服务质量的要求也在不断提高。在这种情况下，仅仅依靠传统体制下政府本身生产公共服务已无法满足人们的需要。

2. 改善公共服务质量与效率的需要

政府购买公共服务有利于改善公共服务的质量和效率。主要体现如下。

(1) 实施专业化服务，提供高质量服务产品。政府购买公共服务无非从营利性公司和非营利性组织两个渠道进行，它们是公共服务的专业生产者，有着强大的、高素质的专业人才；同时，它们身处市场之中，对社会公众所需要的公共服务有着畅通的信息渠道。为适应市场竞争，它们还会定期对员工进行培训和教育，以使专业技术保持一定的领先优势。另外，专业化的公司所提供的服务多种多样，政府部门会根据社会公众的需求选择不同的服务，这种多样化和差异化的公共服务政府本身很难做到。美国民营化专家萨瓦斯认为，政府服务通常成本高而质量差，其原因并不是政府部门雇员的素质比私营部门雇员差，其问题的实质不在于公营还是私营，而在于垄断还是竞争。在提供低成本、高质量的服务方面，竞争往往优于垄断，且大多数政府活动是以垄断的方式组织和运营。因此，政府购买服务不仅可以得到高质量的服务，同时还可以得到多样化和差异化的服务。

(2) 专业化的管理人员有利于提高管理效率。由政府生产公共产品或服务是无效率的，这已经是多数人共同的认识。专业化的管理人员是生产者所拥有的除生产技术人员以外的管理人才。当政府从市场上购买公共服务时，作为公共服务的生产者，其一定会通过

现代企业管理制度和多种多样的激励机制（如股权激励等）吸引优秀的管理人才来为之服务。专业技术人员和专业化的管理人员一起会使生产的效率达到较高的水平。生产者之所以引进管理人才和专业人才而提高效率，其目的是在参与政府购买公共服务的招标过程中取得优势，进而中标。与政府部门的生产效率相比，私人部门的效率总是较高的。通过政府购买公共服务，政府将自己生产的公共服务转化为由私人部门生产，由此可达到提高管理效率的目的。

3. 推进转变政府角色和职能的需要

在公共财政体制下，财政支出只能是那些公共产品或部分准公共产品，私人产品则应完全由市场提供。而政府购买公共服务正是将那些部分可由政府提供的公共服务交由市场来提供，将政府的职能转到纠正市场失灵的领域之中。

政府购买的公共服务一般是那些准公共产品，也就是说，如果由政府直接生产，其效率不高或供给不足，这时才可采用政府购买的方式，让私人部门来提供。当然，随着科学技术的发展，所谓的纯公共产品越来越少，更多的是准公共产品，也就是说，政府能够购买的公共服务是越来越多的。

由于政府购买公共服务的增多，政府将会转变其职能，从原来所能提供的公共服务领域逐渐退出。通过越来越多的政府购买，可以促进公共财政体系的建立，从而加速政府职能的转变。

4. 实现社会和谐与持续发展的需要

政府购买公共服务可促进社会组织的发展，实现公共服务均等化，从而达到社会和谐与持续发展。主要体现如下。

（1）实现公共服务主体的多元化。政府购买需要有更多的社会组织来参与，同时，政府购买又给这些社会组织以更好的发展机会。所以，政府购买公共服务可以促进社会组织发展，实现公共服务主体的多元化。

（2）实现基本公共服务的均等化。公共服务均等化很重要，怎样来实现呢？过去发展的经验证明，仅仅依靠政府是不可能实现的，只有通过多元化的渠道，政府购买正是政府多元化提供公共服务从而实现公共服务均等化的重要手段。无论是经济发达地区还是经济欠发达地区，都离不开通过政府购买公共服务的手段来实现公共服务的均等化提供。

（3）社会和谐与持续发展的要求。政府购买公共服务可以推动社会和谐与持续发展：政府购买可以优化资源配置，从而调动社会一切积极因素，增强社会的创造活力；通过政府购买为社会提供更多更好的公共服务，达到基本公共服务均等化提供，促进社会公平，进而达到社会各方利益协调；政府从 NPO 购买公共服务，可以有效弥补政府提供与市场提供的不足。

（二）政府公共服务提供不足的主要原因

1. 公共服务主体具有单一性

在传统体制下，政府将社会上许多本应由社会自身管理的事务均纳入到政府的管理范围之中。然而，政府所掌握的资源是有限的，政府成为"大政府，小社会"的管理模式下提供公共服务的唯一主体。因此，在社会公共需求不断增长的情况下，政府的公共服务职能显得明显不足。公共服务主体的单一性不能满足社会公共服务需求的多样性与多层次性，这就给我国政府公共服务职能带来了沉重的负担。

2. 公共服务供给缺乏制度性

政府在公共服务提供过程中总是希望通过运动式的活动来完成政府公共服务的职能。由于政府公共服务职能缺乏责任追究制度，许多地方政府在提供公共服务过程中给社会造成的不良影响，也是由辖区公众来"埋单"，因而缺乏对提供公共服务的主体及相关责任人追究责任的机制。缺乏整体性服务文化，在提供公共服务时态度较差，没有形成一种为公众服务的行政文化。缺乏制度性法律保障，导致政府在提供公共服务时存在着较大的随意性。

3. 公共服务的总体水平不高

政府在公共服务手段上对行政手段比较偏爱，而对经济和法律手段不够重视，行政手段自上而下、层级控制的特征决定了公共服务渗透了很强的权力特征，公共服务演变成了似乎是政府对公众的关心或施舍，偏离了政府自身存在的主要目的，因而在公共服务过程中就会出现"门难进、脸难看、事难办"的现象，导致公共服务不是由政府主动提供而是由公众乞求而得到。政府在提供公共服务时所使用的方法仍旧落后，造成公共信息服务等活动的滞后性，新的、快捷的公共服务方式在很多地方没有得到应用，公共服务效率低下。政府提供公共服务缺乏一个良好的公共服务行政机构，行政机关重叠，办事环节多，这种低水平总体表现为技术低、质量低、效率低，最终将导致供给水平的低下。

(三) 政府购买公共服务的现状与问题分析

1. 政府购买公共服务的发展

早在1995年上海浦东新区就开始探索政府购买的新型公共服务提供模式。当时浦东新区社会发展局要把一个新建小区的公建配套设施改建成综合性市民社区活动中心，因此要找一个委托对象来管理，经协商找到了上海基督教青年会。会馆建设采取社会发展局提供土地和房屋并承担改建的土建费用，上海浦东新区社会发展基金会运用社会捐款投资会馆的主要设施，以及基督教青年会承担会馆管理的"三方"共建方式。这一方式建立起的上海浦东新区罗山市民会馆即"罗山会馆"，是中国最早阶段政府向非营利组织购买公共服务的探索，它打破了以往依靠政府单方面投入和运作的机制，而采取了委托非营利组织进行运作。

从2003年以来，上海、北京、无锡、浙江、广东等各地方政府向民间组织购买公共服务的探索不断增多，形式也比较多样。其购买的领域涉及教育、公共卫生和艾滋病防治、扶贫、养老、残疾人服务、社区发展、社区矫正、文化、城市规划、公民教育、环保、政策咨询等诸多方面。如上海市在居家养老、慈善救助、职业技能培训、社区发展等多方面的尝试；无锡市对公共卫生疾病防控、水资源监测、社会办养老机构、市政设施养护、环卫清扫保洁、城区绿化养护、地方剧种发展等服务的购买；2004年广州南海狮山政府向辖区内民营医院进行的公共卫生服务购买；2007年云南郴州通过教育基金会对部分教育服务项目的购买等。

2005 年 12 月 19 日，国务院扶贫办、亚洲开发银行、江西省扶贫办和中国扶贫基金会在北京启动"非政府组织与政府合作实施村级扶贫规划试点项目"，这是第一个通过规范程序招标进行的公共服务购买，标志着服务购买开始进行规范化的试点。

我国《农村扶贫开发纲要：2001—2010》在"十一五"扶贫工作的基本思路中提出，鼓励和支持中介组织、民间组织参与扶贫项目的实施；2002 年国家艾滋病防治社会动员项目设立专项资金，每年招标，支持社会组织参与艾滋病防治工作；2006 年财政部、国家发改委、卫生部联合下发《关于城市社区卫生服务补助政策的意见》，指导政府购买城市社区公共卫生服务试点；2007 年国办发 36 号文《关于加快推进行业协会商会改革和发展的若干意见》，明确提出建立政府购买行业协会服务的制度，对行业协会受政府委托开展业务活动或提供的服务，政府应支付相应的费用，所需资金纳入预算管理。这些都说明政府在使用财政资金提供公共服务方面，开始逐步考虑到社会组织的参与。

2. 政府购买公共服务的主要困境

政府购买公共服务在我国仍然属于新生事物，对长期由政府提供的公共服务，改为政府从社会购买的方式向社会提供，无论从政府角度还是从公众角度都有不适应的地方。

目前，政府购买公共服务的主要困境：一是在制度上，公共服务购买尚未被纳入政府采购范围，缺乏相应的法律制度保障；二是在数量上，公共服务购买远远满足不了社会需要，如购买资金规模较小等；三是在程序上，公共服务购买欠缺规范流程，如购买公共服务的资金预算没有公开，购买公共服务监管不规范等；四是在购买主体的关系上，存在购买双方非独立与不平等，政府单向主导、低成本购买和职权介入等问题；五是在政策协调上，缺少相应的政策配套与政府部门之间的协调。

(四) 推进政府购买公共服务的政策建议

根据上述理论分析和现实问题的判断，在借鉴国际经验的基础上，我国推进政府公共服务购买的政策建议主要如下：通过政府购买大力推进契约式公共服务；在主要公共服务领域不断扩大购买范围；明确政府间购买公共服务的职责；健全公开透明规范的公共服务购买流程；建立多元专业监督机制；在政府采购法实施细则中细化公共服务购买规则；立足地方实践，在建立契约、引入竞争、改善程序等层次上完善公共服务购买模式；促进社会组织发育，建设社会化公共服务体系。

三、公共事业管理绩效评估创新——民众满意度考核

(一) 民众参与与绩效评估

为更好地保证政府及公共部门提供公共服务，可鼓励公众参与到公共服务管理中。公众的参与的内容主要包括公共服务的政策制定过程、提供过程和绩效评估过程 3 方面。公众参与公共服务的政策制定过程主要体现在决定公共服务的提供数量、质量等时，应鼓励民众参与，以便提供更符合民众需求的公共服务。公共服务提供过程中的公众参与性主要表现在可组织公众提供义务劳动，鼓励公众捐赠物力和资金等上。

目前，不同的研究者从不同的角度提出了不同的公共服务评估概念，如民众满意度、公共服务满意度和公众满意度等，但其根本都是提倡民众参与公共服务的评估过程。西方发达国家现代绩效评估实践证明，绩效评估可以增强公共组织的回应力，提高公共组织效率，增强公共组织的服务意识和成本意识，使公共组织能更好地应对信息化、市场化的挑战。因此，借鉴和引入绩效评估是我国公共事业管理创新与改革的现实选择。

刘武（2006）在借鉴国内国外研究成果的基础上，提出公共服务领域分类的设想，并重点选取政府服务类、医疗卫生类、教育类、公共交通类、社会保障 5 个类别及 5 个行业进行研究，初步建立了行政服务、医院患者、义务教育、公共交通、就业服务 5 个行业的服务接受者满意度指数模型，这些模型既有共同的结构变量，又内嵌具有行业特点的质量因子，并对模型应用提出具体建议。该研究初步证明了顾客满意度理论及其测量模型在我国公共服务领域应用的可行性，得出的各行业公共服务满意度指数可作为评估各公共服务行业和单位服务绩效的指标，所建立的各行业公共服务满意度指数模型可为 5 个行业的服务改进提出战略性建议，也可以为建立适合中国国情的公共服务满意度指数模型积累经验。

（二）公共服务市场垄断与效率

我国公共服务市场其实是一个封闭和垄断的市场。在位的公共组织的官员可长时间垄断在特定职位上，一般不被查出腐败和重大渎职案件，这些官员是不会轻易退出现职位的。官场职位是有限的，在位的官员不退出该职位，其他的人就无法进入。公共事业部门官员的垄断特性与市场中的垄断企业导致垄断者没有竞争压力一样，也就失去了努力创新、提高质量的动力。由于每个职位都由特定的官员垄断着，这近乎形成了一个封闭的官员服务市场，很少有人能够跟他们竞争。

官员在提供公共服务时可能会比垄断企业效率更低。官员具有垄断提供公共服务的权力，没有其他的人能替代他们，官员没有动力提高服务质量。官员们手中掌握着至高无上的行政权力，这使得官员更有可能伤害民众的利益，导致提供公共服务的质量进一步恶化。这种至高无上的行政特权是市场中的垄断企业没有的，即使企业拥有垄断的权利，也不能强买强卖，因为垄断市场也要自由买卖。垄断企业可把价格定得高一些，质量可能差一些，但不会强迫消费者必须买其产品，消费者至少还可选择不消费这种产品，而公共事业部门官员会凭借自己的行政特权强买、强卖，民众没有其他选择，只能接受这样的服务，因而垄断的公共服务市场其实比垄断的企业效率更低。

（三）民众满意度考核奖惩机制

我国事业单位的官员一般不是由民众直接选出来的，他们不用向下负责，即官员不用迎合民众的偏好。他们能否继续留在事业单位任职的决定权不在民众手中，因此这些部门的官员就不会畏惧民众。由于我国政府是管理型政府，官员手中拥有管理民众的特权，他们是高高在上的领导，而民众只是被管理的属下。民众处于从属和服从的地位，他们还缺乏与这些政府及公共组织的官员谈判的渠道和权力。这样一来，当公共事业组织提供服务时，即使他们提供的服务数量不足、质量差，民众也只能选择忍受。

公共事业管理民众满意度考核要求上级部门根据公共事业组织官员提供公共服务时得到的民众满意度高低来考核、评价其工作绩效。民众满意度高的官员应给予晋升或保留原职，民众满意度低的官员应给予处分、警告或撤职。这样就可以撤掉那些提供服务质量差、民众不满意的官员，让那些有能力且愿意认真提供服务的潜在进入者填补空缺的职位。

民众满意度考核就是给予民众评价官员服务质量的权力，因为民众是官员提供服务的对象，他们能更好地了解官员服务的真实信息，对官员的满意度评价是真实可靠的。这样决定公共组织中的官员能否晋升或者保留在原位的权力就掌握在接受服务的民众手中，这会对官员产生压力。他们害怕因为民众满意度低而失去自己的职位，自然要努力为民众提供高质量的服务。由此，民众满意度考核激励着公共组织官员努力提高公共服务。

（四）民众满意度考核与公共服务合意性

目前，我国缺失能够提高政府提供公共服务效率的制度，尤其是缺乏保证满足公共服务合意性的制度，这导致官员们在提供公共服务时不知晓民众的真实公共服务偏好是什么，可能官员提供的公共服务并不是民众偏好的公共服务，在公共服务的质量和数量上与民众的偏好组合存在偏差，不是最合意的公共服务组合。没有保证官员满足民众公共服务偏好的制度，只会导致官员不认真提供公共服务，官员可能只是提供最基本的公共服务之后就把一些本应用于提供公共服务的资源用到别的领域，如经济建设领域和"三公"消费等，这样必将造成公共服务供给不足。

民众满意度考核可解决上述两个难题。实行民众满意度考核其实是让民众参与到公共服务的供给过程中，民众对官员的满意度评价会揭示出民众的公共服务偏好，公共组织的官员可根据公共服务的满意度高低发现自己在提供公共服务时存在的问题。如果总体的满意度较低，说明整体上提供公共服务的水平偏低，没有达到民众希望的服务水平；如果某个单项公共服务领域的满意度较低，而其他公共服务领域满意度不低，则说明满意度低的领域没有达到民众希望的水平，没有满足民众的需要，那些满意度不低的领域基本上符合民众的偏好。这样民众满意度其实就是民众对官员提供的公共服务的合意性的回应，官员可从中了解提供服务中存在的问题，可有针对性地改进公共服务。

民众满意度考核是可以促使官员努力了解民众偏好的制度机制。根据民众的偏好提供公共服务会更有可能符合民众的需求和偏好。随着社会经济的快速发展，民众的偏好也在经历着快速的变迁。改革开放之初，民众可能更偏好经济增长，那时国家比较贫困、物资短缺，经济发展能够较好地满足民众的物质需求。但当经济发展起来后，民众开始对其他方面产生需求，如更好的教育和环境等。因此，官员要不断了解民众的偏好变化，以便能够提供符合民众偏好的服务。

每一个地区由于历史、文化、地理等原因的不同，常常会导致民众对公共服务的需求结构也存在不同。如有的地区的民众在公共服务项目中对环境的偏好更多，有的地区民众对教育医疗更偏好。如果所有地区都统一提供相同数量的公共服务项目，未必能够更好地满足所有地区的民众偏好。所以，社会福利最大化的公共服务并不是每个地区都提供相同的公共服务，而是要根据各地民众的偏好不同分别提供不同数量和质量的公共服务组合，即不同的环境保护、医疗和教育水平等。这样考核的重点其实不在公共服务项目本身，而在于民众对公共服务的偏好。毕竟民众是公共服务的消费者和服务对象，提供公共服务就是为了满足他们的需要，他们的满足程度才是最重要的。因此，民众的评价能够体现公共服务对他们的满足程度和合意性。

▶▶ 本章小结

● 一般认为，创新是指以现有的思维模式提出有别于常规或常人思路的见解为导向，在特定的环境中利用现有的知识和物质，按照理想化需要或为满足社会需求，而改进或创造新的事物、方法、元素、路径、环境，并能获得一定有益效果的行为。创新在哲学、经济学、社会学上有不同的含义。

● 管理创新是指组织形成的一种创造性思想并将其转换为有用的产品、服务或作业方法的过程。它具有不确定性、保护性与破坏性、偶然性或机遇性的特征。

● 公共事业管理创新是指公共事业组织为适应环境的变化，采取更为科学的方法，健全公共事业管理体系，改善公共事业管理活动方式，提高公共事业管理效率，促进公共事业更加健康发展的过程。其目的是顺应公民社会的需求，向公众提供公正、透明、高效、优质的公共服务，并借此提升公共部门形象，增进政府治理的合法性。

● 公共事业管理创新的原则包括互动性、稳定性、制度化和适度化等。公共事业管理创新在顺应公民社会发展、缓解各种社会危机、化解民众不满情绪和检验公共行政理论等方面具有重要的意义。以建立现代事业制度为目标，其内容主要包括公共事业管理的观念创新、手段创新和体制创新等。

● 管理观念是指导各项管理决策、管理制度和管理活动的基本原则和基本价值观。公共事业管理观念创新是指公共事业管理必须从最根本的观念上进行改革，发挥管理者的创新性，推动公共事业管理的发展与创新。其内容包括公共事业管理的社会化、市场化、法制化和民主化。

● 公共事业管理管理手段创新是指综合运用行政、经济、法律、教育和网络技术等现代管理手段来提高自身的管理能力。其内容主要包括公共事业管理的信息化和网络化，适应信息技术发展的公共事业管理具有虚拟化、柔性化、智能化的特征。其网络化的内容主要包括公共事业网络缴费和一站式公共服务平台两种网络化服务。

● 公共事业管理体制是指在公共服务领域由政府主导，吸引其他非政府组织参与的，统一与多层次、集中与分散管理相结合、管理环节与实施环节相结合的综合管理系统。我国公共事业管理体制创新的内容从层次上主要包括公共事业管理体制的结构创新、制度创新和方法创新。

◆ 复习思考题

1. 什么是创新？什么是公共事业管理创新？

2. 公共事业管理创新的原则与内容有哪些?

3. 阐述公共事业管理观念创新的内容。

4. 试述公共事业管理手段创新的内容。

5. 结合实际说明公共事业管理体制创新的内容。

参考文献

[1] 娄成武,李坚.公共事业管理概论 [M].北京:中国人民大学出版社,2006.

[2] 徐双敏.公共事业管理概论 [M].北京:北京大学出版社,2013.

[3] 张创新.公共管理学概论 [M].北京:清华大学出版社,2012.

[4] 苏明贾,西津,孙洁,等.中国政府购买公共服务研究 [J].财政研究,2010 (1).

[5] 王晓林.关于当代中国创新问题的战略思考 [J].江西广播电视大学学报,2003 (9).

[6] 刘武,朱晓楠.服务接受者满意度指数模型:服务型政府绩效评估的新方法及其应用 [J].公共管理研究,2006 (1).

[7] 俞佳辰.试论公共事业管理体制创新 [J].现代商业,2010 (18).

[8] 张晶.论管理创新 [J].现代情报,2004 (12).

[9] 张玉亮.政府公共事业管理方式创新:进程、成绩与经验 [J].学术探索,2008 (1).

第三篇

公共事业部门管理

公共事业管理部门按照不同的服务领域，将公共事业划分为科学事业、教育事业、文化事业、卫生事业、体育事业、环境保护、社会保障、公用事业和基础设施等。本篇从公共事业基本范畴出发，主要研究与阐述科技事业管理、教育事业管理、文化事业管理、体育事业管理、卫生事业管理和市政公用事业管理等内容。由于事业部门管理的核心是体制问题，因此在本书中以研究与阐述各类事业部门的管理体制为重点。

第十一章　公共事业部门管理（上）

学习目标

1. 知识目标

❖理解科技管理的意义。

❖熟悉完善我国科技管理体制的主要路径。

❖掌握教育管理和教育管理体制的内容。

❖了解典型的外国文化管理体制的模式。

❖理解文化管理的相关概念和基本内容。

2. 能力目标

❖把握科技管理、教育管理和文化管理内容的能力。

❖解决科技管理、教育管理和文化管理问题的能力。

案例导入

　　某年的 3 月 8 日，某校全体女教工上班时发现，每个人的办公桌上都增添了一束鲜艳的康乃馨，花丛中夹着一张粉红色的纸片，纸片上是该校工会主席代表全体学校人员向每位女教工发出的"贺信"。"贺信"的开头是这样写的："当你看到你面前的这束鲜花的时候，意味着你们的节日已向你发出了会心的微笑——节日好！在你们的身上不仅镌刻着中华女性勤劳、朴实、任劳任怨的传统美德，而且折射出新时代女性聪慧、执着、奋发向上的伟大精神……"。结果发现，这一天女教工们说的话更响，吃的饭更香，擦的窗更亮，上的课更出色。年老的女教工说，"我这一生中还从没有收到过别人送的鲜花"；年轻的女教工说，"比男朋友送的鲜花更让我感动"。

　　请思考：

　　结合案例分析学校文化的主体是谁。学校文化管理应向什么方向发展。

第一节　公共科技事业管理

一、公共科技事业管理的基础理论

(一) 科技与科技活动的基本概念

1. 科技的含义

科技是科学和技术的总称。科学是关于自然、社会和思维的知识体系，是反映客观事实和规律的知识体系。事实可以是历史事实、社会事实、自然界事实和其他事实，科学就是发现人们未知的事实；技术是为某一目的共同协作而组成的各种工具和规则的体系。

从 20 世纪 20 年代开始，特别是 20 世纪 60 年代以来，科学与技术的相互作用与相互促进有了明显的加强，科学与技术的发展日益结合紧密，科学技术日益成为一个统一的概念。

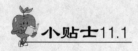

小贴士11.1

科技活动的含义

联合国教科文组织界定的科技活动的含义："与各科学技术领域，即自然科学、工程和技术，医学、农业科学及人文科学中科技和知识的产生、发展，传播和应用密切相关的全部有计划的活动。"这一概念包括的范围十分广泛，从自然科学到其他科学活动，也包括知识产生、发展、传播和应用的全部过程。

2. 科技活动的分类

按照不同的国家、不同的专家学者和不同的标准，科技活动可有不同的分类。这里主要阐述有代表性的联合国教科文组织和中国科学院界定的分类，以及以现代科技活动性质为标准的分类。

(1) 联合国教科文组织界定的科技活动的分类。主要将科技活动分为 R&D 活动、STET 活动和 STS 活动 3 类。

第一类，R&D 活动。R&D 为英文 Research and Development 的缩写，汉语为研究与开发。R&D 活动即研究与试验性发展活动，包括基础研究、应用研究和试验性发展研究。

第二类，STET 活动。STET 为英文 Submission Through Electronic Transmission 的缩写，汉语为科技教育与培训。STET 活动即科技教育与培训，包括高等教育和科技人员的继续工程教育和培训活动。

第三类，STS 活动。STS 为英文 Science and Technology Studies 的缩写，汉语为科学技术研究。STS 活动即科技服务活动，主要指为科技知识的产生、发展、传播和应用等服务的社会技术基础性活动，如情报、文献、标本、统计、编译、检测、标准化及咨询服务等活动。

（2）中国科学院将界定的科技活动的分类。主要将科技活动分为基础研究、应用基础研究、应用研究和推广研究 4 类。

第一类，基础研究。基础研究是指以认识自然现象和探索自然规律为主要目的，实用意义暂时还不明显，对科学发展具有重要影响的研究。

第二类，应用基础研究。应用基础研究是围绕国家建设中提出的科学技术要求，进行理论研究和科学调查，为解决实际问题提供科学依据和基本资料的研究。

第三类，应用研究。应用研究是指直接解决国家建设中的实际科学技术问题，提供新产品、新材料、新设备、新工艺和新规范等的研究。

第四类，推广研究。推广研究是指将实验室的已有研究成果，进一步进行中间试验，定型设计或小批量试生产等的研究。

（3）以现代科技活动性质为标准的分类。主要将科技活动分为基础科学研究、人文科学研究、应用技术研究、公益性与技术推广研究 4 类。

第一类，基础科学研究。研究要回答"是什么"和"为什么"的问题，这一类研究的成果难以在短时间内实现商品化，无法推向市场，但却是社会生存发展所必需的。

第二类，人文科学研究。该类研究关注和解决的是人类自身的知识和发展问题，以及整个社会政治、经济和文化的发展问题，其研究成果关系到整个公众利益和全社会，但其价值通常难以量化。

第三类，应用技术研究。回答"做什么"和"怎么做"的问题，该类研究活动是直接针对现实尤其企业需要进行的，易于商品化，并通过市场方式提供。

第四类，公益性与技术推广研究。在相当程度上，这类研究属于技术研究或技术发明范畴，涉及公众的共同利益和社会发展的基本需求，难以通过市场提供。

（二）科技管理的内容与类型

1. 科技管理的含义

从一般意义上讲，科技管理是指相关的管理主体对管理客体即科学技术工作，运用决策、计划、组织、控制等基本管理职能，有效地发挥人、财、物、时间、信息等要素的效能完成科研任务的活动。我们认为，科技管理是指为推动社会科技事业健康发展，各级政府及其科技行政部门和各种科技企事业单位对各项科技事业和具体科技活动进行规划、组织、协调和监督的活动。

科技管理的目的是按照科技工作的规律性建立科学的工作程序，有计划、合理地利用企业的技术力量和资源，把最新的科技成果转化为现实的生产力，以推动科学技术和社会经济的发展。

2. 科技管理的内容

现代科技管理主要是在科学技术活动中，以哲学、控制论、系统工程等为理论基础，遵循科学和经济规律，运用科学的方法和手段组织安排好各项科技活动，以期最有效地达到预定的科学技术研究目标的管理。

科技管理的主要内容：组织协调科学研究与技术开发；计划安排生产手段的技术改造；研究与实施工艺方法和操作方法的革新；推动和促进群众性的合理化建议运动；制定和修订各种技术标准；收集、整理和保存各种技术情报和技术档案等。

（三）科技事业管理的基本类型

科技事业管理按目标划分，可将科技事业管理分为两类。

1. 以满足企业或市场需要为主要目标的科技事业管理

在现代社会，技术水平与资金和管理水平一起决定了企业的竞争力，通过科技研发活动可以提高企业的生产效率和产品的市场竞争力，甚至因开拓新的市场领域，还会给企业带来巨额的垄断利润。

2. 以满足社会共同需要为主要目标的科技事业管理

这类科技活动以满足社会共同需要为主要目标，主要包括基础科学研究、社会科学研究和公益性研究等。一方面，它们所要解决的是人类社会存在和发展的基本问题，也是应用技术研究的基础；另一方面，这类科技活动的结果很难或不应市场化，或具有垄断性，不适于采用市场提供的方式。

（四）科技事业管理的政府功效

公共科技事业具有公共产品的特点，很难实行市场化，这就需要政府的积极参与。政府在科技事业管理中的功效主要体现在以下4个方面。

1. 制订科技事业发展战略规划与计划

政府作为科技事业宏观管理者的职责之一就是制订科技事业发展战略规划与计划。确立科技发展战略不仅对科技发展本身具有重要意义，而且对整个社会经济发展也具有重要的影响。

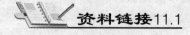 资料链接11.1

《国家中长期科学和技术发展规划纲要（2006—2020年）》

一、序言

略。

二、指导方针、发展目标和总体部署

略。

三、重点领域及其优先主题

包括能源、水和矿产资源、环境、农业、制造业、交通运输业、信息产业及现代服务业、人口与健康、城镇化与城市发展、公共安全。

四、重大专项

包括16个重大专项，涉及信息、生物等战略产业领域，能源资源环境和人民健康等重大紧迫问题，以及军民两用技术和国防技术。

五、前沿技术

包括生物技术、信息技术、新材料技术、先进制造技术、先进能源技术、海洋技术、激光技术、空天技术。

六、基础研究

包括学科发展、科学前沿问题、面向国家重大战略需求的基础研究、重大科学研究计划。

七、科技体制改革与国家创新体系建设

包括支持鼓励企业成为技术创新主体、深化科研机构改革建立现代科研院所制度、推进科技管理体制改革、全面推进中国特色国家创新体系建设。

八、若干重要政策和措施

略。

九、科技投入与科技基础条件平台

略。

十、人才队伍建设

略。

2. 通过立法维护科技事业活动的秩序

配置科技资源除有赖于市场机制自身的运转之外，作为一种公共管理，科技事业管理也要辅之以相应的法律法规体系，使政府的科技管理行为规范化和科学化。

3. 制定政策引导社会资源发展科技事业

促进科技发展政策的一个主要目的，就是促进社会对科技产品需求的增加与供给的扩大。

4. 有利于加强科技事业的市场化管理

加强技术商品的管理，因为技术商品是整个技术市场活动的核心；加强对技术市场参与者的管理，技术市场参与者主要是指作为科技市场主体有权进行交易科技成果的个人、企业组织、社会组织、高等院校、科研机构和科技市场中介等组织。

二、国外科技管理体制的经验与借鉴

(一) 国外科技管理体制的主要经验

1. 美国多元分散型科技管理体制

美国是世界经济活动的中心，其科技成为世界经济与社会发展作出了重要的贡献。1945 年 W. 布什发表了著名的《科学：无止境的前沿》报告，强调了政府在科技发展中的作用，美国正式开始政府对科技活动的管理与支持。

科技管理体制上，联邦政府没有确立专门的机构负责全国科技活动的组织、协调与规划，而是由行政、立法、司法 3 个系统不同程度地参与国家科技政策的制定和科技工作的管理。其核心决策与咨询机构是白宫和国会，白宫包括白宫科技政策办公室、总统科技顾

问委员会和国家科技委员会；国会的参众两院都设有负责科技事务的委员会，众议院负责科技事务的是科学委员会，参议院负责科技事务的授权委员会是商务、科学与运输委员会。

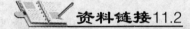

资料链接11.2

信息技术是驱动美国经济增长的核心动力

克林顿担任美国总统期间，信息技术是驱动美国经济增长的核心动力。1995—1998年，美国实际经济增长的 35% 为互联网相关的企业所创造。1998 年信息产业提供就业岗位 740 万个，约占全美就业人数的 6%，对美国经济增长的贡献率超过 1/4。1999 年美国互联网相关企业创造的产值超过 5070 亿美元，信息产业首次成为美国第一大产业。

《数字经济 2000》研究报告指出，信息技术已成为推动美国经济继续保持高速增长的第一推动力，虽然信息产业在美国经济中的所占比例仍然较小，仅占美国 GDP 的 8.3%，但其对经济增长的贡献率高达 32%。1994—1998 年，信息产业使美国总体的通胀率由预计的 2.3% 下降到了 1.8%，并使同一期间的生产率提高了 6%。

2. 日本经济再生的科技管理体制

自 1996 年起，日本中央政府开始酝酿政治体制的改革，1997 年提出行政体制改革法案，1999 年正式实施。作为这次行政体制改革的一个重要环节，其科技行政体系也随之发生重要变化。科技行政体系改革的主要内容：一是设立综合科学技术会议，加强决策一元化机制；二是将文部省与科学技术厅合并为文部科学省，进一步提高管理效率和政策执行能力；三是对部分国立研究机构和特殊法人机构进行的独立行政法人化改革。

日本 2004 年起又对国立研究机构和大学进行了独立行政法人化改革，改革的事项涉及大学的法律地位、组织管理、人事制度、绩效考评、财务管理和财产管理等重要而广泛的问题。

3. 韩国集中型科技管理体制模式

韩国政府通过科技管理体制的不断创新与改革，形成了科技创新的强大支撑和发展动力。主要体现如下。

（1）提升科技管理机构社会地位。其主要措施如下。一是将科学技术委员进行升格，1999 年将原有副总理领导的国家科学技术委员会升格为总统直接领导，并作为国家科技管理体系中最高的政策审议与协调性非常设机构；二是设立科学技术部，1998 年政府重组时将科学技术处升格为部级单位，负责制定科技发展战略和政策，统筹全国的科技发展规划，同时规定其部长进入内阁；三是成立科技创新本部，2004 年为加强科技部对国家科技政策和科研计划的宏观管理与协调能力的另一标志性事件，就是在科学技术部下成立科技创新本部（副部级单位），为国家科技委员会的执行部门。

（2）完善科技创新咨询审议机制。为实行集中的咨询审议体制，韩国政府建立一系列的会议制度，审议科技政策与计划。

（3）鼓励产学研的合作研究体系。韩国从 1993 年开始实施《韩国合作研究开发振兴法》。对产、学、研开展的联合研究活动，优先提供研究经费、研究设施和信息等方面的支持。

（4）合理规范政府科研管理机构。为加强集中统一管理，提高科技资源利用和研究开发效率，韩国政府把研究所从政府主管部门中分离出来，按不同领域分别建立基础科学研究会、产业技术研究会和公益技术研究会。

4. 印度计划、集中管理科技体制

印度对整个科技活动的管理采用的是宏观计划下的部门负责制，中央各科技部门根据国家拟定的社会经济发展 5 年计划，提出本部门的科技发展规划和制定经费预算，中央政府负责科技政策的制订和大型、长远科技项目的评估和协调。其特点主要体现如下。

（1）科技体制较为完善。印度内阁设有内阁科技委员会，1985 年成立科技部，管辖科学技术局、科学和工业局、生物技术局。除科技部外，原子能部、航天部、信息技术部等中央政府部门都设有科技顾问委员会。全印农业研究委员会、科学与工业研究委员会和全印医学研究委员会等机构，具有全国性科研组织归口管理职能。此外，印度还设有全国研究委员会、原子能委员会和宇航研究委员会等专业委员会。

（2）科技投入逐步增加。印度科技经费的 85％由中央和各邦政府提供，且政府重视对科研投入，从第一个五年计划到第九个五年计划，其科技经费增加了近 500 倍。此外，研究开发总支出占 GDP 的比重，也从另一个侧面反映了印度科技经费投入的增长。1950—1951 年该比率为 0.05％，经过逐步增长后，2000 年达到 0.9％。

（3）创新与合作的政策。印度独立后，政府一直致力于技术的本土化。1958 年的《科学政策决议案》目标就是建立印度科研体系，为技术的本土化和自主创新打基础。此后，科技政策一直强调要充分利用已建立起来的科研体系，通过继续增加投入，促进科技创新。印度 IT 企业和汽车企业通过自主创新，已成为拉动印度经济腾飞的两只翅膀。

（二）国外科技管理体制对我国的借鉴

1. 综合、灵活运用管理模式

一般来说，国家科技管理与决策机制可分为两种基本模式及两种衍生模式：一是多头管理模式，在此模式中科技资源被划分到一些平行的政府部门；二是集中管理模式，在此模式中由一个强有力的中心机构控制各部门的科学活动；三是咨询协调模式，在此模式中由一个顾问委员会协调各方面的科学政策；四是协作模式，在此模式中各个具体部门分别提出各自的科学政策，但在各部门之上由一个控制机构进行协调。实际上，在这 4 种管理和决策模式中，多头管理模式位于一极，而集中管理模式位于相反的另一极，咨询协调模式和协作模式则居于两者之间。从世界各国科技管理的实践看，没有哪个国家始终奉行多头管理或是一元化的集中管理，多是综合、灵活地加以运用。

2. 建立科技优先发展的战略

从近年各国政府科技投入和重要科技计划情况来看，各国对科技优先发展领域的选择既有共性又有个性，其代表是美国、日本、德国、法国、英国和韩国 6 国。其中，在生命科技、信息技术领域，6 国表现出更多共性，而在纳米技术和能源环境领域则表现出较多的个性。

3. 壮大与稳定科技人才队伍

西方国家一直不断加大对科研经费的投入，充足的科研活动经费促使科技人才队伍不断壮大，而完善的人才管理机制又保证了人才队伍的稳定发展。

4. 加大研究与开发投入力度

R&D（研究与开发）投入是目前国际上最为通行的也是规范化程度最高的，用于反映一国科技投入情况的指标。R&D 投入总量发达国家大体在 2%～3%，R&D 的基础研究经费比重在 15%～20%。R&D 在经费使用上基本形成了以企业为主、科研机构跟进的格局。

5. 重视科技成果评估与转化

如英国科技评估活动的社会化趋势日益明显，政府只从事国家科技政策和科技发展计划的评估，而把其余的交给研究机构和中介机构完成；日本在科技评估过程中引入外部机制，实施开放性的评价方式，规定评估人员要有外部专家参加，同时在评估中必须反映国民意见。

三、中国科技管理体制及改革

（一）科技事业管理体制的沿革及弊端

1. 科技事业管理体制的沿革

新中国成立后，我国科技事业高速发展，科技水平得到极大提高，取得了许多震惊中外的成就，但也走过一些弯路，经历了重大的挫折，科技事业管理体制在这一进程中也经历了曲折的发展。十一届三中全会以来，我国围绕如何发挥科技在经济中的作用进行了一系列的改革。主要体现为以下 3 个改革与发展阶段。

（1）突破旧体制框架阶段（1985—1992 年）。这一时期的指导思想：落实"科学技术要面向经济建设，经济建设也要依靠科学技术"的方针，主要政策取向是"放开发展科研机构、放开鼓励科技人员"。主要措施：一是改革拨款制度，改变科研机构在资金需求上对政府的依附关系，增强其为经济建设服务的自觉性，促使科研成果商品化；二是颁布相关的法律法规，使专利技术的转让与合作更加规范；三是调整组织结构，减少政府和科研机构的结合程度，增强研究机构和大企业之间的联合程度，使研究机构和企业的科研创新能力同时增强；四是改革对科研人员的管理方法，将科研任务承包给各个科研人员，鼓励各种形式的兼职，实现人员的合理流动和优化组合；五是鼓励实验和建立高新技术开发区，并为其提供各项优惠政策。

（2）强化市场经济机制阶段（1992—1998 年）。1992 年邓小平发表"南方讲话"，标志着中国经济开始逐步迈入社会主义市场经济体制的阶段。在这一阶段，"面向"、"依靠"、"攀高峰"成为科技体制改革的主要方向。以"稳住一头、放开一片"为政策走向，使科研人才分配到不同的岗位，调整科研机构的结构布局。其中，"稳住一头"是指稳住支持基础科学的研究，优化基础研究的机构和布局，改进其管理方式；"放开一片"是指放开发展为经济建设服务的基础性研究机构，以市场为导向，放开发展科技成果的商品化程度，鼓励各类研究机构与企业合作经营，并采取企业管理的方法和制度，支持和扶植技术中介机构等。

（3）构建国家创新体系阶段（1998 年至今）。在这一阶段"科教兴国"战略成为改革的指导方向。推进科研机构改革和转制，给予企业各项优惠政策和补贴，促使其建立起自己的科技研发中心，使企业成为创新主体，加快大城市高新技术开发区的建设，鼓励和支持民营企业科技水平的发展。同时，创新对科技活动的激励机制，根据各种科技活动自身的特点实行不同的激励方式。近年来，从推动科技与经济紧密结合到建立以企业为主体的技术创新体系，从大力培养引进高层次创新人才到完善科研管理体制等，我国积极推进科技体制改革，极大地解放和发展了科技生产力，为经济社会发展提供了坚实的支撑。

2. 科技事业管理体制的弊端

据统计，2012 年我国科技人员达到 3800 多万人，研发人员 320 多万人，均为全球第一位。但企业研发人员过少，且缺乏科研投入积极性。我国企业研发投入不足销售收入的 1％，远低于发达国家 2.5％～4％的水平；大中型企业建立研发中心的仅为 27.6％，其中不少还是部门"指定"而挂牌的。科技管理机制经过近年来的发展，仍没有突破传统管理模式，其弊端主要体现在以下两大方面。

（1）科技管理体制与社会需求结合不够紧密。主要表现在两方面。一方面，科技成果转化难，难以产生明显的经济效益；科技市场发育不健全，科技成果转化缺乏有效载体、桥梁和纽带。另一方面，科技管理部门的领导作用发挥不够，产学研结合不够紧密。据统计部门有关数据显示，目前我国科技成果转化率小于 10％，实现产业化的更是不足 5％，科技成果转化率远低于发达国家。同时，许多科技成果还存在含金量低、脱离市场及企业实际需求等现象，造成了科研资源的浪费，科技进步贡献率大大降低，我国经济增长方式转化及经济结构战略性调整受到严重制约。因此，科技管理体制有待于进一步改革，一个科学合理、富有活力、更有效率的科技体制机制亟待建立。

（2）体制性障碍是影响科技发展的瓶颈。主要表现如下。一是条块分割、部门分割仍较严重，地方、部门的职责、任务界定不清、交叉重叠，封闭运行，自成体系，科技要素之间相互作用少，科技资源形成严重的分离，得不到合理的、充分的利用。二是政府在政策设计上还有待于突破传统思维，目前政府在某些方面直接干预过多，往往造成企业过多地依赖于政府，缺乏自主创新动力。三是适应科研项目的管理、评价和监管机制没有建立，为科技人员营造良好工作氛围、鼓励创新的环境等还不够，使得目前面临科技资源不够集中、组织协调能力不足的问题，以致影响到科技发展目标的实施。四是科技管理体制行政化特征明显，科技机构为何研究、研究什么、怎么研究，很难根据市场需求作出自主的调整与决策。

（二）建立创新型国家的科技管理体制

党的十七大提出要提高自主创新能力，努力建设创新型国家，明确了进一步深化科技体制改革的方向：科技要为经济社会的全面协调可持续发展提供更有力的支撑。十八大提出实施创新驱动发展战略，坚持走中国特色自主创新道路，实现"科技进步对经济增长的贡献率大幅上升，进入创新型国家行列"的宏伟目标，为新时期我国科技发展指明了方向、明确了战略任务和着力点，赋予科技界新的历史使命。其措施主要包括以下7个方面。

1. 制订科学的科技体制规划

2011年国家科学技术部制定的《国家"十二五"科学和技术发展规划》中明确提出了"深化科技体制改革，全面推进国家创新体系建设"的建设目标。其主要内容如下。一是加强科技宏观管理和统筹协调。二是创新产学研有机结合机制。三是推进科技计划和科研经费管理制度改革。四是深化科技评价和奖励制度改革。五是全面推进国家创新体系建设。其创新体系建设如下。深入实施国家技术创新工程，加快以企业为主体、市场为导向、产学研相结合的技术创新体系建设；强化高水平科研院所和研究型大学建设，加快建立科学研究与高等教育有机结合的知识创新体系；引导构建军民融合、寓军于民的国防科技创新体系；推进各具特色、优势互补的区域创新体系建设；构建社会化、网络化的科技中介服务体系。

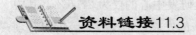 资料链接11.3

国家"十二五"科学和技术规划

一、形势与需求

略。

二、总体思路、发展目标和战略部署

略。

三、加快实施国家科技重大专项

略。

四、大力培育和发展战略性新兴产业

略。

五、推进重点领域核心关键技术突破

包括加强农业农村科技创新、促进重点产业技术升级、加快推动现代服务业科技创新、大力加强民生科技、建立支撑可持续发展的能源资源环境技术体系。

六、前瞻部署基础研究和前沿技术研究

包括继续加强基础研究、强化前沿技术研究、加强科技创新基地和平台建设、加强科技创新基地建设布局、加强科技条件资源的开发应用、推进科技平台建设和开放共享。

七、大力培养造就创新型科技人才

包括壮大和优化创新型科技人才队伍、造就一批高层次科技领军人才和创新团队、改革完善创新型人才的教育培养模式、支持科技人员创新创业。

八、提升科技开放与合作水平

包括大幅提高科研活动国际化程度、进一步完善政府间科技合作机制、积极参与国际科技组织与国际大科学计划、加强与发展中国家的科技合作、加强与港澳台地区的科技合作。

九、深化科技体制改革，全面推进国家创新体系建设

包括加强科技宏观管理和统筹协调、创新产学研有机结合机制、推进科技计划和科研经费管理制度改革、深化科技评价和奖励制度改革、全面推进国家创新体系建设。

十、强化科技政策落实和制定，优化全社会创新环境

包括落实和完善科技政策法规、深入实施知识产权和技术标准战略、持续增加全社会科技投入、优化科技成果转化和产业化环境、加强科学技术普及工作、加强和改进基层科技工作。

十一、切实保障规划实施

包括加强规划实施的组织领导、加强规划实施的衔接协调、加强规划评估和动态调整、加强科技管理的基础性工作。

2. 建立官民结合科技新体制

所谓官民结合科技创新体制，就是指在深化科技体制改革、建立科技创新体系的过程中，在充分发挥政府的主导作用，充分发挥市场在科技资源配置中的基础性作用，充分发挥国有科研院校的骨干作用的同时，通过发展民间科技事业，整合民间科技创新力量，改变现在单一依靠国家科学共同体、依靠行政命令直接调控的科技管理体制，建立一种官（官办）民（民办）结合、优势互补、和谐共进的发展科技事业的新格局，进一步形成科技创新的新机制；同时，制定出鼓励、支持和引导民间科技事业发展的一整套方针政策和措施。把民间科技创新力量整合进来，建立"政府主导、官民结合"的科技新体制，有利于推动全民创新活动，有利于构建和谐社会，有利于促进我国科技事业的快速发展。

3. 实行高效的科技管理机制

总体来说，科技体制改革应从传统人治转向竞争机制，真正按照科学家的专业水平及课题意义来进行竞争和选择，使优势课题和优秀人才得以脱颖而出。其主要设想：一是国务院或在国家科学技术部下设立精干的科技总参谋部，抓宏观、计长远，抓大放小、组织协调，加速我国的科技发展；二是各地区各行业的科学技术发展主要由各地区各领域的专家来做；三是把国家自然科学基金一分为二，大部分给地方，调动和发挥地方的积极性；四是国防以外的课题遴选由专家委员会审定，中央与地方专家名单应向相关科技界公示并接受社会监督，要把管钱者、管课题立项者和成果评价者分离，以利于公平、公正与效率，因为一个部门管钱、管立项又管成果评价，是很难做到公正的。

4. 创新科学技术管理新模式

应根据科学和技术各自的特点和规律，建立新的管理模式和机制。现在的一些应用技术类研究机构，应与相关的大中型企业（央企或民企）结成"生死对"，把它们的命运联系在一起，省去新技术中介、推广和转移的繁杂过程。构建民间科技管理体系和机制，成

立民间科技组织，把散落在各行各业的民间研究者和科技积极分子组织起来，为其搭建创新平台。

5. 完善科学技术的评价体系

对科学成果的评价应以其是否具有独创性和社会价值为主要依据。而对"非共识"项目和探索性强的项目，建议弱化评价，等条件成熟再进行评价，对技术成果的评价应强调市场价值，以解决目前大量存在的技术成果泡沫化、垃圾化的问题。对科技活动评价是社会民主化的要求，是政府实现预算和管理透明的必然趋势，客观上促进对科学技术在社会和经济发展中重要作用的认同。因此，有必要从多个角度、多个方面对技术进行评价，确定该技术的投入、产出及对社会、环境、伦理道德等方面的各种有利和不利影响，并确定其价值与风险，从而进行政策分析，为政府及决策部门提供参考。

6. 制定民间创新与保护法规

制定民间创新与保护法规，给民间创新活动一个良好的法制环境和支撑条件，这既是提升全民科技素养、促进全民创新活动的需要，也是提高自主创新能力、建设创新型国家的需要。

7. 规范科技活动的不端行为

科学家是科技活动的主体，科学家的伦理观念影响科技活动的动机和目的，同时影响科技活动的内容和方式。科学家进行科学研究，就要为其后果承担责任。科学家的社会责任关系到整个社会的道德取向和道德规范，全社会必须关注科技伦理和科学家群体的社会责任问题，在面对种种新的技术成果的同时，不能忽略其自身涉及的种种现实及潜在的危险，必须正确地利用科技成果为人类造福，维护人类的健康和正确的发展道路，最大限度地避免由于科技成果的使用不当而给社会带来的负面影响。

第二节　公共教育事业管理

一、教育管理的基础理论

（一）教育的含义与类型

1. 教育的含义

一般认为，教育有广义与狭义之分。广义的教育是指能增进人们的知识和技能、影响人们思想意识和道德品质的活动，主要包括学校教育、家庭教育和社会教育。狭义的教育是指学校教育，即教育者根据一定社会或阶级的要求，有目的、有计划、有组织地对教育者的身心施加影响，把他们培养成为一定社会或阶级所需要的人的活动。

2. 教育的类型

目前我国学校教育一般分为基础教育、高等教育和成人教育3类。其中，基础教育包括学前教育、小学教育和中学教育，中学教育又分为学历教育和中等专业、职业、技术教育。

高等教育主要包括全日制普通博士学位研究生、全日制普通硕士学位研究生（包括学术型硕士和专业硕士）、全日制普通第二学士学位、全日制普通本科和全日制普通专科（含高职）。

成人教育是国民教育系列的一类教育形式，主要包括广播电视大学、职工高等学校、农民高等学校、管理干部学院、教育学院、独立设置的函授学院、普通高等学校举办的成人教育（函授部、夜大学、教师进修班）、卫星电视教育、高等教育自学考试等成人高等教育，以及成人中专学校、成人中学、成人技术培训学校、农民文化技术学校、农业广播电视学校和中专自学考试等成人中等、初等教育。此外，还有各种进修、培训、辅导性质的函授和面授学校。

（二）教育活动与教育事业辨析

教育活动是指进行人的培养和训练。教育活动有广义与狭义之分，广义的教育活动泛指影响人的身心发展的各种教育活动，狭义的教育活动主要指学校教育活动。学校教育活动是有差别的，从形式上看，有教学活动、课外活动和实践活动；从主体上看，有管理者活动、教师活动和学生活动；从内容上看，有课内外进行的德育、智育、体育、美育、劳动技术教育，以及发展个性特长等的各种活动。

教育事业与教育活动是有区别的，教育事业是指人们摆脱活动的无计划、无组织状态，把教育活动从其他的社会活动中分离出来，并划分成一个独立的社会部门时，这种活动便成了一种事业，即教育事业。当教育活动成为一种事业后，便有了完善的组织机构、活动规章、制度规则和人员责任等，从而使其具有组织的严密性、活动的系统性、人员的规范性、评价的制度性和时间的秩序性等。

（三）教育管理含义的界定

按照教育对象的特点，教育管理也有广义与狭义之分。

广义的教育管理包含教育行政和学校管理，是以整个国家的教育系统作为自己的管理对象的，以教育的法令、法规为管理的基本依据，对整个国家的教育行政系统及各级各类学校组织进行教育投资、教育指导、教育结构管理方面的计划、组织、指导和控制，从而实现为国家培养人才的目标。

狭义的教育管理是指学校管理，是以一定类型的学校组织作为自己的管理对象的。其管理类型主要包括学校的管理原则、管理过程、全面质量管理、管理制度和管理机构及领导人员，以及学校内部与外部关系的管理。其目的是有效地实现学校的教育目标。

教育管理就是管理者通过组织协调教育队伍，充分发挥教育人力、财力、物力等信息的作用，利用教育内部各种有利条件，高效率地实现教育管理目标的活动过程。它是国家对教育系统进行组织协调控制的一系列活动，分为教育行政管理和学校管理。二者的区别：前者主要指国家教育宏观层面，后者则侧重学校教学微观管理。其不同源于管理的范围和层次，但二者又不是绝对孤立的。

（四）教育管理的基本内容

从教育管理过程看，教育管理的基本内容包括教育预测、教育决策、教育计划、教育督导和教育评价，5个方面相互渗透、相互促进，缺一不可。

1. 教育预测

教育预测是人类在教育领域中所从事的预测活动，即以教育现象为预测对象，对其发展趋势或倾向做出科学的估计。教育预测是教育管理过程的第一步。

2. 教育决策

教育决策有广义和狭义之分。广义的教育决策泛指教育领导者对教育组织中各种关系的处理或对各种方案的选择。狭义的教育决策一般是指教育领导者为达到一定的教育目的而对组织未来实践的方向、目标、原则和方法所作出的决定。教育决策是教育管理现代化的关键。

3. 教育计划

教育计划是在国家教育方针政策的指导下，为实现预定的教育目标及任务而采取的规则、步骤、方法的总和。它是实施教育决策的行动纲领。

4. 教育督导

教育督导是对教育工作，包括教育行政工作和学校领导、教育、教学、总务、人事工作等，进行视察、监督、指导、建议的活动。它是教育管理的监督环节。

5. 教育评价

教育评价是系统地收集信息从而为教育决策服务的过程。它是教育管理过程的反馈环节。

二、教育管理体制的概念与类型

（一）教育管理体制的概念

教育管理体制是一个国家在一定的政治、经济和文化制度基础上建立起来的对教育事业进行组织管理的各项制度的总和。它涉及教育系统的机构设置、职责范围、隶属关系、权力划分和运行机制等方面，其外延包括以教育领导体制、办学体制和投资体制为核心的一系列教育制度。

教育管理体制是整个教育体制得以构成和运行的保障，它对学校教育管理体制改革和发展的方向、速度、规模有直接的影响。教育管理体制反映了学校与政府之间的关系，其实质是中央政府与地方政府、教育行政部门与学校围绕教育事权方面的权限划分。

（二）教育管理体制的类型

教育管理体制一般可分为中央集权型教育管理体制、地方分权型教育管理体制和混合（中间）型教育管理体制。

1. 中央集权型教育管理体制

一般来说，教育管理的中央集权制是国家行政管理集权制的一个组成部分。在中央集权制下，教育管理权集中于中央政府，地方服从中央的管理指令，私人、社会团体的影响和作用很小。集权制教育管理体制的特点：在中央一级没有主管教育的部门；中央对教育实行统一领导，教育教学工作由中央一级教育机构规定统一的标准；教育经费主要由国家预算支付；教师是国家的公职人员，由政府任免。

2. 地方分权型教育管理体制

地方分权型教育管理体制是指国家的教育事权由中央政府和地方政府分别执掌，以地方自主管理为主的教育管理体制。在这种管理体制下，中央和地方政府都有各自的职责范围，维持着一种相对独立而非领导与被领导的隶属关系，中央政府只对教育进行宏观调控，地方政府在其权限范围内有完全独立的权力，因而这是一种平行的教育管理体制。分权制教育管理体制的特点：中央与地方教育行政部门之间不是领导与被领导的关系，而是指导和协商的关系；在学校制度、教育选择、教学方法等方面国家没有统一的标准和规定，由地方教育部门决定；教育经费主要由地方政府支付；教师由地方学区或学校聘任；高校有较大的自主权，实行大学自治，学术中立。

3. 混合（中间）型教育管理体制

混合（中间）型教育管理体制又称中央与地方共同合作制，是指中央教育行政与地方教育行政共同合作、共同管理教育事业的一种教育管理体制。它是一种介于集权制与分权制之间的教育管理体制，中央与地方权力分配较为均衡，是一种合作关系。混合（中间）型教育管理体制的特点：中央政府在重大教育问题上实行集权的管理模式，在一些次要问题上给予地方教育行政较大的自主权。

三、典型国家教育管理体制的比较

（一）英国教育管理体制：机构少而精，法制化水平高

英国的教育管理体制从行政建制到学校内部的机构设置都十分精简。就教育行政管理而言，在垂直层次上仅分为中央和市（郡）两级：中央教育行政部门为联邦教育部，直接受教育大臣领导，管理全国的教育事业；地方教育行政部门则为市（郡）教育局，接受教育部和市（郡）行政部门的领导，管理下属教育部门的事宜。就学校内部的组织机构而言，英国实行校董事会领导下的校长负责制，由各方代表组成的校董事会是学校的决策机构。校长是学校首席行政长官，向校董事会负责，执行校董事会的决议，并主持学校的日常行政管理事务。

英国教育管理法制水平较高，主要表现：一是教育法规体系非常健全，目前仅联邦议会颁布的全国性教育法规就有 20 多种，地方议会和政府还制定了一系列教育法规、政策，几乎覆盖了教育管理领域的各个方面；二是全民教育法制观念强，知法守法已成为公民的一种自觉行为，谁如果不按照法律行事，就会被认为是一种耻辱，严重的要受法律制裁；三是政府对学校的管理行为和学校内部的管理活动明显呈现出有法可依、有章可循、按章办事、有条不紊的特点，学校的独立法人地位相当明确，在没有明确的法规依据的情况下，市、郡政府和教育行政部门绝对不能随意插手干预学校的管理工作，师生员工的教育、教学和日常生活行为也都十分规范，很少出现违规的人和事。

（二）美国教育管理体制：层次少，社会监督力度较大

美国的教育行政实行地方分权，虽在 20 世纪 80 年代恢复了教育部，但机构简化、人员较少，主要起规划、指导和协调作用。在联邦（中央）与州两级管理中，以州为主。联邦除立法和拨款外，不干涉地方的教育行政事务。在地方教育行政机关与学校的关系中，强调学校办学的自主性。地方教育行政部门对学校的领导的主要体现：制定课程的质量标准，进行检查与评估，提出改革建议；根据学校办学的实际情况，确定拨款标准；校长的选拔、任用、考核和培训。州和学区的教育机构比较简单，州一般设教育委员会，由 10 名委员组成，其中，5 名由该州有影响的公司、单位和学生家长推选，另 5 名由州长指定。由教育委员会提名并投票选举产生 1 名教育专家组组长，组成公立学校办公室，相当于中国的教育厅、局，领导全州教育的业务工作。

美国的学校要接受社会监督，社区成立教育委员会，选举各界人士和学生家长代表为教育委员会委员。学校的教育计划和改革方案，必须交委员会讨论通过后方可执行。美国的学校校长是学校的行政首长，向教育局长负责，执行学区教委的有关决议及管理学校日常行政事务。除宏观指导外，政府对学校的具体业务不加干预，因而美国的公立学校有较大的办学主动权。

（三）法国教育管理体制：集权与分权相结合管理模式

法国属于中央集权制的国家，在教育管理上长期实行高度的中央集权制。政府非常重视教育，确立教育的优先地位，强调公民受教育的权利和机会均等；规定中小学实行学校、家长、学生合同制；设立国家教学大纲委员会，定期审查修改教育内容，改革学制，简化考试；加强教师队伍建设，鼓励大学毕业生从教，建立教师培养学院，强调教师接受继续教育的必要性；重视教育改革，重点放在消除教育管理中的官僚主义和加强技术教育上，强调教育、科研与企业发展紧密结合。法国强调教育管理要统一，教育部垂直管理基础教育。

基础教育结构全国统一，小学为五年制，初中为四年制，高中为三年制。初中分为适应阶段、中间阶段和专业定向 3 个阶段，高中阶段分为确定阶段和最后阶段。法国中、小学实施校长负责制，校长作为学校的一员，既是校长又是任课教师。法国校长同教师一样，均是国家公务员，聘任权在国家而不在学校，工资直接由国家教育部发放。法国对校长的选拔非常严格，既注意资格，也注重经历，竞聘校长职务的教师必须通过严格的考试和培训。这些措施既保证了校长的质量，又提高了其权威。

（四）德国教育管理体制：州政府有充分自治和自主权

德国属于联邦制国家，在教育管理上联邦与各州政府有着明确的分工。联邦宪法规定："整个教育事业置于国家监督之下，教育、科学的立法管理主要由各联邦州负责。"联邦政府在教育领域的权力主要由联邦教科部行使，但整体教育外交和师资待遇等则由联邦外交部和内政部负责。

德国各州政府在教育管理方面享有充分的自治和自主权，教育领域的基础原则不是由联邦政府的主管部门确定，而是由各州之间相互约定。德国没有全国统一的中小学校和高

等院校法，而是由各州在宪法的范围内独立管理发展其学校教育事业，颁布各种专门的法规。如规定各级学校的设立、维护和发展；组织师资的培训和进修；加强学校的监督和管理；负责学生在学校中的地位、学费和教材费的减免、教育补助等。该管理模式使各州间的学校教育发展各具特色。德国中小学同英国一样实行校长负责制，只有优秀教师才有资格竞聘校长职务。

四、中国教育管理体制的发展与改革

（一）中国教育管理体制的发展历程

新中国成立后的中国教育管理体制，经历了不断改革与完善的过程，大体经历了以下5个阶段。

1. 军事接管体制（1950—1951年）

新中国成立后，教育管理体制实行军事接管体制。军事接管体制符合新中国刚成立，需要废除落后的法律、制度及其执行机构，需要在旧的国家机器上建立人民民主政权的时代背景，对维护学校教育秩序，稳定学生和教职员的情绪，废除封建性的、买办性的、法西斯的教育起到了非常积极的作用。

2. 统一管理体制（1952—1957年）

1952年教育部颁发的《小学暂行规程》（草案）和《中学暂行规程》（草案）规定：小学不论是公办或私立的，都应由市、县人民政府教育行政部门统一领导；中学则由省、市文教厅（局）遵照中央和大行政区的规定实行统一领导。

3. 地方分权体制（1958—1962年）

1958年中共中央、国务院发布的《关于教育事业管理权力下放问题的规定》中指出：小学、普通中学、职业中学、一般的中等专业学校和各级业余学校的设置与发展，无论公办或民办，都由地方自行决定。高等教育行政权力也开始实行下放。

4. 相对集中体制（1963—1984年）

1963年开始，我国的教育工作实行了"统一领导、分级管理、行政权力相对集中于中央"的教育管理体制。1963年3月23日中共中央转发了《全日制小学暂行工作条例》和《全日制中学暂行工作条例》，该条例规定国家举办的全日制小学由县（市）教育行政部门统一管理，国家举办的全日制中学实行分级管理。

5. 分级管理体制（1985年至今）

1985年教育体制改革是在国家的经济体制、政治体制和科技体制改革的大背景下进行的。1985年中共中央发布《关于教育体制改革的决定》，明确提出了我国新一轮教育管理体制改革的总体目标和思路。1986年7月实行的《中华人民共和国义务教育法》（2006年修订）中规定，义务教育事业在国务院领导下，实行地方负责、分级管理。1993年10月制定的《教师法》，明确规定了教师的权利和义务、资格和任用、培养和培训、考核、待遇、奖励和法律责任。1998年8月制定的《高等教育法》，明确规定了高等教育基本制度、高等学校的设立、高等学校的组织和活动、高等学校教师和其他教育工作者、高等学校的学生、高等教育投入和条件保障等。可以说，1985 年以来我国教育管理体制改革取得了长足的进步与发展。

（二）中国教育管理体制的主要问题

我国现行教育管理体制的行政化特征明显，教育机构招多少学生、设置什么专业、开设什么课程，均由教育主管部门审批。其教育管理体制的问题主要表现在以下 3 个方面。

1. 教育事业管理效率较低

由于我国的教育事业管理权限主要集中在中央政府和中央教育管理部门，地方政府和学校的管理权限有限，导致地方政府和学校的办学积极性不高。而且，随着我国市场经济的不断发展，对教育的需求不断提高，各地区教育状况也出现了不同程度的差异，如果再继续沿用计划经济时期的教育管理模式，无疑会导致教育事业管理效率的低下。

2. 教育办学格局相对单一

目前，我国教育办学格局相对单一，办学主体主要是政府。政府办学的弊端主要表现为办学效率低、经费不足，不能满足社会对教育的多元化需求。对社会力量举办的学校、私立学校等的涌现，如何使政府和非政府办学具有不同资源基础的学校协调起来，并使社会主义的教育方针政策得以全面贯彻，也成为教育管理体制改革中面临的突出问题。

3. 教育供求关系不够平衡

学校多元和各个地区、部门与个人成为相对独立的教育需求主体，教育供给与需求的相对分离，进一步增加了政府对教育宏观调控的难度，在某些层次的人才供需之间也产生了矛盾和不平衡。在教育绩效低下背景下花费大量资源培育出来的人才却偏离社会需求，一方面毕业生就业难，另一方面则是企业等用人单位招不到符合专业技能要求的人才。

显然，上述种种问题已经成为教育管理体制改革的重大课题和任务。但必须说明的是，随着社会发展和教育本身在结构性实体要素、功能、资源及各种关系方面的分化，以及由分化引起的冲突，上述问题的出现具有一定的必然性。关键在于，我们应客观分析这些问题出现的社会环境，确定某些既定的外部因素，找出那些可以通过主观努力和人为因素加以调整和改变的方面，从而逐步完善我国的教育管理体制。

（三）中国教育管理体制的改革取向

1. 改革的基本要求

党的十八大对发展教育事业提出了"努力办好人民满意的教育"的改革目标要求，即教育是民族振兴和社会进步的基石。要坚持教育优先发展，全面贯彻党的教育方针，坚持教育为社会主义现代化建设服务、为人民服务，把立德树人作为教育的根本任务，培养德、智、体、美全面发展的社会主义建设者和接班人。

2. 指导思想与目标

指导思想：按照教育规划纲要提出的"优先发展、育人为本、改革创新、促进公平、提高质量"的工作方针，以科学发展为主题，以适应加快转变经济发展方式要求、创新和完善中国特色社会主义教育发展道路为主线，坚持尊重规律、科学发展和依法治教，推动教育事业在新的起点上实现科学发展。

主要目标：全面提高教育服务现代化建设和人的全面发展的能力，为实现教育规划纲要提出的到 2020 年基本实现教育现代化，基本形成学习型社会，进入人力资源强国行列目标奠定基础。

3. 深化教育管理体制改革的路径

为实现上述教育发展目标，必须深化教育管理体制改革。其改革的基本路径主要包括以下几个方面。

(1) 深化体制改革，增强教育活力。一方面，进一步明确中央、省、市（地）、县、乡各级政府的教育管理责任，实行国务院领导、省级政府统筹规划实施、县级政府为主管理的体制；完善中央和省级政府两级管理、以省级政府为主的高等教育管理体制；完善在国务院领导下，分级管理、地方为主、政府统筹、社会参与的职业教育管理体制。另一方面，引导民办教育健康发展，落实对民办学校的扶持政策，特别是税收优惠政策；各级政府加强对民办学校的规范管理，尽快形成政府依法管理、学校依法办学、行业自律和社会监督相结合的管理格局。

(2) 转变政府职能，强化依法治教。加快中国特色的社会主义教育法律制度体系建设，推进教育法、教师法、职业教育法、高等教育法和学位条例的修订，以及学校法、考试法、学前教育法和教育督导条例等的研究和立法工作，推动地方制定必要的配套性法规；明确各级教育行政部门的管理和服务职责，坚持依法行政、依法治教；改进管理方式，注重运用法律、规划、拨款、标准和信息服务等手段，强化教育监督管理；全面加强教育规划工作，建立其动态调整和实施监测机制；加强教育决策的制度化建设，促进决策管理的科学化和民主化。

(3) 政府统筹领导，优先发展教育。加强各级政府对教育的统筹领导，切实把教育摆在优先发展的战略地位，并将其作为领导政绩考核的重要指标，确保教育优先发展落到实处；面对日益增长的教育需求及政府财政的困难，积极推行多元化办学模式，有效配置社会资源，调动办学者的积极性，同时，推进管办评分离的改革；教育事业的发展还需要全社会的关心和支持，在全社会营造尊重劳动、尊重知识、尊重人才、尊重创造的氛围；鼓励社会各界和广大人民群众，支持学校建设、参与学校管理，积极为教育发展贡献力量。

(4) 完善保障机制，加大教育投入。明确各级政府提供教育公共服务的职责，加大财政对教育投入力度，并完善教育经费保障机制；政府对义务教育负全责，逐步将义务教育全面纳入公共财政保障范围，高中教育以政府投入为主，逐步增加对中等职业教育的投入；鼓励和引导社会资金投入，形成政府投入与社会投入相互补充的高等教育投入格局；进一步落实税收优惠政策，积极鼓励企业、个人和社会团体对教育捐赠或出资办学，研究实施涉外企业按照国民待遇原则征收教育费附加费的政策规定。

第三节　公共文化事业管理

一、文化事业管理的基础理论

（一）文化与文化事业的概念

1. 文化的含义

文化是人们经常使用的词语之一，但到目前为止仍然没有一个统一的界定。著名英国文化学学者 E. B. 泰勒就将文化等同于人类的精神生活，认为文化是"包括知识、信仰、艺术、道德、法律、习俗和任何人作为一名社会成员而获得的能力和习惯在内的复杂整体"。①

美国文化人类学家则认为，文化是各种外在或内在的行为模式，它通过符号的运用使人们习得及传授，并构成人类群体的显著成就，包括体现于人工制品中的成就；文化体系虽被认为是人类活动的产物，但也可被视为限制人类作为进一步活动的因素。②

我国学术界对"文化"这一概念的普遍看法：文化是人类在社会实践过程中所获得的能力和创造的成果。广义的文化指人们在社会发展历史过程中所创造的物质财富和精神财富的总和；狭义的文化指在一定的物质资料生产方式基础上发生和发展的人类精神生活方式的总和。

综上所述，可从 3 个层面理解文化的含义：一是宏观层面的文化是指人类创造性活动的总和，包括人类对物质世界和精神世界的所有参与和改造；二是中观层面的文化是指人类对精神世界的所有参与和改造，具体又包括精神层面（精神信仰、价值观等）、行为层面（生活方式、行为礼仪等）、制度层面（政治体制、经济模式等）；三是微观层面的文化专指文化产业和文化产品。

2. 文化事业的含义

文化事业的概念也存在多种说法。因为文化事业并不是单一层次组成的。叶南客在《文化中国——先进文化的建设与创新》一书中认为，文化事业的概念分为 3 个层次：第 1 层泛指整个文化，发展文化事业就是指发展整个文化；第 2 层是指与文化产业相对的整个文化事业，具体包括公益文化和部分亚文化事业，其主要目的是满足公众文化的需要，而不是营利；第 3 层是指文化事业单位，所谓文化事业单位，是指受国家各级文化行政部门直接管理的、生产文化产品和提供文化服务的独立的社会组织。

3. 经营性和公益性文化事业的含义

文化事业是一个广义的概念，它包括经营性文化产业和公益性文化事业两类。

经营性文化也称营利性文化，是指以满足特定的群体或个人的文化消费需要为主要标

---

① 林国良. 现代文化行政学［M］. 上海：学林出版社，1995：4.
② 冯天瑜，等. 中华文化史［M］. 上海：上海人民出版社，1990：22.

志的文化活动。这类文化主要关注特定群体及个人享受需要和发展需要，但也是促进文化繁荣的主要动力。公益性文化事业即非营利性文化事业，是指由国家或社会兴办的面向全体公众或社会某一部分人的不以营利为目的的公共文化组织、设施、场所及所开展的活动。公益性文化的范围十分广泛，包括市场经济条件下不以营利为目的的所有公共文化设施、公共文化组织、公共文化场所及其所开展的公共文化活动。

公益性文化事业中的公益性文化产品和服务具有公共物品和公共服务的性质。然而，任何事情都不是绝对的，公益性文化事业中有些也拥有非纯粹公共物品和服务的特征，在这种情况下公益性文化事业是排他的，如图书馆、博物馆收门票，将不愿意购买门票的人排除，但不意味着以利益最大化为目标的运作，因为门票往往是象征性的。非纯粹公共物品和非纯粹公共服务的特性，并不妨碍它们固有的公益性文化事业的特性。

4. 经营性和公益性文化事业的异同

公益性文化事业和经营性文化产业是中国特色社会主义文化建设的重要组成部分，二者既有联系又有区别。其区别主要表现如下。

（1）生产目的和职责不同。公益性文化事业提供的是公共文化产品和服务，首要目的是实现人民基本文化权益，满足人民群众的基本文化需求，肩负着提高全民族科学文化素质和思想道德素质的重任，以国家和人民群众的基本文化需求为转移。经营性文化产业生产的是文化商品，在坚持把社会效益放在首位的前提下，着眼于经济效益，追求利润的最大化，满足人民群众多层次、多样性的文化需求，以市场的需求为转移。

（2）主体性质不同。公益性文化事业单位是从事文化研究、提供公共文化产品和服务的政府附属单位，其上级部门为政府文化主管部门或者政府文化职能部门，按照事业单位的方式管理。经营性文化产业是以文化生产或服务满足社会文化需要，实行自主经营、独立核算、依法设立的以营利为目的的企业。

（3）资金来源不同。公益性文化事业的资金来源主要是政府投资或社会资助。而经营性文化产业的资本从国有、集体和民营的不同经济成分中获取。

（4）运营机制不同。公益性文化事业是依靠国家财政支持维持其正常运转，为公众提供公共文化产品和服务，一般不进行生产经营活动。经营性文化产业则是进行市场运作，以经济效益最大化为目的，从事文化产品和服务的生产、流通与消费，自主经营和自负盈亏。

（5）调控方式不同。对公益性文化事业单位，政府一般采取行政命令、指示进行直接调控。经营性文化产业则主要是依靠法律手段和价格、税收、信贷等经济手段进行调控。

虽然公益性文化事业和经营性文化产业在生产目的、承担的职责、主体性质、运营方式等方面有诸多差异，但是二者都是中国特色社会主义文化建设的重要组成部分，二者在社会主义文化建设过程中相互依存、相互促进和相互补充，共同承担起"提高全民族文明素质，增强国家文化软实力，弘扬中华文化，努力建设社会主义文化强国"的责任。因此，在社会主义文化建设实践中应该坚持一手抓公益性文化事业，一手抓经营性文化产业，要做到"两手抓"、"两手强"，两轮驱动，共同推动社会主义文化大发展大繁荣。

（二）文化事业管理的含义与内容

1. 文化事业管理的含义

文化事业管理的含义主要有 3 种不同的观点。

（1）文化事业管理是一种管理思想。Hammer M.（1993）认为，文化事业管理有别于以物为中心的管理思想，是以人为本位，以价值观为核心，以文化执行力为驱动的一种管理思想和管理理念。

（2）文化事业管理是一种管理理论。高立胜（1991）认为，文化事业管理主要研究如何运用和建设有特色的文化进行管理的理论体系。在管理理论上，针对科学管理学的缺陷和不足，又立足于科学管理学的理论和实践成就之上，而强调组织文化建设，重视发挥文化执行力，但并不同于组织文化理论。

（3）文化事业管理是一种管理模式。张德（1993）认为，文化事业管理是把文化管理思想、学说、理论运用到现代组织的管理实践方式中，通过组织文化来治理组织，带动组织的经营管理工作。

本书研究的文化事业管理主要侧重于第 3 方面。我们认为，文化事业管理是指将先进管理思想、学说和理论应用于文化事业管理过程中，以促进文化事业的繁荣发展的活动。

2. 政府介入文化事业管理的必要性

主要体现在以下 4 个方面。

（1）文化产品的外部性。一方面，文化产品的基本属性之一就是公共性，其是为了满足社会全体成员基本文化的需要，其外部性最强，但也正是外部收益性的存在，私人不愿投资，需政府介入。另一方面，现代社会中电视广播和诸多的报纸杂志，虽自身具有经营能力，但因其外部性十分突出，政府作为社会外部收益的第三方，也应代表社会对收益支付必需的费用。

（2）文化产品的意识形态。文化是一种精神产品，属于意识形态领域，文化事业管理活动中贯穿着特定的意识形态和价值取向。因此，现实中的所有国家总会凭借掌握的对国家社会生活的强控制力，介入和控制文化产品市场，以维护自己的政治经济利益。

（3）文化产品的商品属性。完全自由化的文化商品市场也是不能真正满足社会对文化产品的需求的。对文化产品的生产、流通、销售进行监管，也是政府的基本职能。

（4）文化产品的双重属性。文化产品具有双重属性和价值，它既有一般商品的共性，又有精神产品的特殊性；既有经济效益，又有社会效益。在市场经济条件下，文化产品的社会效益与经济效益既有统一，又有对立。因此，政府必须介入文化产品市场。

3. 文化事业管理的基本内容

其基本内容主要如下。制定文化艺术发展的方针、政策，拟定部门法规；管理文化艺术事业、社会文化事业，编制并组织实施艺术事业、群众文化事业、少儿文化事业、少数民族文化事业等发展规划；指导文艺创作与生产及各类艺术单位的业务建设；协调艺术事业发展的结构和布局；研究指导文化艺术事业的政策工作；制订并组织实施艺术教育、文化理论研究规划及年度执行计划；管理、指导文化艺术、社会文化的普及工作；研究、指导社区文化、村镇文化、企业文化、校园文化、家庭文化，促进其健康发展；指导、协调重大社会文化活动；协调文化艺术比赛、展览和非营业性演出；负责文化艺术工作的对外交流等。

二、国外文化事业管理体制的比较

文化事业管理体制是指一定社会经济发展阶段中文化产品的生产、管理和传播的具体形式和运行方式。它是文化产品专业化生产的组织架构与制度安排，主要包括文化生产、管理制度、管理形式、管理方法及传播方式等。

（一）法国强调控型文化事业管理模式

1. 强调控型文化事业管理模式的做法

强调控型文化事业管理模式，以法国为典型代表。其主要做法体现如下。

（1）完善机构设置。完善的机构设置保证了法国政府在文化管理上的高度统一。国家设立文化部，其主要职能是确保全国文艺方针的执行，充分发挥文物宝库的作用，大力发展文艺创作，并使法兰西的著作为其人民所接受。

（2）扶持民族文化。法国政府从王室时代就十分关注文化发展，强调文化与法国"国家形象"密切相关。现今的法国，文化发展开始被纳入国家经济社会发展的总体规划，并对文化事业及相关产业给予财政支持或赞助。

（3）引导文化发展。法国政府对文化领域的干预不是"一管到底"，也没有将文化产业完全交给市场，但对营利性的文化产业和文化单位，则一般将其交由市场进行调节，因而灵活的管理方式可有效引导文化发展。

2. 强调控型文化事业管理模式的优点

多元性和复合性是法国政府文化事业管理模式的主要特征。该模式的优点主要体现在以下方面。

第一，中央集权与地方分权相结合，有利于国家文化全局筹划与实施，调动地方文化的积极性，增加对地方文化的投入。

第二，国家干预与市场调节相结合，有利于计划与市场手段的相互结合，控制那些需要加强调控的部门，充分发展那些可交由市场自由发展的行业，保障本国文化产业不受外来文化产业的冲击。

第三，文化行政调控手段灵活多样，既可运用经济手段，又能运用立法与行政手段，便于灵活管理文化事业。

（二）美国弱调控型文化事业管理模式

1. 弱调控型文化事业管理模式的做法

弱调控型文化事业管理模式，以美国为典型代表。其主要做法体现如下。

（1）在管理体制上，对文化和艺术采取松散、间接的管理方式。美国法律规定，艺术应独立自主发展，创作自由受法律保护，但是政府可以通过经济手段决定对其作品是否支持或引导的态度。

（2）在组织结构上，文化组织可分为营利和非营利文化的组织。根据联邦税法的相关规定，非营利文化组织并非不能营利，而是指不以利润为首要目的，其所得利润也不得为所有者个人所有，而要将其用于文化事业的发展。公共文化基本上都是非营利文化，如博物馆、图书馆、公园等。当然，在美国，非营利文化并不能完全与公益文化画等号。

（3）在管理方式上，营利文化和非营利文化的管理是有区别的。营利文化的政策是通过制定有关的法律和法规，包括实行财税优惠政策，为营利文化的发展提供相关的政策环境。

（4）在服务体系上，由不同的中介机构、协会和基金会等组成。美国的文化行业服务体系在文化艺术活动中发挥着相当重要的作用，它们在连接政府与文化团体或企业的同时，大大减轻了政府部门的负担。

2. 弱调控型文化事业管理模式的优点

美国弱调控型文化管理模式的主要特点：政府除了在政策上提供一定的支持，创建良好的外部环境以外，几乎不直接干涉文化产业的市场运作，各种文化形式与交流自由发展，一般没有政策限制；依靠民间文化机构开展文化活动，通过各种文化组织、协会的活动沟通与文化界的联系，调节文化与公众的关系。

该模式的优点体现如下。

（1）文化行政是"小政府、大社会"。在文化领域的管理方面，美国政府注意遵循文化产业自身发展规律，在尊重文化产业自身特点的基础上，给予文化产业开放、优惠的扶植政策。

（2）管理手段科学、规范、灵活，法律化倾向明显。美国主要依靠法律手段、经济手段保护文化发展和市场公平竞争，这有利于文化事业健康有序、稳步地发展。

（三）英国"一臂之距"文化管理模式

1. 英国"一臂之距"文化管理模式的做法

英国文化管理模式是国家对文化管理采取一种分权式的行政体制，保持距离与适度分权相辅相成，共同形成文化管理的主导思想。英国政府保持"一臂之距"管理模式的做法主要体现在文化管理的三级组织架构上，即中央政府负责制定政策和统一划拨文化经费，准政府机构和地方政府执行政策并具体分配文化经费，地方文化管理部门、艺术组织和艺术家实际使用经费。文化管理的三级组织架构各自相对独立行使职能，无垂直行政领导关系，但通过制定和执行统一的文化政策，逐级分配和使用文化经费而相互紧密地联系在一起。

英国政府的"一臂之距"管理模式还体现在文化管理的方式上，主要不是依靠行政手段，而是通过政策引导和经济调控达到管理目标。政府对文化艺术的支持采取的是区别对待的政策，并通过财政拨款加以体现。资助的重点是高雅、严肃艺术、高质量的艺术项目，以及国家级的重点文艺团体和事业单位。经营不善甚至亏损的艺术团体，政府不给予资助；能不断出新作和高质量优秀节目的艺术团体，则会得到更多的资助。另外，为保证政府的拨款资助得到良好的效果，积极鼓励长期享受政府资助的文艺团体和事业单位自创收入和争取社会赞助。

2. 英国"一臂之距"文化管理模式的借鉴

英国文化管理模式值得借鉴之处主要体现如下。

(1) 放松政府的直接管理。英国的文化、新闻和体育部，只管制定政策和财政拨款，没有直辖的文化艺术团体和文化事业机构，具体事务均交由中介非政府公共文化机构的各类艺术委员会执行，这就省去了大量的行政事务性工作，保证了精简、高效的"小政府"运作。

(2) 加强政府的一体化管理。英国的文化事务统一由一个中央政府机构管理，包括文化艺术、文化遗产、图书出版、新闻广播、电影电视、录音录像、体育、旅游、娱乐乃至工艺、建筑、园林和服装设计等，这种大范围的文化管理有利于各个文化领域的协调发展。

三、中国文化事业管理体制的发展与改革

(一) 文化事业管理体制的发展状况

1. 文化事业管理体制的发展历程

我国的文化事业管理体制大体经历了以下 5 个发展时期。

(1) 初创建立时期（1949—1956 年）。新中国成立后，中宣部主管全国的宣传、文化、科教、体育和卫生等工作。随着第一届全国政协会议的召开和《共同纲领》的通过，以及中央人民政府的最高执行机构——政务院成立，中宣部的职能也进行了调整。

(2) 曲折发展时期（1957—1964 年）。随着社会经济事业的发展，1957 年年底中央进行机构改革，工作部门由 81 个缩减为 60 个，但保留文化部，改革强调分权化，意识形态领域的权力也逐渐下放到地方各级党委。1961 年中央开始对国民经济实行八字方针，强调集权。1964 年意识形态领域的气氛更加紧张，中宣部检查工作小组进驻文化部和文联各协会并进行整风改组。

(3) 十年动乱时期（1965—1975 年）。"文化大革命"十年动乱期间，我国政府体制受到严重破坏，行政管理工作几乎瘫痪。到 1970 年，在仅剩下的 32 个国务院工作部门中，文化部被国务院文化组取代，广播事业局和新华通讯社划归中央文革小组，外文出版发行事业局划归为中联部。1975 年，周恩来、邓小平同志主持工作，坚决抵制极"左"的文化路线，开始恢复国务院部分工作部门。

(4) 拨乱反正时期（1976—1979 年）。1976 年四人帮被粉碎以后，社会主义事业进入新的历史发展时期。1977 年中宣部得以恢复，掌管全国的宣传、文化和出版工作的路线、方针和政策问题；1978 年 6 月 13 日《人民日报》提出要坚持"百花齐放，百家争鸣"的方针；1979 年落实新时期的干部政策和文化政策，文化队伍重新归队，管理机构得以重建，文化管理体制逐步完善。

(5) 改革发展时期（1980 年至今）。20 世纪 80 年代我国开始实施文化体制改革，进

入新世纪后进入实质性推进阶段。如 2004 年党的十六届四中全会提出了"深化文化体制改革，解放和发展文化生产力"的重要命题；2005 年年底制定了《关于进一步深化文化体制改革的意见》；2006 年颁布了《国家"十一五"时期文化发展规划纲要》；2007 年十七大提出了"推动社会主义文化大发展大繁荣"和 2012 年十八大提出了"扎实推进社会主义文化强国建设"的改革要求等。

2. 文化事业管理体制的主要成就

我国文化事业经过了恢复重建、深化改革和加快发展 3 个阶段，取得了丰硕的成果和辉煌的成就。正如十八大报告中所表述的："文化建设迈上新台阶。社会主义核心价值体系建设深入开展，文化体制改革全面推进，公共文化服务体系建设取得重大进展，文化产业快速发展，文化创作生产更加繁荣，人民精神文化生活更加丰富多彩。全民健身和竞技体育取得新成绩。"

文化事业管理体制的成就的主要体现：一是文化产品数量规模性增长，精品力作不断涌现；二是国家公共文化投入实现了重大突破，近年来中央财政不断加大投入力度，支持构建覆盖城乡的公共文化服务体系，2003—2012 年累计投入 580.11 亿元，年均增长 82.2%，公益文化事业呈现出前所未有的良好局面；三是基本文化队伍和基本文化设施规模不断得到扩大，构建覆盖城乡的公共文化服务体系的必要条件已经具备；四是国际文化交流空前活跃，增强了中华民族的文化影响力和凝聚力，使我们在全球化挑战面前更加富有文化自信。

（二）文化事业管理体制的主要问题

在文化事业管理体制改革取得巨大成效的情况下，仍有许多需要进一步完善细化的地方，存在许多需要解决的问题，主要体现在以下 3 个方面。

1. 政府经营管理的角色需要转变

政府在文化事业中角色过多，职责不明晰，既是所有者、管理者，又是举办者、经营者。文化事业单位应按照文化产品和文化事业自身发展规律生存与发展，文化产品应以市场为导向，政府在其中只是扮演管理者而不是经营者的角色。

2. 文化管理活动的效率有待提高

计划经济造成的弊端依然存在，文化事业单位所有制结构单一化和文化活动非经济化，需要解决投入与产出问题，进一步完善行政许可和审批制度，理顺分配制度和人事制度等问题，阻碍文化事业的快速健康有效发展。

3. 市场管理体制有待进一步完善

公共事业文化市场的准入和退出机制需要进一步构建，对非公有制企业的发展需要提供公平的竞争环境与条件，降低社会资本进入的门槛，加强对知识产权的保护，增加对各类文化产品的供给，完善文化事业服务。

（三）深化文化管理体制改革的基本思路

1. 深化文化管理体制改革的目标

按照党的十八大及其三中全会提出的深化文化管理体制改革的总体要求，建设社会主义文化强国，增强文化软实力。十八届三中全会提出的改革目标：按照政企分开、政事分开原则，推动政府部门由办文化向管文化转变，推动党政部门与其所属的文化企事业单位进一步理顺关系；建立党委和政府监管国有文化资产的管理机构，实行管人管事管资产管导向相统一；健全基础管理、内容管理、行业管理及网络违法犯罪防范和打击等工作联动机制，健全网络突发事件处置机制，形成正面引导和依法管理相结合的网络舆论工作格局；整合新闻媒体资源，推动传统媒体和新兴媒体融合发展；推动新闻发布制度化；严格新闻工作者职业资格制度，重视新型媒介运用和管理，规范传播秩序。

2. 深化文化管理体制改革的要求

在深化文化管理体制改革的过程中，要坚持正确的方向。基本要求：一是坚持社会主义先进文化前进方向，坚持中国特色社会主义文化发展道路，培育和践行社会主义核心价值观，巩固马克思主义在意识形态领域的指导地位，巩固全党全国各族人民团结奋斗的共同思想基础；二是坚持以人民为中心的工作导向，坚持把社会效益放在首位、社会效益和经济效益相统一，以激发全民族文化创造活力为中心环节，进一步深化文化体制改革；三是坚持改革创新的原则，大胆实践，勇于创新，树立适应我国国情的新的发展观。

3. 深化文化管理体制改革的对策

主要体现如下。

（1）完善文化管理体制，加快政府角色转变。加快推进政府部门由办文化向管文化的角色转变，推动党政部门与其所属的文化企事业单位进一步理顺关系。计划经济时期企事业单位对政府形成了依赖，失去"政府拐棍"而丢入市场的大潮未免不适应、有阵痛，关键是政府对其应起到引导和扶持作用。

（2）建立文化市场机制，保障公共文化服务。建立与完善文化市场准入和退出机制，鼓励各类市场主体公平竞争、优胜劣汰，促进文化资源在全国范围内的合理流动。建立与完善文化管理法律制度，为公共文化服务提供法制保障，同时，制定财政支持的具体实施办法。

（3）构建文化服务体系，推动社会服务发展。加快推进重点文化的惠民工程，让人民共享改革成果，使人民幸福感、满意度上升，使社会更和谐、生活更美好。这就需要建立公共文化服务体系协调机制，促进基本公共文化服务标准化与均等化等，同时，鼓励社会力量与资本参与公共文化服务体系建设。

（4）加强对外交流开放，提高文化开放水平。扩大文化领域对外开放，积极吸收借鉴国外优秀文化成果；增强我国国际话语权，提升中国文化的国际影响力，以开放心态对待国外优秀文化；坚持政府主导、企业主体、市场运作、社会参与，扩大对外文化交流，推动中华文化走向世界。

综上所述，只有不断深化文化管理体制的改革，才能为我国文化事业的全面繁荣和文化产业的快速发展提供制度性保障。

▶▶▶ 本章小结

● 科技是科学和技术的总称。科学是关于自然、社会和思维的知识体系，是反映客观事实和规律的知识体系；技术是为某一目的共同协作组成的各种工具和规则体系。科技活动的分类，有代表性的是联合国教科文组织和中国科学院界定的分类，以及以现代科技活动性质为标准的分类。

● 科技管理是指为推动社会科技事业健康发展，各级政府及其科技行政部门和各种科技企事业单位对各项科技事业和具体科技活动进行规划、组织、协调和监督的活动。其目的是按照科技工作的规律性，建立科学的工作程序，有计划、合理地利用企业的技术力量和资源，把最新的科技成果转化为现实的生产力，以推动科学技术和社会经济的发展。

● 我国科技事业管理体制经历了突破旧体制框架、强化市场经济机制和构建国家创新体系3个发展阶段。其措施主要包括制订科学的科技体制规划、建立官民结合科技新体制、实行高效的科技管理机制、创新科学技术管理新模式、完善科学技术的评价体系、制定民间创新与保护法规和规范科技活动的不端行为。

● 一般认为，教育、教育管理有广义与狭义之分。教育管理的基本内容包括教育预测、教育决策、教育计划、教育督导和教育评价。教育管理体制是指一个国家在一定的政治、经济和文化制度基础上建立起来的对教育事业进行组织管理的各项制度的总和，一般分为中央集权型教育管理体制、地方分权型教育管理体制和混合（中间）型教育管理体制。

● 我国现行教育管理体制存在的教育事业管理效率较低、教育办学格局相对单一和教育供求关系不够平衡等问题。其改革的基本路径主要包括如下几个：深化体制改革，增强教育活力；转变政府职能，强化依法治教；政府统筹领导，优先发展教育；完善保障机制，加大教育投入。

● 文化事业是一个广义的概念，它包括经营性文化事业和公益性文化事业两大类。文化事业管理是指将先进的管理思想、学说和理论应用于文化事业管理过程中，以促进文化事业的繁荣发展。政府介入文化事业管理的必要性主要体现在文化产品的外部性、意识形态、商品属性和双重属性。

文化事业管理体制是指一定社会经济发展阶段中文化产品的生产、管理和传播的具体形式和运行方式。它是文化产品专业化生产的组织架构与制度安排。主要包括文化生产、管理制度、管理形式、管理方法及传播方式等。

● 文化事业管理模式包括强调控型、弱调控型和"一臂之距"文化管理模式。我国文化事业管理体制的改革的基本思路：完善文化管理体制，加快政府角色转变；建立文化市场机制，保障公共文化服务；构建文化服务体系，推动社会服务发展；加强对外交流开放，提高文化开放水平。

◆ **复习思考题**

1. 科技事业管理包括哪些内容？
2. 政府在科技事业管理中具有哪些作用？
3. 试比较教育管理体制类型的优缺点。
4. 如何理解文化事业管理的含义与内容？

5. 结合党的十八届三中全会精神，分析深化文化管理体制改革的内容。

参考文献

[1] 徐双敏. 公共事业管理概论［M］. 北京：北京大学出版社，2013.

[2] 崔运武. 公共事业管理［M］. 上海：复旦大学出版社，2013.

[3] 黄涛，张瑞. 论科技管理体制改革的理论基础［J］. 科技管理研究，2012
（23）.

[4] 刘尧，刘岩. 我国高等教育发展的现状、问题与趋势［J］. 教育与现代化，2009
（1）.

[5] 张岩. 中央集权下的法国教育行政体制及成因［J］. 学理论，2011（20）.

[6] 李溦. 美国教育管理的若干实践［J］. 中国行政管理，2012（6）.

[7] 赵力涛. 中国义务教育经费体制改革：变化与效果［J］. 中国社会科学，2009
（4）.

[8] 叶南客. 文化中国——先进文化的建设与创新［M］. 南京：南京大学出版
社，2003.

[9] 董雪梅. 全球化视野下我国政府文化管理职能转变研究［J］. 中国行政管理，
2012（1）.

[10] 夏雨红. 以深化改革推动文化管理体制创新［N］. 吉林日报，2014－01－18.

第十二章 公共事业部门管理（下）

学习目标

1. 知识目标

❖ 掌握体育事业管理的类型与内容。

❖ 掌握体育事业管理体制原则、类型及其改革的主要措施。

❖ 理解卫生事业管理的含义及其影响因素。

❖ 知晓我国卫生事业管理体制改革的思路与措施。

❖ 掌握我国市政公用事业管理改革的对策建议。

2. 能力目标

❖ 把握体育管理体制、卫生管理体制改革的取向。

❖ 解决体育管理、卫生管理工作实际问题的能力。

案例导入

2012 年 2 月广东东莞市政府出台《关于进一步加强我市医疗机构安全保卫工作的实施意见》（以下简称《意见》）。该《意见》中明确："短棍、长棍（可制成鱼叉状）、催泪喷雾剂等带有攻击性的装备以及防刺背心等可适当配备，供危急情况下使用。"

2012 年 4 月 30 日，卫生部、公安部联合发出的《关于维护医疗机构秩序的通告》明确规定，今后"医闹"、"号贩"将受治安处罚甚至被究刑责。通告提出，禁止任何单位和个人以任何理由、手段扰乱医疗机构的正常诊疗秩序，侵害患者合法权益，危害医务人员人身安全，损坏医疗机构财产。公安机关要会同有关部门做好维护医疗机构治安秩序工作，依法严厉打击侵害医务人员、患者人身安全和扰乱医疗机构秩序的违法犯罪活动。

请思考：

1. 东莞市政府为什么会出台该《意见》？

2. 你对"医闹"现象如何理解？

3. 请提出解决"医闹"问题的办法。

第一节　公共体育事业管理

一、体育事业管理的基础理论

（一）体育与体育事业的概念

1. 体育的含义

在《现代汉语词典》中，对"体育"一词有两种解释。一是指以发展体力，增强体质为主要任务的教育，通过参加各种运动来实现，在活动的过程中以锻炼人的身体为目的。二是指体育运动。

体育是指以身体活动为媒介，以谋求个体身心健康、全面发展为直接目的，并以培养完善的社会公民为终极目标的一种社会文化现象或教育过程。其内涵：一是体育是培养和完善人的一种有意识的活动或过程；二是体育所借助的手段被称为身体活动或运动；三是体育不仅是通过身体，而且还必须是针对身体所进行的教育。

2. 体育的种类

体育包括学校体育、竞技体育和群众体育。

（1）学校体育是指普通中小学校、农业中学、职业中学、中等专业学校、普通高等学校的体育课教学、课外体育活动、课余体育训练和体育竞赛。

（2）竞技体育亦称高水平竞技运动，主要是指为最大限度地发挥和提高人体在体格、身体能力、心理和运动能力等方面的潜力，取得优异运动成绩而进行的科学和系统训练和竞赛。其主要包括田径、体操、球类、游泳、武术、登山、射击、滑冰、滑雪、举重、摔跤、击剑和自行车等各种项目。

（3）群众体育亦称社会体育或大众体育，是指为了娱乐身心，增强体质，防治疾病和培养体育后备人才，在社会上广泛开展的体育活动的总称。其主要包括职工体育、农民体育、社区体育、老年人体育、妇女体育和伤残人体育等。

3. 体育事业的含义

体育事业有广义与狭义之分。广义的体育事业是指以身体活动为媒介，以谋求个体身心健康、全面发展为直接目的社会活动和社会工作；狭义的体育事业是指列入国家事业编制的单位和人员从事的体育活动和体育教育工作。

广义体育事业与狭义体育事业之间的关系是一种包含和被包含的关系。二者最主要的区别就在于活动经费的来源不同：广义的体育事业包括财政支出的体育事业单位和独立核算自主经营的体育事业单位；狭义的体育事业则仅指由财政经费供养的体育事业单位、场馆、设施及其活动，使用的是国有资产，人员和开展活动的经费由国家财政列支，活动和工作都具有非营利性。本书侧重对狭义体育事业的研究。

4. 体育事业的性质

体育事业具有外部收益性，以及一定的非排他性和消费竞争性。

（1）外部收益性。体育活动除可以提高活动主体的身体素质，为其带来精神享受等益处外，还具有明显的外部性。主要表现在以下两个方面。

第一，体育活动尤其是公益性的体育活动，在满足全体社会成员体育消费需要的同时，也提高了他们的身体素质与健康水平，为社会发展提供了高素质的人力资源保障。

第二，针对不同人群开展体育活动，可推动体育产业的发展，从而提高经济增长的速度和质量。体育产业发展也必然会提高国家和地区体育运动水平，增强民众凝聚力，有利于集聚全民力量开展经济建设，推进社会进步与发展。

（2）一定的非排他性和消费竞争性。体育事业产品的消费大多具有无形性的特点，在一定范围内，一个人进行健身活动、观看体育比赛，并不排斥其他人同时进行相同的活动，即具有非排他性。但由于受到场馆设施等基础条件及体育事业总体发展状况的限制，特别是对于一些较高水平的竞技活动，当消费者人数增加到一定数量时，就需要限制人数，即这种非排他性是有限度的。

体育事业的发展是以一定的经济社会发展水平为基础的，相对于公众不断增长的需求，一定时期内体育事业产品的供给是有限的。这样，这种供需矛盾必然会造成需求竞争。如在足球世界杯、奥运会等高水平竞技体育产品的提供中，就存在消费竞争。

与文化事业产品相类似，不同的社会成员对体育事业产品的需求还具有个性化、多样性的特点，如运动员的球衣等。此外，在满足公众基本体育消费需求的基础上，还存在针对不同群体的体育产品，它们具有更强的排他性和竞争性。

（二）体育事业管理的类型与内容

1. 体育事业管理的类型

体育管理即指体育领域里的管理活动。随着经济社会的发展，尤其是科学技术日新月异的迅速发展，公众对体育活动的要求日益提高，体育活动的形式、内容也渐趋丰富。据此可将体育事业管理分为两类。

（1）公益性体育事业活动管理。社会成员要顺利地承担社会任务，在社会中生存与发展，就要满足一定的体质要求。除了卫生产品的保障外，更重要的就是开展身体锻炼活动，这是多数社会成员都具有的一种公共需求。这种以满足社会成员基本体育活动需要为目标，着眼于提高全体公众体质的体育活动，通常被称为公益性体育活动。

（2）营利性体育事业活动管理。随着经济的发展，人们提出了更个性化的体育活动需求，体育消费已经成为人们生活消费需求中的一个重要组成部分。因此，也就存在以满足一定群体和个体体育消费为主要目标，具有较明显的商品性和营利性的体育事业。这类体育事业主要有以下两类活动。

第一，公众根据自己的需求有选择地进入俱乐部。这些俱乐部有些以营利为目的，具有企业的性质；有些是成员依照自己的兴趣自愿结合，实行会员制，具有俱乐部产品性质。

第二，职业体育俱乐部开展的职业体育活动。职业体育俱乐部是企业依照企业规律运行，针对公众不同层次的需求提供高水平的体育消费，是一种高级的技艺表演，可以给公众带来高水平享受。

2. 体育事业管理的内容

其内容主要包括以下 3 个方面。

(1) 公共性体育活动管理。公共性体育事业活动具有突出的外部收益性，是准公共产品，如果完全交给市场，就会出现供给不足等"市场失灵"问题，因而应采取公共生产和公共提供的方式，同时，可收取一定费用作为场馆维护和服务成本的补偿。公共生产指的是由公共财政负担此类活动成本，而不是要政府直接介入微观生产领域。政府应开展有效的宏观管理，以公共财政补贴生产和提供机构，尽量高效地利用公共财政资金，促进体育事业发展。

(2) 个性化体育活动管理。这类体育活动的目标主要是满足公众个性化的需求，主要表现为个人体育消费和职业体育活动而具有商品性，更适于采用非公共生产、市场提供的方式。政府只需按照相关法律法规对体育市场的运行进行外部监督。这类活动中的一些竞技体育活动，在满足个性化需求的同时能为社会培养高水平的体育人才，具有一定的外部收益性。国家可根据需要，对这类体育活动给予必要的补贴，以保证国家高素质体育人才的培养。

(3) 运动队体育活动管理。代表国家或地区的运动队的活动可对区域经济产生积极的影响，是一种具有比较明显的外部收益的体育产品，从理论上说应进行公共生产。但由于现代职业体育的特殊性，它们往往又具有较强的自我经营能力，因此，这类体育活动产品的生产可以部分采取市场投入的方式，公共财政作为社会受益的代表可给予补贴，以保证特殊体育人才培养的连续性和国家竞技体育活动的发展。

(三) 体育事业管理体制的概念与原则

1. 体育事业管理体制的概念

体育事业管理体制是国家政治制度的重要组成部分，是指体育管理的机构设置、权限划分、运行机制等方面的总称。它是实现体育总目标的组织保证，与各国的政治制度、经济发展、文化特征有着极为密切的关系。

由体育事业管理体制的含义可以看出，体育管理体制的内容：国家的体育管理权的确立与划分；中央、地方设置体育管理机构的权限，中央、地方设置的体育机构之间是否呈现一定的隶属关系；国家对体育的管理总体上采用集体管理还是分散管理等。体育事业管理体制的实质反映政府与社会体育组织之间的权责关系，其核心问题是中央政府与地方政府、体育管理部门与社会体育组织围绕体育事权方面的权限划分。

2. 体育事业管理体制的基本原则

其原则主要包括以下 6 个方面。

(1) 坚持立足体育、奉献社会的原则。坚持促进体育与经济社会发展的密切结合，充分发挥体育在促进经济建设、政治建设、文化建设、社会建设、生态文明建设及对外交往中的综合功能和独特作用，在现代化建设大局中准确把握体育定位，把体育发展融入国家发展战略中，推动中华民族的伟大复兴。

（2）坚持以人为本、服务民生的原则。以科学发展观为统领，把增强人民体质、提高全民族身体素质和生活质量、促进人的全面发展作为体育事业发展的出发点和落脚点，满足人民群众不断增长的体育需求，切实实现好、维护好、发展好最广大人民的利益，做到体育发展为了人民、体育发展依靠人民、体育发展成果由人民共享。

（3）坚持解放思想、改革创新的原则。在体育事业发展中处理好继承与创新的关系，不断探索各项体育工作与社会主义市场经济相适应的特点与规律，努力实现理论创新、科技创新、制度创新、管理创新。进一步转变发展观念，创新发展模式，提高发展质量，加快体育发展由粗放型向集约型转变，体育管理由经验型向科学型转变。

（4）坚持统筹兼顾、协调发展的原则。在体育事业管理中促进群众体育与竞技体育的协调发展，促进体育事业与体育产业的协调发展，促进不同地区、不同领域体育的协调发展，促进奥运项目与非奥运项目、夏季项目与冬季项目、现代新兴体育项目与民族传统体育项目的协调发展。处理好当前与长远、重点与一般、规模与效益的关系，全面推进体育发展。

（5）坚持文化建设、夯实发展的原则。深入挖掘体育的文化内涵，夯实体育发展的社会基础和文化根基，提升中国体育的软实力。通过体育促进建立健康、科学、文明的生活方式，塑造积极、健康的社会价值观和大众人生观。充分发挥体育在建设社会主义先进文化中的作用和功能，让体育成为社会主义先进文化的传播者和创造者，成为时代精神的倡导者和先行者。

（6）坚持科教兴体、人才强体、依法治体的原则。牢固树立人才资源是第一资源，科学技术是第一生产力的观念，重视和发挥科技、教育、人才在体育事业发展中的关键作用，坚持体育事业发展要依靠科学技术进步，科学技术必须发挥先导作用，坚持体育科学研究与体育运动实践相结合，依靠科技和教育发展提高人才队伍素质，发挥各类人才作用。增强体育法治观念，加强体育法制建设，促进依法行政、依法治体，将体育工作纳入法制化轨道。

二、国外的体育事业管理体制的比较

任何一个国家的体育发展和体育管理体制都有着密切的关系，政府通过制定体育政策、实施体育管理对国家的体育发展进行规划和调控。政策的导向往往决定一个国家体育发展的重点和方向，而政府管理方式又决定了体育管理的范畴和效率，这一切都取决于国家的体育管理体制。世界各国由于政治、经济、文化和社会背景不同，体育管理体制也不大相同，但在全球经济一体化、体育发展国际化的趋势下，各国体育管理体制互相学习借鉴，呈现出不同的趋势。综观现代世界各国的体育管理体制，依据体育领域中集团权力和利益的归属，可将其分为政府型、社会型及介于两者之间的结合型 3 种基本类型。

（一）政府型体育管理体制

政府型体育管理体制主要是由政府设立专门的机构管理体育的各项事业，政府的权利高度集中，以行政方式从宏观到微观及各个层次的进行全面管理。政府管理型体制有利于集中有限的资源，尽快实现体育领域中某些预期目标，但不利于调动全社会各方面共同兴办体育事业的积极性，甚至会抑制社会支持与参与，进而最终影响体育发展。实行政府型体育管理体制的国家，如苏联、日本、古巴和朝鲜等，以日本为典型代表。中国在体育管理体制改革前也曾采用过。

日本中央掌控的"代表中央制"与"政府主导型竞技模型"，决定了其对体育的管理模式偏重于政府管理。日本政府对体育的管理方式主要是宏观管理，制定政策法规，对体育的发展进行监督，以及在不同的体育组织之间起信息沟通与联络的作用。振兴、普及体育的机构是文部省，文部省体育局在制订和实施计划方面是中央的最高权力机构，在与各体育组织的关系上处于领导地位，对体育发展进行监督及在不同的体育组织间起信息沟通和联络作用。在经费投入方面，在体育局的控制下发展竞技体育，并靠政府补贴支持。此外，1990 年日本建立了体育振兴基金，主要来自中央政府投资，以及不同渠道的捐赠和企业赞助。其基金发放对象是促进竞技体育发展的体育组织，主要用于优秀运动员赴国外比赛和训练等。日本在第 28 届奥运会上，获得了奖牌总数第 5 位的优异成绩，则是发展竞技体育的例证。其作为一个小岛国，竞技体育发展速度之快令人瞠目，也令人产生更多的思考。

日本体育成就的取得得益于主导型竞技体育管理模式，以及政府 20 世纪 90 年代初期开始采取的一系列体育制度改革措施的实施。从 1991 年开始，日本奥林匹克委员会从日体协独立出来，承担提高日本竞技体育在国际大赛上取得竞争力的重要任务。自 2001 年起，日本政府正式启动筹备了 10 年的日本国立体育中心，该中心承担着日本所有竞技体育项目的医学、科学、情报流通等多项科研服务任务，对日本竞技体育的崛起影响同样很大。日本体协从 2005 年 10 月开始实行全新的体育指导员认定资格制度，这些都预示着日本竞技体育迎来大发展的时期。日本雅典奥运会崛起的确迎来了日本 10 年前期待的新竞技体育时代。[①]

（二）社会型体育管理体制

社会型体育管理体制由各种社会体育组织进行体育管理，政府对体育的发展一般不设立专门的管理机构，对体育事务很少介入和干预，即使在介入和干预时也通常运用市场机制，采用法律和经济手段间接进行。在多数采用社会型体育管理体制的国家中，管理权力分散于各社会体育组织之中，因而社会型体育管理体制也可称为分权型体制。在一部分采用社会型体育管理体制的国家中，政府指定一两个社会体育组织行使体育管理权力，其体育管理权限相对集中，行使权力的组织虽然带有半官方的性质，但本质上仍是具有法人资格的独立社会团体。美国的体育管理体制是比较典型的社会型体育管理体制。

在当今世界体育强国中，美国一直占据竞技体育霸主的地位。美国在近百年的历届奥运会上均保持龙头地位。而且，美国的竞技体育管理模式，直接影响着德、英等国的结合管理型模式。美国政府不设专门的体育管理机构，同时对体育管理也很少插手。在竞技体

---

① 王宏江，刘青. 美国、澳大利亚和日本竞技体育管理模式研究［J］. 成都体育学院学报，2007（3）：7－11.

育的管理方面主要由各种社会组织进行管理，如美国的高校系统、职业体育联盟及全美奥委会在各自的范围内开展竞技体育。这些社会组织在各自范围内组织高校系统的、职业体育方面各种体育竞赛，促进了高校体育的发展速度和美国职业篮球、橄榄球、棒球以及职业冰球项目的突飞猛进的发展。

虽然美国在竞技体育管理是典型的社会型体育管理体制，但作为体育强国的美国在慕尼黑奥运会上总分落后苏联，蒙特利尔奥运会又落后于前民主德国以后，引起了美国政府的重视，总统亲自提出要求财政给予拨款赞助。美国在获得 1984 年洛杉矶奥运会主办权之后，政府采取积极的措施，颁布了新体育法，决定资助美国奥委会 3600 万美元，加强运动员培养，从而打破了政府不对体育拨款的惯例。随后，国会又通过决议，确定商务部长有权拨款给美国奥委会，资助业余体育运动的发展。此后，政府对体育的投资在国家预算中的比重越来越大。

（三）结合型体育管理体制

结合型体育管理体制是由政府和社会体育组织共同管理体育的管理体制。在该体制中，政府将决策与执行分离，政府的职能是掌舵而不是划桨，即政府的侧重点在于体育政策法规与发展战略的制定与实施，对体育的进行过程行使监督与控制。体育场地设施的管理与服务，在不同的体育组织间进行沟通与联络体育的事务性工作，如赛事管理、专业人员的培训、体育活动的组织与策划、体育产业的经营与开发等，则完全由体育社团承担，形成了一个统分结合、分工合理、各尽所能的高效率的管理体制。世界大多数国家如俄罗斯、英国、德国、法国、韩国和加拿大等均采用这种管理体制，这有利于发展政府的主导作用和鼓励社会对体育的支持和参与，但在权限划分和利益分配方面存在着一定的困难。

结合型体育管理体制以俄罗斯为典型代表。俄罗斯的竞技体育管理模式是结合举国体制优势，加入市场化运作机制和现代化的管理模式。苏联解体后，俄罗斯体育管理体制几经周折，由俄罗斯体育运动委员会、体育青年旅游委员会、体育运动与旅游委员会，到新成立的俄罗斯体育运动协会代理部，其管理机构一直处在不断的变动之中。俄罗斯竞技体育管理体制分为两条线：一是政府职能机构，主要包括总统体育问题协调委员会、俄罗斯体育运动协会代理部等，其职能是制定和监督执行国家的体育运动政策、法规，并协调国家、社会和体育组织之间的关系，以及制订体育整体规划和实施计划，统一管理体育事务，为培养高水平运动员拨款等；二是社会团体，主要是俄罗斯国家奥委会，负责备战 4 年一届的奥运会，选拔国家队选手，与国际奥委会和相关国际体育组织进行交流。

为复兴俄罗斯体育和俄联邦体育，俄罗斯 2005 年 12 月公布了《俄罗斯 2006—2015 年体育发展纲要》，并在财政上给予大力支持，2007 年的体育预算提高到 70 亿卢布，而在 2006—2015 年政府体育总预算为 1050 亿卢布。政府的这些强有力的经济支持，保障了竞技体育的不断发展。因此，俄罗斯依据市场经济法则，在继承了苏联在体育方面的全部精华的同时，对原有的管理体制进行了全面的大刀阔斧的改革，经过十几年的改革摸索，形成了结合举国体制优势，加入市场化运作机制和现代化的管理模式。①

世界竞技体育的发展方向虽有相同的趋势，但中国在迈向这个方向的发展过程中，其竞技体育管理体制应有符合自己国情的选择和鲜明特色。通过对中外竞技体育管理模式的比较研究，国外竞技体育发达国家的先进竞技体育管理模式成功经验是值得我们学习的。

三、中国体育事业管理体制的发展与改革

（一）中国体育事业管理体制的成就与问题

1. 中国体育管理体制的成就

新中国成立以来，我国体育根据自身实际情况，在较长时期内采用举国体制的模式。该体制以政府管理为基础，中央设立专门的体育管理行政机构，对全国体育事业进行全面管理和监控，并在体育政策的制定和实施方面也具有主导作用。随着改革开放的深入和社会发展的加快，尤其 2008 年北京奥运会胜利召开后，体育管理模式逐渐发生了巨大的变化，由原来的举国体制逐渐转变为国家办、社会办相结合的体育管理模式。其变化与成就主要包括以下 3 个方面。

（1）举国体育体制发生转变。20 世纪 90 年代以后，我国体育管理体制改革不断深化，体育行政机构得以简化，且竞技体育逐渐向职业化过渡，众多的竞技管理中心、协会应运而生。政府的体育管理职能也逐渐发生转变，由原来的政府主导向政府引导、社会参与转移，由原来的直接管理向间接管理、宏观管理转变，由原来的计划管理向市场管理方向转移；在体育管理权力分配上，由原来的政府管理变为社会各阶层的全面管理，逐渐转移和分享管理权限。

（2）体育法规建设不断完善。新中国成立以来的很长时间，我国在体育管理体制法规的建设上一直处于一种放任自流的状态。体育管理体制法规建设方面相对滞后，制度不健全，管理不到位，没有明确的权、责、利的明确划分，阻碍了体育的进一步发展。从 1995 年我国第一部体育法的颁布实施，到近年来的全民健身工程的全面启动，我国体育法规建设在经历不断完善、不断规范的过程，也使体育部门的权、责、利逐渐明晰。

（3）群众体育进一步发展。体育强国和竞技体育、群众体育有着直接的联系。改革开放后，我国认识到体育强国的重要性，以竞技体育带动群众体育。1995 年实施《全民健身计划纲要》的目的就是更广泛地开展群众性体育活动，增强人民体质，推动我国社会主义现代化建设事业发展。2012 年 1 月国家体育总局发表《全民健身计划纲要》实施 15 年白皮书，强调：我国城乡居民体育健身意识普遍提高……国民体质显著增强，具有中国特色的全民健身体系基本建成。

2. 中国体育管理体制的问题

改革开放以来，我国体育事业从管理体制和运行机制上正逐步向社会化、市场化、产业化转轨，并获得了突破性的进展，但由于改革还不够深化，关系没有进一步理顺，深层

---

① 肖霞. 俄罗斯竞技体育管理体制研究［A］. 体育社会科学科研成果汇编. 北京：人民体育出版社，2006：289 - 294.

次矛盾没有得到解决，体育管理体制也暴露出许多的问题。主要表现在以下 4 个方面。

第一，体育事业单位管理体制改革缺乏整体方案，改革尚处在单项推进、局部试点、各行其是的探索阶段。既不能触动传统体育事业管理体制的根基，也不能解决体育发展中的难题，甚至造成了一些新的问题，给改革增添了新的困难。

第二，体育行业管理层级多，信息传递时需要做更多的解释，这就可能造成信息走样，于是，做任何事情的成本和复杂性都猛增。需要得到的"批准"多了，会议多了，进展速度慢了，时机错失了，层级森严湮没了人才。

第三，政府对体育行业管理太多，遏制了社会体育团体对体育的参与，且资金保障体系不健全，社会化程度低。

第四，随着我国体育产业化、经济社会的加快发展，我国的《体育法》在立法的指导思想、内容、配套法律和法规的建设上明显滞后，且相关的法律法规可操作性差、层次较低。

（二）深化中国体育事业管理体制改革的取向

中国是一个人口众多、资源短缺的国家，虽然改革开放历经 30 余年，在政治、经济等各方面颇有建树，但毕竟还是发展中国家，还只是社会主义的初级阶段，这就决定了我国体育体制改革不能照搬发达国家的经验，必须立足基本国情，将国际通行办法与我国成功的经验有机地整合在一起。

中国的基本国情和建设体育强国的新任务，决定了体育管理体制改革应适应市场经济、群众发展的需要，切实扩大社会办体育的规模，形成政府、民间、社会多个层次的体育管理体制，形成体育事业主体多元化、资源配置与运用社会化、活动产业化与市场化、管理的民主化与法制化的发展道路。

体育大国向体育强国迈进的目标，是我国竞技体育、群众体育、体育产业并步发展的道路。从我国体育发展总体水平来看，无论是群众体育、竞技体育还是体育产业，与体育强国的要求都有相当的差距。当前的体育管理体制虽为中国体育发展取得辉煌成就起到了关键的作用，但按照体育事业科学发展和建设体育强国的目标要求，还必须对体育管理体制进行新的探索与改革。

（三）改革中国体育事业管理体制的主要措施

1. 推进体育管理民主化进程

在市场经济条件下，应强化立法机关对体育事业的硬约束，推进体育管理的民主化进程。建立节约型政府，科学界定政府职能，合理划分职责范围，明晰和规范各部门、岗位、上下级之间的权责，切实做到政企分开、政资分开、政事分开、政府与市场中介组织分开，进一步规范行政权力，充分发挥市场在资源配置中的决定性作用。

2. 完善公共服务供给的模式

随着市场经济体制的不断完善和政府职能的转变，体育事业公共服务供给模式已初步具备了组织与资源基础。应加快建设公共服务型政府，有效发挥政府在体育事业公共服务中的主导作用。主要包括：制订基本体育公共服务均等化规划；以转变政府职能为重点，提升政府体育公共服务能力；加快政务信息化建设，改善体育基本公共服务供给的技术手段。

3. 强化体育事业的社会管理

弱化政府微观管理职能后，各级政府尤其是地方政府将减少对体育的直接干预，各种社会体育组织对体育事业实行统一的有效的管理。在减少横向干预的同时，体育管理组织系统由条块矩阵体系逐渐向垂直体系过渡。政府与社会体育组织对体育管理有机结合并得以实现，形成体育系统内部的决策机制，从而使体育得以自我发展与自我完善。

4. 创造良好的政策法规环境

良好的政策法规环境是体育事业发展的重要保障。如20世纪90年代我国提出的体育社会化与"协会实体化"改革，其发展不够理想，主要原因就是受到国家社团管理政策的限制，非政府组织发育不良，使政府无法脱身，而政府不能"退出"影响了非政府组织的发展。深化体育体制的改革，必须保证和加强体育事业政策法规环境建设的需要。

第二节　公共卫生事业管理

一、卫生事业管理的基础理论

(一) 公共卫生与卫生事业的概念

1. 公共卫生的界定

公共卫生是一个很抽象的概念，有的学者认为，公共卫生应该是预防医学的一部分；有的学者则认为，预防医学是公共卫生的一部分。在美国，许多人把公共卫生等同于政府部门向贫困人群提供医疗服务。中国普通百姓，对公共卫生更是认识模糊，认为公共卫生就是环境干净卫生，没有脏、乱、差等现象。历史上有重要影响的对公共卫生的界定，分别代表了不同时代人们对公共卫生的不同认识。

1920年美国公共卫生领袖人物温思络（Charles Edward A. Winsfow）将公共卫生界定义如下：通过有组织的社区努力来预防疾病，延长寿命和促进健康和效益的科学和艺术。其社区努力包括改善环境卫生、控制传染病、教育每个人注意个人卫生，组织医护人员为疾病的早期诊断和预防性治疗提供服务，建立社会机构来确保社区中的每个人都能达到保持健康的生活标准，组织这些效益的目的是使每个公民都能实现其与生俱有的健康和长寿权利。[①]

1988年美国医学研究所（Institute of Medieine，IOM）在其里程碑式的美国公共卫生研究报告《公共卫生的未来》中将公共卫生界定为：通过保障人人健康的环境来满足社会的利益。它强调各种影响健康的环境因素，明确公共卫生领域的无所不包，以及公共卫生

---

① 黄建始. 什么是公共卫生 [J]. 中国健康教育，2005 (1)：18-20.

与社会、经济、政治和医疗服务不可分割的关系。

新公共卫生的概念出现在20世纪80年代。1986年11月21日在渥太华召开了第一届健康促进大会，会后发表了著名的《渥太华宣言》，将公共卫生界定为：在政府的领导下，在社会的水平上，保护人民远离疾病和促进人民健康的所有活动，健康的基本条件是和平、住房、教育、食品、收入，以及稳定的生态环境、可持续的资源、社会的公平与平等。这个定义强调政府在卫生事业中的核心地位，同时更为重视社会科学对促进人民健康的作用。①

综上所述，公共卫生是一项需要全社会努力的事业，它事关全体国民的健康和长寿，包括所有保护人民远离疾病和促进人民健康的活动。在这项事业中，政府居于主导地位，政府应协调、整合社会资源，采取一切必要手段改善环境卫生条件，预防控制传染病和其他疾病流行，培养良好卫生习惯和文明生活方式，提供医疗服务，达到预防疾病、促进人民身体健康的目的。

2. 卫生事业的含义

卫生事业是我国公共事业的重要组成部分，是指国家和社会在防治疾病、保护和增进居民健康方面采取措施的综合。卫生事业是一项对公众意义重大的非营利公益事业，也是社会保障体系的重要组成部分，国家、集体和个人对其发展都应负有一定的责任。

我国卫生事业的内容主要包括医疗、卫生、医药、医学和药学研究、突发事故救护等。医疗是指临床医学所涉及的、医疗机构以治病为主要内容的业务活动；作为卫生事业组成部分的卫生是狭义的卫生，主要是指对疾病的预防，尤其是以对流行疾病的预防工作为主要内容的业务活动；医药是指以防病、治病、保健为主要目的的药品研制业务活动；医学和药学研究是指专门的研究机构对病理、药理及临床治疗技术的研究活动；突发事故救护是指专门的救护机构对突发伤病进行的救助和护理工作。

需要特别指出的是，不同国家的卫生事业的具体内容是不同的，同一国家在不同时期、不同经济发展阶段的具体内容和性质也不同。

3. 卫生事业的性质

其性质是公益性和福利性。

所谓公益性，是指卫生事业所具有的"人人需要、共同受益"的本质属性。我国卫生事业是不以营利为目的、使社会全体成员共同受益的公益事业，其公益性的基本要求是举办卫生事业不收取回报。我国卫生事业可由政府举办，也可由社会其他单位或团体举办，政府在政策上予以支持，一般不要求收取投资回报。卫生事业享有政府给予的某些特权，如免税权和土地征用权等特权。卫生事业机构应承担公共义务，主要指社会卫生防疫、急危病人抢救等。政府对卫生工作进行政策干预和法律管理，以保证大多数人的利益。卫生公益性事业可以实行福利政策，也可保本经营，但基本特征是服务于大众、服务于群体、让公众受益。

所谓福利性，是指卫生事业所具有的以个人消费分配补充形式存在的社会属性。福利

---

① 谢轩睿．"新公共卫生"简介［J］．河南预防医学杂志，2006（2）：128－129.

并不与劳动直接相连，它是政府或社会团体通过再分配形式给劳动者或社会成员的一种物质帮助或照顾。其福利性的基本要求：医疗保障中的福利政策主要指医疗保障基金的筹集按照不同人群的实际需要和可能，由国家、集体和个人三方合理负担。财政投入的福利政策，包括简单再生产的补偿性投入和实现扩大再生产的建设性投入。医疗卫生服务收费的福利性，主要是对不同的卫生服务内容采取不同的收费政策，对预防保健服务免费或适当收费。

(二) 卫生事业管理的含义及影响因素

1. 卫生事业管理的含义

卫生事业管理是指对各个层次卫生行政和卫生业务管理活动的总称。它是人们为实现卫生组织的决策目标，根据卫生事业的性质和特点，通过组织协调和控制达到最大效益所进行的活动。

卫生事业管理主要包括卫生行政管理、卫生规范管理和卫生经营管理。卫生行政管理包括制定卫生政策，建立医疗卫生保障制度，实施区域卫生规划，组织和提供基础医药研究，以及设置必要的管理机构等。卫生规范管理包括医疗卫生产品的标准建立和认证，以及医学、医药、器械的技术规范和操作规程的建立和执行等。卫生经营管理包括医药市场监管、经营资质的认定、卫生医疗的价格和药品价格的确定，以及市场监督等。[①]

2. 卫生事业管理的影响因素

各国卫生事业管理的具体内容是不断调整和发展的。其影响因素主要包括以下六个方面。

(1) 社会制度。卫生事业和社会制度密切相关，不同的社会制度决定了卫生事业管理的重点、方针政策及管理方法的不同。

(2) 经济基础。卫生事业在很大程度上受经济基础制约，不同国家和地区间常用卫生事业费占国内生产总值（GDP）百分比来反映其卫生投入。

(3) 管理水平。卫生管理水平反映在卫生保健组织体制、医疗保健体制、卫生人力资源开发、卫生事业经营管理、办医形式和卫生改革等方面。

(4) 文化背景。影响卫生事业管理水平的因素：卫生人力资源，培养的卫生技术和管理人员的质和量；健康教育水平，人们实施或接受健康教育，形成良好的生活方式都与文化背景有关；成人识字率，决定卫生保健服务接受程度。

(5) 人口状况。人口状况是指人口数量、人口情况、人口年龄结构及人口分布。人口数量决定着卫生资源平均占有量，与卫生事业管理关系密切。

(6) 科技发展水平。科技发展水平决定医疗产品和服务的供给能力，也决定着卫生事业管理的能力与水平。

---

① 朱仁显．公共事业管理概论 [M]．北京：中国人民大学出版社，2003：149－150．

二、国外卫生事业管理体制的比较

(一)英国的政府主导型卫生管理体制

英国卫生事业管理体制属于"政府主导型"。英国是一个传统的市场经济国家,市场机制完善,市场体系完备,企业制度以股份制为主,国家原则上不干预经济活动,但英国又是一个社会保障齐全的福利国家,从颁布《济贫法》起到第二次世界大战后,英国已建立相当完善的社会保障体系,包括医疗卫生保障、国民医疗服务等,以保证社会每个成员能免费或低价享受医疗保健服务。

英国对残疾人、老年人、精神病人和失去正常照顾的儿童等特殊困难人群提供特殊服务。1948年颁布《国家卫生服务法》,宣布实行国家卫生服务体制,规定所有医疗机构国有化,这些医疗机构的医务人员为国家工作人员。该法为全体国民提供广泛的医疗服务,支付大部分或全部医疗费用。除处方药和牙医服务外,医疗服务几乎是免费的。1964年又通过《卫生保健法》,凡英国居民均可享受国家医院的免费医疗,因此,英国是国家医疗服务制度最完善的西方国家之一。

英国政府主导模式的主要特征是高福利性和高公平性,保证医疗资源的公平分配。但像所有的国有化产业一样,国家卫生服务体制深受垄断之苦,官僚主义、机构庞大、效率低下,缺乏竞争和创新,缺乏人性化,政府财政负担过重。英国医疗卫生服务在其全国范围内实行了三级管理体系:一是社区医疗服务保健体系,其主要职能是为社区居民提供广覆盖的医疗保健;二是根据城市内的行政区属设立全科诊所,其主要职能是接受行政区内市民的就诊及向辖区内居民提供家庭私人保健医生;三是政府在城市中兴办一定规模的综合性全科医院,为整个城市市民提供更为专业、优质的医疗服务。这种医疗制度安排同中国目前实施的三级医疗体系即乡镇(社区)、区、市的医疗网络管理体制十分相似。

(二)美国的市场主导型卫生管理体制

美国卫生事业管理体制属于"市场主导型"。美国是当代最典型的实行自由市场经济国家,以私有制为基础,以经济决策高度分散为特征,完全实行自由经济、自由经营、自由竞争,政府对经济的干预十分有限。政府在医疗服务和药品的提供和支付方面直接承担的责任有限,主要通过商业机构按照市场规则自由竞争,政府承担制定法律法规、监管和医疗基本保障职责,因此,在医院管理上也基本上套用企业管理模式和方法。美国的医疗机构分为非营利性医疗机构、营利性医疗机构和公立医疗机构,有公立医院和私立医院,公立医院有政府办的,私立医院有社团办的、教会办的、股份制办的和私人个体办的。

美国医疗卫生体制改革主要集中在以下方面。一是确保每个人都能平等地获得医疗卫生保健服务;二是制订各项战略,通过采用传统的管理保健机制以外的方式来控制逐步上升的资本;三是评定质量并保证每一美元的医疗卫生服务都物有所值;四是管理并提供适合迅速老龄化的人口的医疗卫生保健服务,特别是降低药品成本。美国模式的主要特征是高度市场化,运作效率较高,其医疗卫生体制市场化的程度比世界上任何国家都高。不管是医疗保障体制还是医疗服务体制,美国都是一个市场主导型的国家。其医疗保障体制具有市场化、分散性、复杂性和混合性等特点,其医疗保障以民间的商业医疗保险为主体,对老年人、残疾人、低收入者辅以政府的公共医疗保险与补助,充分体现了自主、自立的原则。

医疗服务体制市场化的主要表现:医疗服务的提供主要以私立医疗机构为主,政府主要职能是对医疗机构进行管制,主要责任是保证老年人、穷人、少数民族和一部分弱势群体的医疗卫生需求,体现出一种救助、托底的特征。这种制度具有 4 个优点:一是定额收费,以此封住医院和医生的收入上限;二是降低医疗服务成本,通过包干制付费,医疗服务提供者分担经济风险,提高医疗服务提供者的成本意识;三是严格的医疗诊断与药品利用审核程序和医生医疗行为的监督与评价制度,防范医生不合理医疗行为;四是由初级保健医生(家庭医生)来管理病人,制订医疗服务质量改善计划,指导病人接受高质量、有效率的治疗。[①]

(三)新加坡的宏观调控型卫生管理体制

新加坡推行的是政府宏观调控的市场经济体制。新加坡的卫生服务体系由公立和私立双重系统组成,公立系统由公立医院和政府综合诊所组成,私立系统由私立医院和开业医师(私立诊所)组成。政府高度重视社会保障,新加坡在医院保障制度方面实施保健储蓄、医疗保险和医疗福利基金 3 项措施,严格控制了医疗需求的导向。

新加坡医疗服务分工较明确,初级卫生保健主要由私立医院、开业医师、公立医院及综合诊所提供,住院服务则主要由公立医院提供。新加坡公立医院和私立医院的医疗服务量差别还是很大的,因为政府相信私营机构在初级保健服务方面费用较低;同时,政府也认识到医疗市场具有局限性,尤其在提供高度专业化的医疗服务时,政府必须进行调控,其手段仍以公立医院作为住院服务的主要提供者,这使政府能控制医院的床位数和利用率,还可控制费用增长。

新加坡所有医院全部交由专业的医院管理公司进行全面经营管理,因而医院管理行业也十分兴旺,作为医院的第三方管理服务在国际上享有盛名,诞生了一批在国际上著名的医疗管理机构。新加坡公立医院和私立医院的共同发展,造就了医疗卫生的繁荣和现代化。新加坡医院管理体制由董事会委派行政总监全权负责,行政总监一般由非医务人员的企业管理专家担任,下设医药委员会、医院筹划委员会,分别由临床主管和行政主管负责,即分别负责医疗业务和行政后勤事务。这种医院重组和企业管理模式有效地提高了服务水平和服务效率,并有效地控制了医院服务费开支,这种模式就是医院所有权(国家所有)和经营权(私人有限公司)分离的模式。

新加坡政府还相当重视社区医院的建设,它成为新加坡政府大众化、广覆盖的医疗制度的特征。社区建设是政府城市建设的灵魂,政府把城市乃至国家的社会事业进步浓缩在社区的建设上。医疗卫生事业在社区建设中发挥着十分重要的作用。因此,新加坡政府全力推进社区医疗网络建设,精心打造起富有特色的社区医疗卫生网络体系。

---

① 葛锦晶.基于中美比较的中国医疗卫生体制改革新思路 [J].经济问题探索,2009(6):26-28.

三、中国卫生事业管理体制的发展与改革

(一) 中国卫生事业管理体制发展的状况

我国在计划经济时期卫生事业取得了突出的成就。长期以来，各级各类医疗卫生机构的服务目标定位明确：提高公众健康水平，而不以营利为目的。政府确保医疗卫生事业的资金投入，医疗卫生服务收入与个人经济利益不挂钩，其医疗保障体制基本上能惠及全民。但也存在一些问题，主要表现：投入有限，医疗卫生服务总体技术水平较低，区域发展不平衡；收入分配制度僵化，医务工作者积极性受限；医保缺乏相应的约束，易导致资源浪费；由于缺乏合理的经费筹集机制和稳定的经费来源，医疗保障社会化程度低。

改革开放以来，我国医疗卫生体制也开始走向商业化、市场化。医疗卫生机构的所有制结构从单一公有制变为多种所有制并存；医疗机构之间开始全面竞争，服务目标从以追求公益目标为主向追求经济目标转变。旧有的农村合作医疗制度基本瓦解，城镇传统的劳保医疗制度和公费医疗制度也遇到了很大困难，目前，城镇职工主要采取社会统筹与个人账户相结合的医疗保障体制。此外，药品生产与流通也走向了全面市场化。

医疗卫生体制改革30多年来，成绩有目共睹，主要表现：通过竞争以及民间力量的广泛介入，医疗服务领域的供给能力全面提高，技术装备水平全面改善，医务人员业务素质迅速提高。此外，所有制结构上的变动、管理体制方面的变革及多层次的竞争，明显地提高了医疗服务机构及有关人员的积极性，内部运转效率有了普遍提高。但与此同时，有关医改的争议也日渐增多，突出表现为医疗服务的公平性下降和卫生投入的宏观效率不高，从而导致了消极的经济和社会后果，间接引起公众不满情绪增加等问题。

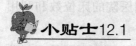 小贴士12.1

"新医改"的提出

1998年和2002年，党中央、国务院先后作出了建立城镇职工基本医疗保险和新型农村合作医疗的决定。2003年"非典"之后，党中央提出了科学发展观的指导思想，组织力量对医药卫生体制改革进行研究，并陆续出台了一系列改革措施，这被统称为"新医改"。

新医改的总体目标是建立覆盖城乡居民的基本医疗卫生制度，为群众提供安全、有效、方便、价廉的医疗卫生服务。基本医疗卫生制度包括公共卫生体系、医疗服务体系、医疗保障体系以及药品保障供应体系，它是一个综合、配套的社会系统工程。

(二) 中国卫生事业管理体制的改革思路

为贯彻落实党的十八大关于全面深化改革的战略部署，十八届三中全会研究了全面深化改革的若干重大问题，其中，提出了"深化医药卫生体制改革"的目标要求。主要内容：统筹推进医疗保障、医疗服务、公共卫生、药品供应、监管体制综合改革；深化基层

医疗卫生机构综合改革，健全网络化城乡基层医疗卫生服务运行机制；加快公立医院改革，落实政府责任，建立科学的医疗绩效评价机制和适应行业特点的人才培养、人事薪酬制度；完善合理分级诊疗模式，建立社区医生和居民契约服务关系；充分利用信息化手段，促进优质医疗资源纵向流动；加强区域公共卫生服务资源整合；取消以药补医，理顺医药价格，建立科学补偿机制；改革医保支付方式，健全全民医保体系；加快健全重特大疾病医疗保险和救助制度；完善中医药事业发展政策和机制；鼓励社会办医，优先支持举办非营利性医疗机构；坚持计划生育的基本国策，启动实施一方是独生子女的夫妇可生育两个孩子的政策，逐步调整完善生育政策，促进人口长期均衡发展。

当前我们推进卫生事业改革的目标就是"要继续坚持把基本医疗卫生制度作为公共产品向全民提供的基本理念，按照保基本、强基层、建机制的要求，统筹安排、突出重点、循序推进，进一步深化医疗保障、医疗服务、公共卫生、药品供应以及监管体制等领域的改革，持续不断地把改革推向深入"。

（三）中国卫生事业管理体制的改革措施

1. 建立健全全民医保体系

全民医保是中国特色的基本医疗卫生制度的基础，建立健全全民医保体系的主要内容：逐步提高居民医保和新农合政府补助标准，建立城乡居民大病保险制度；推行按病种付费、按人头付费、总额预付等综合方式；提升基本医保管理和服务水平，建立异地就医结算机制；完善城乡医疗救助制度，加快健全重特大疾病医疗保险和救助、疾病应急救助制度；支持发展与基本医疗保险相衔接的商业健康保险，满足多层次的健康保障需求。

2. 深化基层医疗卫生改革

主要内容：完善国家基本药物制度，健全基层医疗卫生机构稳定长效的补偿机制；继续加强基层医疗卫生服务网络建设；深入实施基层中医药服务能力提升工程，不断完善中医药和民族医药发展机制和政策；转变卫生服务模式，逐步建立分级诊疗、双向转诊制度；稳步提高基本公共卫生服务均等化水平，加强区域公共卫生服务资源整合；进一步落实乡村医生补偿、养老等政策，不断筑牢农村卫生服务网底。

3. 推进公立医院综合改革

公立医院是我国医疗卫生服务体系的主体，在卫生事业管理中发挥着支柱作用。主要内容：切实履行好政府办医职责，坚持公立医疗机构面向城乡居民提供基本医疗服务的主导地位；破除以药补医机制为关键环节，统筹推进管理体制和价格、药品供应改革；推进建立公立医院内部治理结构，建立科学的医疗绩效评价机制；深化县级公立医院改革，切实发挥好县域内龙头医院作用；深化拓展城市医院的综合改革试点。

4. 推进健康服务业的发展

促进健康服务业发展是深化医改、改善民生和提升全民健康素质的必然要求。主要内容：鼓励社会力量以出资新建、参与改制、托管、公办民营等多种形式投资医疗服务业，优先支持社会资本举办非营利性医疗机构；加大价格、财税、用地等政策引导，清理取消不合理的规定；加快发展养老护理、中医药医疗保健、健康保险等服务，把深化医改与加快发展健康服务业紧密结合起来，互为促进、联动发展。

5. 加强卫生信息化的改革

主要内容：建立健全人口健康信息管理制度，充分利用信息化手段，提高人口健康管理水平；积极推进医疗卫生信息技术标准化，加快研究建立全国统一的电子健康档案、电子病历、医疗服务和医保信息等数据标准体系，加强区域医疗卫生信息平台建设；以面向基层、偏远和欠发达地区的远程影像诊断、远程会诊、远程监护指导、远程教育等为主要内容，发展远程医疗，使优质资源更加便捷地服务基层群众。

6. 推进人才培养制度改革

主要内容：建立适应行业特点的人才培养制度，深化医学教育改革，加快建立住院医师规范化培训制度；加强全科医生队伍建设，开展全科医生规范化培养；加大护士、养老护理员、药师、儿科医师等急需紧缺专门人才的培养；允许医师多点执业，鼓励具备条件的医师向基层流动，保障医疗服务质量安全；加快推进医疗领域收入分配制度改革，逐步建立符合医疗行业特点的薪酬制度，保障广大医务人员的合法收入普遍提高。

7. 完善医疗卫生监管体制

主要内容：强化全行业监管职能，优化监管机制、完善监管制度、创新监管手段，切实保障人民群众健康权益；依法严厉打击非法行医，严肃查处药品购销、医保报销等关键环节和医疗服务过程中的违法违规行为；建立信息公开、社会多方参与的监管制度；加强医德医风建设，更好地为患者服务；完善医疗纠纷处理机制，依法打击涉医违法犯罪行为，优化医务人员的从业环境，构建和谐医患关系。

第三节　市政公用事业管理

一、市政公用事业的基本概念

(一) 市政公用事业的含义

公用事业有狭义与广义之分。狭义的公用事业是指具有自然垄断特征的为居民或企业提供生活或生产所必需的商品或服务的行业，如电力、管道煤气、电信、供水、环境卫生设施和排污系统、固体废弃物的收集和处理系统。广义的公用事业除狭义的公用事业外，还包括铁路、公路、航空、教育、卫生和医疗等。本书所研究和阐述的是狭义的公用事业。

我国由于城乡经济社会发展差距和公用事业的特征等现实原因，公用事业服务的对象多为城市或城市居民。因此，人们在政策文件中习惯于将狭义的公用事业称为市政公用事业。在住房和城乡建设部 2002 年颁布的《关于加快市政公用事业市场化进程的意见》中，将市政公用事业界定为"供水、供气、供热、公共交通、污水处理、垃圾处理等经营性市政公用设施"，以及效用可分性的园林绿化、环境卫生等非经营性设施。

市政公用事业是城市生产经营、居民日常生活所不可缺少的事业，是城市生存与发展的基础和基本条件。该事业的发达和完善，能提高整个城市的劳动生产效率、工作效率，节约社会劳动，为居民生活创造优美的环境和良好的条件，反映城市面貌和文化水准。

(二) 市政公用事业的类型

第一类，环境卫生、安全事业。如垃圾清除、污水处理、防洪和消防等。

第二类，交通运输事业。主要是公共旅客运输，如地下铁道、电车、公共汽车、出租汽车、停车场、索道、道路和桥梁等。

第三类，自来水、电力、煤气、热力的生产、分配和供应。

第四类，其他公共日常服务。如文化体育场所、娱乐场所、公园、房屋修缮、邮政通信、火葬场及墓地等。

(三) 市政公用事业的特征

1. 公益性

市政公用事业所提供的产品或服务是一种介于公共物品和私人物品之间的准公共物品，突出公益性，它与城市居民的收入状况、消费水平、生活质量直接相关；作为要素投入，市政公用事业与生产经营、人们生活的费用及其连续性、便捷性直接紧密地联系在一起。这就要求市政公用事业应以合理的价格、优良的质量、较为充足的数量向社会稳定安全地提供产品，为经济社会发展提供共同条件，从而促进社会总体经济效益的提高及社会福利的增加。

2. 垄断性

市政公用事业具有网络传输系统的规模经济特性，生产企业和用户必须借助于传输网络才能进行产品或服务传递和使用；同时，生产的主要环节高度垂直相关、主要产品结合紧密，具有明显的范围经济效益，只有通过联合生产或销售，才能极大地节省费用。但由一家企业生产全部产品（或多种产品）成本则会更低，从而要求在某一特定区域维持垄断的市场结构。此外，市政公用事业生产或服务技术标准的统一性、资产专用性，也构成了行业的垄断特征。

3. 地域性

市政公用事业所提供的产品和服务的供应只在管网和路网的覆盖范围内进行，因此只能服务于特定区域，且这种网络传输具有很强的资产专用性，只能用来传输某一种服务，而不能移作他用。由于各地区在自然条件、经济发展水平、居民消费水平等方面存在较大差异，这决定了各地市政公用事业具有显著的地域性，这也是市政公用事业区别于电信、电力、铁路等具有全国性网络的自然垄断行业的一个重要特征。

4. 网络性

许多市政公用事业具有生产、输送、销售等业务垂直一体化的特点，其中，网络输送业务是核心业务，许多产品只有通过物理网络才能进入消费领域。因此，这些市政公用事业必须有一个完整统一的网络系统，并实行全程全网联合作业，以实现网络的有效协调和高效运行。为此，政府应鼓励企业投资、扩大网络，并提高网络运行效率，以增强市政公用事业的供给能力，更好地满足城市生产和生活的需要。

二、国外城市基础设施投融资体制的经验与借鉴

(一) 国外城市基础设施投融资体制的经验

1. 英国城市基础设施投融资体制

英国城市基础设施投融资体制改革是建立在 20 世纪 70 年代末国有企业改革基础上的，因为英国国有企业大多集中在城市基础设施领域，所以国有企业改革直接带动了城市基础设施领域投融资体制的变革。其本质在于打破传统政府垄断经营的局面，引入竞争机制，提高供给效率和质量，满足公众多元化的需求。其改革的内容主要包括以下两个方面。

(1) 国有资产从公共部门向私人部门转移。这是英国城市基础设施投融资体制改革中采取的主要做法。改革前英国的公用事业基本上由政府垄断经营。从 1979 年开始，英国政府陆续将一些大公司的国有资产卖给私营企业、外国投资者和个人，其办法是以出售股票方式出售国有资产，如英国电信公司、英国煤气公司等都是把国有企业整体出售。这种方式主要用来处理一些具有竞争性的小型国有企业或公用事业企业的附属企业，把国有企业整体卖给由多家投资者组成的集团。以上方式不仅减轻了政府财政负担，也有利于提高企业的运营效率。

(2) 吸引民间资本参与城市基础设施建设。英国在城市基础设施投融资体制改革过程中，针对不同性质的城市基础设施项目，采取了不同的吸引民间资本投资的方式。例如，对可通过收费收回投资的城市基础设施项目，由私人企业出资建设与管理；对可收费但通过收费不能完全收回投资的基础设施项目，政府适当给予补贴；对那些不能实现收费机制的纯公共品，私人无法通过项目建成后的经营收回投资的项目，政府主要采取公共部门和私人部门合作的方式，由私人企业出资建设与管理，由政府在未来项目建成后购买该项目的服务。

2. 美国城市基础设施投融资体制

美国的城市基础设施建设的传统方式是民营经济直接负责，但政府加以管制，且管制力度非常大、范围非常广，因此，城市基础设施投融资体制改革是以放松管制为特征的。其改革的内容主要包括以下两个方面。

(1) 放松与激励管制并存。放松管制意味着政府放松和取消了许多管制条款，如将许可制改为申报制，取消经济性管制的各项条款。但放松管制的领域主要是那些公用事业的自然垄断性质已发生变化的领域，以及原有自然垄断型企业经营的大量非自然垄断业务部分。政府对自然垄断性业务继续进行管制，但为激励企业提高效率，引入了激励管制的新方式，即在保持原有管制结构的条件下，给予被管制企业以竞争压力，以此来提高生产效率和经营效率。

(2) 建立独立的监管机构。独立的监管机构包括对跨州服务事业进行管理的联邦管制委员会，以及只对州内服务事业进行管理的州管制委员会。联邦管制机构（如州际贸易委

员会、联邦能源管制委员会、联邦通信委员会等）由 5～7 名中立的委员组成委员会，下设秘书处和听证会等组织。州管制委员会组织大体上与联邦管制机构相同，这些机构拥有核发经营许可证、规定运费和价格、核准企业组织的内部规章 3 种管制权力，但管制部门与行业主管部门是分开的。

（二）国外城市基础设施投融资体制的借鉴

1. 竞争与产权的完善

在城市基础设施投融资体制改革中，为达到促进竞争、选择基础设施经营主体的重要目标，各国政府采取一系列鼓励竞争和完善产权制度的措施及做法。20 世纪 80 年代，英国以电信改革为开端，相继对电力、煤气和自来水供应、铁路运输等自然垄断企业进行民营化改革，同时采取多种措施引入竞争机制。美国自然垄断企业的传统治理方式是民营经济为主导、政府进行规制，企业的产权制度改革并不是其重点，而在于采取组织结构等措施来推动竞争机制的建立。拆分美国电话电报公司（AT&T）就是一个典型的例子。

2. 引导民间资本参与

引导民间资本参与基础设施建设已成为各国改革中普遍采用的做法。美国民间资本参与基础设施建设的领域较为广泛，参与的程度也较高。以美国的铁路建设为例，虽有联邦政府和地方政府的投资参与，但却以私人投资为主，既包括大型投资银行，也包括投资额相对较小的私人企业和新建铁路沿线的居民投资者。英国在引导民间资本进入基础设施领域的过程中更是采用了多种手段和途径，如独资、合资、合作、参股、特许经营和发行债券等多种方式，不断寻找潜在的投资者。

3. 建立健全法律法规

发达国家的公用事业管理体制改革十分注重立法先行，在整个改革过程中制定了较为完善细致的法律法规。如美国政府 1976—1982 年仅在交通运输领域就颁布了诸如《铁路振兴和管制改革法》、《航空货运放松管制法》、《航空客运放松管制法》、《汽车运输法》、《铁路法》和《公共汽车管理改革法》等多部法案，规定了交通运输企业的改革内容。1996 年美国国会又通过了新的《电信法》，推动电信市场改革，使整个改革过程有法可依。英国政府在推进自然垄断型企业改革过程中也制定了多部法律，使改革具有法律依据和实施程序。

三、中国市政公用事业发展改革的对策建议

（一）改革的基本目标

我国市政公用事业发展改革应贯彻落实党的十八届三中全会提出的改革的基本目标：在深入理解和兼顾市政公用行业民生性和自然垄断特点基础上，做好政企分开、特许经营、政府采购公共服务和政府监管，正确处理好政府和市场的关系，积极发挥市场机制的决定性作用。

（二）改革的总体思路

我国市政公用事业发展改革的总体思路：以增量和存量设施中全面推行特许经营制度

和政府采购服务为抓手，推进落实市政公用事业政企分开、政事分开；以鼓励公私协作（PPP）模式为抓手，在有需求的地方和行业积极引导各类社会资本进入市政公用事业；以提高行业技术标准、鼓励跨区域服务、增加财政政策引导为抓手，推动提高行业集中度，培育市政公用行业的大型现代化企业；以完善准入、运营、价格和补贴制度为主要抓手，建立健全适合于各类资本平等参与的市政公用事业科学监管体系。

（三）改革的主要途径

我国市政公用事业自 2002 年提出加快推进市场化进程改革以来，尤其是在 2004 年颁布《市政公用事业特许经营办法》后，相比其他基础设施行业，引进社会资本、发挥市场机制方面取得了非常显著的成绩。但在改革中暴露出来的问题也说明亟待在成本监审、定价机制、绩效对比、增加透明度和公众参与方面进一步深化改革。主要措施如下。

1. 完善公用事业特许经营制度

我国 2004 年提出了市政公用事业特许经营制度的正确改革方向，但实施中认识不深、阐释不透并存在"半拉子工程"等问题，仍旧存在政企不分、政事不分的现象。实际上，特许经营制度是因应具有自然垄断属性特点的市政公用事业所需要的一种特殊的行业管制的制度安排，无论特许经营者是国有的、私营的还是股份制的、混合所有制的，都应能适用于同一套管制制度，从而合理划分政府和市场（企业）边界。因此，应在阐述清楚特许经营制度含义的基础上，在所有市政公用事业，即无论其是新建还是存量，无论是政府投资还是社会资本投资管理，均应全面推行特许经营制度。

2. 推进政府采购公用事业服务

市政公用事业具有民生性，其终端（用户）价格由政府定价理所应当，政府毫无疑问是市政公用事业服务的最终责任主体。但提供公用事业服务的企业需要获得市场认可，按照市场规律行动，保证企业的财务可持续。而处理好政企关系的最佳方式，是推行地方政府采购公用事业服务。基于契约（特许经营协议及配套的相关服务协议）的政府采购公用事业服务，一方面更容易划分清楚政企关系，另一方面能够方便对接各种产权所有制的特许经营者（服务提供者）。此外，在终端价格无法覆盖完全成本的情况下，政府能制度化地提供财政补贴，进而要求推进政府中期财政预算规划能力。

3. 通过公私协作引入社会资本

在市政公用事业行业，特许经营设施和项目并不一定非是公私协作（Public－Private Partnership，PPP）模式，财力充足的地方政府投资运营应予认可，但市政公用事业的 PPP 一定是特许经营项目，应该鼓励运用各种 PPP 模式，如 BOT（建设—经营—转让）、DBFO（设计—建设—融资—经营）、BOO（建设—拥有—运营）、BLT（建设—租赁—转让）和 O&M（运营和管理）等引导社会资本、技术、人才和管理经验进入市政公用事业，形成绩效比对和竞争机制下的鲶鱼效应，强化地方政府的契约意识。PPP 合同关系，就是社会资本参与市政公用事业背景下的政府采购公共服务的法律关系。

4. 合理引导行业集中度的提高

我国市政公用事业的一个明显特征是"小、散、弱"，企业管理水平和技术投入都存在一定的问题。因此，在城乡统筹发展的新型城镇化过程中，有必要通过提高技术标准、鼓励跨地区共建共用、跨区域综合服务等方式，并借助财政政策等引导手段，促进市政公用行业的大型企业出现和成长，形成中国市政公用事业的大型现代化企业，具备条件的可走出去参与国际竞争。但这种引导不应理解为政府的拉郎配和简单的小舢板捆绑，而应采取市场化的兼并收购，让规模经济和协同效应等市场机制的内力发功。政府应着力消除跨区域并购的准入障碍和明晰服务监管要求、价格补偿机制等制度供给。

5. 健全市政公用行业监管体系

市政公用事业停留在"闻起来香，吃下去涩"的现状，其重要原因在于监管体系不完善，尤其是起着指挥棒作用的服务价格机制的不完善。行业管理部门应协助地方政府及财政部门监审好公用事业特许运营商的成本，按照中长期服务采购合同（特许协议及其配套合同）和政府允许的终端价格，定期计算支付或扣收用户现金流低于或高于监审成本及合理盈利所需的现金流部分。这些成本监审和服务成本差额补贴的中长期合同和财务规划，为地方政府财政中期规划提供了技术基础。对欠发达地区和重点扶持地区和方向，中央政府财政可建立专项资金用于引导性补助补贴。

6. 健全市政公用投资约束机制

地方政府对市政公用事业的新增资本投资需求，通过下达给特许经营者（可能是地方政府直接拥有的，也可能是社会资本投资、参股的混合所有制运营商），并通过特许协议预先约定的机制进入服务价格，影响以后政府采购公用事业服务所需支付的服务价格，辅以投资规划公开、成本公开和人大专门委员会的听证等措施，从而形成投资约束机制。政企分开落实和特许经营关系明晰后，地方政府以前那种一味让公用事业企业承债进行固定资产投资，甚至重复建设、超前建设的现象，可能得到相当程度的抑制，因市政公用事业的无序投入形成的地方债务风险也可以得到缓解。

（四）保障制度与措施

为实现上述目标与途径，应施行的保障制度与措施主要如下。一是由立法机关或国务院制定或修订《市政公用事业特许经营管理条例》；二是制定与实施市政公用事业各子行业的《特许经营合同》及配套《公用事业服务采购协议》示范建议文本；三是制定与实施《促进民间参与市政公用事业（PPP）管理办法》、《市政公用事业服务监管指引》、《市政公用事业引入民间资本的专项引导资金管理办法》、《推进市政公用事业现代化企业发展的意见》，以及中资企业走出去进行海外公用事业项目投资的鼓励政策；四是制定与实施市政公用各子行业的技术标准，鼓励大型企业进行跨区域服务，实现规模经济。

▶▶▶ **本章小结**

● 体育事业有广义与狭义之分。广义的体育事业是指以身体活动为媒介，以谋求个体身心健康、全面发展为直接目的社会活动和社会工作；狭义的体育事业是指列入国家事业编制的单位和人员从事的体育活动和体育教育工作。体育事业管理的内容主要包括公共性、个性化和运动队的体育活动管理。

● 体育事业管理体制是指体育管理的机构设置、权限划分、运行机制等方面的总称。其主要原则是：坚持立足体育、奉献社会；坚持以人为本、服务民生；坚持解放思想、改革创新；坚持统筹兼顾、协调发展；坚持文化建设、夯实发展；坚持科教兴体、人才强体和依法治体。

● 体育事业管理体制可分为政府型、社会型和结合型3种基本类型。针对中国体育管理体制的问题，其改革措施主要包括推进体育管理民主化进程、完善公共服务供给的模式、强化体育事业的社会管理、创造良好的政策法规环境。

● 卫生事业是指国家和社会在防治疾病、保护和增进居民健康方面采取措施的综合。我国卫生事业的内容主要包括医疗、卫生、医药、医学和药学研究、突发事故救护等，具有公益性和福利性。

● 卫生事业管理是指对各个层次卫生行政和卫生业务管理活动的总称。其主要包括卫生行政管理、卫生规范管理和卫生经营管理。其影响因素主要包括社会制度、经济基础、管理水平、文化背景、人口状况和科技发展水平。

● 卫生事业管理体制包括政府主导型、市场主导型和宏观调控型3种基本类型。针对中国卫生管理体制的问题，其改革措施主要包括建立健全全民医保体系、深化基层医疗卫生改革、推进公立医院综合改革、推进健康服务业的发展、加强卫生信息化的改革、推进人才培养制度改革和完善医疗卫生监管体制。

● 公用事业有狭义与广义之分：狭义的公用事业是指具有自然垄断特征的为居民或企业提供生活或生产所必需的商品或服务的行业；广义的公用事业除狭义的公用事业外，还包括铁路、公路、航空、教育、卫生和医疗等。市政公用事业具有公益性、垄断性、地域性和网络性的特征。

● 国外城市基础设施投融资体制的可借鉴之处，主要包括竞争与产权的完善、引导民间资本参与和建立健全法律法规。针对中国体育管理体制的问题，其改革措施主要包括完善公用事业特许经营制度、推进政府采购公用事业服务、通过公私协作引入社会资本、合理引导行业集中度的提高、健全市政公用行业监管体系和健全市政公用投资约束机制。

◆ 复习思考题

1. 如何理解体育的含义及体育事业管理的内容？
2. 简述国外体育管理体制的类型及其对中国体育事业管理的启示。
3. 卫生事业管理的目标和原则有哪些？
4. 结合十八届三中全会的要求，如何深化卫生事业管理体制改革的取向？
5. 从市政公用事业的特点出发，如何推进我国市政公用事业改革？

参考文献

[1] 徐双敏. 公共事业管理概论 [M]. 北京：北京大学出版社，2013.

[2] 娄成武，李坚，陈德权. 公共事业管理概论 [M]. 北京：首都经济贸易大学出版社，2007.

　　[3] 崔运武．公共事业管理［M］．上海：复旦大学出版社，2013.

　　[4] 温来成．现代公共事业管理概论［M］．北京：清华大学出版社，2007.

　　[5] 季浏．中国体育发展方式改革的原因探析与政策建议［J］．成都体育学院学报，2013（1）.

　　[6] 秦洪．浅谈我国体育管理体制的现状与发展对策［J］．当代体育科技，2013（29）.

　　[7] 马宏俊．政府体育公共服务体系法律规制研究［J］．体育科学，2013（1）.

　　[8] 李斌．深化医药卫生体制改革［J］．求是，2013（23）.

　　[9] 李玲．新医改的进展评述［J］．中国卫生经济，2012（1）.

附录 "案例导入"答案

第一章 公共事业管理概论

1. 属于公共事业管理的组成部分。故宫及其收藏文物是几千年中华文化的结晶,作为公众博物馆的故宫具有极强的公共性和外部性,它属于全体中国人民乃至全世界,将其作为营利机构经营是不适当的。

2. 故宫是人类重要的文化遗产,汇集着几千年的中国文化艺术瑰宝,展现着中国古代的建筑成就。作为博物馆的故宫承担着传承文化、传播思想的重要功能,故宫的开发和利用必须以弘扬中华民族优秀文化、满足群众精神文化需求为基本目标。

第二章 公共事业管理制度

1. 按照我国《律师法》规定,律师协会是社会团体法人,是律师的自律性组织。《社会团体登记管理条例》要求社团必须建立民主的组织管理制度,在《章程》中明确负责人的条件和产生、罢免的程序,深圳市律师协会很好地贯彻执行了《律师法》和《社会团体登记管理条例》。

2. 社会团体是人合组织,具有自己的意志,应明确会员的权利与义务,定期召开会员大会或会员代表大会,通过《章程》,产生执行机构、负责人和法定代表人,明确会员大会或代表大会的最高权力机关的地位,执行机构、负责人等由其产生并向其负责。

第三章 公共事业管理决策

1. 领导干部"事必躬亲"的做法违反了领导组织和决策基本理念。

2. 这个决策是依靠人的经历和体验进行的,在决策过程中只有"谋"和"断"两个步骤,决策依靠个人的胆识和智慧进行最后的决断,所以属于经验决策。

3. 领导干部"事必躬亲"的领导方式属于专制型领导的领导风格。

4. 领导干部要注重领导职能中的基本理念,做应该做的事,要把握大方向,做好引导、指挥、组织等工作,而不要拘泥于小事;领导干部要把经验决策上升为科学决策,按照科学的原则和程序进行决策,避免个人的主观臆断。

第四章 公共事业组织战略管理

1. 妇幼保健院应从满足广大孕产妇及其家属日益增长的多层次、多元化保健需求出发,达到保障母婴健康、优生优育的目的。要创造人性化、个性化、科学化、规范化的办院特色,具体可以从产品或服务、顾客群体、满足顾客途径等方面展开。

2. 借鉴波特的3个竞争战略,妇幼保健院应根据自身优势和环境变化实施相应的竞争

316

战略，而不是贪大求全。作为妇幼保健专科医院，应在专科疾病的防治方面下功夫，不可丧失自己的优势；应在"以保健为中心，以保障生殖健康为目的，保健与临床相结合，面向群体、面向基层和预防为主"的妇幼保健工作方针的落实上下功夫，行使好健康教育与健康促进工作职能，不可偏离方向；应在"差异化"或"低成本"战略方面探索新模式和新方法，与时俱进地发展并凸显自身优势。

第五章　公共事业人力资源管理

1. 公共事业人力资源以公共事务服务为主，提供免费或低收费的公共物品，具有公益性和非营利性特征；公共事业人力资源分布范围广泛，工作内容丰富，涉及管理和服务的诸多环节，而且服务方式主要是提供高智力、高附加值的软性服务，能够增加社会财富，提高人们驾驭自然、改造社会的能力，从而改善自身的生活环境和生存状况，达成追求人生幸福的目的。

2. 贵州省某市委和市政府非常重视干部综合素质的提高，除投入大量培训经费外，在培训的方式上组织内部培训与外派培训相结合，使各级干部素质都有了明显提高。外派培训分为 3 种，包括到正规大学学习获得证书、短期培训班培训和挂职锻炼。培训的时间有长有短，培训方式灵活多样，取得了令人满意的培训效果。

第六章　公共事业市场营销管理

1. 公共事业市场营销与企业市场营销有着很多相似的方法，但由于公共事业组织不仅要谋求自己的利益，更重要的是谋求目标群体的利益，为整个社会造福，因此它提供的产品主要是服务和社会行为，营销对象和利益相关者多样化，包括对顾客和捐助者的营销。公共事业市场营销要以社会责任为重，更要接受严格的公众监督。

2. 由于公共事业组织属于非营利组织，所以其资金来源渠道比较广泛，包括个人、团体或组织的捐赠，政府资助，产品和服务的收费，开展经营活动取得的资金支持等。

第七章　公共事业项目管理

环境保护项目要从社会整体角度考虑费用和效益。无论是费用还是效益都得考虑由该项目引起的整个社会影响，即凡是占用社会资源的都要计入费用，凡是为社会所作的贡献，如环境污染的治理和生态环境的改善等，都要计入效益。另外，对于那些市场价格不能合理反映其价值的效益和费用的，要进行必要的调整。

第八章　公共事业绩效管理

1. 上述使用的是相关性回归分析的方法进行评价分析的。

2. 相关性回归分析方法的优点：一是可以避开主观因素，因为该方法主要以定量数据研究为主，在整个评估过程中都是在客观因素的作用下完成的评估；二是该方法的计算过程简单，可使被评估对象中的工作人员清晰明确整个评估过程，同时，也可降低评估工作运行的复杂程度，有助于评估者与被评估者在评估过程中进行互动，形成绩效评估良性循环；三是可以减少误差。

第九章　公共事业管理伦理

1. 公共事业管理人掌握着相应的公共权力，其必须明白行使公共权力的目的是保障公民的合法权益，维护人的尊严。

2. 城管人员的做法既不合法，也缺失相应的伦理规范。

3. 公共管理部门应加强制度伦理、人员伦理、组织伦理建设，执法人员应文明执法、规范执法、刚性执法。

第十章　公共事业管理创新

1. 我国事业单位脱胎于计划管理体制，事业服务资源配置强调行政化管理，这造成公共服务质量差、效率低。在旧体制下，事业管理表现出"各自为事、事出多门"的特点，中央部门、地方部门、事业单位和国有企业都在办事业，这些部门与单位间条块分割，造成各个事业单位相对封闭，低水平重复建设现象十分突出，各个事业单位的运行效率较为低下。因此，为提高公共事业单位的服务效率，必须对其进行体制改革与创新。

2. 公共事业管理应树立市场化和社会化的观念。在市场经济体制条件下，要确立市场配置资源的基础性地位，从根本上替代以政府配置资源为主的格局。通过事业单位资源配置与利用的市场化，打破事业资源的行政化分割与部门所有制，各种事业组织在同等条件下相互竞争、获取资源，面向公众提供公共产品和公共服务，真正实现事业资源的优化配置。公共事业应实现社会事业社会办，打破国家"包办"公共事业的单一体制，鼓励民间投资和兴办公共事业，实现公共事业主体的多元化。

第十一章　公共事业部门管理（上）

一束鲜花、一份贺信让女教工们品尝到了"三八"妇女节的快乐与自豪，校园内洋溢着节日的气氛。对于学校文化而言，教师是学校文化的主体，他们体现着学校的价值系统和精神信念。学校文化要从制度管理走向文化管理，学校领导必须牢固确立尊重人、信任人、激励人、发展人、完善人的人本思想。

第十二章　公共事业部门管理（下）

1. 东莞市政府出台此项文件的目的是深入推进"平安医院"建设，进一步加强医疗机构安全保卫工作，维护医疗机构的正常秩序及医患双方的合法权益，有效预防和化解医患矛盾和纠纷，努力促进社会大局和谐稳定。

2. "医闹"问题的出现是由多种原因所导致的：一是有少数医生责任心不强，或利益至上，造成患者及其家属不满；二是有些患者或患者家属对于医疗行业不理解等。

3. 化解医患纠纷的重点是制度化建设，主要包括：一是从制度层面上彻底解决"以药养医"，以及医院药品、服务项目不公开、不透明等方面的问题；二是尽快完善卫生管理工作机制，彻底杜绝部分医生医德沦丧、以医牟利、技艺不精等方面的问题；三是对公民加强进行医疗常识和法律意识方面的教育与引导，使其具有一定的是非对错判断能力；四是建立独立于医疗机构之外的第三方调解部门，解决出现纠纷"无人管"的现象，使纠纷不影响医生服务其他患者。